독일 철학사

EINE KURZE GESCHICHTE DER DEUTSCHEN PHILOSOPHIE:
RÜCKBLICK AUF DEN DEUTSCHEN GEIST

EINE GESCHICHTE DER DEUTSCHEN PHILOSOPHIE
by Vittorio Hösle
Copyright © Verlag C.H.Beck oHG, München 2013
All rights reserved.

Korean Translation Copyright © 2015 by ECO-LIVRES Publishing Co.
Korean edition is published by arrangement with Verlag C.H.Beck oHG, München
through BC Agency, Seoul.

독일 철학사
독일 정신은 존재하는가

초판 1쇄 인쇄일 2015년 1월 26일   초판 1쇄 발행일 2015년 1월 30일

지은이 비토리오 회슬레 | 옮긴이 이신철
펴낸이 박재환 | 편집 유은재 | 관리 조영란
펴낸곳 에코리브르 | 주소 서울시 마포구 동교로 15길 34 3층(121-842) | 전화 702-2530 | 팩스 702-2532
이메일 ecolivres@hanmail.net | 블로그 http://blog.naver.com/ecolivres
출판등록 2001년 5월 7일 제10-2147호
종이 세종페이퍼 | 인쇄·제본 상지사 P&B

ISBN 978-89-6263-132-6 93160

독일 철학사

독일 정신은 존재하는가

비토리오 회슬레 지음 | 이신철 옮김

EINE KURZE GESCHICHTE DER DEUTSCHEN PHILOSOPHIE:
RÜCKBLICK AUF DEN DEUTSCHEN GEIST

에코리브르

내게 세계의 개방성과 더불어

독일 문화에 대해 너무나도 많은 것을 전해준

나의 고모님들,

마리아 회슬레(1921~2007)와 엘제 부흐슈스터(1923~2012)를

고마운 마음으로 기억하며.

한국어판 독자들에게

제가 새로 출판한 책의 첫 번째 번역이 1995년 처음 방문한 이래 저와 밀접한 관련을 맺고 있는 한국에서 출간되는 것은 제게 특별한 명예이자 너무도 기쁜 일입니다. 이것은 한편으로 개인적인 이유를 갖고 있습니다─제 아내는 한국인이며, 제게서 박사 학위를 수여받은 두 제자도 마찬가지로 조용한 아침의 나라에서 온 이들입니다. 그러나 이러한 개인적 유대와 더불어 저는 점점 더 한국을─거대한 중국과 일본 그리고 러시아 사이에 놓인 불리한 지정학적 위치의 결과로서 생겨난 비극적 역사에도 불구하고─전 세계를 위한 하나의 등대 같은 나라로서 소중히 여기고 사랑하기를 배워왔습니다. 한국은 1960년대와 1970년대에 엄청난 속도로 근대화 과정을 성취해냈습니다. 그뿐만 아니라 뛰어난 교육 체계 덕분에 모든 OECD 국가 중에서 (세금 이전에) 가장 적은 사회적 불평등을 보여줍니다. 나아가 한국은 1980년대에 독재로부터 민주주의로의 이행을 비폭력적이고 모범적으로 이루어냈습니다. 또한 저는 이 위대한 문화 국가의 〈대장금〉과 〈동이〉 같은 텔레비전 연속극에 경탄하고 있음을 기꺼이 고백하지 않을 수 없습니다. 그것들은 미국의 일일 드라마보다 비교할 수 없을 정도로 훌륭합니다. 왜냐하면 아름다움과 우아함 그리고 이지적이고 굳센 의지를 지닌 여성들에 대한 존중 같은 올바른 도덕적 가치를 전해주기 때문입니다. 저의 이 짧은 철학사가 한국의 좀더 많은 독자들에게 독일 전통의 심오한 사상에 대한 관심을 높이고, 그리하여 한국의 고유한 철학적 자기 해석을 북돋우게 되기를 진심으로 바랍니다.

2014년 6월 25일
노터데임에서 비토리오 회슬레

차례

일러두기

각주는 모두 옮긴이의 것이다. 회슬레는 이 책에서 주해를 전적으로 생략했다. 옮긴이의 각주 대상은 이 책이 '철학의 역사'를 다루고 있는 것을 고려해 주로 읽어나가는 데서 확인이 필요한 역사학적 내용들로 한정했다. 각주 작업은 옮긴이가 번역·출간한 《칸트사전》, 《헤겔사전》, 《맑스사전》, 《현상학사전》과 그 밖에 온라인에서 확인할 수 있는 사전들에 의거했다.

도대체 독일 철학의 역사는 존재하는가?
그리고 '독일 정신'이 존재한 적이 있었던가?

독일 철학의 역사는 존재하는가? 이 물음은 어처구니없는 것으로 보인
다. 모든 아이는 독일인이 작가와 사상가의 민족이라는 것을, 최소한 그
랬었다는 것을 알고 있다. 독일 철학은 전 세계에 독일의 음악과 문학
작품 못지않게 잘 알려져 있다. 하지만 그 물음에 '예'라고 대답하는 것
은 결코 단순한 일이 아니다. 왜냐하면 의심할 여지없이 독일어로 말하
는 수많은 철학자가 존재했다 할지라도, 그것만으로는 아직 의미 있는
방식으로 설명할 수 있는 그들의 역사가 존재한다는 것을 결코 의미하
지 않기 때문이다. 사실 이름이 P로 시작되는 수많은 철학자가 존재하
지만, '이름이 P로 시작되는 철학자들의 역사'는 특별히 의미 있는 기획
이 아닌 것처럼 보인다. 그 이유를 파악하기란 어렵지 않다. 거기에는
정신적 유대가 없기 때문이다. 우리는 하나의 개별적 대상, 가령 한 사
람의 삶에서 지속적인 것과 논리 정연한 발전을 인식함으로써만 그의
역사를 이야기할 수 있으며, 다수의 사람이 공동 주제로 연계되어 있어

야만 그들의 역사를 이야기할 수 있다. 플라톤(Platon, BC 428/7~BC 348/7)에서 프로클로스[1]에 이르는 고대 플라톤주의의 역사는 플라톤에 대한 특수한 관계에 의해 특징지어지고, 그럼으로써 다른 사람 및 제도와 구별되는 사람과 제도의 역사다. 그러나 **모든** 독일 철학자에게 그리고 **오로지** 그들에게만 공통된 어떤 것, 예를 들어 하나의 방법과 하나의 주제가 존재하는가? 최소한 독일 철학의 발전은 고유한 법칙을 지닌 자기 내부에서 완결된 생기 사건이었는가?

마지막 물음에서 시작하자면, 대답은 명백히 부정적이다. 철학사에서 의미와 연관을 추구하는 사람, 철학사에서 진리를 추구하는 사람은 최소한 유럽 철학사를 하나의 통일로서 고찰해야만 한다. 〈근세 철학의 역사에 대하여(Zur Geschichte der neueren Philosophie)〉라는 자신의 1827년 뮌헨 강의를 '철학에서 국민적 대립에 관하여'라는 장으로 끝을 맺은 프리드리히 셸링(Friedrich Schelling, 1775~1854)은 분명히 종교적 진지함과 선험주의(Apriorismus)를 독일 철학이 두 개의 매우 중요한 이웃 철학, 그러니까 프랑스 철학 및 영국 철학과 구별되는 점으로 보고 있지만, 한편으로는 다음과 같이 강조한다. "참으로 보편적인 철학은 하나의 개별 국민의 소유물일 수 없다. 어떤 하나의 철학이 여전히 참된 철학이 아니라고 가정해도 좋을 것이다." 게오르크 헤겔(Georg Hegel, 1770~1831)과 셸링을 프랑스에 알린 프랑스 철학자 빅토르 쿠쟁[2]은 애국주의적 촌뜨

---

1   Proklos, 410~485. 콘스탄티노플 출신으로 그리스도교의 감화력이 강한 시대에 끝까지 그리스 철학 전통을 옹호함으로써 '디아도코스(전통 계승자)'라는 칭호를 얻은 신플라톤주의자.

2   Victor Cousin, 1792~1867. 파리에서 태어나 멘 드 비랑(Maine de Biran, 1766~1824) 밑에서 철학을 연구하고, 23세에 소르본의 철학 교수가 되었다. 데카르트와 프로클로스의 저작을 편집하고 플라톤을 번역했으며, 나중에 문교부 장관을 역임하기도 한 그는 프랑스

기들로부터 적을 조국에 끌어들인다는 비난을 받았을 때, 정당하게도 철학에는 진리 이외에 다른 조국은 존재하지 않는다고 대답했다. 사실 니콜라우스 쿠자누스(Nicolaus Cusanus, 1401~1464)는 카탈루냐 사람 라이문두스 룰루스[3] 없이는, 고트프리트 라이프니츠(Gottfried Leibniz, 1646~1716)는 프랑스 사람 르네 데카르트(René Descartes, 1596~1650)와 네덜란드 사람 바뤼흐 드 스피노자(Baruch de Spinoza, 1632~1677) 없이는, 임마누엘 칸트(Immanuel Kant, 1724~1804)는 스코틀랜드 사람 데이비드 흄(David Hume, 1711~1776)과 스위스 출신의 프랑스 사람 장-자크 루소(Jean-Jacques Rousseau, 1712~1778) 없이는 이해할 수 없다. 또 이 세 사람 모두는 서로 다른 형식으로긴 하지만 고대 철학의 고유한 사유와도 관련이 있었다. 아니, 그리스도교 중세 철학과 관련해서는 이슬람과 유대 사유의 영향도 중요했다. 이를테면 마이스터 에크하르트(Meister Eckhart, 1260?~1327/28)는 토마스 아퀴나스(Thomas Aquinas, 1225?~1274)와 똑같이 자주 마이모니데스[4] 및 아베로에스[5]와 대결하지만 또한 페르시아 사람 아비켄나[6]와도 대결

에서 최초의 전문적 철학사가로 알려져 있다. 쿠쟁은 1817년 이후 네 차례에 걸친 독일 연구 여행을 통해 헤겔과 셸링, 야코비 등을 만나 친교를 맺었다.

3 Raimundus Lullus, 1235~1316. 에스파냐의 스콜라 철학자이자 프란체스코 수도회의 수도사. 철학적으로는 아라비아의 이성주의 철학, 특히 아베로에스 학설에 반대했으며 신학적으로는 신의 존재, 삼위일체 및 예수 그리스도의 신성에 기초를 부여하고자 했다. 철학과 신학의 일치를 확신해 초이성적인 신앙심의 비의도 논리적으로 증명할 수 있다고 생각했다.

4 Moses Maimonides, 1135~1204. 유대교 철학자. 그의 《불결단자의 안내서(Dux neutrorum sive dubiorum)》는 철학과 과학을 연구하면서 성서와의 차이점에 당혹해하는 사람을 올바른 신앙으로 인도하기 위해 쓴 것이다. 현실 세계에 관해서는 아리스토텔레스의 권위를 인정했지만, 종교상의 문제에서는 성서의 가르침을 우위에 두고 신에 의한 무로부터의 창조나 섭리를 주장했다.

5 Averroes, 1126~1198. 중세 이슬람의 철학자. 신학과 법학, 철학과 의학을 공부했다.

하며, 지구화한 우리 세계 대부분의 현대 철학자보다 더 자주 다른 문화권의 사상가들에 대해 논의한다. 요컨대 독일 철학의 고유한 역사를 박제화하는 것은 사유의 세계 공화국에 실제로 존재하는 지시 연관들을 보지 못하게끔 하거니와, 그렇게 만들어진 독일 철학의 역사는 분명히 오직 세계 수학의 비자립적 부분으로서만 존재하는 독일 수학의 역사와 비슷하게 잘못된 것으로 보인다는 것이다. 그와 마찬가지로 오로지 독일 철학자들에게만, 또는 최소한 그들 모두에게만 공통된 특징을 찾아내는 것도 쉽지 않다. 확실히 18세기의 독일 철학 거의 전부는 계몽(Aufklärung)의 결정적 이념을 수용하거나 최소한 그것을 의식적으로 비판하는 것에 의해 규정된다. 그러나 계몽은 그 분야 최고의 새로운 역사학자인 조너선 이즈라엘[7]이 보여주었듯 철저히 유럽적인 현상이었다. 그러한 이념은 서유럽 대부분의 나라에서 발견할 수 있을 뿐만 아니라 영향작용사적인 연관과 실재적인 이념사적 상호 관계는 여러 국민을 포괄했다. 역으로 개별적인 독일 철학자들은 서로로부터 멀리 떨어져 있다. 가령 무엇이 칸트와 니체(Friedrich Nietzsche, 1844~1900)를 결합하는가? 두 사람 각각을 흄과 결합하는 것이 둘을 서로 결합하는 것보다 훨씬 더 자연스럽지 않은가?

아리스토텔레스의 여러 저작을 주석하는 작업을 수행해 13세기 이후 라틴 세계에 아베로에스학파를 탄생시켰다.

6   Avicenna, 980~1037. 페르시아의 이슬람 의학자이자 철학자. 그리스 의학을 연구해 최고봉을 이루었고, 다른 한편으로는 철학을 연구해 아리스토텔레스의 진수를 파악하고자 했다.

7   Jonathan Israel, 1946~. 네덜란드 역사, 계몽 시대, 유럽의 유대인 사회에 관해 연구하는 영국의 학자로, 2001년에는 프린스턴 대학의 근대 유럽사 교수로 임명되었다. 《민주적 계몽: 철학, 혁명 그리고 인권 1750~1790》(2011) 등의 많은 저술이 있다.

그러므로 '독일 철학(deutsche Philosophie)'이란 다름 아닌 정신적으로 수준 높은 동일성을 창출하고자 하는 독일 국민과 독일 국민국가의 욕구에 힘입은 인위적인 구성물이 아닐까 하는 의혹이 떠오른다.《독일 정신과 기지(Deutscher Sinn und Witz)》(1828)[8]나 《독일 고전 사상가들의 정신(Geist deutscher Klassiker)》(1850)[9] 같은 제목을 달고 있는 책들이 19세기 전반부에는 여전히 드문 반면, 그 세기 후반부에는 독일 통일과 관련해 늘어나고〔《독일 정신과 독일 검(Deutscher Geist und deutsches Schwert)》(1866)[10], 《엘자스의 독일 정신과 독일 특성(Deutscher Geist und deutsche Art im Elsass)》(1872)[11],《독일 심정과 독일 정신(Deutsches Herz und deutscher Geist)》(1884)[12]〕 20세기 전반부에는 그야말로 홍수를 이룬 것은 우연이라고 할 수 없다. 더나아가 독일 정신을 추구한 것은 우리가 오늘날 기껏해야 경계하며 조심스럽게만 다루는 책들, 이를테면 히틀러를 후원하고 그에게서 경탄을 받은, 유대인 출신의 잘 알려진 반유대주의자 아르투르 트레비취[13]의

---

8 이 책의 저자는 김나지움 교사, 사서, 추밀고문관, 역사학자, 시인이기도 한 요한 밥티스트 두라흐(Johann Baptist Durach, 1766~1832)로 추정된다.

9 이 책의 저자 에른스트 폰 포이히터스레벤(Ernst von Feuchtersleben, 1806~1849)은 의사, 철학자, 비더마이어 양식의 서정시인, 문학비평가, 교육자였다.

10 이 책의 저자 빌헬름 헤르헨바흐(Wilhelm Herchenbach, 1818~1889)는 독일의 저술가였다. 300권이 넘는 그의 작품은 대부분 지역의 민담을 재구성하거나 그 자신의 상상을 이야기한 것이며, 그리스도교 도덕의 이슈를 중심으로 젊은 독자를 겨냥했다.

11 문화사가인 H. 쇼이베(H. Scheube)의 저작. 쇼이베는 《18세기의 여성들》(1876)의 저자이기도 하다.

12 자연주의적 문학 및 연극비평가 하인리히 하르트(Heinrich Hart, 1855~1906)의 저작. 이 책의 전체 제목은 《독일 심정과 독일 정신: 루터에서 현대에 이르는 4세기 동안의 독일 시문선》이다.

13 Arthur Trebitsch, 1880~1927. 유대인 출신의 오스트리아 저술가, 철학자, 반유대주의자.

《독일 정신 또는 유대교: 해방의 길(Deutscher Geist—oder Judentum: der Weg der Befreiung)》(1919) 같은 책들뿐만이 아니다. 아울러 에른스트 트뢸취[14]와 한스 바론[15] 그리고 에른스트 로베르트 쿠르티우스[16] 같은 뛰어난 학자들도 독일 정신에 관한 책을 저술했다.

그사이 독일 정신을 다룬 저술이 뜸해진 것은 단지 국가사회주의의 재앙하고만 관련이 있는 것은 아니다. 왜냐하면 이 재앙 이후 독일 정신을 파악하고자 하는 노력이 철저하게 이루어졌기 때문이다. 그중 가장 중요한 기록은 토마스 만[17]의 소설 《파우스트 박사, 한 친구가 이야기하는 독일 작곡가 아드리안 레버퀸의 생애(Doktor Faustus, das Leben des deutschen Tonsetzers Adrian Leverkühn, erzählt von einem Freunde)》(1947)이다. 그렇지만 이러한 노력은 오늘날 유럽연합 같은 초국가적 통일체가 형성되고 그 본질이 지구화인 시대의 자기 이해에는 더 이상 맞지 않는 것으로 보인다. 하지만 이런 획기적인 전환은 다만 오늘날의 독일 철학에 대해 일군의 외면적으로 결합된 대상들 그 이상인 독자적 형성물로서 언급하는 것이 잘못되었음을 의미할 뿐이다. 그러나 그것은 이런 점이 또한 과거

14　Ernst Troeltsch, 1865~1923. 19세기 말 독일에서 발전한 종교사학파의 대표적인 조직 신학자. 신학, 역사, 철학을 주로 다루었으며, 특히 기독교의 절대성 문제는 필생의 관심사였다. 저서로는 《루터와 근대 세계》(1908) 등이 있다.

15　Hans Baron, 1900~1988. 트뢸취의 제자로서 주로 이탈리아 르네상스 시기의 정치사상과 문학을 다룬 역사가.

16　Ernst Robert Curtius, 1886~1956. 《유럽 문학과 라틴적 중세》(1948)로 잘 알려진 독일 문학 연구자, 문헌학자. 독일 정신과 관련한 저서로는 《위험에 처한 독일 정신》(1932)이 있다.

17　Thomas Mann, 1875~1955. '바이마르공화국의 양심'으로 일컫는 독일의 소설가, 평론가. 주요 작품으로 《베네치아에서의 죽음》(1912), 《마의 산》(1924), 《선택받은 사람》(1951) 등이 있다. 1929년 노벨 문학상을 수상했다.

에 대해서도 타당하다는 것을 의미하지 않는다. 만약 독일 정신이 존재한 적이 있다면 바로 그게 과거의 것인 까닭에, 이제 그게 어떤 것이었는지에 대한 물음을 좀더 먼 거리와 객관성을 가지고 추적할 수 있다. 사실 중세 말 이래의 다양한 서유럽 문화를 연구하는 정신사학자는 몇몇 유럽 문화에서 세계에 대한 일정한 문제 제기와 접근 방식이 다른 문화에서보다 더 뚜렷하게 각인되어 있다는 인상을 지우기 쉽지 않다. 분명 모든 문화에는 항상 다른 문화의 주된 흐름에 자신의 것에 대해서보다 더 가까이 놓여 있는 예외가 존재한다. 그러나 그것은 대부분의 문화에 종종 다른 문화의 그것과는 다른 세계관적 주된 흐름 같은 어떤 것이 존재한다는 점에 아무런 변화도 주지 못한다. 이런 점은 바로 곁의 이웃보다는 다른 대륙의 사람들과 더 빠르게 그리고 더 자주 의사소통하는 인터넷 시대에는 급속히 변화할 수 있을 것이다.

그렇지만 구술 문화에서는 물리적으로 가까이 존재하는 사람들과 정신적으로 결실 있는 모든 직접적 상호 작용이 이루어지며, 이런 점은 다수의 그러한 상호 작용에 대해 또한 문자성(文字性)의 발생 이후에도 여전히, 아니 20세기에 들어서까지도 타당하다. 확실히 다른 문화에서 온 책과 다른 나라 학자와의 편지 교환은 중세와 근세에 중요한 역할을 수행했다. 하지만 이는 자기 문화에 속한 사람들과의 상호 작용에 비해 양적으로 열등하다. 아니, 근세 역사가 결코 정신적 지구화의 연속적 증대에 의해 규정받지 않는다는 점은 명백하다. 왜냐하면 중세와 비교해 근세의 특징을 이루는 의사소통과 운송 수단의 진보에는 다른 한편으로 중세와 근세 초기의 공동 학문어(Wissenschaftssprache)인 라틴어의 상실이 맞서 있기 때문이다. 보편적 학문어인 영어의 발생 덕분에 현대는 많은 측면에서 19세기보다 중세에 더 가깝다. 우리는 다음과 같은 사실을 잊지 않고 있다. 흄은 독일어를 못했고, 칸트는 영어를 못했다. 1820년대에도 오로지 아주 소수의 영국 지식인만이 독일어를 읽을 수 있었다. 확실히 근대 언어 중에서 프랑스어는—물론 중세의 라틴어와 비교할 수 있을 만큼 지배적이지는 않았지만—18세기에 이르기까지 유럽 교양인들의 공용어였다. 어쨌든 에드워드 기번[18]도 자신의 첫 번째 책을 프랑스어로 썼다. 흄이 비로소 자기의 주요 저서를 영어로 집필해야겠다고 확신한 것은 7년 전쟁에서 영국이 승리한 후 영어의 중요한 미래를 예언한 셈이다. 국민이 일차적 동일성 요소로 떠오름에 따라 의도적으로 강화된 언어 장벽이 국민국가의 시기에 철학적인 국민 문화를 산출했다는 것은 처음부터 개연적이다. 이런 점은 철학이 복잡한 방식으로 전체로서 문화와 결합되어 있는 만큼 더욱더 그러하다. 왜냐하면 개별 인간의 최종 목표의 해명은 물론 집단의 그것도 철학의 틀 내에서 이루어지기 때문이다. 따라서 독일의 계몽철학이 분명히 유럽의 계몽철학과 공동의 특징을 지니긴 하지만, 그럼에도 불구하고 단순한 독일어 사용을 넘어서 그것을 이웃 나라의 그것과 구별해주는 특수한 형태화를 획득했다는 작업가설은 그 자체로 많은 것을 함축한다. 이런 점은 헤게모니를 장악한 독일의 거의 모든 지식인이 인구가 가장 많은 유럽 국가에서는 거의 존재하지 않았던 종교적 신앙 고백, 즉 독일 정신을 다른 어떤 것과도 다르게 주조해낸 루터교 출신인 만큼 더욱더 개연적이다. 그들의 성장 배경인 루터교는 또한 칸트와 니체에게 공통된 특징 가운데

---

18 Edward Gibbon, 1737~1794. 영국의 역사가. 《로마제국 쇠망사》(1776~1789)는 2세기부터 1453년 콘스탄티노플 멸망까지 1300년의 로마 역사를 다룬 것으로, 영어로 쓰인 가장 위대한 역사 문학이다. 여기서 언급한 프랑스어로 집필한 그의 첫 번째 책은 《문학 연구에 관한 에세이(Essai sur l'Étude de la Littérature)》(1761)를 말한다.

하나이기도 하다. 게다가 앞의 사상가로부터 뒤의 사상가로의 이행은 빠르게 이루어졌다. 이를 위해 필요했던 유일한 징검다리 인물인 쇼펜하우어(Arthur Schopenhauer, 1788~1860)는 독일인이었다. 〔독일 정신을 형성한 루터교의 엄청난 중요성 때문에 나는 한참 동안 종종 베를린에서 지냈고, 가령 셰익스피어(William Shakespeare, 1564~1616)를 독일어로 인용한 쇠렌 키르케고르(Søren Kierkegaard, 1813~1855)를 편입할 것을 고려했다. 하지만 나는 그렇게 하지 않기로 결정했다. 왜냐하면 키르케고르는 독일어로는 아무것도 쓰지 않았고, 특수하게 덴마크적인 환경에 대한 지식 없이 오로지 칸트와 헤겔만을 다시 수용해 해석하는 것만으로는 이해할 수 없기 때문이다.〕

　이것으로 이 책의 관심사를 설명했다. 목표는 독일 철학에 대한 간결한 개관, 이를테면 항공사진을 제공하는 것이다. 아울러 그러면서 이 철학을 다른 유럽 국민의 철학과 구별 짓는 특유성을 부각시키는 것이다. 우리는 **독일 정신에는 결정적으로 정신 개념**(Geistbegriff)**에 대한 추사유**(Nachdenken)**가 속한다**는 것을 보게 될 것이다. 독일 철학의 모든 전환에서는 그것 없이는 역사를 현실적으로 이야기할 수 없는 그럼직한 발전 노선이 명백해야 한다. 이 책이 지향하고 있는 독자는 일차적으로 전문적인 철학자가 아니라 일반적인 교양 시민이다. 이 책은 예를 들어 수학자와 법학자의 관심을 끌어야 하는 까닭에, 그때그때마다 그런 분과에 속하는 어떤 것을 발견할 것이다. 하지만 나는 주해를 포기했으며, 비록 내가 이차 문헌에 많은 것을 빚지고 있다 할지라도 그것들을 인용하지 않았다. 심지어 가끔은 우리가 인터넷을 통해 대부분 쉽게 발견할 수 있는 인용문의 정서법을 현대화했다. 사후에 출간한 텍스트의 경우 비록 잘 알려져 있는 제목이 나중의 사람들로부터 유래한 것이라 할지라도 그 잘 알려진 제목에 따라 인용했다. 여기서 문제되는 것은 박식한 세부 사항이 아니라 커다란 노선이다. 독자는 이차 문헌의 또 다른 책에 많은 시간을 들이기보다는 독일 철학의 고전적 사상가들 자체에 대해 읽도록 고무되어야 한다. 내게 본보기가 된 것은 하인츠 슐라퍼[19]의《독일 문학 소사(Die kurze Geschichte der deutschen Literatur)》(2002)였다. 물론 나는 항상 하인리히 하이네[20]의 따라잡기 어려운 천재적 저작《독일의 종교와 철학의 역사에 대하여(Zur Geschichte der Religion und Philosophie in Deutschland)》(1834)를 염두에 뒀다. 하겐 슐체[21]의 뛰어난 역사학적 논고《도대체 독일 역사는 존재하는가?(Gibt es überhaupt eine deutsche Geschichte?)》(1998)가 지금 이 1장에 미친 영향은 명백하다. 내 책은 철학에 대한 정확한 지식을 전제하지 않으며, 복잡한 기술적 논증에 대한 서술을 의식적으로 포기한다. 철학에서는 그러한 논증만 문제되는 것은 아니지만 또한 그러한 논증도 문제되는 까닭에, 이 책은 철학사학적이라기보다는 오히려 이념사학적이다. 내게 문제가 되는 것은 특히 철학이 불러일으키거나 개념화한 의식사적 변화이다. 만약 그렇게 하고자 한다면 우리는 이 책을 독문학적인 것이라고 부를 수도 있는데, 여기서 독문학(Germanistik)은 단순히 독일 문학만이 아닌 독일 문화에 대한 포괄적인 학문으로서 이해해야 한다. 따라서 나는 또한 언제나 거듭거듭 독일 문화의 다른 성취, 특히 다른 문화의 그것과 다르고 독일 철학과 어렵지 않게 연관시킬 수 있는 문학과 정신과학의 다른 성취도 참조한다. 그에 못지않게 내 관심을 끄는 것은 독일 철학사와 정치적 역사의 연결이다. 독일 정신의 종

---

19   Heinz Schlaffer, 1939~. 독어독문학자이자 슈투트가르트 대학의 문예학 명예교수.

20   Heinrich Heine, 1797~1856. 서정시인. 1821~1823년 베를린에서 헤겔의 청강자였으며, 마르크스와 엥겔스는 하이네를 괴테 이후 최고의 독일 시인으로 평가했다.

21   Hagen Schulze, 1943~. 현재 베를린 자유대학에 재직하고 있는 독일의 역사학자.

교적 전제는 중심 역할을 수행하는데, 나는 독일 신비주의로부터 종교 개혁으로의 도정과 루터교의 고전 독일 철학으로의 변형 및 19세기에 이루어진 독일의 탈그리스도교화를 이해하고자 한다. 이 책은 또한 서 유럽 근세의 틀 안에서 독일 문화의 특수한 역할은 무엇이었는지 파악 하고자 하는 사람들에게도 유용할 것이다.

　이것으로 짧은 이 개관을 규정하는 두 가지 선택 기준 가운데 하나를 언급했다. 그러나 무엇이 독일 철학의 특수한 도정을 해명할 수 있는 저 작들을 선택하는 출발 자료인가? 도대체 무엇을 독일 철학으로 간주할 수 있는가? 이 단순한 물음의 어려움마저도 독일이 뒤늦게야 정치적으 로 통일되었다는 점, 아니 오늘날에도 여전히 독일연방공화국 외부에 전적으로나 부분적으로 독일어를 말하는 국가들이 존재한다는 점과 관 련이 있다. 앞에서 결합 지절로서 언어에 관해 말한 것에 근거해 내게는 언어가 가장 중요한 정의 기준인 것으로 보인다. 이것은 물론 첫째, 오 스트리아 철학자들도, 심지어 죄르지 루카치(György Lukács, 1885~1971)처 럼 독일어로 저술하는 헝가리 철학자까지도 독일 철학으로 간주해야 한다는 것을 그리고 둘째, 오늘날에는 독일에 속하지만 그들의 시대에 는 독일 민족의 신성로마제국 일부인 영토에 살았던, 오로지 라틴어로 만 저술한 철학자를 배제한다는 것을 의미한다. 그 결과 독일 출신 중세 철학자 중 압도적 다수가 여기서 의미하는 독일 철학에 속하지 않는다. 게다가 그들은 자신의 이념에 따라 고유한 하위 그룹을 형성하기에는 다른 중세 철학자들과 충분히 구별되지 않으며, 또한 고전 독일 철학에 중요한 영향을 끼치지도 못했다. 독일의 철학적 언어를 최초로 창조한 마이스터 에크하르트는 중요한 예외다. 따라서 여기서 의미하는 독일 철학은 주로 1720년부터 2000년까지의 시대를 아우른다. 나는 1770년부터 1930년까지의 특별히 혁신적인 시기에 집중하고자 한다. 물론 나는 분명 일차적으로는 독일어로 저술했지만 그와 더불어 때때로 19세기에 이르기까지 특히 격식을 차린 학문적 기회에 여전히 사용한 오랜 학문어인 라틴어와 유럽의 문화어인 프랑스어 또는 새로운 학문어인 영어로 쓰기도 한 사상가들의 비독일어 저작도 언급했다. 칸트의 라틴어 저술이나 마르크스(Karl Heinrich Marx, 1818~1883)의 《철학의 빈곤(Misère de la philosophie)》(1847) 그리고 한스 요나스(Hans Jonas, 1903~1993)의 《생명의 현상(The Phenomenon of Life)》(1966)은 모두 독일 철학사에서 분리할 수 없다. 라틴어로 쓴 자격 논문은 독일 대학의 본질적 구성 요소였다. 프랑스, 벨기에, 영국으로의 망명과 프로이센 국적 포기에도 불구하고 마르크스는 계속해서 독일 문화에 뿌리박고 있었다. 아울러 독일 문화에 지속적인 영향력을 행사했다. 마지막으로 요나스는 앞서 언급한 자신의 책을 독일어로 번역하는 데 협력했으며, 마침내 자신의 마지막 위대한 저작을 모국어로 저술했다.[22] 그뿐 아니라 심지어 나는 단지 이따금씩만 독일어로 글을 쓴 두 철학자를 여기서 다뤘다. 한 사람은 자신의 저작 대부분을 (학문적인 대중이나 학자는 아니지만 교양을 갖춘 대중을 위해) 라틴어나 프랑스어로 저술한 라이프니츠다. 왜냐하면 그의 사유는 칸트 철학의 출발점을 형성하며, 아니 누구보다도 라이프니츠에 의해 고무된 볼프(Christian Wolff, 1679~1754)가 독일의 철학적 전문어를 형성하지 못했다면 여기서 정의한 언어적 의미에서 독일 철학은 결코 존재하지 않을 것이기 때문이다. 또한 나는 니콜라우스 쿠자누스를 도저히 건너뛸

22　《책임의 원리: 기술 문명을 위한 윤리학의 시도(Das Prinzip Verantwortung: Versuch einer Ethik für die technologische Zivilisation)》(1979)를 말한다.

수 없었다.

사람들은 만약 우리가 언어적 기준 대신 영토적이거나 민족적 기준을 근저에 놓는다면 문제가 사라질 거라고 이의를 제기할 수도 있을 것이다. 왜냐하면 어느 누구도 쿠자누스와 라이프니츠가 신성로마제국의 영토 안에서 태어나 자랐으며, 독일어가 그들의 모국어였다는 것을 의심하지 않기 때문이다. 그러나 칸트가 본래의 프로이센이 속하지 않았던 신성로마제국의 영토를 결코 밟아본 적이 없었다는 점을 전적으로 도외시한다 하더라도, 그러한 기준에 대해서는 그것이 인위적 경계를 긋고 있다는 반론을 반복할 수 있다. 국가를 포괄하는 공통된 학문어가 존재하는 한 정치적 형성물에 따른 경계 긋기는 대단히 자의적이다. 독일 철학자들을 결합해주고 또 사람들이 독일 정신의 개념을 추구할 때 염두에 두는 어떤 것이 존재한다는 추정은 어떤 인과적 메커니즘이 이 정신의 주창자들을 결합할 때에만 처음부터 잘못이 아니거니와, 그러한 것은 언어에 의해, 그것도 철학에서는 모국어가 아니라 학문어에 의해 가능해지는 특별히 집중적인 수용이며 아울러 계속해서 그러하다. 존재론적으로 일차적인 것은 민족이 아니라 개인과 그들의 (사실상 종종 사회적으로 공유한) 속성이다. 오로지 공동의 언어적, 종교적, 정치적 지배 같은 사회적으로 공유한 속성의 증대에 근거해서만 민족 같은 어떤 것을 형성할 수 있으며, 또는 그것들이 쇠퇴할 경우 다시 해소될 수 있다.

우리는 독일의 역사를 1871년의 독일 통일에서 시작할 수는 없다. 왜냐하면 1800년 이래로 강력한 독일 국민의식이 형성됨으로써 많은 이들이 공동의 국가를 열망하기 시작했기 때문이다. 그리고 이러한 의식은 한편으론 이웃 나라들의 발전에 의해 환기되었고, 다른 한편으론 가령 1760년 이래로 독일어권 문화가 그것을 다른 유럽 문화와 구별해주는 길을 발견했다고 하는 느낌을 표현했다. 이 새로운 길은 독일 역사의 이전 시기를 다시 수용함으로써 생겨난 게 아니었다. 독일 중세나 심지어 초기 게르만에 대한 포괄적 관심은 19세기에야 비로소 이뤄졌다. 괴테(Johann Wolfgang von Goethe, 1749~1832)는 중고지 독일어(mittelhochdeutsche) 문학보다 그리스, 라틴, 이탈리아, 프랑스, 영국 문학에 대해 서로 비교할 수 없을 정도로 더 잘 알았다. 아니, 그는 엄청나고도 천부적인 언어적 재능에도 불구하고 중고지 독일어 읽기를 배우는 수고를 무시했다. **독일 정신이 존재한다면, 우리는 도발적으로 그것이 1750년 이후에야 비로소 존재했다고 말할 수 있다.** 비록 그것이 그 이전 것 위에서, 특히 루터교 위에서 구축되었다고 할지라도 말이다. 그러나 비록 루터교가 종교적인 것을 중세에는 알려지지 않은 방식으로 국민적인 것과 결합했다 할지라도, 그것은 일차적으로는 종교적 운동이며 단지 이차적으로만 국민적 운동이었다. 독일 정신과 관련해 여기서 주장하는 연대는 또한 외부적 관점에서도 타당하다. 19세기 초 이후에야 비로소(1813년 독일에 관한 스탈 부인[23]의 유명한 책이 출간되었다) 유럽은 단지 중세의 숭고한 유물인 신성로마제국의 전통적 담지자로서 독일 민족에 대해서가 아니라, 특수하게 독일적인 문화에 대해 관심을 기울이기 시작했다. 독일이 프랑스, 에스파냐 또는 영국의 양식에 따른 근대 국민국가로 부상하는 것을 그토록 어렵게 만든 것은 특히 신성로마제국의 담지자라는 그러한 영예로운 특수 역할이었다. 독일은 제국의 붕괴에 이르기까지 유럽의 다른

23　Madame de Staël, 1766~1817. 스위스 제네바 출신의 여류 비평가, 소설가, 자유주의자. 여기서 언급한 것은 유럽 문학의 시각에서 독일의 문화와 문학을 논한 대작 《독일에 대하여(De l'Allemagne)》(1810/1813)를 말한다.

커다란 국가들과 전적으로 동일하게 정치적이었다. 유럽연합의 시민인 우리가 오늘날 국민국가의 시대보다 더 많은 존경의 눈길을 지니고 바라보는 제국의 그리스도교-보편주의적 기획은 독일이 가령 프랑스나 영국보다 더 강력하게 과거에 사로잡히는 동시에 유토피아적으로 생각하는 것을 뒷받침했다.

만약 우리가 세계 발전의 정치적이고 문화적인 중심이 2500년이 지난 후 유럽으로부터 결정적으로 옮아가고 있는 것을 목격하고 있는 21세기 초에 지난 천년을 되돌아본다면, 아주 단순하게 말해서 유럽의 커다란 국민들 가운데 독일이 일정한 정신적 헤게모니를 행사한 마지막 국민이라고 할 수 있을 것이다. 중세 전성기에는 이탈리아와 프랑스가 유럽의 주도적 문화였다. 16세기에는 에스파냐가 지도적인 힘이었다. 17세기에는 우위가 프랑스로 넘어갔으며, 프랑스는 물론 18세기에 영국에 그 자리를 내주어야만 했다. (네덜란드는 17세기에 중요한 조역을 담당했다.) 각각의 국민 문학에서 정점으로 여겨지는 다른 유럽 국민의 저술가들은 단테[24]처럼 중세에서나 카몽이스[25], 셰익스피어, 세르반테스[26]처럼 근세 초기에서 유래한다. 그에 반해 독일은 16세기에 극문학에서는 한스 작스[27] 수준을 넘어서지 못했으며, 1800년경에야 비로소 문학적 걸작

---

24 Alighieri Dante, 1265~1321. 이탈리아의 시인, 예언자, 신앙인으로서 영원불멸의 거작《신곡》에 중세의 정신을 종합해 문예 부흥의 선구자가 되었다.

25 Luís Vaz de Camões, 1524~1580. 포르투갈 문예 부흥기의 위대한 국민 시인. 포르투갈의 역사를 그린 서사시《우스 루지아다스》에서 민족의 슬기로운 기질을 찬미했다.

26 Saavedra Miguel de Cervantes, 1547~1616.《돈키호테》(정편: 1605, 속편: 1616)의 저자. 에스파냐의 국력이 급속히 쇠퇴하고 이전의 기사도 이야기조차 퇴색해가던 시대에 이 작품을 집필했다.

27 Hans Sachs, 1494~1576. 뉘른베르크의 구두 장인이자 계몽 시인, 극작가.

들을 산출했다. (오직 러시아만이 그보다 더 늦게 따라왔다.) 독일 문화의 역사는 최소한 문학과 철학에서는 가장 뒤늦은 서유럽 문화의 역사다―조형예술에서는 틸만 리멘슈나이더[28]와 알브레히트 뒤러[29]가 1500년경 최상의 것을 성취했으며, 하인리히 쉬츠[30]와 요한 제바스티안 바흐[31]는 17세기와 18세기 초 독일 음악에 세계적 가치를 가져다주었다. 그런데 빛나는 문학적 성취와 철학적 성취의 동시성에 고전 독일 철학의 특수한 매력을 위한 근거 가운데 하나가 놓여 있다. 이 철학은 그 시기의 다른 유럽 철학들과 마찬가지로 근대 과학과 계몽의 문제 지평을 전제한다. 그러나 그것은 서방의 이웃 나라들에서는 더 이상 존재하지 않는 본원적 위대함을 지닌 문학의 형성과 동일한 시점에 전개된다. 처음에 인용한, 작가와 사상가의 민족으로서 독일인이라는 널리 회자되는 말은 물론 독일인의 높은 교양 수준을 일반적으로 특징짓기 위해 19세기에야 비로소 만들어졌다. 그러나 우리는 또한 그 말이 철학적 발전과 문학적 발전의 밀접한 결합을, 즉 이러한 형식으로는 이전에 오직 그리스에서만 존재했고 헤겔과 셸링 그리고 횔덜린[32]의 청년기 우정이 본보기로 보여주는 그러한 결합을 지시한다고도 이해할 수 있다.

---

28 Tilman Riemenschneider, 1460?~1531. 독일의 조각가. 작품으로는 〈아담과 이브〉 등의 석조와 〈로덴부르크〉 등의 목각 제단이 있다.

29 Albrecht Dürer, 1471~1528. 독일의 화가, 판화가, 미술이론가. 독일 르네상스 회화의 완성자.

30 Heinrich Schütz, 1585~1672. 바흐 이전 독일의 가장 위대한 작곡가로서 독일 근대 음악의 기초를 쌓은 음악가.

31 Johann Sebastian Bach, 1685~1750. 흔히 '음악의 아버지'로 일컬으며 독일 바로크 음악의 최후·최대 작곡가이자 그 완성자.

32 Johann Christian Friedrich Hölderlin, 1770~1843. 독일의 시인. 헤겔과 셸링의 튀빙겐 시대 이래의 친구. 《엠페도클레스의 죽음》, 《디오티마》, 《휘페리온》 등의 걸작이 있다.

더 이상 유럽의 것이 아닐 천년의 첫머리에서도 어째서 독일 철학사의 새로운 이야기가 의미 있는지에 대한 본래적 근거는 오로지 그리스인들의 그것만이 능가할 수 있는 이 철학적 전통의 비상한 질이다. 물론 이는 강력하지만 거친 가치 판단이므로 독자는 주의해야 할 것이다. 즉 독자는 이 책에서 독일 철학사에 대해 많은 것을 발견하겠지만, 반은 에세이고 반은 역사학인 이 책은 독일 철학을 의식적으로 그 정점으로서 독일 관념론에 비추어 해석하며, 불가피하게 지금 이 저자의 철학에 의해 각인되어 있다. 모든 역사학자는 선택해야만 하거니와, 내 두 번째 선택 기준은 사실상 철학의 질이다. 여기서 완전성은 결코 추구하지 않았다. 나는 위대한 것들에 집중하고자 하며, 그저 자신의 시대에서만 영향력이 컸던 학교 철학자들을 무시하고자 한다. 호라티우스[33]가 시인들에 관해 말하는 것, 즉 사람들도 신들도 그들에게 평범하기를 허락하지 않았다는 것은 좀더 높은 수준으로 철학자들에게 적용할 수 있다. 게다가 오로지 고전적 사상가들만이 세대를 포괄하는 독일 문화를 형성했다. 여기서는 오로지 중요한 통찰을 획득했거나 최소한 독일 문화의 특성에 빛을 비추어 그들이 없다면 독일 문화의 발전 과정이 그럼직할 수 없는 사상가들만 다루어야 한다. 그러나 무엇이 한 철학자의 중요성을 이루는가? 철학은 진리와 관계하며, 따라서 무조건적으로 우리는 한 철학자가 처음으로 일정한 진리를 인식했을 때 그에게 높은 지위를 돌린다. 그러나 동시에 철학은 아주 복잡한 시도이고 그 속의 진리는 무언가 아주 다층적인 것이므로 우리는 한 철학자가 물론 나중에 잘못된 것으

---

33 Quintus Horatius Flaccus, BC 65~BC 8. 로마의 서정·풍자시인. 《서정시집(Odae)》 4권은 호라티우스 서정시의 최고를 이룬다.

로서 밝혀졌지만 오직 바로 그것에 관여하고자 한 그의 용기 덕분에 그렇게 밝혀진 사상을 끝까지 사유했을 때에도 그를 중요한 철학자로 인정해야 한다. 현상의 발굴, 자기 시대를 개념화하는 능력, 철학적 타당성 요구에 대한 반성, 개념 형성의 섬세함, 논증 분석의 정확함, 학문의 성과에서 본질적인 것에 대한 간취, 현실의 다양한 영역 간의 다리 놓기, 짜임새 있고 많은 경우 문학적으로도 빛나는 텍스트의 저술은 그 모두가 오로지 드물게만 통합되어 나타나는 철학적 덕목이다. 정의(Gerechtigkeit)는 위대함을 많은 경우 방법적으로나 내용적으로 서로 정반대인 두 사상가에 대해서도 인정할 것을 명령한다.

그러나 가치 판단은 불가피하게 주관적이지 않은가? 그런데 이러한 확신은 그 자체가 나중에야 비로소 형성된 하나의 철학적 입장이다. 최소한 독자는 이 책의 끝에서 어떻게 그러한 확신에 도달했으며, 왜 그것이 자명하지 않은지 알게 될 것이다. 그러나 독자가 저자의 주도적인 인식과 관심이 무엇인지를 알고자 한다면, 그런 독자에 대해서는 그것이 철저히 개인적인 것임을 고백해야 할 것이다. 이탈리아에서 태어나고 자란 나는 독일어를 외국어로 배웠으며 독일의 언어, 문학, 철학 그리고 정신과학에 대한 열광적인 습득은 내가 루터교 종교 교육을 향유한 청소년기의 대부분을 채웠다. 10여 년 전 이래로 나는 미국인들 사이에서 한국인과 결혼해 살며 미국의 유수한 가톨릭 대학에서 교편을 잡고 있다. 독일에 대한 나의 눈길은 더 이상 내부적인 것이 아니라 다음과 같은 두 가지 물음, 즉 어떤 요인이 독일 철학을 인류사에서 두 개의 가장 매혹적인 철학 중 하나로 떠오를 수 있도록 했는가 그리고 이러한 철학적 전통에도 불구하고 어떻게 1933~1945년의 도덕적-정치적 대재앙이 생겨날 수 있었는가 하는 것을 파악하고자 하는 외국인의 그것과 마찬가지다.

이 책은 나의 아버지 요한네스 회슬레와 내 친구들인 칼 아메릭스, 롤런드 갈레 그리고 특히 노터데임 고등연구소의 연구원으로 지내는 동안 비판적으로 읽어준 케어스텐 더트에게 엄청난 도움을 받았다. 그것에 대해 여기서도 그분들께 진심으로 감사드린다.

02

영혼에서 신의 탄생: 중세에 마이스터 에크하르트에게서 독일어로 철학함의 시작. 니콜라우스 쿠자누스의 중세 사유의 완성과 돌파

독일 철학과 관련한 최초의 역사책은 고트홀트 에프라임 레싱(Gotthold Ephraim Lessing, 1729~1781)에게서—가령 아르놀트 루게[1]의 1847년 저서 《레싱 이후의 독일 문학과 철학의 역사(Geschichte der deutschen Poesie und Philosophie seit Lessing)》—또는 라이프니츠에게서—가령 에두아르트 첼러[2]의 1873년 저서《라이프니츠 이후의 독일 철학사(Geschichte der deutschen Philosophie seit Leibniz)》—시작된다. 물론 첼러의 책 서론에서는 중세와 근세 초기의 독일 철학을 언급하지만, 다만 대략적일 뿐이다. 거꾸로 대부분의 중세 철학사 책들에서는 독일 철학에 관해 많은 것을 발견할 수 없

---

1   Arnold Ruge, 1802~1880. 마르크스와 함께 〈독불연보〉의 공동 편집을 맡았던 독일의 민주주의 사상가이자 저널리스트, 1840년대의 헤겔 좌파.

2   Eduard Zeller, 1814~1908. 독일의 철학사가, 철학자, 신학자. 특히 주저 《그리스인의 철학》으로 유명하다. 헤겔 철학에서 출발했으나 '인식론'을 중시, 신칸트학파 창시자 중 한 사람이 되었다.

다. 지배적 견해는 항상 중세 철학의 정신적 중심은 파리와 옥스퍼드이며, 독일은 철학적으로 볼 때 지방이라는 것이었다. 일찍이 12세기의 유명한 프랑스 대성당 학교들에 비교할 만한 것을 독일은 전혀 내놓지 못했으며, 유럽 대학의 역사를 간단히 살펴보는 것만으로도 독일이 중세가 산출한 가장 중요한 학문 제도와 연결되는 것이 얼마나 늦었는지를 명확히 설명하기에 충분하다. 가장 오래된 유럽의 대학은 11세기 말 볼로냐에서 설립되었다. 12세기에는 파리와 옥스퍼드가, 13세기 초에는 케임브리지, 살라망카, 몽펠리에, 파도바, 툴루즈, 오를레앙 등등이 그 뒤를 따랐다. (이들 대학 가운데 많은 수는 단 하나의 학부만을 갖고 있었다.) 포르투갈 같은 작은 나라에서는 1290년에야 최초의 대학을 설립했다. 그에 반해 중부 유럽에서는 14세기 이전에는 대학이 설립되지 않았다. 1348년 프라하, 1365년 빈, 1386년 하이델베르크에서 대학을 설립했다. 어디서나 라틴어로 가르쳤으며, 따라서 독일인은 제국 영역에 대학이 들어서기 이전에도 오랫동안 외국에서 공부할 수 있었다. 그러나 이런 점은 학문적으로 보아 독일이 14세기에 이르기까지 유럽의 주변부에 속했다는 것에 아무런 변화도 주지 못한다.

철학은 대학이라는 제도에 매여 있지 않다. 대학이 발생하기 이전의 중세에는 수도원 학교와 대성당 학교가, 많은 경우에는 또한 영주의 궁정이 집중적인 연구를 할 수 있는 장소였다. 또한 라이프니츠, 쇼펜하우어, 니체 같은 가장 중요한 근세 독일 철학자 가운데 몇몇은 직업적으로 대학에서 철학을 가르치지 않았으며, 바로 이런 점은 중세의 가장 독창적인 독일 철학자 니콜라우스 쿠자누스에게도 적용된다. 그러나 의심할 바 없이 보편성에 대한 추구는 대학 같은 제도와의 접촉에 의해 북돋워진다. 따라서 중세 독일에서 활동한 중요한 철학자들의 수가 적다는 것은 놀라운 일이 아니다. 고전적 사상가의 지위를 획득한 것은 다만 알베르투스 마그누스[3], 마이스터 에크하르트 그리고 니콜라우스 쿠자누스뿐이다. 물론 지난 몇십 년 사이 지금까지 거의 알려지지 않은 중세 독일 철학자들에 대한 깊은 관심이 생겨났는데, 그것은 특히 쿠르트 플라슈[4]와 로리스 슈투를레제[5]에 의해 시작된 고유한 중세 독일 철학자 전집 간행본에서 드러났다. 우리는 748년부터 1280년까지의 시기를 다룬 슈투를레제의 박학한 책《중세의 독일 철학(Die deutsche Philosophie im Mittelalter)》(1993)에 신세를 지고 있다. 그는 자신의 발상을 '지역 철학사(regionale Philosophiegeschichte)'로서 이해하는데, 실제로 그 책에서는 앞에서 언급한 시기에 오늘날 독일이라는 나라의 영토에서 철학적 문제 설정과 관련이 있던 대부분의 인물을 아주 해박하게 다룬다.

그러나 이것이 실제로 앞에서 언급한 시기에 중세의 **독일** 철학이 존재했다는 것을 증명하는가? 오히려 **독일** 땅에서, 즉 길베르투스 포레타누스[6]가 언젠가 썼듯이 "게르마니아 일부에서(in Germaniae partibus)"의 중세 철학을 다루는 것 아닌가? 구별은 1장에서 설명한 것으로부터 이루어진다. 물론 모든 저자에게는 자신이 원하는 대로 경계를 그을 자유가 있다. 가령 우리는 본초자오선과 동쪽 경선 9.5° 사이의 807년부터 1305년

---

3   Albertus Magnus, 1200?~1280. 독일의 스콜라 철학자, 신학자. 아리스토텔레스 사상을 라틴 사람들에게 이해시키려 노력했고, 신학과 철학 사이에 명확한 경계를 그음으로써 철학이 지닌 자율적 가치를 분명히 했다.

4   Kurt Flasch, 1930~. 독일의 철학사학자로서 고대 후기와 중세 전문가.

5   Loris Sturlese, 1948~. 이탈리아 출신의 중세 철학사가. 독일 아이히슈테트 대학의 중세 독일 문학과 문화사 담당 교수.

6   Gilbertus Porretanus, 1075?~1154. 프랑스의 스콜라 철학자, 신학자, 성직자. 아리스토텔레스의《범주론》연구에서는 10개의 범주를 본질적인 것 4개와 나머지 6개로 나누었고, 보편 논쟁에서는 극단적인 실재론을 배척하고 추상에 의한 인식을 인정했다.

까지의 철학사를 쓸 수 있다. 그러나 우리는 이러한 경계 긋기가 사태적으로 중요한 구별에 정향되어 있으며, 따라서 자연스러운 분류를 나타낸다고 주장해서는 안 될 것이다. 확실히 독일 영토에서는 철학함이 이루어졌으며, 알베르투스 마그누스는 철저히 아오스타 또는 베크 또는 캔터베리의 안셀무스[7]와 토마스 아쿠나스 그리고 보나벤투라[8]와 함께 중세 전성기의 가장 중요한 사상가로 헤아려줄 것을 요구할 수 있다. 중세에 그는 덧이름 '위대한(Magnus)'뿐만 아니라 그의 주위를 휘감아 도는 수많은 전설이 증명하듯 아마도 독일 땅 출신의 가장 많은 존경을 받는 사상가였다. 〔많은 경우 '튜턴의 알베르투스(Albertus Teutonicus)', '독일인 알베르트(Albert der Deutsche)'라고도 일컬었다.〕 그러나 그의 철학에서 무엇이 특수하게 독일적인가? 그가 사용한 언어로는 거의 그렇게 보기 어렵다. 왜냐하면 오로지 라틴어일 뿐이기 때문이다. 비록 생애 대부분을 독일 땅에서 보냈다 할지라도, 그는 1223년 도미니크 수도회에 들어가 파도바에서 공부했고, 1243년부터 1248년까지는 파리에 거주하며 가르쳤다. 확실히 그의 사유, 특히 인간 안의 신적인 것으로서 이성에 관한 그의 학설은 그의 제자 울리히 폰 슈트라스부르크[9], 그러나 또한 디트리히

---

7 Anselmus Cantuariensis, 1033~1109. 스콜라 철학의 두 번째 시조로 일컫는 중세 철학자이자 신학자. "나는 이해하기 위해 믿는다(credo ut intelligam)"라는 말로 유명하며, 보편 논쟁에 관해 철저한 실재론을 펼쳤다. 여기서 그를 아오스타 또는 베크 또는 캔터베리의 안셀무스라고 언급한 까닭은 그가 1033년 이탈리아의 아오스타에서 태어났고, 27세되던 해에 프랑스 북부의 베크 수도원에 들어가 훗날 수도원장이 되었으며, 인생 말년에는 캔터베리의 대주교가 되었기 때문이다. 일반적으로는 캔터베리의 안셀무스라고 부른다.

8 Bonaventura, 1221?~1274. 이탈리아의 가톨릭 신학자, 프란체스코 수도회 회장, 추기경. 대표작으로는《신에게 이르는 정신의 여행(Itinerarium mentis in Deum)》(1472)이 있다.

9 Ulrich von Straßburg, 1220?~1277. 독일의 도미니크회 신학자이자 스콜라 철학자. 알베르투스 마그누스의 제자로 1265년부터 1272년까지 저술한《최고선에 대하여(Summa

폰 프라이베르크[10], 마이스터 에크하르트 그리고 베르톨트 폰 무스부르크[11] 같은 일련의 독일 도미니크회 수도사들에게 인상을 남겼지만, 현격한 차이를 두고서 가장 영향력 있는 그의 제자는 토마스 아퀴나스, 즉 파리와 쾰른에서 그에게 가르침을 받은 '이탈리아인'이다. 확실히 그는 1248년 쾰른에서 도미니크회 수도사들의 일반 연구(Studium generale)의 기초를 놓음으로써 하나의 기관을 창설했는데, 그로부터 1388년 쾰른에 대학이 생길 수 있었다. 그리고 1250년 쾰른에서 시작한 아리스토텔레스─알베르투스는 그의 저작을 10년 동안 주석했다─에 관한 일련의 강의는 확실히 중세 철학사를 지속적으로 변화시켰다. 왜냐하면 알베르투스 이래로 신학은 신학적 범주들로부터 독립적인 철학 개념 및 과학 개념과 대결해야만 했기 때문이다. 그리고 사실상 알베르투스 자신이 또한 자연적 세계, 즉 광물과 식물 및 동물을 기술하는 인물로서도 중요할뿐더러 중세에 경탄의 대상이 된 것들을 성취했다. 그러나 이미 1259년 발랑시엔의 도미니크회 수도사들의 교육 과정 개혁을 위한 위원회는 새로이 발견한 철학 텍스트 몇 가지를 신학자들의 교육에 통합했다. 위원회는 그중에서도 특히 알베르투스, 토마스 아퀴나스 그리고 나중에 교황 인노켄티우스 5세로 즉위한 피에르 드 타랑테즈[12]로 구성

---

de Bono》로 잘 알려져 있다.

10 Dietrich von Freiberg, 1240?~1310?. 라틴어로 테오도리쿠스 테우토니쿠스 (Theodoricus Teutonicus)라고도 부르며 도미니크회 소속 독일의 철학자, 신학자, 자연과학자였다.

11 Berthold von Moosburg, 1330?~1361?. 신플라톤주의적으로 정향된 도미니크회 소속 스콜라 철학자. 현존하는 유일한 저작으로 《프로클로스의 신학적 기초에 관한 해명 (Expositio super elementationem theologicam Procli)》이 있다.

12 Pierre de Tarentaise, 1225~1276. 제185대 로마 교황 인노켄티우스 5세(재위: 1276. 1~1276. 6). 도미니크회 출신으로는 최초로 교황의 자리에 오른 인물이다. 1259년 파리에

되었다. 이것이 결정적인 점이다. 알베르투스가 속했던 수도회는 관구로 분할되어 있었음에도 불구하고 국제적이었으며, 그 시대의 대학 체계도 국제적이었고, 철학의 언어도 국제적이었다. 위에서 나는 의식적으로 안셀무스를 이에 따라 언급하고 또 오늘날 각각 이탈리아, 프랑스, 영국에 위치한 세 개 지역 모두를 인용했다. 안셀무스는 잉글랜드 북부에서 태어난 알쿠인[13]과 아일랜드에서 태어나 카롤링거 왕조 치하의 대륙에서 경력을 쌓은 에리우게나[14]와 마찬가지로 유럽인이었으며, 알베르투스 마그누스에 대해서도 이와 비슷한 말을 할 수 있다. 따라서 그는 여기서 사용하는 독일 철학, 다시 말해 독일어로 말하는 철학에 아직 속하지 않으며, 오히려 하나의 정점으로서 그 전사(前史)에 속한다.

우리가 독일어로 된 철학 텍스트를 빚지고 있는 최초의 사람은 장크트 갈렌의 수도원 학교를 이끌었던 베네딕트회 수도사 노트커 라베오[15]이다. 물론 그 자신은 독창적인 철학자가 아니었다. 그러나 그는 특히 아리스토텔레스(라틴어로부터)와 보에티우스[16]를 고고지 독일어(Althochdeutsche)

서 신학 교수가 되었으며, 여러 주제에 관한 명제들과 성서 주석 등을 썼다. 동방정교회와의 일치를 위해 노력했다.

13　Alkuin, 730?~804. 카를 대제의 궁정에서 봉사한 신학자, 저술가. 플라쿠스 알비누스(Flaccus Albinus)라고도 부른다.

14　Johannes Scotus Eriugena, 810?~877?. 고대의 교부와 중세의 스콜라 사이에 위치한 독창적인 신학자, 철학자. 신플라톤학파의 사상과 유출설에 의거해 기독교의 우주창조설을 해석하고 범신론적 입장을 취했다.

15　Notker Labeo, 950?~1022. 노트커 테우토니쿠스(Notker Teutonicus)라고도 알려진 인물로 중세에 활동한 최초의 아리스토텔레스 주석자였다. 훗날 독일어에 대한 기여를 인정받아 테우토니쿠스(튜턴의)라고 불렸다.

16　Anicius Manlius Torquatus Sererinus Boethius, 480?~524?. 고대 말기의 철학자, 정치가, 가톨릭 순교 성인. 신플라톤주의의 대표자로 여겨지지만 그의 설학은 절충적이며, 윤리학적 견해는 스토아학파에 가깝다. 아리스토텔레스의 《범주론 입문》을 라틴어로 번

로 번역했으며, 그 정서법을 확정하는 데 이바지했다. 노트커가 라틴어와 고고지 독일어로부터 제멋대로 이루어진 혼성어를 사용했다 할지라도, 우리는 거기서 학문어를 향한 독일 최초의 발걸음을 인식한다. 일찍이 중고지 독일어로 이루어진 대중과학적 저작들이 발견되었는데, 1190년의 《루키다리우스(Lucidarius, 촛대)》는 신학적이고 자연과학적인 지식을 펼쳐놓은 산문 작품이다. 메흐틸트 폰 마그데부르크[17]의 《Ein vliessende lieht miner gotheit》〔저지 독일어(Niederdeutsche)를 고지 독일어(Hochdeutsche)로 번역한 것만 전해 내려오는데, 대부분 《신성이 흐르는 빛(Das fließende Licht der Gottheit)》으로 옮겨진다〕는 신비적 경험을 묘사한 민중어적인 저술이다. 그러나 고유한 철학적 사상을 민중어로 처음으로 분명히 표현한 것은 도미니크회 수도사 마이스터 에크하르트였다. 내 생각에는 이 이유 및 또 다른 두 가지 이유에서 그를 최초의 독일 철학자로 간주하는 것은 여전히 의미 있다. 그의 이념들 가운데 많은 것은 첫째, 이미 동시대인들이 감지했을 만큼 그리스도교 주류와 당혹스러울 정도로 눈에 띄게 다른, 훗날 독일 전통의 종교철학적 사상을 선취하고 있다. 생애 마지막에 처음에는 쾰른에서, 그러고 나서 교황에 대한 항소 이후에는 아비뇽에서 그에 대한 종교 재판 심리가 이루어졌는데, 이 재판은 그의 사후인 1329년 요한네스 22세[18]의 교서 《주의 분야에서(In agro dominico)》에서 그의 테제 가운데 17개에 대해서는 이단적인 것으로 그리고 11개에 대해서는 의

역하고 주해했다.

17 Mechthild von Magdeburg, 1210?~1282. 베긴회 수녀로서 중세 독일의 여성 신비주의자 가운데 가장 위대한 인물로 여겨진다. 《신성이 흐르는 빛》은 신에 대한 저자의 비전을 묘사하고 있다.

18 Johannes XXII, 1245?~1334. 제3대 아비뇽 교황(재위: 1316~1334). 교회법의 권위자로서 《클레멘스 5세 교회법령집》을 편찬, 공포했다.

심스러운 것으로 판결함으로써 끝났다. 사람들은 분명히 그의 학설과 정신의 자유라는 이름으로 교회의 교의 및 도덕적 규범으로부터 벗어났다고 비난받은 자유정신형제자매회(Schwester und Brüder des freien Geistes)의 그것 사이에서 유사성을 보았다. 1310년 파리에서는 수도원 여성 단체 회원이자 고프랑스어로 쓴 신비주의적 소책자의 저자 마그리트 포레트[19]가 화형을 당했다. 둘째, 비록 마이스터 에크하르트가 독일 관념론의 발전에 본질적 영향을 주지는 못했을지라도, 이미 청년 헤겔은 에크하르트와 타울러[20]로부터 발췌를 했다. 프란츠 폰 바더[21]는 1823/1824년 헤겔에게 에크하르트의 이야기 몇 가지를 들려주었다. 헤겔은 열광적인 말로 반응했다. "거기서 우리는 바로 우리가 바라는 것을 가진다." 헤겔은 에크하르트를 자신의 종교철학 강의에서 인용했으며, 에크하르트는 이미 1864년 요제프 바흐[22]의 책에서 "독일적 사변의 아버지"라는 칭송을 받았다. 1868년에는 에크하르트에게 헤겔주의자인 아돌프 라손[23]

---

19 Marguerite Porete, ?~1310. 프랑스의 신비주의자이자 신적 사랑의 작용을 다룬《단순한 영혼들의 거울》의 저자. 파리에서 이단죄로 긴 재판을 받은 후 자기 책을 없애는 것과 견해 철회를 거부해 1310년 화형을 당했다.

20 Johannes Tauler, 1300?~1361. 도미니크 수도회의 중심인물로 에크하르트, 조이제와 함께 신비 사상을 전개했다.

21 Franz Xaver von Baader, 1765~1841. 뵈메와 셸링 등의 영향 아래 신비주의 사상을 펼친 독일의 가톨릭 신학자, 철학자. 1822년 러시아 여행 때 베를린에서 헤겔을 만났으며, 헤겔은 그를《엔치클로페디》제2판에 붙인 서문(1827)에서 높이 평가했다.

22 Joseph Bach, 1833~1901. 독일의 가톨릭 신학자. 여기서 언급한 책은《마이스터 에크하르트. 독일적 사변의 아버지(Meister Eckhart. Der Vater der deutschen Speculation)》(1864)를 말한다.

23 Adolf Lasson, 1832~1917. 독일의 철학자. 베를린 대학 교수. 헤겔주의자이며, 아리스토텔레스와 브루노의 저작을 번역한 인물로 유명하다. 여기서 언급한 책은《마이스터 에크하르트(Meister Eckhart)》(1868)이다.

이 또 다른 저술을 바쳤다. 요컨대 에크하르트와 고전 독일 철학 간의 본질 친화성을 아주 빨리 지각했던 것이다.

철학적 목적을 위한 민중어의 사용이 독일에서 처음으로 이루어진 것은 아니다. 1274년경에 이미 속인(俗人) 라이문두스 룰루스는 카탈루냐어로 썼으며, 14세기의 처음 20년에 단테는 《향연(Convivio)》은 물론 그의 주저이자 군데군데 철학적 교훈시가 담긴 《신곡(Commedia)》을 이탈리아어로 저술했다. 룰루스와 달리 단테와 에크하르트는 라틴어도 완벽하게 구사했다. 단테와 달리 에크하르트는 교육받은 신학자였으므로(그는 1302년 파리에서 석사 학위를 받았으며 그곳에서 두 차례 가르쳤다) 아주 많은 작품을 라틴어로 썼지만, 더불어 또한 많은 것을 독일어로 썼다. 그것들은 대다수가 수녀원에서 행한 설교이지만, 또한 몇 가지는 논문이다. 13세기 말 에르푸르트에서 행한 〈가르침의 말(Die rede der underscheidunge)〉은 수도회 관구인 튀링겐의 보좌 신부로서 자기의 수도회 형제들에게 전한 윤리적 교설을 포함하는데, 이는 그들이 확실히 라틴어를 할 수 있었음에도 불구하고 독일어로 행해졌다. 설교 〈고귀한 인간에 대하여(Von dem edeln menschen)〉와 함께 《축복의 책(Liber benedictus)》을 형성하고 그 끝에서 에크하르트가 민중어의 이용을 명시적으로 정당화한, 아마도 후기 저술인 〈신적 위로의 책(Daz buoch der goetlîchen troestunge)〉은 이론적으로 더 의미심장하다. 요컨대 오로지 민중어로만 우리는 배우지 못한 자들에게 도달할 수 있다는 것이다. 〈은거에 대하여(Von abegescheidenheit)〉라는 글이 에크하르트 자신에게서 유래하는지 아니면 단지 그로부터 영감을 받은 것일 뿐인지는 논란의 여지가 있다. 교황의 교서에서 그 글은 언급되지 않는다.

독일의 철학적 어휘 창조를 넘어 에크하르트 철학에서 내용적으로 혁신적인 것은 무엇인가? 어느 정도 단순화해서 말하자면, **에크하르트 철학은 이성주의적 근본 기획을 직접적인 신 관계에 대한 새로운 관심과 결합한 것**이라고 할 수 있다. 이성이 신앙을 정당화할 수 있고 또 해야만 한다는 견해는 중세 초기에 전적으로 널리 퍼졌다. (에리우게나와 안셀무스를 생각해보라.) 물론 에크하르트의 도미니크회 형제인 토마스 아퀴나스는 본래적인 신앙 조항은 이성을 벗어난다고 가르쳤다. 그의 견해는 곧바로 가톨릭교회의 공인 교리가 되어 교회의 권력 요구를 뒷받침했으며, 그에 의해 교회는 자기의 교의에 대한 이성적 근거짓기를 더 이상 지시받지 않아도 되었다. 그에 반대해 에크하르트는 빛이 비추어진 사람들은 조야하게 생각하는 사람들이 오직 믿을 뿐인 것이 무엇인지를 알 수 있을 거라고 강조한다(설교 25, 요셉 퀸트 편[24]). 이러한 이성주의적 입장은 14~15세기에 독일 바깥에서는 아주 드물게만 발견되는데, 특히 영국에서 꽃피웠지만 가브리엘 비엘[25]을 거쳐 마르틴 루터(Martin Luther, 1483~1546)에게도 영향을 준 유명론의 '새로운 길(via moderna)'은 결국 교부들의 플라톤주의에 작별을 고하고 경험주의적 인식론을 촉진했다. 직접적인 신 관계에 대한 관심을 에크하르트는 신비주의자라고 불리며 또 그리스도교적인 유럽 도처에서, 아니 다른 많은 지역에서도 발견할 수 있는 사람들과 공유한다. 신비주의적이라고 생각되는 것들을 그는 특히 자신이 사제로서 맡아 돌본 수녀원들에서 만났다. 그러나 에크하르트와 관련해 우리는 기껏해야 **철학적 신비주의**에 대해 말할 수 있을 뿐인데, 왜

---

24 Meister Eckhart, Deutsche Predigten und Traktate, Josef Quint(Herausgeber, Übersetzer), 1993.

25 Gabriel Biel, 1410?~1495. 튀빙겐의 신학자이자 공동생활형제단의 시도자. 14세기 사유의 영향을 받은 중세 후기 '새로운 길'의 가장 널리 알려진 대표자였다.

냐하면 그는 최고로 복잡한 방식으로 논증하며 결코 종교적 경험을 불러일으키거나 묘사하는 데 만족하지 않기 때문이다. 에크하르트가 〈일반적 서언(Prologus generalis)〉에서 묘사하고 있는, 결코 완성되지 않은 그의 주저 《삼부작(Opus tripartitum)》의 근본 구조는 그의 이성주의적 본성을 명료히 해준다. 첫 번째 작품은 보편적 주제들을, 두 번째는 문제들을, 세 번째는 구약과 신약에 대한 해석들을(몇 개의 설교와 함께) 포함해야 했다. 결정적인 것은 처음에 개별 질문들에 대한 논의를 규정하는, 그러나 또한 성서 해석도 안내하는 철학적 주제들이 놓여 있다는 점이다. 성서의 말씀은 그가 앞에서 언급한 〈일반적 서언〉의 끝과 그의 〈요한에 따른 거룩한 복음의 해설(Expositio sancti evangelii secundum Johannem)〉의 처음에서 설명하듯 "자연적 이성을 가지고(naturali ratione)" 해석해야 한다. 오로지 정신(영)에 의해서만 성서는 올바르게 파악할 수 있다. 철학은 신학의 척도다. 그런데 성서 해석을 정신에 결부시키는 것은 특히 에크하르트에 의해 높이 평가받은 오리게네스[26]로 소급되는 오랜 전략, 즉 언제나 거듭해서 등장하는 말 그대로의 해석의 고통스러움에서 벗어나기 위한 전략이다. 성서의 사중적〔문자적(buchstäblich), 비유적(allegorisch), 도덕적(tropologisch), 신비적(anagogisch)〕 의미 해석론은 중세에 모든 성서 해석의 기초였다. 그러나 가령 토마스 아퀴나스는 성서 말씀 그대로의 의미가 항상 출발점이어야만 한다고 강조한다. 그에 반해 에크하르트는 가장 커다란 주권을 가지고 그를 무시하며, 그 자신의 형이상학적이고 윤리적인 확신을 텍스트 속에 집어넣어 읽는다. 웅대한 설교 28은 유명

---

26 Origenes, 185?~254?. 초기 그리스도교 신학자, 성서 주해학자. 알렉산드리아학파의 대표적 신학자였다.

한 예인데, 거기서 에크하르트는 마리아와 마르타에 관한 누가복음 10장 38절 이하의 구절[27]을 해석한다. 복음서 독자라면 누가의 예수가 마리아를 열심히 일하는 그녀의 언니보다 더 좋아한다는 것을 거의 진지하게 의심할 수 없을 것이며, 에크하르트에 대해 피상적으로 알고 있는 사람들은 그 역시 마리아가 열심히 경청하는 걸 칭찬할 거라고 추측할 것이다. 그러나 그는 마르타를 우월한 자로서 제시할 뿐만 아니라, 누가의 예수가 본래 마리아를 비판하고 마르타를 칭찬하는 것으로 해석한다.

그에 못지않게 새로운 것은 에크하르트의 신 개념이다. 네 개가 남아 있는 파리의 〈논쟁점들(Quaestiones disputatae)〉 중 하나에서 그는 "신에게 있어 존재와 인식은 동일한가?(Utrum in deo sit idem esse et intelligere)"라는 물음을 던지고, 신에게 있어서는 인식이 존재를 근거짓는다는 테제를 옹호한다. 설교 10에서는 존재는 앞뜰이지만, 이성은 신의 사원이라고 말한다. 이런 의미에서 〈신적 위로의 책〉에서 신을 "모든 정신들의 정신"이라고 일컫는다. 그것은 (실제로는 그럴듯하지 않은 방식으로) 신이 존재보다 위에 서 있다고 하며 결국 플라톤과 신플라톤주의로 소급되는 부정신학과 결합한다. 따라서 에크하르트는 신이 그 중심에서 자신의 삼위일체적 구조를 초월하는 순수한 통일이라고 강조한다. 하지만 인식

---

27   누가복음 10장 38~42절(이하에서 성서의 인용은 표준새번역을 참조했다). "그들이 길을 가는데, 예수께서 어떤 마을에 들어가셨다. 마르타라고 하는 여자가 예수를 자기 집으로 모셔 들였다. 이 여자에게 마리아라고 하는 동생이 있었는데, 마리아는 주의 발 곁에 앉아서 말씀을 듣고 있었다. 그러나 마르타는 여러 가지 접대하는 일로 분주하였다. 그래서 마르타가 예수께 와서 말하였다. '주님, 내 동생이 나 혼자 일하게 두는 것을 아무렇지 않게 생각하십니까? 가서 거들어 주라고 내 동생에게 말씀해 주십시오.' 그러나 주께서는 마르타에게 대답하셨다. '마르타야, 마르타야, 너는 많은 일로 염려하여 들떠 있다. 그러나 필요한 일은 하나뿐이다. 마리아는 좋은 몫을 택하였다. 그러나 그는 그것을 빼앗기지 않을 것이다.'"

을 존재보다 위에 놓는 것은, 비록 에크하르트가 인간이 아니라 신을 염두에 두고 있다 할지라도, 관념론의 근본 작업 과정을 미리 보여준다. 즉 신은 의미 있는 방식으로 존재하는 자로서 표현되기 이전에 세계뿐만 아니라 자기 자신도 사유해야만 하는 것이다. 세계의 창조는 일회적 행위로서 이해해서는 안 되며, 신이 무시간적인 까닭에 끊임없이 이루어진다. 인간의 본래적 과제는 신과의 통일에 도달하는 데 존재한다. 왜냐하면 그의 영혼의 가장 저급한 것이 하늘의 최상의 것보다 더 높기 때문이다. 사물들은 영혼 안에서 세계 안에서보다 더 가치 있다(설교 17). 유죄를 판결하는 교서에서 열거하는 여러 설교 구절들은 신에 대한 사랑에 의해 인간은 곧바로 신이 될 수 있다고 말한다. 에크하르트는 신의 탄생에 대해 말하는데, 거기서 신은 낳는 자일 뿐만 아니라 태어나는 자이기도 하다. 그리고 언제나 거듭해서 신이 인간에 의한 주관적 전유에 맡겨져 있음을 시사한다. "내가 신을 보는 눈은 신이 나를 보는 눈과 동일하다."(설교 13) 확실히 에크하르트는 성육신론(Inkarnationslehre)과 예수의 모범 역할을 인정한다. 그러나 그는 전적으로 요한복음과의 일정한 연속성에서 그리스도의 신의 아들임은 원리적으로 모든 인간에게 도달 가능한 것이라고 가르친다. 신에게 있어서는 훌륭한 영혼 안에서 정신적으로 태어나는 것이 처녀 마리아로부터 육체적으로 태어나는 것보다 더 가치 있을 것이다(설교 23). 아니, 〈은거에 대하여〉라는 글에서는 심지어 요한복음 16장 7절[28]과 관련해 그리스도의 죽음을 유익한 것으로 제시하

---

28 이 구절은 다음과 같다. "그러나 내가 너희에게 진실을 말하는데, 내가 떠나가는 것이 너희에게 유익하다. 내가 떠나가지 않으면, 보혜사가 너희에게 오시지 않을 것이다. 그러나 내가 가면, 보혜사를 너희에게 보내 주겠다." 여기서 보혜사는 '돕기 위해 곁에 와 계신 분'을 뜻한다.

는데, 왜냐하면 제자들은 그리스도의 육체적 현상에 너무나 많은 호의를 지녔기 때문이다. 그의 죽음이 비로소 그들로 하여금 성령(Heiliger Geist)에 대한 완전한 소망을 받아들일 수 있도록 만들었다. 정신(성령)의 내적 전유는 그리스도에 대한 관계보다 더 중요해 보인다. 확실히 헤겔의 정신철학에 이르기까지는 여전히 긴 도정이 필요하겠지만, 매혹적인 것은 헤겔도 그의 신학적 초기 저술에서 동일한 요한복음의 구절들을 강조하고 유비적으로 해석한다는 점이다.

에크하르트의 지적(知的)으로 지극히 섬세한 종교성에 관한 정직함에 대해서는 어떠한 의심도 있을 수 없다. 그와 마찬가지로 소박한 신앙을 불러일으키는 그의 진술 가운데 몇 가지가 타당한 명제들로부터 설득력 있게 도출된다는 점도 의심할 수 없다. 〈신적 위로의 책〉을 위안 문학 장르의 통상적인 대표들을 훨씬 뛰어넘게 만드는 것은 포괄적인 형이상학적 관점이다. 신에 대한 복종의 요구와 사실에 반하는 세계 과정에 대한 숙고의 거부는 스피노자를 떠오르게 한다. 하지만 스피노자가 스토아학파와 전적으로 동일하게 정념으로부터의 해방을 목표로 하는데 반해, 에크하르트는 고통의 심연을 신에 이르는 도정으로서 긍정한다. 우리는 고통을 벗어던지는 게 아니라 내면적으로 수용해야 한다. 만약 우리가 자신의 삶과 인식 전체를 신 안에서 그리고 신으로서 지닌다면, 우리는 피조물에 의해서든 신 자신에 의해서든 더 이상 슬퍼할 수 없을 것이다. 그 안에서 신이 작용하는 자는 더 이상 손해에 대해 한탄할 수 없을 것이며, 다만 자기가 여전히 한탄한다는 것에 대해서만 한탄할 수 있을 것이다. 가령 건강을 위한 기도는 부적당할 것이다. 이교도들의 영웅주의가 이미 자기희생에 대한 자연적인 덕이 가능하다고 가르친다. 그렇다면 더더군다나 신의 아들인 자는 보상에 대해 생각해서는 안 된다. 아니, 신이 일정한 방식으로 나의 죄를 원하는 까닭에 나는 내가 죄를 범하지 않았기를 바라서는 안 된다. 나는 신과 함께 나의 형벌을 원해야만 할 뿐 아니라(자신의 처형을 내면적으로 수용하는 도둑은 구원받을 것이다) 경우에 따라서는 심지어 나 자신의 저주마저도 원해야만 한다. 이러한 사상은 도덕적 행위가 차안에서가 아니라면 피안에서라도 보상을 추구한다는 견해와 통합될 수 없다. 반(反)사실적으로 에크하르트는 정의가 지옥의 고통을 결과로 지니는 것이라는 가정을 허락하며, 그럼에도 불구하고 정의를 준수해야 한다고 힘주어 가르친다(설교 7). 이익 때문에 신을 사랑하는 자는 그를 암소처럼 사랑한다(설교 16). 신에 대한 근본적 사랑의 이념은 칸트에게 있어 마침내 수천 년에 걸친 행복주의 전통의 붕괴로 이어지는 요소 가운데 하나다. 또한 에크하르트의 다른 윤리적 이념도 칸트를 예고하는데, 가령 헤아리는 것은 외적인 행위가 아니라 의욕이라는 그의 견해가 그러하다. 에크하르트에게 문제가 되는 것은 신에 대한 내적 태도. 가령 불의 고통에서가 아니라 그 태도의 결여에 지옥이 존재한다(설교 6). 확실히 윤리적 의도주의는 이미 아벨라르[29]에 의해 12세기에 다듬어졌지만, 에크하르트가 시간도 공간도 포괄할 수 없는 내적 작품의 신성을 지시할 때, 근대의 독자는 불가피하게 칸트의 예지적 자아 구상을 생각하게 된다. 그리고 또한 에크하르트가 자율 · 자기 지배(Autonomie)와 신정 · 신의 지배(Theonomie)를 연계시키는 것도 칸트를 예고한다. 물론 선한 인간은 신을 사랑한다. 그러나

29　Petrus Abélard, 1079?~1142. 중세 프랑스 철학을 대표하는 철학자, 신학자. 흔히 스콜라 철학의 아버지라 일컫는다. 엘로이즈와의 사랑으로도 유명하다. 아벨라르는 중세 철학사 전체를 지배한 보편 논쟁에서 빠질 수 없는 인물로, 실재론 및 유명론과 구별되는 개념론의 입장을 취한다.

신이 그 안에서 사랑하는 까닭에, 그는 바로 스스로 모든 무상한 것을 포기함으로써 자기 자신을 사랑한다. 에크하르트가 보여주는 모든 피조물적인 것으로부터의 벗어남, 은거와 평정은 세계 포기의 수도자적 이상에 근거해 있는데, 그 이상은 물론 이웃들(Nächsten, 가장 가까운 이들), 아니 가장 먼 자들에 대한 적극적인 개입을 배제하지 않는다. 물론 에크하르트 윤리 사상의 위대함이 우리로 하여금 그에게는 토마스 아퀴나스의 유별난 구체성을 포괄하는 윤리 체계가 결여되어 있다는 점을 간과하게끔 해서는 안 된다. 토마스의 자연법론에 상응하는 것이 에크하르트에게는 아무것도 존재하지 않는다. 자율의 윤리학에 기초해 구체적 규범론과 제도론을 다듬어내는 것은 칸트와 독일 관념론이 비로소 성취하게 될 것이다.

에크하르트에 대한 유죄 판결은 그의 저술들이 보급되는 것을 저지하지 못했다. 한편으로 그의 제자인 요한네스 타울러와 1831년 복자위에까지 오른 하인리히 조이제(1295 또는 1297~1366)[30]는 에크하르트의 이념들을 좀 덜 근본적인, 즉 철학적이기보다는 오히려 교훈적인 체제로 계속해서 이어나갔다. 다른 한편으로 그의 개인적 운명은 네덜란드 중부의 대개 '반-성직자적(antihierarchisch)'이라고 불리는 대화편(아마도 1340년경)[31]에 영감을 불어넣었는데, 거기서는 에크하르트가 속인들과 토론하면서 성직자에 의한 단순한 사람들의 후견과 박해를 날카롭게 비판하

---

30   Heinrich Seuse. 스위스 출생의 독일 신비주의자. 에크하르트의 영향을 받았으나 스콜라의 전통적 사고방식을 받아들인 가톨릭 정통파였다.

31   《마이스터 에크하르트와 속인. 14세기 네덜란드의 반-성직자적 대화(Meister Eckhart und der Laie. Ein antihierarchischer Dialog des 14. Jahrhunderts aus den Niederlanden)》를 가리킨다.

고 있다. 여기서 종교 개혁을 미리 보여주는 감수성을 발견하기는 어렵지 않으며, 사실 루터는 타울러를 경모했다. 물론 루터가 즐겨 읽은 독일 신비주의 시기의 책은 에크하르트, 타울러, 조이제의 많은 이념들의 현전에도 불구하고 일차적으로는 성령의 형제자매회(Schwestern und Brüder des heiligen Geistes)에 반대하고 그리스도론적 정통을 옹호하며 신앙을 지식 밑에 놓는 것을 격렬하게 거부하는, 마찬가지로 14세기에서 유래하고 루터 자신이 《독일 신학(Theologia deutsch)》이라고 부른 작자 미상의 책이다. 종교철학적 이성주의에 대한 이러한 반대에서 그 책은 에크하르트로부터 생각할 수 있는 한 아주 멀리 떨어져 있으며, 물론 루터와는 일치한다. 루터로부터 독일 관념론으로 나아가는 도정은 에크하르트의 이성주의로 복귀하는 데 존재할 것이다.

내가 에크하르트와 종교 개혁 중간에 니콜라우스 쿠자누스를 다루는 것은 본래 1장에서 전개한 원칙과 어울리지 않는다. 왜냐하면 그는 자신의 논문과 대화편 가운데 아무것도 독일어로 기록하지 않았고 약 300개의 설교 가운데 단 하나만을 독일어로(모젤프랑크어로) 적어놓았기 때문이다. (물론 라틴어로 초안을 잡은 많은 설교를 독일어로 했다.) 게다가 우리는 쿠자누스가 이후의 독일 철학에 지속적으로 영향을 미쳤다고 말하기 어렵다―레싱이 그의 저작 가운데 하나를 번역했지만, 헤겔은 그의 이름을 알지 못했다. 물론 쿠자누스 자신은 에크하르트로부터 분명히 영향을 받았으며, 에크하르트와 범신론에 대한 요한네스 벵크[32]의 인접성을 제시하면서 (비록 오로지 지혜로운 자들에게만 유효한 에크하르트의 저술들을

---

32 Johannes Wenck, ?~1460. 독일의 스콜라 철학자. '박학한 무지'와 관련해 니콜라우스 쿠자누스와 대립한다.

공개적인 장으로부터 거두어들이려 했을지라도) 에크하르트의 천재성을 찬양했다. 게다가 쿠자누스의 철학적 신학의 독창성, 질, 더 나아가 헤겔의 그것과의 정신적 친화성은 너무도 명백해서 독일 철학사에서 그를 무시하는 것은 고집스러운 일일 것이다. 아니, 니콜라우스는 확실히 중세의 가장 다면적인 재능을 갖춘 독일인이었다. 높은 수준에서 법학적으로, 수학적으로, 자연과학적으로 사유할 수 있었던 철학적 신학자였으며, 그의 유산은 오늘날에도 여전히 그의 탄생지에서 양로원의 재정을 뒷받침하고 있다. 한편으로 그는 아주 소수의 동시대인들과 마찬가지로 근세를 예고한다. 다른 한편으로 당대 유럽의 가장 중요한 운동인 휴머니즘에 대해 쿠자누스가 취한 거리에서 우리는 비록 그가 그러한 성과들을 일찍이 자기화했을지라도 독일의 특수한 도정의 특징을 이루는 것 몇 가지를 인식할 수 있다. 왜냐하면 종교 개혁은 부분적으로 반휴머니즘적인 운동이었으며 비록 쿠자누스가 자신의 경력 과정에서 추기경, 브릭센의 후작 주교, 로마 교황청의 교황고문이 되었을지라도 종교개혁의 관심사 가운데 많은 것이 그에게서 명백히 현전하기 때문이다. 정신적으로 개방되어 있을 뿐만 아니라 이단으로서 유죄 판결을 받았거나 이단이라는 의혹을 받는 저자들에 대한 명백한 애호를 지니기도 한 사람에게 위와 같은 삶의 이력이 가능했다는 사실은 15세기 가톨릭 교회의 지적인 상태를 보여준다. 트리엔트 공의회[33](1545~1563) 이후의

가톨릭교회에서 우리는 교회 고위직에 오른 이들 가운데 그와 비교할 수 있는 중요한 지식인을 더 이상 발견하지 못한다. 왜냐하면 아무리 트리엔트 공의회가 르네상스 가톨릭교회가 폭넓게 상실하고 니콜라우스가 로마 교황청에 있던 시대에 그저 헛되이 경고했을 뿐인 교회의 도덕적 진지함을 회복했다 할지라도, 그것은 가톨릭 정신세계가 제2차 바티칸 공의회(1962~1965)[34]와 더불어 비로소 그로부터 회복하기 시작한 정신적 협소화와 학문적 황폐화를 결과했기 때문이다.

쿠자누스는 하이델베르크에서 연구를 시작했지만 파도바에서 교회법으로 박사 학위를 취득했으며, 그곳에서 콜럼버스로 하여금 인도를 향해 서쪽으로 항해하도록 북돋운 중요한 천문학자이자 지도 제작자인 파올로 달 포초 토스카넬리[35]와 필생의 우정을 맺고 초기 르네상스 정신을 흡수했다. 휴머니즘적으로 도야된 그는 무엇보다도 우선 플라우투스[36]의 지금까지 알려지지 않은 희극들을 담고 있는 필사본을 발견했다. 아울러 법학사적 연구를 통해 로렌초 발라[37]에 앞서 콘스탄티누스 증여가 위조임을 밝혀냈다. 그는 자신의 이후 경력의 기초를 바젤 공의

---

34 1962년 요한 23세 교황이 소집해 1965년 바오로 6세 교황 때 폐막한 제21차 세계 공의회. 이 공의회는 교회의 자각과 쇄신, 신앙의 자유, 종교와 정치의 제 역할 찾기, 개별 민족과 사회 존중, 세계 평화, 개신교를 포함한 그리스도 교회의 일치, 다른 종교와의 대화, 전례 개혁을 비롯한 교회의 현대화 등을 촉구했다.

35 Paolo dal Pozzo Toscanelli, 1397~1482. 이탈리아의 천문학자, 수학자, 지리학자, 의사. 지구 구형설을 믿었다.

36 Titus Maccius Plautus, BC 254?~BC 184. 테렌티우스와 함께 로마의 2대 희극작가. 운율의 극적 효과를 탐구하고 사랑의 고백이나 임기응변의 대답 등 라틴어 표현력의 새로운 분야를 개척했다.

37 Lorenzo Valla, 1407~1457. 르네상스 시기 이탈리아의 언어학자이자 인문학자. 언어 문헌학 방법의 확립자로서 기성 학문을 비판했다. '콘스탄티누스 기증장'이 훨씬 후대의 위작이라는 것을 증명한 것으로 유명하다.

회[38] 활동을 통해 쌓았는데, 거기서 처음에는 교황보다 공의회를 상위에 놓는 공의회 위원들을 뒷받침했다. 그러나 1436년에는 입장을 바꿨다. 〔그는 1433년 자신이 최초로 쓴 책《보편적 일치에 대하여(De concordantia catholica)》에서 공의회 위원들의 입장을 옹호했다. 공의회는 자기 의무를 훼손하는 교황을 밀어낼 수 있다고 주장한 것이다.〕 그 밖에 니콜라우스는 지배를 폭넓게 합의에 의해 정당화하는 국가철학을 전개했다. 이와 관련해 그는 파도바의 마르실리우스[39]로부터 강한 영향을 받았다. 물론 니콜라우스 쿠자누스는 중세의 가장 혁명적인 국가철학자로서 파문당한 그를 결코 인용하지 않았다. 하지만 "모두에 관계있는 것은 모두에 의해 승인받아야만 한다(Quod omnes tangit, ab omnibus approbari debet)"는 원칙은 오래된 것이며, 더군다나 12세기 후반 쾰른 교회법에서 처음으로 정식화한 것이기도 하다. 따라서 교황은 주민의 합의가 없으면 군주를 자리에 앉히거나 밀어낼 수 없다고 쿠자누스는 주장했다. 세 번째 책에서 그는 그 취약점을 명확히 인식할 수 있는 제국의 개혁을 위한 상세한 방안을 제시했다. 이 책은 중앙 권력의 강화를 옹호한다. 그중에서도 특히 18세기에 장 샤를 드 보르다[40]가 제안하고 그의 이름을 따 명명된 선거 절차를 최초로 정

---

38 동서 교회의 합동과 후스파 전쟁의 종결을 목적으로 교황 마르티누스 5세가 1431년 스위스 바젤에서 소집한 공의회. 마르티누스 5세가 회의 개최 전 사망했기 때문에 교황 에우게니우스 4세의 승인 아래 열렸다. 에우게니우스 4세는 공의회 수위설자(首位說者: 교회의 최고 권위는 공의회에 있다는 교리를 믿는 사람)들과 대립해 1438년 회의장을 페라라, 이듬해에는 피렌체로 옮겼는데, 교회 합동은 1439년에 합의에 이르렀다.

39 Marsilius von Padua, 1280?~1343. 이탈리아의 저술가. 반교황파 및 황제파 논객과 교류하고 인민주권론 입장에서 교황 통치 기구의 타파를 주장하는《평화 옹호자》를 완성했다.

40 Jean Charles de Borda, 1733~1799. 프랑스의 수학자, 물리학자, 정치학자, 항해자. 1770년 보르다 계산이라고 부르는 서열화한 선호 투표 제도를 정식화했다. 이는 우리가

식화했다.

1437년 쿠자누스는 교황 당파에 의해 콘스탄티노플로 파견되었다. 그는 비잔틴의 황제 및 총대주교와 함께 돌아왔는데, 그들은 오스만인에 의한 위협에 직면해 페라라와 피렌체 공의회에서 로마와의 (단명했을 뿐인) 연합에 동의했다. 하지만 여행은 그저 주목할 만한 외교적 성과만을 가져온 게 아니었다. 돌아오는 길에 니콜라우스는 갑자기 떠오른 영감 덕분에 철학적 기획을 구상했고, 그것을 1440년의 《박학한 무지에 대하여(De docta ignorantia)》부터 1463년의 《지혜의 추구에 대하여(De venetione sapientiae)》에 이르기까지 잇따른 철학적-신학적 저작들에서 표현했다. 그의 최초의 신학적 저작의 독창성은 무엇인가? 우선 눈에 띄는 것은 쿠자누스가 가령 토마스와 달리—그러나 그가 아주 철저하게 연구한 라이문두스 룰루스와 전적으로 마찬가지로—아주 소수의 권위 있는 원전만을 인용했다는 점이다. (그러함에 있어 그는 성서와 이교 철학의 폭넓은 수렴에서 출발한다.) 그는 이성으로부터 논증하며, 그러므로 토마스에 따르자면 이성적으로 근거지을 수 없는 삼위일체(Trinität)와 성육신(Inkarnation, 육화)이라는 특수하게 그리스도교적인 교의들이 문제되는 곳에서도 이성적 신학을 추진한다. 니콜라우스는 창조 이전 신의 내재적 삼위일체를 삼분법적 범주 그룹을 통해 명확히 하고자 한다. 그리고 성육신도 삼분법적 체계 기획 내부에서 이해할 수 있게끔 한다. 가령 《박학한 무지에 대하여》의 편집은 언뜻 보면 아퀴나스의 《신학대전(Summa theologiae)》의 그것에 따라 구성되어 있다. 두 저작은 제3부에서 그리스도를 다루

민주적이고 공정한 방식이라고 생각하는 다수결 투표제가 실은 우리의 선호도와 상관없이 엉뚱한 사람을 뽑을 수도 있는 모순을 시정하기 위함이었다.

며, 니콜라우스에게 그리스도의 철학적으로 중심적인 의미는 의심할 여지가 없다. 그러나 토마스의 경우 제1부는 신과 인간의 타락을 포함해 창조를 논의하는 반면, 제2부는 보편적·특수적 윤리 규범을 제시한다. 그에 반해 윤리학에 대해 거의 관심을 갖지 않은 쿠자누스는 제1부를 오로지 창조 이전의 신에게 바치며, 그 신을 안셀무스를 따라 절대적으로 가장 큰 자로서 해석한다. 제2부는 우주를 다루는데, 그는 이를 제한적으로 가장 큰 자로서 해석한다. 그리스도는 처음 두 개념의 종합으로서, 즉 절대적으로 그리고 제한적으로 가장 큰 자로서 도입된다. 그리스도를 중심으로 세워진 공동체로서 교회는 제3부의 끝을 이룬다. 신, 우주 그리고 그리스도 또는 그의 교회는 자기 내에서 완결된 발전의 세 단계로 나타난다. 신은 본질적으로 세계의 통일적 근거이며, 세계는 그리스도와 함께 자기의 근원으로 되돌아간다. 그리스도의 강생·인간화는 일차적으로 대속(代贖)의 과제가 아니라 존재 구조 완성의 과제를 지닌다.

우주는 삼위일체적인 신의 모상으로서 새로운 가치를 획득하며, 신학적으로 근거지어진 선험적 자연철학의 기획이 나타난다. 그런데 이 기획은 12세기에 그리스도교적인 서구에서 가장 큰 인기를 누렸던 플라톤의 대화편 《티마이오스(Timaios)》로 소급된다. 니콜라우스는 물론 이 기초 위에서 세계가 결코 자립적인 개별 실체들로 이루어진다고 보지 않는 전체론적 자연철학뿐만 아니라 지구 중심 체계에 대한 중세의 가장 중요한 비판도 전개한다. 이러한 비판은 비록 거의 경험적 관찰에 근거하고 있지 않음에도 불구하고 가령 조르다노 브루노[41]와 요한네

---

41   Giordano Bruno, 1548~1600. 도미니크회의 수도사였으나 수도원에서 이단으로 여

스 케플러[42] 같은 근대 우주론의 아버지들에게 지속적인 영향력을 행사했다. 운동의 상대성 원리에 대한 통찰은 달 아래 있는 세계와 항성계를 엄밀하게 구별하는 아리스토텔레스-토마스적 세계상을 파괴하며, 우주는 그 한계들과 위계적 구조를 상실한다. 행성들의 운동은 완전한 원으로 이루어지지 않으며, 지구의 형태는 완전한 구(球)가 아니고, 천체들도 지구와 똑같은 요소로 구성되며, 그뿐만 아니라 그것들 가운데 많은 곳에는 아마도 이성적 존재자가 거주할 것이다. 이러한 구상에서 매혹적인 것은 쿠자누스가 아리스토텔레스적 세계상에 대한 비판을 그리스도교적 정신에서 수행한다는 점이다. 하나의 무한한 신에게는 유한한 고대적인 코스모스가 적합하지 않다. 근대 과학은 참으로 그리스도교의 '세속화'가 아니라 고대, 특히 아리스토텔레스주의에 맞서 특수하게 그리스도교적인 것을 진지하게 받아들인 것에 빚지고 있다. 에크하르트의 윤리적 혁명도 이와 유사한데, 그것은 근세에 강화된다. 물론 새로운 과학과 그리스도교 사이에 긴장이 존재한다는 점은 인정해야 한다. 만약 다른 천체들에도 이성적 존재자가 존재한다면, 근대의 독자는 성육신을 위한 논증이 그에 기초한 인간 본성의 특수한 지위가 어디에서 유래하는지 묻지 않을 수 없다.

이 저작의 제목은 신에 대한 우리의 인식이 제한되어 있다는 것을 암

거졌으며, 결국 교황청 이단심문소로부터 유죄를 선고받아 로마에서 공개적으로 화형을 당했다. 브루노의 주장 가운데 가장 이단으로 여겨진 세계관과 우주관은 "우주는 무한하게 퍼져 있고 태양은 그중 하나의 항성에 불과하며 밤하늘에 떠오르는 별들도 모두 태양과 같은 종류의 항성이다"라는 무한우주론이었다.

42 Johannes Kepler, 1571~1630. 독일의 천문학자. 프로테스탄트인 그는 신교가 박해를 받자 프라하로 가서 티코 브라헤의 조수가 되었으며, 티코가 죽은 후 그가 남긴 화성 관측 결과를 정리해 '케플러의 법칙'을 정식화했다.

시하는데, 실제로 니콜라우스는 최소한 부분적으로는 부정신학의 주장 자로서 시작하고 있다. 유한한 것과 무한한 것 사이에는 비례가 존재하지 않으므로 신에 대해서는 오로지 박학한 무지만이 가능할 것이다. 그리고 신 안에서는 가장 큰 것과 가장 작은 것이 일치하는데, 왜냐하면 신에게는 아무것도 대립되어 있지 않기 때문이다. 물론 쿠자누스는 신에게 다가가기 위한 새로운 방법을 제안한다. 우리는 유한한 수학적 형상들로부터 출발해 무한한 것들로 상승하며, 그것들로부터 마침내 단적으로 무한한 것에 도달한다. 이와 관련해 니콜라우스는 사영기하학뿐만 아니라 게오르크 칸토어[43]의 집합론의 사상도 선취하는데, 칸토어는 쿠자누스가 자신의 실무한(Aktual-Unendichen)을 옹호한 선구자임을 알아보았다. 그렇지만 그의 이후 저작들에서 이 사상은 신의 인식 가능성과 관련한 낙관주의적 관점을 대표하는 것으로 보인다. 그리하여 이미 1442년경 쓴 그의 두 번째 이론적 주저 《추측에 대하여(De coniecturis)》에서는 지성(Verstand, ratio)과 이성(Vernunft, intellectus)의 인식론적 구분을 발견할 수 있다. 이런 구분은 물론 플라톤과 신플라톤주의자들에게로 소급되지만, 토마스와 대부분의 중세 신학자들에게서는 아무런 역할도 수행하지 않는다. 니콜라우스에게 이성은 모순율에 매여 있는 지성에 불허되는 인식을 성취할 수 있다. 그에 반해 신에게서 대립들은 일치할 것이며, 오히려 신은 그 대립들의 일치 저편에 있을 것이다. 하지만 쿠자누스는 어떻게 해서 통일이 다수성으로 전개되는지 설명하지 못한

43　Georg Cantor, 1845~1918. 러시아에서 태어난 독일의 수학자. 집합론의 창시자로 대수적 수의 집합 문제를 논하고, 무한집합에 관한 근본적 문제를 분석해 고전집합론의 본질적 부분을 완성했다. 저서로는 《초한적 집합론의 근거짓기에 내안 기여(Beiträge zur Begründung der transfiniten Mengenlehre)》(1895~1897)가 있다.

다.《추측에 대하여》는 신적 통일로부터 정신과 영혼을 거쳐 감성적이고 물체적인 세계에 이르는, 신플라톤주의에서 영감을 받은 네 단계로의 유출을 묘사하는데, 이는 우주가 그리스도에서 자기 근원에로 복귀하는 삼분법적인 것과는 다른 모델이다. 쿠자누스는 특정한 체계 구상을 견지하려 하지 않고 다양한 체계 구상을 펼쳐나간다.

1450년의《지혜에 대한 문외한(Idiota de sapientia)》,《정신에 대한 문외한(Idiota de mente)》,《저울 실험에 대한 문외한(Idiota de staticis experimentis)》같은 저술은 특별한 의미를 지닌다. 이 대화들에서 극적인 관심을 끄는 것은 휴머니즘적 전통 편에 서 있는 웅변가 또는 철학자에 대한 속인·문외한의 명백한 우월성에 대한 서술이다. 마지막 대화에서 속인은 가령 날씨의 예측을 가능케 하는 양적으로 가능한 한에서의 정확한 실험과학을 요구한다. 연금술과 점성술은 평가 절하된다. 니콜라우스는 17세기의 과학 혁명을 미리 보여준다. 그의 전체론적 확신은 그로 하여금 물리적 크기들 사이의 구체적 상호 관계에 대한 탐구를 하지 못하게끔 한다. 특수한 의미를 갖는 것은 인간 정신에 대한 그의 찬사인데, 인간 정신은 이제 더 이상 신적 통일의 전개로서가 아니라 그것의 직접적인 모상으로서 이해된다. 그리하여 정신은 영혼 및 물체적인 세계와의 연속성에서 벗어난다. 신적 정신은 인간적 정신 안에서 이를테면 다시 한 번 스스로를 창조하고자 하며, 인간적 정신은 역설적으로 바로 그가 신과 극도로 유사하지 않다는 점에 의해 좀더 완전할 것이다. 왜냐하면 오로지 그에 의해서만 신에게 동화되는 과정이 가능할 것이고, 그 과정에서 정신은 자신의 생동성을 입증할 것이기 때문이다. 이러한 연관에서 쿠자누스는 혁명적인 수학철학을 전개한다. 즉 인간 정신이 수학적 형상들을 창조한다는 것이다. 물론 거의 2000년에 이르는 플라톤적 전통과의 이러한 단절은 인간의 창조성이 신적 정신의 형상들을 그저 모사할 뿐이라는 것을 통해 수학적 형상들의 선재의 가정과 통합될 수 있다. 정신은 스스로로부터 수들을 창조함으로써 동시에 신적 정신 안에서 무시간적으로 존립하는 것을 발견한다. 자신의 마지막 저술인《관조의 정점에 대하여(De apice theoriae)》(1464)에서 쿠자누스는 포괄적인 인식낙관주의를 옹호한다. 즉 모든 것은 정신 때문에 현존하지만, 정신 자체는 스스로 할 수 있음(das Können-Selbst)을 관조하기 위해 현존한다는 것이다—이 스스로 할 수 있음은 니콜라우스가 도입하고자 한 수많은 신의 이름들 가운데 최종적인 것이다.

1453년 콘스탄티노플 함락 이후 니콜라우스는 종교 간 대화인《신앙에서의 평화에 대하여(De pace fidei)》를 저술하는데, 이 저서는 300년도 더 지난 후《현자 나탄(Nathan der Weise)》의 저자 레싱을 사로잡았다. 물론 레싱은 세 개의 모든 유일신론적 종교의 등가치로부터 출발하고 있지만, 쿠자누스는 그러한 태도로부터 멀리 떨어져 있다. 요컨대 그의 반유대주의는 두드러져 있으며(유감스럽게도 이는 또한 그의 교회 정치적 결정 가운데 몇 가지도 규정했다), 그의《코란 탐구(Cribratio Alchorani)》(1460/1461)는 코란에서 오로지 복음에서도 마찬가지로 발견되는 것만을 긍정적으로 인정했다. 그럼에도 불구하고 이 대화는 중요하다. 안셀무스와 그의 제자 길베르투스 크리스피누스[44]로 소급되고 아벨라르와 라이문두스 룰루스가 그에 대해 가장 중요한 기여를 수행한 오랜 중세적 전통을 계승

---

44   Gilbertus Crispinus, 1046?~1117. 노르망디의 신학자이자 웨스트민스터 수도원 원장. 1090~1095년 동안 종교 간 대화인《유대인과 그리스도인의 담화(Disputatio iudaei et christiani)》와《그리스도 신앙에 대한 그리스도인의 이교도와의 담화(Disputatio christiani cum gentili de fide christi)》를 저술했다.

하고 있기 때문이다. 쿠자누스의 저술에서 새로운 것은 그것이 훨씬 더 많은 수의 종교 옹호자를 포함한다는 점이다. 묘사되는 대화는 "지성의 하늘에서", 더 나아가 로고스와 베드로 그리고 바울의 지도 아래 이루어진다. 이는 그리스도교의 진리를 이미 전제하는 것으로 보이며, 이전의 종교 간 대화들과는 눈에 띄게 다르다. 그러나 로고스는 모두에 의해 전제된 이성이다. 이성과 그 전제들에 대한 반성을 통해 니콜라우스는 수많은 민족 신앙을 넘어서 있는 하나의 철학적 종교를 근거짓고자 한다. 종교의 통일성은 의식(儀式)의 다수성과 양립할 수 있다. 성사(聖事)들은 분명히 평가 절하된다. 정당성은 행위가 아니라 오로지 신앙에만 달려 있는데, 그 신앙은 물론 행위에서 그 표현을 발견해야만 한다. 여기서 니콜라우스는 종교 개혁의 결정적 문제를 선취한다. 15세기 후반의 피렌체 신플라톤주의에서처럼 그리스도교를 플라톤주의로 해소하는 게 그에게는 낯설다.

쿠자누스가 1447년의 《천지창조에 대하여(De genesi)》에서 모세 5경의 연대기적 진술을 구속력 없는 것으로서 거부하는 데 반해, 그의 신학적 논증 가운데 많은 것은 복음서에 의해 보고된 사건들, 가령 부활의 역사성을 전제한다. 우리는 앞으로 18세기 후반에 이러한 전제를 더 이상 공유하지 않는 그리스도교의 새로운 정식화가 어떻게 시도되는지를 살펴볼 것이다. 역설적으로 이러한 비판적 결과를 이끈 것은 바로 프로테스탄트 혁명이었다. 그러나 이런 위기로부터 함께 성립한 헤겔의 관념론은 쿠자누스의 그것에 당혹스러울 정도로 가까운 형이상학과 자연철학을 전개한다. 물론 그 형이상학과 자연철학은 《박학한 무지에 대하여》의 세 번째 체계 부분을 속인·문외한 대화의 정신 구상도 훨씬 능가하는 일반적 정신 이론으로 대체한다. 어쨌든 헤겔도 자신의 최초의 저술들 가운데 하나를 지금은 현실적으로 소멸 직전에 있는 영역에 바친다. 그러나 그 이전에 그는 그리스도교의 역사적 전개를 15세기에는 여전히 그것을 위한 모든 전제가 결여되어 있던 철저성을 가지고 연구할 것이다.

03

종교 개혁에 의한 철학적 상황의 변화: 파라켈수스의 새로운 자연철학과 야코프 뵈메의 신에게서의 아님

철학적으로 보아(여기서 문제되는 것은 오직 철학적인 것일 뿐이다) 마르틴 루터의 종교 개혁은 진보일 뿐만 아니라 퇴보이기도 하다. 가톨릭교회와 스콜라 철학의 권위를 뿌리친 것은 새로운 자유 공간의 열림을 의미했다. 물론 그러한 자유 공간은 중세의 개별 사상가들이 철두철미하게 이미 스스로 취했던 것이지만, 이제는 일반적으로 모든 개별 그리스도교도들에 대해 타당했다. 그러나 동시에 이러한 자율의 획득은 다만 그 그리스도교도가 직접적으로 신의 말씀에 결부된다는 점에 의해서만 정당화될 수 있었다. 성서에 대한 직접적인 새로운 이해는 사태적으로 그럴 듯했다. 왜냐하면 가톨릭교회가 자기의 권위를 인간이 된 신에게로 환원하지만 동시에 그리스도의 진술에 대한 해석 독점을 보유한다면, 근거짓기 순환은 너무도 명백할 뿐이었기 때문이다. 즉 그리스도는 교회를 정당화하지만, 교회는 그리스도가 본래적으로 무엇을 가르쳤는지 설명하기 때문이다. 오히려 놀라운 일은 신의 말씀에 대한 독자적 접근에 대한 부르짖음이 역사적으로 강력해지기까지 그토록 오랜 시간이 걸렸다는 점이다. 그렇게 되기 위해서는 외적인 요인들이 필수적이었다. 요컨대 한편으로는 르네상스 시대의 교황들과 주교들의 행동에 의한 도덕적 신뢰의 상실, 다른 한편으로는 독일의 군주들이 발견한 기회, 즉 종교 개혁 덕분에 황제의 통치권을 떨쳐버릴 수 있는 기회가 필수적이었다. 왜냐하면 루터는 자신의 군주가 그에게 접근한 까닭에, 그것도 단지 종교적 이유들에서만 접근한 게 아니었던 까닭에 승리할 수—아니, 살아남을 수— 있었기 때문이다.

정신과학과 사회과학에서 독일 최후의 보편적 학자 중 한 사람인 오이겐 로젠슈톡-후에시[1]는 《유럽의 혁명과 국민의 성격(Die europäischen Revolutionen und der Charakter der Nationen)》에 관한 위대한 연구에서 종교 개혁과 관련해 "군주 혁명"에 대해 이야기했다. (파리가 유럽의 대학이었던 데 반해) 자기 자신의 영지에 대학들을 갖고 군주에게 충성하며 높은 사회적 명성을 누리는 공무원 신분을 지닌 종교적으로 자율적인 소국가들의 형성은 독일 종교 개혁의 가장 중요한 결과 가운데 하나였다. 영국은 17세기에도 중세 때와 마찬가지로 두 개의 대학에 만족했지만, 이는 영국이 유럽에서 경제적으로나 정치적으로 가장 진보적인 민족으로 올라서는 것을 조금도 방해하지 않았다. 그에 반해 독일은 그 제도를 뒤늦게 받아들였음에도 불구하고 약 40개의 대학을 갖고 있었다. 군주와 교수 ·

---

1   Eugen Rosenstock-Huessy, 1888~1973. 역사, 신학, 사회학, 언어학 등의 영역에 걸쳐 활동한 유대계 독일인 역사철학자, 사회철학자. 히틀러의 정권 장악 후 미국으로 이주했다. 프란츠 로젠츠바이크의 친구로도 잘 알려진 그의 작품들은 담화와 언어를 모든 사회적 맥락의 지배석 형성사로시 논의한다. 니체 이후 종교적 사유의 부활에 기여한 사상가들 가운데 한 사람이다.

목사·공무원은 새로운 질서의 기둥이 되었다. 그리고 군주는 1918년에 사라진 반면 독일은 근본적으로 오늘날까지, 더 나아가 가톨릭 영역에서도 지금껏 세계 어디에도 존재하지 않는 교수 국가 및 공무원 국가로 남아 있다. 대부분의 질문에서 루터교가 가톨릭교회와 루터보다 훨씬 더 결정적으로 중세의 관념으로부터 해방된 개혁 종파 사이의 중간 위치를 차지하는 데 반해, 칼뱅주의가 루터교보다 가톨릭 교의에 훨씬 더 가까이 서 있는 논쟁점, 요컨대 가톨릭주의와 칼뱅주의가 견지하는 저항권과 관련한 논쟁점이 존재한다. 가톨릭주의와 칼뱅주의에 반대해 루터는 저항권을 근본적으로 거부했으며, 자신이 아무리 성서(로마서 13장)[2]에 의해 그런 권한을 부여받았다고 믿었다 할지라도 외부적으로 고찰하자면 이는 그가 군주들의 보호를 받기 위해 지불해야만 했던 대가였다는 게 명백하다. 양심의 자유에 대한 파토스와 부당한 정부에 대해서마저도 굴종하는 것을 제멋대로 결합하는 것은 오랫동안, 특히 독일에

---

2   로마서 13장 1~7절은 다음과 같다. "사람은 누구나 위에 있는 권세에 복종해야 합니다. 모든 권세는 하나님께로부터 온 것이며 이미 있는 권세들도 하나님께서 세워주신 것이기 때문입니다. 그러므로 권세를 거역하는 사람은 하나님의 명을 거역하는 것이요, 거역하는 사람은 심판을 받게 될 것입니다. 치안관들은, 좋은 일을 하는 사람에게는 두려울 것이 없고, 나쁜 일을 하는 사람에게만 두려움이 됩니다. 권세를 가진 사람을 두려워하지 않으려거든, 좋은 일을 하십시오. 그러면 그에게서 칭찬을 받을 것입니다. 통치자는 여러분 각자에게 유익을 주려고 일하는 하나님의 일꾼입니다. 그러나 여러분 각자가 나쁜 일을 저지를 때에는 두려워해야 합니다. 그는 공연히 칼을 차고 있는 것이 아닙니다. 그는 하나님의 일꾼으로서, 나쁜 일을 하는 자에게 하나님의 진노를 집행하는 사람입니다. 그러므로 진노를 두려워해서만이 아니라, 양심을 생각해서라도 복종해야 합니다. 같은 이유로, 여러분은 또한 조세를 바칩니다. 그들은 하나님의 일꾼들로서, 바로 이 일을 하는 데 힘을 쓰고 있습니다. 여러분은 모든 사람에게 의무를 다하십시오. 조세를 바쳐야 할 이에게는 조세를 바치고, 관세를 바쳐야 할 이에게는 관세를 바치고, 두려워해야 할 이는 두려워하고, 존경해야 할 이는 존경하십시오."

서 루터교의 징표 가운데 하나로 남았다. (유별나게는 칼뱅주의자인 요한네스 알투지우스[3]에게서—각각의 모든 개인이 아니라 신분의—저항권에 대한 변호를 발견할 수 있는데, 보조성(subsidiarität)[4]을 지니는 연방 신분 국가에 대한 그의 구상은 프랑스 절대주의에 대한 장 보댕[5]의 정당화와는 매우 다르다. 알투지우스는 네덜란드의 자유 투쟁을 정당화했다.)

그러나 이런 어중간하기만 한 자율은 단지 정치적 측면에서만 루터교의 특징을 이루는 것이 아니다. 신고지 독일어(die neuhochdeutsche Sprache)를 다른 유럽어 수준으로 올려놓은 루터의 대가다운 번역이 열어놓은 성서에 대한 자유로운 접근은 동시에 성서의 문자들에 대한 속박을 의미했다. 성서의 사중적 의미[6]에 관한 오랜 교설은 텍스트와 더 이상 아무런 관계도 지니지 않는 모험적인 해석들로 이어졌었다. 이제 그것은 끝났다. 그러나 저 교설은 동시에 우리가 전통의 본래적 의미에 신실하게 머문다는 정직한 신앙에서 전통이 계속해서 발전하는 것을 허락했었다. 이제 그것도 끝났다. 또는 좀더 좋게 표현하자면, 전통을 계속해서 발전시켜나가는 게 본질적으로 더 어려워졌다고 할 수 있을 것이다.

---

3 Johannes Althusius, 1563~1638. 독일의 법학자. 사회계약론의 선구자로 유명하며, 국민 주권과 저항권 등도 주장했다.

4 보조성 원리란 어떤 일이 상위 공동체에 의해서만 이루어지고 개인이나 하위 공동체가 제대로 기능하지 못할 때, 모든 상위 질서의 사회가 하위 질서 사회들이 자리 잡을 수 있도록 도와야 한다는 것을 말한다.

5 Jean Bodin, 1530~1596. 프랑스의 종교 전쟁 시기 법학자이자 사상가. 칼뱅파 위그노에 속했으며, 프랑스 절대왕정의 이론적 기초에 결정적 기여를 한 정치학자이자 경제사상사적으로 중요한 인물이다. 인간의 생존권과 생활 체계를 신앙 문제에서 분리하고, 정치에서의 덕과 신학에서의 덕을 구별하고, 종교로부터 국가의 독립을 주장했다.

6 문자적(buchstäblich), 비유적(allegorisch), 도덕적(tropologisch), 신비적(anagogisch) 의미를 말한다.

하지만 사람들은 그런 것을 전적으로 포기할 수는 없었다. 왜냐하면 그들은 첫째, 산상수훈에서의 칭찬과 중세의 그것보다 더 상이한 새로운 경제 질서와 사회 질서를 정당화하기 위해 성서를 필요로 했기 때문이며 둘째, 200년 이상 동안 루터교는 복음서들의 (서로 다른) 그리스도론과 교의(Credo) 사이에 엄청난 차이가 존재한다는 것을 인정하기를 거부했기 때문이다―칼뱅[7]도 삼위일체론이 신약성서에 거의 기초하지 않는다는 것을 폭로했다는 이유로 미카엘 세르베투스[8]를 화형에 처했다. 성서의 본래적 의미를 이해하기 위해 그들은 중세의 그것과는 다른 해석학적 기술을 발전시켜야만 했다. 헤브라이어와 그리스어에 대한 연구는 이제 이를테면 종교적 숭고함을 획득했다. 근대 정신과학 방법들의 성립은 루터교에 의해 결정적으로 촉진되었다. 비록 신학에 대한 철학적 안전장치를 억누르는 대가를 치르긴 했지만 말이다. 후자는 멜란히톤[9]에게는 루터 자신에게보다 덜 들어맞는다. 루터는 비철학적인 두뇌의 소유자였고, 따라서 위대한 신학자이기 어려웠기 때문이다. (그리고 그는 확실히 성인이 아니었다.) 그러나 그는 우리가 '성격(Charakter)'이라고 부르

---

7 Jean Calvin, 1509~1564. 프랑스의 종교 개혁가이자 신학자. 프로테스탄트 교회의 개혁자로서 개혁주의 신앙과 신학을 수립하고 칼뱅주의를 이룩했다. 제네바에서 종교 개혁에 성공하고 신정정치적인 체제를 수립했다.

8 Michael Servetus, 1509?~1553. 종교 개혁기 에스파냐의 인문주의자. 당시 에스파냐에서는 가톨릭으로 개종을 거부한 유대인과 이슬람교도인 무어인에 대한 종교적 박해가 진행되었다. 이런 상황에서 세르베투스는 그리스도교와 유대교, 이슬람교가 갈라진 핵심 교리인 삼위일체론이 성서에 근거한 게 아니라 콘스탄티누스 황제 이후의 교회 권력에 의해 만들어진 것이라고 비판했다. 장 칼뱅은 처음에는 세르베투스와 친교를 맺기도 했으나, 세르베투스가 자신의 《그리스도교 강요》를 비판하자 강한 적개심을 나타냈다. 결국 이단으로 고발된 세르베투스는 칼뱅이 주도한 제네바 시 정부에 의해 화형을 당했다.

9 Philipp Melanchthon, 1497~1560. 독일의 인문주의자, 종교 개혁가. 루터의 평생의 협력자. 그의 《신학총람》은 루터과 교회에 큰 영향을 미쳤다.

는 것을 지녔고, 선을 위해서든 악을 위해서든 자신의 종교적 및 언어 창조적 성취를 통해 다른 어느 누구와도 다르게 유럽 공동의 가족으로부터 독일 민족을 분리해내는 데 기여했다. 루터가 츠빙글리[10]와 칼뱅의 또 다른 개혁에 함께하지 않음으로써 독일 프로테스탄티즘은 (스칸디나비아 나라들과 더불어) 라틴계와 앵글로색슨계 나라들이 그에 대한 본보기를 이루는 옛 세계와 새로운 세계 사이의 중간 상태에 머물렀다.

신앙의 토대를 주관적 확신에 두는 것이 아무리 타율적 권위의 동요와 함께 커다란 인격적 통합성에 기여했을지라도, 근거 없는 확신이 누군가가 전적으로 그것들 위에 선다고 해서 진리가 되는 것은 아니다. 아니, 고유한 정당화를 지닌 광신은 경건주의의 발생에 이르기까지 루터교 정통주의를 특징짓는 정신적 속박에로 이어질 수 있었다. 루터의 반휴머니즘적 특징은 그가 이미 르네상스를 통해 극복한 저 중세의 생명을 또다시 200년 동안 유지하게끔 했다는 판단으로 이어졌다. 하지만 그렇게 생각함으로써 사람들은 14~15세기가 루터교의 처음 두 세기보다 정신적으로 훨씬 더 다면적이었다는 점을 간과한다. 확실히 그리스도교의 반유대주의는 그 전적인 끔찍함에서 중세로 되돌아간다. 하지만 고위 성직자들과 황제들은 언제나 반유대주의를 제어하기 위해 거듭 시도했다. 그러나 루터는 민중의 목소리를 직접적으로 표현했으며, 특히 《유대인과 그들의 거짓말에 대하여(Von den Juden und ihren Lügen)》(1543)에서는 반유대주의에 존엄을 부여했다. 이러한 존엄은 반유대주

---

10 Ulrich Zwingli, 1484~1531. 스위스의 종교 개혁가. 취리히의 종교 개혁에서는 루터와 협력했지만, 1529년 마르부르크 회담에서 성찬 때의 빵과 포도주를 그리스도의 피와 몸의 상징으로 해석하는 '상징론'을 주장해 루터와 대립하고 정치적으로 고립되었다. 가톨릭을 견지하는 주들과의 전쟁에 종군 목사로 참전했다가 카펠 전투에서 전사했다.

의가 근대적인 것으로의 변형을 거쳐 19세기 말 이후 1945년까지 계속해서 작용했다. 〔파이트 하를란[11]의 영화 〈유대인 쥐스(Jud Süß)〉(1940)를 생각해보는 것으로 충분할 것이다.〕 대부분의 중세 신학자들이 옹호한 신앙, 즉 어떠한 비-그리스도교도도 구원받을 수 없다는 신앙은 거의 참을 수 없을 정도다. 그러나 비텐베르크의 교수 아브라함 칼로프[12]의 교설, 즉 어떠한 가톨릭교도도 또 어떠한 개혁교도도 구원받을 수 없으며, 아니 게오르크 칼릭스트[13]처럼 궁극적으로 자신을 따르지 않는 루터교도도 이단자로 단죄해야 한다는 교설에 대해서는 도대체 뭐라고 말할 수 있겠는가? 신의 구원 계획은 비텐베르크 주변 지역으로 줄어들었다. 경건주의에 의해 준비되고 18세기 말에 시작해 고전 독일 철학을 산출한, 정통 루터교에 대한 반란은 물론 루터교의 특징, 즉 정직함에 대한 무조건적 의지와 사람들이 더 이상 믿지 않는 것들에 대해 고백하길 거부하는 것을 보존했다. 그리고 역설적으로 스콜라적 전통의 짐을 더 적게 짊어진 것은 철학적인 새로운 시작을 쉽게 해주었는데, 이런 새로운 시작은 그 자체로 철학적으로 흥미롭지만 위계질서에 의해 통제받는 가톨릭교에는 허용되지 않았다.

이미 16세기에 한편으로는 종교 개혁에 의해 고무된, 그러나 다른 한

---

11   Veit Harlan, 1899~1964. 나치가 총애한 영화감독. 1940년 빌헬름 하우프(1801~1827)의 소설 《유대인 쥐스》를 영화로 만들었다. 영화 제작에는 나치 홍보 책임자인 괴벨스가 깊숙이 관여했으며, 나치의 협조로 커다란 성공을 거두었다. 이 영화는 은연중에 탐욕스러운 유대인들이 건강한 사회를 위협한다고 묘사한다.
12   Abraham Calov, 1612~1686. 독일의 수학자, 철학자, 신학자. 루터 정통파의 가장 잘 알려진 옹호자 중 한 사람.
13   Georg Calixt, 1586~1656. 독일의 복음주의 신학자. 멜란히톤의 교설에 의해 각인된 휴머니즘적 신학을 옹호했다.

편으로는 그 교의로부터 벗어나 루터교로부터 핍박받는 성령주의적·정신주의적(spiritualistisch) 전통이 확립되기 시작한다. 이 전통을 대표하는 인물은 특히 한스 덩크[14], 제바스티안 프랑크[15], 카스파르 슈벵크펠트[16]이다. 더 이상 성서가 아니라 정신(Geist, 영)이 결정적 원리로 여겨졌다. (토마스 뮌처[17]에게 이 원리는 신분 사회에 대한 반란과 자신이 죽음으로 대가를 치른 농민 전쟁에서 농민들을 위한 피비린내 나는 노력과 결합한다.) 이런 사유 방향에는 또한 1516년 분명 페라라에서 의학으로 박사 학위를 취득한 파라켈수스(Paracelsus, 1493~1541)라는 자연철학자, 즉 테오프라스투스 봄바스투스 폰 호헨하임(Theophrastus Bombastus von Hohenheim)도 포함된다. 이 책에서 그를 언급해야만 하는 까닭은 그가 지중해 지역 전체를 관통하는 여러 차례의 여행에도 불구하고 자신의 수많은 저작을 독일어로 저술했을 뿐만 아니라(다만 제목만은 종종 라틴어를 사용했다) 심지어 1527년 바젤의 의학과에서 수행한 강의들도 독일어로 했기 때문이기도 하다(이것이 그가 추방당한 이유 중 하나였다)―이는 17세기 말에서야 비로소 독일어 강의를 처음으로 대학에 성공적으로 도입한 크리스티안 토마지우스[18]보다 오래전의 일이다. 청년 괴테는 파라켈수스를 읽었으며, 그의 본질

---

14 Hans Denck, 1495?~1527. 종교 개혁 시기 독일의 신학자이자 재세례파 지도자.

15 Sebastian Franck, 1499~1542?. 독일의 자유사상가, 휴머니스트, 급진적 개혁가.

16 Kaspar Schwenckfeld von Ossig, 1489?~1561. 독일의 신학지, 저술가, 설교가, 성령주의자로 슐레지엔 지역 프로테스탄트 개혁의 초기 주창자 중 한 사람.

17 Thomas Müntzer, 1489~1525. 독일의 신학자. 처음에는 루터와 협력했으나 나중에 루터를 비판하면서 "빈부의 격차 없는 사회가 하나님의 축복을 받은 나라"라고 설교해 추방을 당했다. 1524년 뮐하우젠에서 비밀 결사를 조직해 민중 항쟁인 독일 농민 혁명을 일으켰지만 체포되어 교수형을 당했다.

18 Christian Thomasius, 1655~1728. 독일의 법학자이자 절학사. 독일 계몽주의의 신구자로 이성적 자연법을 제창.

적 특징 가운데 몇 가지 및 회의주의적 마법사인 하인리히 코르넬리우스 아그립파 폰 네테스하임[19]의 특징은 독일적 본질의 상징 형상인 괴테의 파우스트라는 인물 속으로 받아들여졌다. 물론 그 형상은 파라켈수스와 동시대인인 요한 게오르크 파우스트[20] 박사에게서 영감을 받았지만, 그보다는 파라켈수스가 지적으로 훨씬 더 탁월했다.

우리가 파라켈수스의 철학적-과학적 사상을 분류하고자 한다면, 그것은 16세기 대부분의 혁신적 이념과 마찬가지로 스콜라 학문의 붕괴와 17세기 새로운 과학의 발생 사이의 발효 시대에 속한다. 직접적 경험이 아니라 책들로부터 길어낸 전통적 의학, 특히 체액병리학에 대한 논박은 물론 루터를 상기시키는 촌스러운 방식으로 그리고 과장된 자화자찬으로 이뤄지지만, 예를 들어 건강에 대한 외적 요인의 영향과 관련한 개별적인 중요한 인식 및 강령적인 이념에도 불구하고 파라켈수스는 그 자신의 진술을 정밀한 실험적 방법에 의해 근거지우는 것으로부터는 멀리 떨어져 있다. (자연과학의 수학화와 양화에 대해서는 침묵한다.) 점성술과 마법은 아직 본래적인 과학으로부터 분리되어 있지 않았다. 야코프 뵈메(Jacob Böhme, 1575~1624)도 여전히 신봉하는 징표론(Signaturenlehre)은 자연 실체들의 내적 특성을 그것이 외적으로 나타나는 상으로부터 해명하는 것을 허락해야 한다. 비록 르네상스 세계관이 자연을 폭넓게 자기 안에 완결된 인과관계로 파악하는 데서 시작된다 할지라도, 그것의 전체론은 과학적 진보가 가능하기 위해 필수불가결한 개별적 인과 요

---

19 Heinrich Cornelius Agrippa von Nettesheim, 1486~1535. 독일의 마법사, 비술 저술가, 점성술사, 연금술사.

20 Johann Georg Faust, 1480?~1541. 독일의 방랑하는 만능치료사, 연금술사, 마술사, 점성술사, 예언자. 그에 관한 얘기와 이전의 마법 설화가 뒤섞여 파우스트 전설이 생겨났다.

소의 고립에 유해하다. 파라켈수스의 《파라그라눔 편(Buch Paragranum)》 (1530)은 의학의 네 가지 기둥, 요컨대 철학, 천문학, 연금술(Alchemie) 그리고 '정당성(proprietas)', 즉 의료 윤리 같은 어떤 것을 가르친다. 여기에서는 미래 지시적인 것과―근대적 기준에 따르면―비과학적인 것이 서로 얽혀 있다. 즉 화학(Chemie)과 광물학에 의한 의학의 근거짓기에 대한 요구와 더불어 인간적 소우주가 대우주에, 그러므로 개별적 기관이 가령 행성에 상응한다는 사상을 발견할 수 있다. 중요한 것은 의학의 '근거'에 대한 탐구와 확실성에 대한 추구이다. 자연철학적 반성에서 파라켈수스는 고전적인 4원소와 더불어 세 개의 원질(유황, 수은, 소금)을 가정하는데, 그는 그것들을 신적 삼위일체의 표현으로서 해석한다. (독일에서 근대 과학적 사유의 정초자 가운데 한 사람인 요아힘 융기우스[21]는 고전적인 4원소뿐만 아니라 세 개의 연금술적 원소에 대해서도 반대한다.) 파라켈수스에 따르면 신은 자연의 힘들에서 자신을 표현하며, 따라서 모든 과학은 신학의 작은 부분들이다. 자유 의지는 가능하지 않다. 악인도 단지 신이 그에게 힘을 주기 때문에 행동할 수 있다. 최고의 것은 신 안에서 자기의 의지를 스스로 포기하는 것이다.

특히 매혹적인 것은 파라켈수스의 종교적 표상이다. 그는 물론 가톨릭 신자로서 장례를 치렀지만 제도화한 교회에 대한―물론 모든 종파에 대한―비판은 날카롭다. 파라켈수스는 아무런 거처도 지니지 않는 성령 안에 있는 교회를 믿으며, 어떠한 강제적 개종도 "악마로부터" 비롯된 것으로서 거부하고, 세례받지 않은 아이들도 포함해 모든 아이의

---

21   Joachim Jungius, 1587~1657. 독일의 수학자, 논리학자, 과학철학자로서 1/세기 원자론의 중요한 인물. 질량 보존을 가정한 '미립자 화학'의 주창자.

구원을 가르치고, 마태복음 주석을 위한 초기 초안에 붙인 부록에서 "벌거벗은 사람들의 섬들"을 찬양한다—그에 따르면 그들에게 도달한 유럽의 노예선이 침몰하는 게 이교도가 개종하는 것보다 더 좋다. 왜냐하면 그리스도는 곧 잊힐 것이고 오로지 악행만이 남을 것이기 때문이다. 정치적 이념에서 파라켈수스는 한편으론 토마스 뮌처로 대표되는 성령주의자들의 정치적으로 급진적인 진영에 가깝다. 그러나 다른 한편으론 바울의 정부론을 그 자신의 시대로 제한할 것을 제안한《훌륭한 자들과 교만한 자들에 대하여(De magnificis et superbis)》에서 지금까지 존재해온 것보다 본질적으로 더 많은 악들로 이어질 수 있는 폭동에 대해 분명히 경고한다. 그렇지만 파라켈수스는 신분들의 폭넓은 평등과 가난한 이들을 위한 활동적 개입을 그리스도교적 이상으로서 옹호한다. 귀족은 신으로부터 온 것이 아니다. 토지에 대한 권리는 언제나 다만 황제로부터 빌려온 것일 뿐이다. 모두는 노동할 의무를 지닌다. 노동 없는 소유권은 도둑질이다. 아버지는 자기 아이들에게 오로지 노동 수단만을 유산으로 물려주어야 한다. 그는 사형을 거부한다. 그리고 오로지 방어 전쟁만을 도덕적으로 허락할 수 있다.

근세의 신기원적인 최초의 독일 철학자라는 명예로운 칭호는 야코프 뵈메에게 돌아가야 하는데, 그는 이미 무엇보다도 우선 '튜턴의 철학자(teutonicus philosophus)'로 여겨졌다. 독일 문화의 상대적 후진성과 동시에 특수한 종교철학적 가능성을 명확히 하기 위해서는 이웃 나라들로 눈길을 돌려보는 게 많은 도움을 준다. 프랑스 철학은 16세기 후반에는 높은 교양을 갖춘 회의주의적 에세이스트 미셸 드 몽테뉴(Michel de Montaigne, 1533~1592)에 의해 그리고 17세기 전반에는 형이상학과 과학에 흔들리지 않는 기초를 마련해주고자 한 데카르트에 의해 광채를 발한다. 영국

에서는 정치가 프랜시스 베이컨(Francis Bacon, 1561~1626)이 근대 경험과
학의 방법적 기초를 발전시킨다. 베이컨과 동시대인이자 당시 정신적
으로 가장 활기찼던—독일의 문화 지방인—슐레지엔 출신의 뵈메는 그
와 달리 구두장이였다. 그는 결코 공부를 한 적이 없고 따라서 라틴어를
쓸 수 없었지만, 신비적 비전을 체험하고서는 자기의 전통적인 루터교
적 성서 신앙을 신과 자연 그리고 그리스도에 의한 구속의 전개에 관한
철학적 설명을 통해 좀더 깊이 근거짓고자 했다. 우리는 그를 잘 알려진
소박파 화가 앙리 루소[22]에 따라 철학의 앙리 루소라고 부를 수 있을 것
이다. 이 소박한 사상가는 물론 성서와 더불어 훗날 파라켈수스와 다른
르네상스 정신주의자들도 읽었지만, 철학적 전통으로부터 거의 영향을
받지 않은 엄청나게 표현력 강하고 창조적인 언어로 자연에 대한 자신
의 열광 및 종교적 두려움과 희망을 난삽한 동시에 웅대한 현실 이미지
로 표현했다. 사변에 대한 뵈메의 욕구는 그로 하여금 교회적인 루터교
를 넘어서도록 추동했는데, 루터교는 비록 뵈메가 자기 자신을 경건한
루터교인으로 이해했고 또 그가 독일 관념론보다는 중세에 더 가까울
지라도 그를 괴를리츠에서 죽음에 이르기까지 무자비하게 핍박했다.
《위대한 신비(Mysterium Magnum)》에서 창조사에 대한 그의 해석은 쿠자
누스의 《천지창조에 대하여》보다는 6일간의 창조에 관한 중세 전성기
의 주석들과 본질적으로 더 유사하다. 이를테면《여섯 가지 신지학적 요
점, 또는 여섯 가지 신지학적 요점에 대한 높고 깊은 근거짓기(Sex puncta

---

22 Henri Rousseau, 1844~1910. 전문적인 미술 교육을 받지 않은 채 파리 세관에서 세
관원으로 근무하며 49세가 되어서야 그림을 그리기 시작했다. 독학으로 주말마다 그림을
그려 '일요화가'의 대명사로 널리 알려졌으며, 르 두아니에(Le Douanier: 세관원)라는 애
칭을 얻었다. 그와 같은 아마추어적이고 독립적인 화가를 가리켜 소박파라고 부른다.

theosophica, oder von sechs Theosophischen Puncten hohe und tiefe Gründung》의 여섯 번째 요점에서 지옥의 끔찍함에 대한 그의 기술은 히에로니무스 보쉬[23]를 연상케 하는데, 이를테면 그 보쉬가 내면적인 것으로 옮겨진다. 그의 그리스도론은 전통적이다. 아니, 신의 동정녀적-여성적 측면으로서 지혜에 대한 그의 숭배는 루터교적인 게 아니라 가톨릭적 신앙심의 계기를 표현한다. 뵈메의 독창성은 곧바로 그를 숭배하는 그룹을 만들어냈으며, 그의 죽음 이후 그의 영향력은 네덜란드와 스칸디나비아로도, 아니 영국으로까지 확대되었다. 내가 알기로 17세기에 다른 어떤 사상가도 독일어로부터 영어로 옮겨지지 않았다. 1670년경 중요한 케임브리지 플라톤주의자 헨리 모어[24]는 뵈메에 반대하는 논구《독일 철학 비판(Philosophiae teutonicae censura)》을 썼다. 그 후 1800년경 그는 독일 관념론자들에 의해서뿐만 아니라 또한 윌리엄 블레이크[25]에 의해서도 다시 발견되었다.

그의 최초 저작인《오로라 또는 떠오르는 아침놀(Aurora oder Morgenröte im Aufgang)》(1612)은 내적 발효의 오랜 단계가 선행했다. 이에 관해 그는 《신지학적 서한들(Theosophischen Sendbriefe)》의 열두 번째 서한에서 이렇게 보고한다. "내가 그것을 외적인 것으로 가져오기 전에, 즉 그것이 마

---

23 Hieronymus Bosch, 1450?~1516. 네덜란드의 화가. 상상 속의 풍경을 담은 작품들로 유명하며, 무서움이나 잔인함 그리고 악덕과 범죄에 대한 전례 없는 상상력을 보여주었다. 나무 패널에 그린 세 개의 그림이 서로 맞붙은 여러 점의 3연작화를 그렸는데, 그중 가장 유명한 작품은 〈세속적 쾌락의 동산〉이다.

24 Henry More, 1614~1687. 영국의 철학자. 플라톤, 플로티노스 등의 영향을 받아 그리스도교를 기조로 한 플라톤주의를 주장했다.

25 William Blake, 1757~1827. 영국의 화가, 판화가 또는 신비적 경향의 시인으로 낭만주의의 선구자.

치 소나기처럼 나를 향해 쏟아지기까지 나는 12년간 그것을 다뤘고 그것을 내 속에 품고 있었으며 내 속에서 격렬한 충동을 발견했다." 뵈메는 책들로부터가 아니라 "내 속에 펼쳐진 나 자신의 책으로부터" 배웠다는 것을 자랑한다. 이 책은 "다만 세 쪽만을 지닌다. 그것은 영원성의 세 가지 원리이다. 바로 그 속에서 나는 모세와 예언자들 및 그리스도와 사도들이 말했던 모든 것을 발견할 수 있다". 명시적으로 그는 "그리스도의 약함과 아이다움, 단순함 속에서" 및 열락의 정원에서 자기의 시간을 보낸다고 설명한다.

뵈메는 신지학(Theosophie)을, 다시 말해 신의 삼위일체적 본질로부터 자연에 대한 이해도 가능하게끔 해야 할 신에 대한 인식을 추구한다. 확실히 그는 이성적 신학자가 아니다. 엄밀하게 논증하는 대신 정신의 이름으로 종종 이성에 반대한다. 그의 개념 세계는 범주적으로 구별되는 상이한 분야, 즉 형이상학적 원리, 자연철학적이고 특히 연금술적인 범주, 천사와 악마를 뒤섞는다. 그의 수많은 저작은 완전한 반복이다. 하지만 후기의 저술들에서 좀더 체계적인 논리적 엄밀성을 달성한다. 유감스럽게도 그가 죽음으로써 완성하지 못한 마지막 저작 《신지학적 물음들 또는 신적 계시의 고찰(Quaestiones theosophicae, oder Betrachtung göttlicher Offenbarung)》은 아마도 그의 가장 완결된 작품일 것이다. 그 모든 결함에도 불구하고 그가 대단한 용기를 지니고 전통적 신학이 흔히 비껴가는 물음을 제기했다는 점은 논박할 수 없다. 고통과 악은 어디로부터 세계로 오는가? 우리가 토마스 아퀴나스에게서 발견하는 것과 같은 고전적 대답은 결여론(Privationslehre)이다. 즉 나쁜 것 또는 악은 존재에서의 결여라는 것이다. 그러나 고통과 악의는 단연코 단순한 결여 이상인 것으로 보이며, 만약 신이 모든 것의 창조주라면 그것들도 신 안에서 그 근거를 지녀야만 한다. 뵈메는 신 자신 안에 부정적 원리를 갖다 대는 것을 불가피한 것으로 간주하며, [마지막 저작에서 추상적 방식으로 '예(Jah)'와 '아님(Nein)'으로 언급하는] 긍정적 원리와 부정적 원리의 공동 작용으로부터 외적 세계에서의 신의 현현, 즉 오로지 신적 본질의 전개일 뿐이고 다른 두 원리를 결합하는 자신의 세 번째 원리를 이루는 신의 현현을 파악하고자 한다. 결정적인 것은 대립이 없으면 아무것도 계시되지 않는다는 그의 사상이다. 본래 계획한 177개의 신지학적 물음 가운데 세 번째에서 그는 신은 "아님 없이는 그 자신 안에서 인식될 수 없을 것이며, 그 안에는 어떠한 기쁨도 탁월함도 감수성도 없을 것이다"라고 썼다. 긍정적 원리와 부정적 원리는 물론 신 자신 안에서 오직 유일한 통일의 두 개의 중심을 형성할 뿐이다. 하지만 천당과 지옥은 사랑의 불꽃 또는 분노의 불꽃으로 표현되는 이 중심들이 분리한 결과다. "그것들은 분명 사랑의 불꽃에서는 하나지만, 나눔에서 그것들은 둘이다." 그 이전의 단지 소수 사람들과 마찬가지로 뵈메도 선취하고 있는 이후의 변증론자들과 달리 그는 물론 천사와 인간의 타락에서 어떤 필연적 과정을 보는 게 아니라 그것을—이미 그보다 오래전에 오리게네스가 그러했듯이—천사 또는 인간의 자유로운 의지의 결과로서 해석한다. 루시퍼가 '아님'을 '예'보다 위에 놓고 주가 '아님' 속에 있고자 함으로써 그는 신으로부터 분리되며 분노의 불꽃에 맡겨진다. 빛 속에서 '있음(ein Ichts)'인 신은 지옥에서 '없음(ein Nichts)'이며, 따라서 현재하지 않는다. 물론 악마의 분노는 부정적인 신적 원리의 표현이다. 그러나 우리는 그것을 마치 신의 노여움이 밖으로부터 그를 무정하게 만든 것처럼 이해해서는 안 된다. 분노는 오히려 그의 내적 본질이다. "이성은 분명 신과 그의 전능에 대해 많은 것을 말한다. 그러나 이성은 신과 그의 본질, 그가 무엇이고 어떻게 있는지를 거의 이해하지 못한다. 이성은 영혼을—마치 그것이 단지 특수한 본질이라는 듯—신으로부터 전적으로 분리한다. ……그리고 맹목의 커다란 해로움이 있는 까닭에 사람들은 싸우고 다투며, 결코 참된 기초에 도달하지 못한다." '예'와 '아님'의 재합일은 그리스도에 의해 이루어지며, 뵈메는 그 자신의 통찰을 그리스도의 정신에 돌린다.

뵈메와 서신을 교환한 슐레지엔의 귀족이자 신비주의자인 아브라함 폰 프랑켄베르크[26]는 라이덴에서 앙겔루스 실레시우스(Angelus Silesius, 슐레지엔의 천사)라는 이름으로 유명한 요한네스 셰플러(Johannes Scheffler, 1624~1677)에게 뵈메의 저술들을 참조하도록 했다. 이 일은 얄궂게도 그가 가톨릭교로 개종하는 데 기여했다. 그런데 그가 저술한 열광적인 반-프로테스탄트적 저술들보다 더 중요한 것은 알렉산더 격[27]으로 이루어진 그의 에피그램들인데, 그 모음집은 제2판 이래로 《게르빔의 방랑자(Cherubinischer Wandersmann)》(1657)라고 일컫는다. 그것들은 독일 바로크 서정시의 가장 중요한 증거들 가운데 하나일 뿐만 아니라 능가할 수 없을 만큼 함축적이고 종종 역설적인 방식으로 그리스도교 신비주의, 그중에서도 특히 마이스터 에크하르트와 요한네스 타울러의 중심 이념, 특히 스스로 신에게 헌신하는 영혼과 신 자신의 동일화를 표현한다. "나는 신만큼이나 크며, 신은 나만큼이나 작다네./그는 내 위에 있을 수 없고, 나는 그 밑에 있을 수 없지."

---

26 Abraham von Franckenberg, 1593~1652. 독일의 신비주의자, 저술가, 시인, 찬송가 작가.

27 중세기 프랑스의 알렉산더 대왕 전설에 관한 서사시에서 비롯된 6각 단장격(12음절)의 시 형태.

04

신에게는 오로지 최선의 것만이 충분히 좋다: 라이프니츠의 스콜라 철학과 새로운 과학의 종합

고트프리트 빌헬름 라이프니츠는 그저 모든 시대의 가장 다면적인 천부적 재능을 지닌 독일인인 것만이 아니다. 그는 또한 인류 최후의 보편적 학자였으며 논리학, 인식론, 형이상학, 종교철학, 수학, 자연과학과 공학, 법학과 역사 편찬에서 창조적이었다. 그 자체로 중요한 자신의 정신적 성취에 대한 자부심을 가라앉힐 수 있는 해독제로서 라이프니츠만큼이나 읽기를 권유할 수 있는 다른 사람은 거의 존재하지 않는다. 왜냐하면 이지적인 독자라면 아주 곧바로 모든 분야에서 복잡한 물음들에 대한—비록 많은 경우 반-직관적이긴 하지만—단순한 해결책을 발견하는 라이프니츠의 능력이 우리로서는 도달 불가능하다는 것을 감지할 것이기 때문이다. 아니, 독자는 모든 것을 밝혀주는 이런 정신이—플라톤에게서 그러하듯—단순히 그 지성을 도덕적 목적 아래 두는 것이 아니라 천성적으로 마음씨 고운 인격성에 뿌리박고 있다는 것을 지각하게 된다. 비록 허영심으로부터 자유롭지는 않다 할지라도 라이프니

츠는 언제나 정직하게 다른 입장에서 그것의 부분적 진리를 인식하고
자 노력했다. 종합에 대한 능력은 대부분의 중요한 정신적 성취의 특징
을 이룬다. 높은 능력을 소유했던 라이프니츠에게서 이는 그것이 언제
나 그러했던 것은 아닌 것, 즉 평화적 신조의 표현이었으며, 그런 까닭
에 그는 스스로에게 '파시디우스(Pacidius)', '평화적인'이라는 가명을 덧
붙였다. 재능 연구는 다면적 재능과 신동을 재능의 가장 잘 알려진 두
가지 파격으로서 취급한다. 라이프니츠는 그 둘 다이다. 이미 여덟 살에
고인이 된 아버지의 장서 가운데 라틴어 저술을 읽기 시작했으며, 마지
막까지 스스로 열중했던 세부 문제들에서 최고의 정밀함을 인간 지식
전체에 대한 주권적 개관과 결합하는 가운데, 아니 꾸준히 그것을 추구
하는 가운데 끊임없이 너무도 다양한 분야에서 저술을 했고, 유럽의 가
장 중요한 군주들(그의 생애 마지막에는 하노버 선제후, 프로이센 왕과 황제 그리
고 러시아 차르)에게 봉사하면서 자신의 이념을 실천적으로 전환하기 위
해 애썼다. 3명의 왕녀, 특히 언니인 엘리자베스가 데카르트와 서신을
교환한 팔츠 또는 하노버의 소피아[1]와 현실적인 우정을 맺었다. 비록 그
에게서 본래적인 정치적 재능은 비껴갔다 할지라도, 스무 살에 시민법
과 교회법으로 박사 학위를 취득한(알트도르프에서. 왜냐하면 그가 태어난 도
시 라이프치히의 대학은 너무 젊다는 이유로 학위 수여를 거부했기 때문이다) 라이
프니츠는 종종 외교관으로 활동했으며, 특히 그리스도교 종파들의 재
통합을 위해 노력했다. 이는 유럽의 종교 전쟁 이후에는 의심할 바 없이
의미심장한 과제였다.

특정한 철학적 이론에 도달해야만 하는 까닭은 그것이 인간 이성의

---

1   Sophia Charlotte of Hanover, 1668~1705. 프로이센 황제 프리드리히 1세의 왕비.

본성 안에 근거지어져 있기 때문이다. 그러나 라이프니츠로부터 우리는 이것이 이차적 원인을 배제하지 않는다는 것을 배울 수 있다. 따라서 우리가 기꺼이 인정할 수 있는 것은 17세기에 철학을 이성주의적으로 전환시킨 결정적 요인에는 한편으론 똑같은 정도로 권위적인 진리 요구를 지닌 서로 배타적인 다수의 그리스도교 종파가 존재하므로 바로 그 점이 단순히 권위에 기초하지 않는 심급에 대한 추구를 요구한다는 경험 그리고 다른 한편으로는 무조건적으로 끝내야 하는 종교적 시민 전쟁이 불러일으킨 물리적·도덕적 악이 속해 있었다는 점이다. 그리고 이 두 가지는 또한 왜 바로 독일에서 종교의 이성적 근거짓기를 향한 노력이 특히 중요했는지를, 아니 왜 그것이 종교적 활기를 지니고 추구되었는지를 설명해준다. 한편으로 제국은 거의 모든 유럽 국가와 달리 종파적으로 분열되어 있었는데, 따라서 그 국가들은 철학을 덜 필요로 했다. 다른 한편으로 제국은 주권을 획득한 이웃 나라들의 특징을 이룬 저 정치적 통일을 최종적으로 달성하지 못했으며, 이 점은 1648년 이후로 명확했다.[2] 그러나 괴물과 유사한 형성물―중요한 자연법론자이자 라이프니츠의 적대자였던 사무엘 폰 푸펜도르프[3]가 《독일 제국의 상태에 대하여(De statu imperii Germanici)》에서 그렇게 표현했다―은 특별한 손질을 필요로 하며, 라이프니츠의 극단적 이성주의는 그러한 치료제였다. 어쨌든 불가항력적으로 질풍노도(Sturm und Drang) 또는 낭만주의의

---

2 신성로마제국 황제 페르디난트 2세(1578~1637)와 팔츠 선제후 프리드리히 5세(1596~1632)를 정점으로 구교와 신교 사이에 벌어진 30년 전쟁(1618~1648)이 베스트팔렌 조약으로 끝난 해가 바로 1648년이다.

3 Samuel von Pufendorf, 1632~1694. 독일의 법학자, 역사학자, 정치가. 자연법적 국제법을 제창해 국가의 성립을 계약으로 설명했다.

표현적 혁명에 참여한 우리는 라이프니츠의 서신 교환도 특징짓고 또 그를 가령 질풍노도의 직접성이 그것에로 귀환한 루터의 탁상연설로부터도 구별해주는 것과 같은 17세기 후반과 18세기 초 표현 형식의 번거로움과 정선된 공손함을 경멸해서는 안 된다. 인간은 서로로부터 보호를 받아야만 하는데, 종교 전쟁의 전율 이후 유럽을 거의 150년 동안 그와 유사하게 야만적 전쟁으로부터 보호해준 것은 베스트팔렌 조약 이후 앙시앵 레짐의 웅대한 성취였다. 20세기를 체험한 자는 겸손하게 그러한 성취를 바라보아야 한다.

아직도 그 전체가 간행되지 않았고 헤겔과 셸링이 단지 불충분하게만 접근할 수 있었던 라이프니츠의 작품은 의심할 여지없이 20세기에 명성을 획득했다. 1900년 버트런드 러셀[4]이 라이프니츠에 관해 쓴 책은 라이프니츠의 논리학과 형이상학의 연관에 대한 통찰과 그 논리학에 대한 비판을 통해 분석철학의 발전에 기여했다. 그럼에도 불구하고 가령 현대의 분석적 종교철학자처럼 오늘날 고전 형이상학의 근본 사상을 논리적으로 정밀하고 근대 과학에 의해 내동댕이쳐질 수 없는 방식으로 표현하고자 하는 사람들에게 라이프니츠의 사상은 여전히 가장 중요한 영감의 원천이다. 외경을 불러일으키지 않을 수 없는 그의 정신의 아름다움에 직면해 그 한계들을 지시할 때 사람들은 혹여 르상티망에 의해 추동되고 있는 것은 아닌지 두려워하게 된다. 하지만 세 가지는 명백하다. 첫째, 다양한 분야에 걸친 그의 해박한 관심과 사람들과의 교제에서 느끼는 즐거움과 분주함은 그로 하여금 가령 데카르트의 《성찰》

---

4   Bertrand Arthur William Russell, 1872~1970. 영국의 수학자, 논리학자, 철학자, 사회평론가. 본문에서 언급한 책은 《라이프니츠 철학의 비판적 해명(A Critical Exposition of the Philosophy of Leibniz)》(1900)이다.

같은 실제로 포괄적이고 문학적으로 다듬어진 주저를 쓰지 못하게끔 했다. 그의 평화적인 정신은 그로 하여금 너무 자주 사람에 대한 논증(ad hominem)을 수행하게끔 했다. 요컨대 자기의 그때그때마다의 대화 상대방의 전제와 교양 배경에 따라 논증하도록 했다. 라이프니츠의 가장 독창적인 이념은 그의 가장 방대한 두 저작, 즉 존 로크[5]의 철저한 경험주의 또는 피에르 벨[6]의 신앙주의(Fideismus)에 반대한 것들로서 1705년에 완성했지만 1765년에야 간행되고 아마도 칸트에게 강한 영향을 미친 《새로운 인간지성론(Nouveaux essais sur l'entendement humain)》과 1710년의 《변신론(Essais de Théodicée)》에서보다는 오히려 사적인 초안들과 1685/1686년의 《형이상학 서설(Discours de métaphysique)》같이 선택된 잘 알고 있는 이들을 위한 에세이들 그리고 편지들에서 발견할 수 있다. 둘째, 라이프니츠는 마지막에 이르기까지 신동과도 같은 어떤 것을 간직했다. 세계의 이성성에 대한 믿음은 그로 하여금 일정한 현상, 즉 그 수수께끼 같음이 물론 그의 체계와 양립할 수 없는 것은 아니지만 쉽사리 그 체계를 실존적으로 믿음직스럽지 않게끔 만드는 현상을 간과하게 만들었다. 그의 저술 가운데 많은 것이 남기고 있는 최초의 인상은 일정한 어린이다운 소박성이며, 비록 논증의 명민함이 곧바로 이 소박성이야말로 최고 수준에 있다는 것을 보여주고 또 완전한 정신적 위대함은 소박성이 없다면 전혀 가능하지 않다는, 아니 아마도 신 자신이 소박할 거라는 의혹을 일깨운다 할지라도, 그것은 다만 최초의 인상을 수정할 뿐 그것을 반박하지는 않는다. 라이프니츠의 논리적 엄밀함은 너무도 날

---

5   John Locke, 1632~1704. 영국 경험론 철학의 시조. 주요 저서로 《인간지성론》 (1690), 《통치론》(1689) 등이 있다.

6   Pierre Bayle, 1647~1706. 프랑스 초기 계몽사상가로 회의주의적 철학자 및 평론가.

카롭게 뵈메의 비전과 대조를 이룬다. 하지만 우리는 뵈메가 또한 그리고 바로 신 안에서 부정적인 것의 환원 불가능성을 신에게 오로지 긍정적 속성만을 돌릴 뿐 어떠한 '아님'도 돌리지 않는 라이프니츠보다 훨씬 더 강하게 감지했다는 점에 대해 논박할 수 없다. 셋째, 라이프니츠에게는 18세기가 진행되는 가운데 독일 문화가 비로소 획득한―물론 이는 그의 관점주의 형이상학에 의해 고무되지 않았으면 불가능했을 것이다―문화적 현상에 대한 감각이 여전히 결여되어 있다. 물론 언어철학에 대해서뿐만 아니라 언어사에 대한 라이프니츠의 관심은 주목할 만하다. 그러나 고전 독일 철학의 미학적 감수성이 그에게는 칸트의 도덕 혁명만큼이나 낯설다. 단지 부수적으로 전개했을 뿐인 그의 윤리적 이념들은 전혀 독창적이지 않다. 아니 짐작컨대 도대체 일관적이지도 않은데, 그 이념들이 아리스토텔레스의 행복주의와 그리스도교적 근본확신 및 스피노자의 완전성의 윤리학 사이에서 흔들리고 있기 때문이다.

라이프니츠를 칸트와 비교한다면, 그는 독일적 정신이라기보다는 오히려 유럽적 정신이다. (마찬가지로 푸펜도르프도 오랫동안 스웨덴에서 가르치고 활동했다.) 그의 수학적-과학적으로 가장 생산적이었던 단계는 1672년부터 1676년까지 특히 크리스티안 하위헌스[7]와 교류하며 살고 기꺼이 머물렀던 파리에서 이루어졌다. 그는 1673년 런던의 왕립학회에, 1689년 로마의 물리학-수학아카데미(Accademia Fisico-Matematica)에, 1700년 파리의 과학아카데미에 가입했으며, 그 후 곧바로 브란덴부르크-선제후(그 이후 곧 프로이센-왕립) 과학학회의 초대 회장이 되었다. 또한 네덜란드로

---

7   Christiaan Huygens, 1629~1695. 네덜란드의 물리학자, 천문학자, 수학자. 수학 분야에서는 구적론과 확률론, 물리학 분야에서는 빛의 파동설, 충돌론, 원심력론 등의 연구로 유명하다.

여행해 특히 스피노자를 만났으며, 이탈리아로 향해 교황청을 방문했다. 교황청에서는 그에게 바티칸 도서관의 사서 자리를 제안했다—물론 이 제안에는 가톨릭교로의 개종이라는 조건이 붙어 있었는데, 자신의 경력 초기에 마인츠의 가톨릭 대주교 요한 필리프 폰 쇤보른[8]을 위해 일했던 교회일치주의적인 이 루터교도는 그 조건을 충족시킬 준비가 되어 있지 않았다. 그의 엄청나게 방대한 서신 교환(약 1100명의 상대자와 대략 1만 5000통의 편지)은 그를 마드리드로부터 스톡홀름에 이르는, 옥스퍼드로부터 모스크바에 이르는, 아니 베이징에 이르는 상대방들과 결합해주었다. 특히 베이징의 선교사들은 그의 두드러진 중국 애호를 강화해주었다. 생애 마지막에 그는 1714년 영국의 조지 1세[9]로 등극한 자신의 군주를 따라 너무도 흔쾌히 런던으로 향했을 것이다. 하지만 벨펜가[10]의 역사에 대한 그의 저술 작업이 지체된 것에 대한 벌로 지방인 하노버에 남겨졌다. 실망한 그는 그곳에서 파리로 이주할 것을 고려했다. 그의 저술 가운데 거의 대부분은 프랑스어와 라틴어로 되어 있지만 몇몇 논고, 특히 〈독일어의 사용 및 개선과 관련한 사적인 생각들(Unvorgreiffliche Gedancken, betreffend die Ausübung und Verbesserung der Teutschen Sprache)〉(1697년경)은 독일어로 쓰여졌는데, 여기서는 독일어로 하여금 학문어의 지위를 얻을 수 있게끔 하려는 노력을 엿볼 수 있다. 하지만 이 텍스트는 독일 최초의 학술 잡지, 즉 1682년 창간한 〈학술기요(Acta eruditorum)〉 및 최

---

8   Johann Philipp von Schönborn, 1605~1673. 1647년부터 1673년까지 마인츠의 대주교, 1642년부터 1673년까지 뷔르츠부르크의 주교, 1663년부터 1673년까지 보름스의 주교를 지냈다.

9   George I, 1660~1727. 영국의 왕(재위: 1714~1727). 앤 여왕 사망 후 왕위에 올라 하노버 왕조를 창시했다.

10   Welfen. 중세 중엽 호엔슈타우펜 왕조에 대항한 독일의 귀족 가문. 벨프가라고도 한다.

초의 독일 아카데미 가운데 하나를 설립하는 데 라이프니츠가 기여한 것과 마찬가지로(그는 좀더 오래된 레오폴디나[11]에는 속하지 않았다) 그를 독일 철학의 역사에서 필수적으로 다루지 않을 수 없게끔 만든다. 게다가 다른 어떤 독일인도 그만큼 외국에서 독일의 학문과 철학에 주목하도록 만드는 데 기여한 사람은 거의 없다. 물론 이런 주목은 가령 그의 후기의 편지 친구 니콜 르몽(Nicole Remond)이 확증해주듯 존경을 가지고서 이루어졌을 뿐만 아니라 볼테르[12]가 자신의 《캉디드》에서 라이프니츠주의자인 팡글로스와 가능한 모든 세계 가운데 최선의 세계에 관한 그의 학설에 대해 쏟아 부은 경멸을 포함하기도 했다.

라이프니츠는 데카르트와 마찬가지로 가장 위대한 철학자에 속할 뿐만 아니라 가장 생산적인 수학자 사이에서 자기 자리를 차지하기도 한다. 뉴턴(Isaac Newton, 1642~1727)보다 조금 늦게 그러나 (전적으로 또는 개연적으로) 뉴턴과는 독립적으로 미적분의 기초를 놓았으며, 그것에 관해 처음으로 출판을 했다. 이진법 체계를 발전시켰고 함수론, 행렬 및 행렬식론 그리고 확률론과 조합론에 중요한 공헌했으며, 심지어 변분법의 시작에도 기여했다. 또 위상기하학과 게임 이론 및 산술의 공리화에 대해서도 강령적인 이념을 발견할 수 있다. 문외한이 생각하는 것보다 훨씬 더 중요한 수학적 표기법은 특별히 그 효과가 풍부했다. 미적분을 둘러싸고 특히 뉴턴에 의해 볼썽사납게 진행된 우선권 다툼은 영국에서

---

11   Leopoldina. 1652년 1월 1일 슈바인푸르트에서 자연학자아카데미(Academia Naturae Curiosorum)라는 이름으로 설립되었다.

12   Voltaire(본명 François-Marie Arouet), 1694~1778. 18세기 프랑스 계몽사상을 대표하는 문학자, '철학자'. 《캉디드》를 통해 낙관주의를 비판하면서도 현세적인 인간 예찬을 주장했다.

뉴턴의 열등한 표기법을 유지하고, 그것이 영국 수학의 발전에 지속적으로 해를 끼치는 결과로 이어졌다. 물리학에서 라이프니츠는 '활력(vis viva)'을 가지고 운동 에너지의 이중적인 것을 구상했는데, 이에 대해 그는 운동 에너지가 일정한 체계에서 유지된다는 것을 파악했다. 에너지 보존 법칙의 이러한 전(前) 형태를 그는 데카르트주의자들과 뉴턴의 충격량 보존 법칙에 대립시켰는데, 이는 청년 칸트도 그의 최초의 책[13]을 가지고 참여한 오랜 논쟁으로 이어졌으며, 결국 사람들은 18세기를 거치는 동안 두 보존 법칙이 모두 타당하다는 것을 파악했다. 요컨대 그것들은—에미 뇌터[14]가 1918년 증명했듯이—시간 또는 공간의 동질성에서 따라 나온다는 것이다. 지질학과 생물학에서 라이프니츠는 종의 변형주의를 숙고했다. 엔지니어로서 다른 많은 기구 외에도 기본적인 사칙 연산을 수행할 수 있는 계산기를 발명했다. 확실히 그는 근대 과학에 결정적으로 기여한 최초의 독일인은 아니다. 요한네스 케플러의 행성 운동 법칙 발견은 뉴턴 이론의 형성을 위해 갈릴레이[15]가 낙하 법칙을 발견한 것과 비슷하게 중요했다. 하지만 케플러는 《우주의 신비(Mysterium Cosmographicum)》에서 여전히 근대 과학의 방법론과 즉각적으로 양립할 수 없는 피타고라스-플라톤적 이념들로부터 동기를 부여받고 있었다.

---

13 《활력의 참된 측정에 관한 고찰(Gedanken von der wahren Schätzung der lebendigen Kräfte)》(1747)을 가리킨다.

14 Amalie Emmy Noether, 1882~1935. 독일의 여성 수학자. 추상대수학과 이론물리학에 획기적인 기여를 했으며, 자연의 대칭성과 보존 법칙을 간결하게 통합한 뇌터의 정리를 발표했다. 아인슈타인으로부터 역사상 가장 주목할 만한 창조적인 천재 여성 수학자라는 극찬을 받았다.

15 Galileo Galilei, 1564~1642. 이탈리아의 천문학자, 물리학자, 수학자. 진자의 등시성 및 관성 법칙 발견, 코페르니쿠스의 지동설에 대한 지지 등의 업적을 남겼다.

그에 반해 라이프니츠는 과학의 방법들을 완전히 자기 것으로 만들었으며, 아니 심지어 노년의 유물론자 홉스[16]에게 경탄하며 편지를 썼다. 그러나 동시에 스콜라 철학적인 전통을 그것이 근세 과학과 통합될 수 있도록 계속 이어나가며 변형시켰다. 물론 라이프니츠는 17세기의 거의 모든 독창적 사상가들과 마찬가지로 (일찌감치 제안받은) 대학에서의 경력을 거부했다. 그러나 그의 가장 위대한 동료들인 데카르트 및 스피노자와 달리 프로테스탄트 대학들에서도 계속해서 장려했던 스콜라 철학에 매우 정통했다. 1714년 르몽에게 보낸 첫 번째 편지에서 그는—아마도 노년의 그가 과장한 것이겠지만—자신이 40세 무렵 스콜라 철학적인 실체적 형식들로부터 방향을 바꾸어 근대의 역학적 자연과학으로 향했지만, 그 이후 형이상학적 전통에서만 과학의 **최종적 근거**를 발견할 수 있는 까닭에 그 전통으로 되돌아갔다고 기술했다. 확실히 과학과 신학의 결합은 일반적으로 근세 자연과학의 특징을 이룬다. 그러나 데카르트는 의지주의자였다. 다시 말하면 그는 자연 법칙, 아니 수학의 공리를 신적 의지의 자의적 정립으로 간주했다. 이는 그에 대한 더 이상의 설명이 불가능한 사실이다. 그에 반해 라이프니츠는 이성주의자였으며, 따라서 신의 본질과 그의 창조를 이성에 의해 규정된 것으로서 간주한다. 그리고 이는 선험적 반성에 의해 현실의 근본 구조를 파악하는 것이 원리적으로 가능해야만 한다는 것을 의미한다. 왜 자연 법칙은 그것이 지금 있는 그대로 존재하는가? 왜 현실 속에 특별히 정신이 존재하는가? 왜 도덕적 목적에 따라 행동하는 존재가 존재하는가? 이런 물음

---

16 Thomas Hobbes, 1588~1679. 영국의 철학자, 정치학자. 영국 유물론을 창시한 베이컨의 유물론 철학을 계승해 체계화했다. 이런 체세와 과성에서 수학적 요소를 중시해 자연 현상을 역학적, 양적 형식으로 파악했다. 저서로는 《리바이어던》이 있다.

들은 라이프니츠에 따르면 과학을 넘어서 형이상학을 지시하는데, 말할 필요도 없이 형이상학은 오로지 과학에 본질적 사유 형식을 계속해서 추적해 현상의 근거를, 여기서는 바로 자연 법칙 자체의 근거를 물을 뿐이다. 작용인에 대한 물리학적 추구와 각각의 모든 인간 행위에서도 전제되는 목적인에 대한 형이상학적 추구는 양립 가능할 뿐만 아니라 상호 보완적인 시도이다.

영국에서 옹호받은 경험주의와 아주 뚜렷하게 구별되는 이러한 이성주의는 신의 본성에 관한 다양한 가정에 뿌리박고 있으며—비록 헤르더[17] 이후에는 신과 자연과학이 아니라 정신과학 법칙의 연관이 관심의 중심에 놓여 있을지라도—독일 문화에 특수한 지위를 부여하는 데 결정적으로 기여했다. 바로 자연 법칙 자체가 신에 의해 규정되어 있다는 데서 출발하는 까닭에, 라이프니츠는 가령 헨리 모어에 반대해 그리고 스피노자와 더불어 각각의 모든 사건을 이차적 작용인에 따라 설명해야만 한다는 것을 견지할 수 있었다. 추측하건대 전-과학적인 종교적 신앙의 억제, **그것도 좀더 복잡한 신 개념의 이름으로** 이루어진 억제는 독일 정신에 대한 라이프니츠의 가장 중요한 기여였다. 영국에서는 한편으로 19세기에 이르기까지 오랫동안 전적으로 제한된, 이른바 과학적으로 설명하기 어려운 자연 목적에서 신의 손을 인식할 수 있다고 망상하는 좀더 소박한 형식의 종교성이 유지되었으며, 다른 한편으로 거기서는 과학이 그에 대한 경험주의적 근거짓기로 인해 좀더 빠르게 신학적-

---

17 Johann Gottfried von Herder, 1744~1803. 독일의 철학자, 문학자. 1762년부터 1764년까지 쾨니히스베르크 대학에서 비판 전기(前期)의 칸트 강의에 출석하며 특히 하만, 섀프츠베리, 루소 등을 연구한 후 칸트의 계몽주의적 이성주의 철학에 반대했다. 《인류의 역사철학에 대한 이념들》(1784~1791) 등의 저서가 있다.

형이상학적 기초로부터 분리되었다. 과학이 빈틈을 드러내는 곳에서 종교가 자기 자리를 지닌다는 단순한 이념은 라이프니츠에게 있어 오로지 자연 법칙에 대한 형이상학적-신학적 근거짓기만이 자연 법칙 자체로부터 그것의 조야한 사실성을 박탈할 수 있다는 좀더 복잡한 이념에 의해 대체된다. **신은 과학의 각각의 모든 새로운 승리가 위태롭게 하는 미봉책이 아니다. 오히려 신은 과학의 기초이며, 과학을 촉진하는 것은 종교적 의무다.** 그와 유사하게 라이프니츠의 초기 계몽주의적 세계 개선 프로그램은 그리스도교 철학의 표현이다. 라이프니츠에 따르면 우리는 과학과 기술에서 신의 창조력을 모방한다. 종교를 가톨릭교회와 동일시한 18세기 프랑스 계몽주의를 관통하는 이성과 종교의 대립을 라이프니츠는 이해할 수 없었을 것이며, 라이프니츠 이후에도 독일 문화에서는 결코 현실적으로 기반을 얻지 못했다. **그리스도교에 대해 가장 날카로운 비판을 한 니체는 자신의 독일적 뿌리를 오히려 자신이 동시에 이성에 대해서도 투쟁하는 것을 통해 보여준다—이것도 역시 볼테르에게는 불가해했을 것이다.**

라이프니츠의 중심적인 철학적 이념은 무엇인가? 아주 단순화하자면, 근세 철학은 고대 양식을 모방하는 저자들과 근대화하는 저자들 사이의 경쟁으로 이해할 수 있다. 후자의 우두머리는 흔들리지 않는 토대로서 '나는 생각한다(cogito)'의 의심 불가능성에서 출발한 데카르트인데 반해, 다른 진영은 주관성을 그 안에서 주관성이 출발점이 아니라 하나의 부분인 복잡한 존재 질서 안으로 통합하고자 한다. 근대화하는 자들은 일차적으로 인식론적으로 사유하며, 고대 양식 모방자들은 주로 존재론적으로 사유한다. 데카르트는 자아(Ich)에 대한 분석으로부터 육체적인 것('res extensa', '연장된 것')과 정신적인 것('res cogitans', '사유하는 것')이 본질적으로 다른 종류라는 것을 추론하며, 그리하여 근세 철학에 고대 철학에는 아직 낯설고 근세적인 발전의 추동력인 것의 문제를 가져다준다. 데카르트는 상식과 전적으로 마찬가지로 육체적 상태와 정신적 상태가 서로를 발생시킬 수 있다고 믿었지만, 이미 그의 편지 교환 상대방인 왕녀 엘리자베스는 두 실체가 서로 다른 종류임을 고려해 17세기에 파악한 것보다 더 의심스럽게 된 구상, 즉 충격량은 벡터량이지 스칼라양은 아니라는 구상에 의심을 표명했다. 그리하여 충격량 보존 법칙에 직면해 정신이 (육체적) 동물 정기의 방향을 규정한다는 데카르트의 이념은 취약해졌다. 17세기 후반의 가장 중요한 사상가들은 이 구상에 대한 대안을 추구한다. 여기서는 정신적인 것이 육체적인 것에로 원칙적으로 환원 불가능하다는 점을 의심하지 않는다. 라이프니츠는 그러한 환원 불가능성을 인간의 뇌 속을 마치 제분소 안처럼 돌아다닐 수 있는 사람이 그럼에도 불구하고 어떤 정신적 상태가 뇌의 상태에 상응하는지 결코 알 수 없을 거라는 비유를 가지고 뒷받침한다.

고대 양식을 모방한 스피노자에게는 존재론적 증명이 철학의 시작에 놓여 있다. 그는 유일한 실체―'신, 즉 자연'―의 실존을 증명하는데, 실체는 무한히 많은 속성을 지니지만 그중 우리에게는 단지 연장과 사유만이 알려져 있다. 이런 속성의 모든 양태는 선행하는 양태와 보편적인 법칙적 규정을 근거로 필연성을 지니고 생기한다. 거기서 정신적 사건과 육체적 사건은 평행적으로 진행되며, 근저에 놓여 있는 현실의 두 측면이지 서로에 대해 인과적으로 작용하지 않는다. 특히 그로부터는 모든 게 영혼을 부여받고 있다는 점이 따라 나온다. 라이프니츠는 스피노자로부터 그에 대한 나쁜 평판을 고려해 명확하게 밝힐 수 있는 것보다 본질적으로 더 많은 것을 받아들인다. 요컨대 그에게도 신은 항상 이차적 원인을 거쳐 작용하며, 그 역시 (숙명론자가 아니라) 결정론자이며, 오로지 자유가 철저한 결정화와 양립할 수 있는 한에서만 자유를 옹호한다. 또한 그 역시 평행론자이자 범심론자(Panpsychist)이며, 육체적인 것과 정신적인 것 사이의 상호 작용을 거부한다. 그와 동시에 스피노자와의 차이도 중요하다. (그것도 결코 라이프니츠가 네덜란드인의 민주주의적 이념을 따르지 않는 정치철학에서만 다른 게 아니다.) 스피노자에게 있어 라이프니츠를 제일 불쾌하게 한 것은 그의 권력실증주의인데, 가령 그의 국제관계론에서 명확히 표현되는 권력실증주의는 스피노자에 따르면 모든 가치 판단이 주관적이라는 사실로부터 따라 나온다. 궁극적인 현실의 관점에서는 발생하는 모든 게 똑같은 방식으로 선한 것이다. 선과 악 사이의 규범적 차이의 이러한 해소는 모든 범신론(Pantheismus)의 결론인 것처럼 보이는데, 왜냐하면 거기에는 현실에 외재적인, 즉 초월적인 척도가 존재할 수 없기 때문이다. 그에 반해 라이프니츠는 근대 과학에 대한 자신의 열광에도 불구하고 그리고 스피노자와의 의견 일치에도 불구하고 신적 전능이 완전한 효력을 함축해야만 한다는 점에서 전통적인 그리스도교 신학과 윤리학에 훨씬 가까이 서 있다. 게다가 그는 스피노자보다 비교할 수 없을 정도로 훌륭한 논리학자인 까닭에, 아니 그가 '논리연산학(calculus ratiocinator)'을 가지고 불[18]과 드모르간[19] 그리고 프레게[20]보다도 오래전에 기호논리학을 구상했던 까닭에 자신의 직관을 훌륭하

---

18   George Boole, 1815~1864. 영국의 수학자, 논리학자. 기호논리학을 창시하고 논리대수를 전개했다.

19   Augustus de Morgan, 1806~1871. 영국의 수학자, 논리학자, 서지학자. 근대적 대수학의 개척자 중 한 사람으로서 특히 논리학적 측면을 개척했다.

20   Gottlob Frege, 1848~1925. 독일의 수학자이자 논리학자. 현대 논리학의 창시자로 산술의 철학에 관해 논리주의를 제창했다. 현대의 논리적 의미론과 언어철학의 틀을 설정한 분석철학의 비조이다.

게 근거지을 수 있었다. 라이프니츠는 개념 체계의 정당화보다는 명제의 증명에 더 많은 관심을 지녔다. 물론 개념 체계의 정당화와 관련해서도 가령 우리가 어떻게 기초적 개념의 결합에 의해 좀더 복잡한 개념에 도달할 수 있는지와 같은 중요한 이념을 발견할 수 있다.

스피노자에게는 양상 개념이 전적으로 불만족스럽다. 가령 필연성에서 그는 무엇을 생각하는가? 스피노자의 이론에 대한 특정한 해석에 따르면, 그는 자연 법칙이 논리적으로 필연적이라고 주장하는 것처럼 보인다. 그러나 이것이 잘못인 까닭에—그는 다만 자연 법칙이 법칙론적으로(nomologisch) 필연적이라고 생각할 수 있을 뿐이겠지만—이는 동어반복 이외에 다름 아니다. 아마도 스피노자의 문제는 그가 논리적 필연성과 법칙론적 필연성을 구별하지 않으며—논리적으로 필연적인 것은 가능한 모든 세계에서 타당하며, 법칙론적으로 필연적인 것은 오로지 해당 자연 법칙을 지닌 세계에서만 타당하다—더 나아가 가능 세계 개념을 지니지 않은 까닭 그것을 아마도 의식적으로도 거부한다는 점에 존재할 것이다. 의심할 바 없이 이 가능 세계 개념은 복잡하다. 고대에는 아직 낯설었던 이 개념은 13세기에서야 비로소 발전했다. 라이프니츠는 우선적으로 일단 이성 진리와 사실 진리를 구별한다. 그가 수학의 진리 모두를 그것으로 간주하는(그러나 ‘cogito’는 아니다) 전자는 분석에 의해 모순율로부터 밝혀진다. 그것은 가능한 모든 세계에서 타당하며, 그러므로 논리적으로 필연적이다. 그에 반해 사실 진리는 오로지 현실 세계에서만 타당하다. 그러나 왜 신은 다른 세계가 아닌 바로 이 세계를 창조했는가? 다른 세계들이 논리적으로 가능했을지라도, 신의 선택을 위한 근거가 존재해야만 한다. 왜냐하면 충족이유율(das Prinzip des zureichenden Grundes)은 라이프니츠에 따르면 형이상학에 대해 모순율과 비슷한 의미를 지니기 때문이다. 자유로운 행위도 역시 바로 자유로운 행위가 근거(Grund, 이유)를 지니는 것이다. (라이프니츠의 원리(Prinzip)는 근거 및 원인을 포괄한다.) 전능하고 전지하며 전선한 존재로서 신은 가능한 모든 세계 가운데 최선의 것을 창조하지 않을 수 없다. 따라서 사실 진리는—비록 우연적이라 할지라도—무한한 정신에게는 선험적으로 인식될 수 있다. 라이프니츠는 논리적 원리로서 주어(Subjekt)의 모든 술어가 분석적으로 주어 속에 포함되어 있다는 것을 근저에 놓는다. 카이사르가 루비콘 강을 건넜다는 것은 '카이사르'라는 개념으로부터—비록 이 개념이 우리의 세계 속에 예화된(instantiiert) 것이 우연적인 사실 진리라 하더라도—따라 나올 것이다. 이로부터 따라 나오는 것은—현대적 용어법을 사용하자면—통세계적 동일성(transworld-identity)이 존재하지 않는다는 것인데, 요컨대 카이사르의 다른 모든 특성을 지니지만 루비콘 강을 건너지 않은 누군가는 카이사르가 아니며, 또한 그 자신도 다른 세계 속에 존재하지 않는다는 것이다. 라이프니츠는 앙투안 아르노[21]와의 논쟁에서 그렇게 주장하는데, 이 논쟁은 데이비드 루이스[22]와 앨빈 플란팅가[23] 사이의 현대적인 분석형이상학 논쟁에서 반복되었다. 물론 루이스는 현실 세계를 더 이상 부각시킬 수 없다. 왜냐하면 그에게는 어떠한 가치론도 결여되어 있기 때문이다. 현실 세계는 다만 무한히 많은 세계 가운데 실재적인 세계일 뿐이다.

---

21 Antoine Arnauld, 1612~1694. 프랑스의 가톨릭 신학자, 철학자, 수학자. 포르루아얄 얀센주의 그룹의 지도적 지식인 가운데 한 사람이었다.

22 David Kellogg Lewis, 1941~2001. 미국의 철학자. 언어철학, 정신철학, 형이상학, 인식론, 철학적 논리학에 공헌했다.

23 Alvin Carl Plantinga, 1932~. 미국의 분석철학자. 종교철학, 인식론, 형이상학, 그리스도교 변증학과 관련한 작업으로 널리 알려져 있다.

그에 반해 라이프니츠는 현실 세계의 특수한 지위를 가치론적으로 정당화한다. 그러함에 있어 그는 가치 기준이 신 앞에 주어져 있으며, 따라서 결코 그의 자의에 의존하지 않을 뿐만 아니라 더 나아가 최대의 가치를 지니는 유일한 세계가 존재한다는 것을 전제한다. 이러한 후자의 가정은 의심스럽다―청년 칸트는 그것을 헛되이 근거짓고자 시도하다가 나중에 포기했다. 그 가정이 없다면 라이프니츠의 이념은 어쨌든 신이 최대의 가치를 지니는 세계들 가운데 하나를 창조해야만 한다는 식으로 정식화할 수 있다. 그런데 이러한 이론 자체는 전통에 부합하지 않는다. 토마스 아퀴나스에 따르면, 가령 가치 최대치를 지니는 세계란 가장 큰 수가 존재할 수 없는 것과 마찬가지로 전혀 존재할 수 없다. 신이 어떤 세계를 창조하든지 간에 그는 언제나 더 좋은 세계를 창조할 수 있었을 것이며, 따라서 우리는 극단적으로 신이 결국 어떤 세계로 결정하는가 하는 것은 아무래도 상관없는 것처럼 보인다고 정식화할 수 있을 것이다. 그것은 세계에서의 중세적인 고난에 들어맞는다. 그리고 흄이 《자연 종교에 관한 대화(Dialogues Concerning Natural Religion)》(1779)에서 정당하게 강조하듯 종교란 이제 오히려 세계에서 선을 제거하며, 특히 도대체 세계가 선한 신에 의해 창조되었다면 악이 어디서 비롯했는지 쉽사리 파악할 수 없다는 것이야말로 계몽과 진보 신앙의 시기에 들어맞는다. 그리고 사실 라이프니츠의 형이상학적 낙관주의(이는 라이프니츠에 따르면 가능한 한에서 가장 좋은 세계에는 가치 증대, 따라서 진보의 가능성이 속하는 까닭에 역사철학적 낙관주의와 양립할 수 있다)는 그의 시대에 결코 고립되어 있지 않다. 섀프츠베리[24]의 《도덕가들(The Moralists, a Philosophical Rhapsody)》

---

24   Anthony Ashley Cooper, 3rd Earl of Shaftesbury, 1671~1713. 영국의 정치가, 철학

(1709)은―라이프니츠가 《변신론》을 저술할 때에는 아직 읽지 못했던 그 저작에 대한 격찬하는 평론에서 인정했듯―자연에 대한 비슷한 열광을 표현한다.

그러나 비록 라이프니츠와 섀프츠베리의 종교성이 본질적으로 유사하다 할지라도, 라이프니츠의 이론이 훨씬 더 정밀하다. 우리는 그의 이론에서 곧바로 수학적 두뇌를 감지한다. 요컨대 신에게 있어 세계는 이를테면 변분법 문제의 해답, 다시 말하면 범함수가 부정적인 것에서의 최소치 또는 긍정적인 것에서의 최대치를 가정하는 함수라는 것이다. 세계에 대한 열광을 복잡한 수학적 개념을 통해 뒷받침하는 것은―비록 상식이 보기에는 그것에 사람들이 곧바로 전형적으로 독일적인 것으로 받아들인 무언가 교의적인 것이 달라붙어 있다 할지라도―르네상스와 함께 시작되는 세계 정당화의 정점인 것처럼 보인다. 하지만 라이프니츠는 단순히 신과 그의 세계에 대해 말을 가장 잘하는 변호인이 아니다. 실제로 신은 그토록 천재적인 변호인을 마련하지 않을 수 없었는데, 왜냐하면 정신사에서 그의 처지가 위험해졌기 때문이다―그것도 역설적으로 바로 이 변호인에 힘입은 논증을 근거로 위험해졌다. 왜냐하면 라이프니츠는 《변신론》에서 동시에 변신론 문제를 대단히 어렵게 만듦으로써만 그러한 추상의 높이로 올라갔기 때문이다. 요컨대 라이프니츠에 따르면 만약 더 좋은 세계가 현실적인 것으로서 가능하다는 것을 제시할 수 있다면 신의 실존을 반박하는 것이다. 라이프니츠는 비로소 신을 유일한 세계 위에 확고히 정립한다. 즉 만약 신이 가능한 한

자, 저술가. 영국의 도덕학파라고 일컫는 일파의 중심인물로 로크에게서 영향을 받은 이 신론자였다.

에서 가장 좋은 세계를 창조하지 않는다면, 그는 실존할 수 없다는 것이다. 선이 악을 충분히 보상한다는 것을 제시하는 것으로는 더 이상 충분하지 않다. (비록 그것이 그의 훨씬 더 강력한 테제에 의해 함축되는 까닭에 라이프니츠가 그것을 주장한다 할지라도 말이다.) 신에게는 오로지 최선의 것만이 충분히 좋다. 그런데 우리 세계에 대한 낙관주의적 평가는 세계의 고통을 고려할 때 직접적으로 반-직관적이다. 그리고 확실히 인류는 이러한 것을 느끼기 위해 리스본 지진[25]과 볼테르에 이르기까지를 기다릴 필요가 없었다. 라이프니츠가 그것이 끝나기 전에 태어났고, 또 그림멜스하우젠[26]이 인상 깊게 묘사한 30년 전쟁은 충분한 것 이상이었다. 그렇다면 무엇 때문에 라이프니츠는 그토록 반-직관적인 것을 주장하는가? 그 자신에 따르면, 바로 그에 대한 부정은 무신론으로 이어지기 때문이다. 그러나 왜 라이프니츠는 그 경우에 "현실 세계가 가능한 한에서 가장 좋은 세계이거나, 아니면 신은 실존할 수 없다"라는 양자택일을 주장하는가? 그 자신에 따르면, 바로 그것이 위에서 언급한 신의 속성들로부터 따라 나오기 때문이다.

홈 같은 회의주의자도 우리의 제한된 인식 능력을 고려해 우리의 세계가 신적 계획과 양립할 수 있다는 것을 논박하지 않는다. 그가 논박하는 것은 이 세계로부터 유신론적인 신의 속성을 지닌 창조주로 추론이 이루

---

25 1755년 11월 1일 포르투갈, 에스파냐 및 아프리카 북서부 일대를 강타한 대지진. 이 날은 만성절(그리스도교의 모든 성인을 기념하는 축일)이어서 많은 리스본 시민이 교회에 모여 있어 피해가 컸다.

26 Hans Jakob Christoffel von Grimmelshausen, 1622~1676. 독일의 저술가. 주저인 《모험을 좋아하는 독일인 짐플리치시무스(Der Abenteuerliche Simplicissimus Teutsch)》 (1668/1669)는 1618~1648년 독일을 무대로 프로테스탄트와 가톨릭 간에 벌어진 30년 전쟁과 전쟁 후의 황폐화한 독일 사회를 상세하게 묘사한다.

어질 수 있다고 하는 것이다. 라이프니츠는 물론 이러한 잘못을 범하지 않는데, 왜냐하면 이른바 물리신학적 증명(der physikotheologische Beweis)은 그에게 오직 앞으로 좀더 살펴볼 예정 조화의 특수한 형태에서만 나타나기 때문이다. 그의 또 다른 증명들은 귀납적이 아니라 선험적이며, 그것들을 확신하는 까닭에 그는 저 양자택일을 그야말로 확신에 차서 내세울 수 있다. 물론 우리가 그 증명들에서 잘못을 범한다면, 저 양자택일은 무신론을 촉진할 수도 있을 것이다. 라이프니츠에게 중심적인 것은 존재론적 증명의 두 가지 변형(필연적 존재로서 신 또는 완전한 존재로서 신)인데, 거기서 그는 이미 메르센[27]이 데카르트에 대한 비판에서 그러했듯 신의 가능성으로부터 그의 필연성으로 추론이 이루어질 수 있기 전에 먼저 그 신의 가능성을 증명해야만 한다는 것을 파악하고 있다. 이 것을 수행하기 위해 그는 신이 오로지 서로 모순될 수 없는 단순하고 긍정적인 속성만을 지닌다는 점을 강조한다. 현실의 우연성으로부터 필연적인 존재로 추론해가는 우주론적 증명은 충족이유율을 전제하는데―그러나 그와 더불어 결국 존재론적 증명도 전제한다―그렇지 않으면 신을 넘어서서 물음을 제기할 수 있기 때문이다. 라이프니츠는 더 나아가 그 자신에 따르면 오로지 신적 정신 속에서만 존립할 수 있는 영원한 진리에 근거해 그 증명을 이용한다. 러셀은 그 신적 정신을 터무니없는 것으로 간주하는데, 왜냐하면 바로 라이프니츠 자신이 영원한 진리가 신 앞에 주어져 있다는 것을 전제하고 있으며, 따라서 영원한 진리는 신적 정신을 전제할 수 없기 때문이다. 그러나 아마도 신적 정신과 이

---

27 Marin Mersenne, 1588~1648. 프랑스의 신학자, 철학자, 수학자, 음악이론가. 종종 '음향학의 아버지'라 일컫는다. 1600년대 전반 과학계와 수학세의 중심인물로서 데카르트와의 교류로 유명하다.

진리는—특히 이 진리 가운데 몇 가지가 수행적 모순회피율(Satz vom zu vermeidenden performativen Widerspruch)에 근거한다면—다만 복잡한 통일의 두 측면으로서만 이해할 수 있을 뿐일 것이다.

어쨌든 라이프니츠는 이러한 기초 위에서 세계의 모든 악—형이상학적, 자연적, 도덕적 악—을 의연히 그것들이 가능한 한에서 가장 좋은 세계와 양립할 수 있다는 식으로 해석할 수 있다고 믿는다. 대안적인 다른 모든 세계는 더 적은 선이나 더 많은 악을 나타내 보이지 않을 수 없다는 것이다. 라이프니츠가 선험적으로 도출되는 이러한 양립 가능성을 개별적으로 설득력 있게 만들기 위해 동원하는 논증은 부분적으로 아주 오랜 것이며 이미 교부들에게서도 발견할 수 있다. 라이프니츠는 첫째, 악이 존재에서의 결여라고 하는 결여론을 각각의 모든 유한한 실존자는 필연적으로 부정을 포함하지 않을 수 없으며, 그것도 신은 그 완전성에서는 단 한 번만 실존할 수 있기 때문에 그렇다는 식으로 수정한다. 그 점은 다시 그의 또 다른 형이상학적 원리, 즉 구별될 수 없는 것은 동일해야만 하며, 따라서 두 개의 완전히 똑같은(단지 공간과 시간에서 그들의 위치에 의해서만 구별되는) 것은 존재할 수 없다는 원리로부터 따라 나온다. 그 원리를 뒤집은 것이 논란의 여지가 없는 반면('두' 사물이 서로 동일하다면, 그것들은 모든 점에서 똑같아야만 한다), 가령 칸트가 일찍부터 반대한 라이프니츠의 원리는 비록 그것을 라이프니츠가 자신의 논증 가운데 많은 것을 위해, 예를 들어 라이프니츠에 따르면 두 사물 사이의 관계를 나타낼 뿐인 공간과 시간의 본성에 관한 새뮤얼 클라크[28]와의 대

---

28 Samuel Clarke, 1675~1729. 영국의 철학자, 신학자, 도덕사상가. 이신론과 유물론 경향에 반대하면서도 새로운 사상에 걸맞은 신학·윤리 체계를 수립하려 했다.

결에서 사용한다 할지라도 설득력이 없다. 둘째, 라이프니츠는 특정한 악이 특정한 긍정적인 것을 비로소 가능하게끔 만든다는 점을 지적하며 셋째, 인간의 자유가 바로 그 때문에 신으로부터 일정한 악을 감수하게끔 되는 선이라는 점을 강조한다. 물론 라이프니츠가 양립주의자(Kompatibilist)이고 따라서 신의 세계 선택과 더불어 모든 행위가 이미 확정되어 있다는 견해를 가지고 있는 까닭에, 자유에 대한 지적은 실제로는 두 번째 논증에 반대하는 새로운 논증을 나타내지 않는다. 라이프니츠에게 자유는 보기 드물게 근대적 의지 개념을 각인한 오리게네스에게서처럼 신에 반대해 발생하는 어떤 것이 아니라 오히려 그의 계획의 부분이다. 신의 전능과 전지를 전제할 경우 어떻게 그와 다를 수 있겠는가? (신은 특정한 행위를 물론 직접적으로가 아니라 다만 좀더 높은 선을 위해서만 받아들인다.) 물론 라이프니츠에게 결여되어 있는 것은 신이 자신의 창조에서 목표로 하는 긍정적 가치를 남김없이 지적하고, 그로부터 현실의 구조를 납득이 가게끔 만드는 구체적인 시도다. 라이프니츠는 자연 법칙의 단순성과 충만의 원리(Prinzip der Fülle) 또는 공존 가능한 모든 중간 단계가 실현되어야만 한다는 연속성 원리 그리고 마지막으로 신이 건축가로서 세계를 창조한 후 세계의 군주로서 그들의 행복을 목표로 하는 이성적 정신의 공동체, 즉 신의 나라에서 정점에 도달하는 존재의 위계질서 같은 추상적 이념에 만족한다. 독일 관념론이 비로소 현실의 근본 구조를 절대자 개념으로부터 좀더 정확하게 규정하고자 시도하게 된 것이다.

필연성 개념에서의 분화와 신 개념의 도덕화가 라이프니츠와 스피노자의 첫 번째 다른 점이다. 두 번째 다른 점은 실체 개념과 관련이 있다. 스피노자가 근본적인 일원론자인 데 반해, 라이프니츠는 전통적인 대부분의 철학자와 마찬가지로 실체의 다수성을 가정한다. 라이프니츠는 실체를 '모나드(단자)'라고 표현하며, 따라서 그의 체계를 묘사하는 나중의 에세이 가운데 하나를 《모나드론(Monadologie)》이라고 부른다. 물론 라이프니츠의 구체적 형이상학은 그의 체계의 가장 완고한 부분인데, 비록 그의 가정을 철저하게 그의 논리적 원리를 통해 설득력 있게 만들 수 있음에도 불구하고 그 형이상학에서 라이프니츠는 거의 후계자를 발견하지 못했다. 라이프니츠에게는 본래적으로 존재하는 모든 게 하나의 실체이며, 실체 그 자체는 완전한 개별적 개념에 의해 특징지어져야만 한다. 선량한 루터교도로서 라이프니츠는 보편 실재론자가 아니다. 현실적으로 존재하는 것은 오직 개별자뿐이며, 물론 그 개별자는 개념적으로 다른 개별자와 구별되어야 한다. 라이프니츠는 여기서 둔스 스코투스[29]의 '이것임(haecceitas, 개체성)'이라는 범주와 관계한다. 그러므로 플라톤에게서처럼 인간이라는 개념뿐만 아니라 플라톤 또는 라이프니츠라는 개념도 존재한다.

실체에 있어 존재론적으로 결정적인 것은 그것이 통일을 형성하며 따라서 파괴될 수 없다는 점이다. 따라서 무한히 분할할 수 있는 물질은 실체일 수 없다. 더 나아가 실체는 활동적인 힘의 중심(Kraftzentrum)이어야만 한다. 그것은 한편으로는 단순한 연장이 물리적 세계의 근본 범주라는 데카르트 학설에 대한 라이프니츠의 비판과 결합되어 있다. 그는

---

29 Johannes Duns Scotus, 1266~1308. 스코틀랜드 출신의 스콜라 철학자. 프란체스코 수도회에 속하며 중세 스콜라 철학의 대표자 중 한 사람. 철학과 신학, 이성과 신앙을 구분하고, 이성으로부터는 세계 창조의 근거를 찾을 수 없는 동시에 이성은 의지에 의존한다고 보았으며 신은 절대적 자유이므로 이 자유 의지에서 세계의 창조를 보았다. 보편 논쟁에서는 유명론 입장에 섰다.

정당하게도 힘이 연장으로 환원될 수 없다는 것을 인식하지만, 다른 한편으로 이 통찰을 모든 활동적인 힘의 중심이 주관성의 최소한 기초적 형식이어야만 한다는 의심스러운 확신과 결부시킨다. 그것은 범심론으로 이어지는데, 요컨대 모든 것이 살아 있으며 그때그때마다 무한히 풍부한 또 다른 하위의 모나드들이 그 속에 놓여 있는 물질 각각의 아주 작은 부분들도 그렇다는 것이다. 물체의 세계는 파생적이다. 거기서 다루어지는 것은 그와 관련해서는 모든 모나드가 일치하는 훌륭하게 정초된 현상이지만, 본래적으로는 다만 모나드들과 그들의 관념만이 현실적이다―비록 (신은 유일한 예외이다) 각각의 모든 모나드의 관념에는 그에 상관적인 물체가 속한다고 할지라도 말이다. 모나드의 활동성, 모나드의 일련의 지각과 의지는 라이프니츠에 따르면 오로지 이 모나드와 신 자신에 의해서만 규정되어 있다. 모나드들 사이의 상호 작용은 존재할 수 없다. 라이프니츠는 또한 말브랑슈[30] 양식에 따른 기회원인론, 그러므로 하나의 모나드가 그 자신 내부에서 다른 모나드에 관계하는 것처럼 보일 때마다 신이 그 첫 번째 모나드에 개입한다는 학설도 거부한다. 그 대신 그는 예정 조화를 주장한다. 비록 창 없는 모나드들이 오로지 자기의 내적 프로그램만을 연주한다 할지라도, 그들은 서로 정확히 일치하도록 구성되어 있다. 그러함에 있어 각각의 모든 모나드는 우주 전체에 대한 하나의 가능한 관점을 표현하거니와 각각의 모든 모나

---

30 Nicolas Malebranche, 1638~1715. 프랑스의 철학자, 오라토리오 수도회 수사. 수도회의 지도 정신인 아우구스티누스의 사상과 스스로 강한 영향을 받은 데카르트 철학을 융합해 신앙 진리와 이성 신리의 조정을 시도했다. 형이상학에서 세계의 모든 사태의 유일한 작용자를 신으로 삼고 피조물은 단지 이 신의 작용하는 '기회인'이라는 기회원인론을 주창했다.

드는 모든 순간에 그 자신의 이전과 이후의 발전과 마찬가지로 우주 전체를 표현한다. 라이프니츠는 또한 명확한 지각들, 이를테면 배경 음향을 형성하는 '작은 지각들(petites perceptions)'도 존재한다는 것을 힘주어 지적한다. 데카르트에 반대해 라이프니츠는 전의식적인 정신적 상태와 같은 어떤 것을 인정하는 것이다.

그의 관점주의는 그것이 모나드들의 위계적 질서 속에 끼워 넣어져 있는 까닭에 상대주의적 결론으로 이어지지 않는다. 지각과 의지는 그 질서 속에서 복잡성이 증대한다. 가령 이성적 존재자는 지각 이외에 통각도 지니는데, 다시 말하면 그들의 지각은 의식되어 있다. 그리고 그들은 자기 자신에 관해 반성할 뿐만 아니라 그들에게 생득적인 필연적 진리에 대한 통로도 지닌다. 그와 동시에 개념적 인식은 더 커다란 판명함에 의해 감각적 표상보다 더 탁월하다. 모나드는 이성적이면 이성적일수록 그만큼 더 활동적이고 더 자유롭다. 고유한 이성성의 증대는 행복을 구성하며, 서구의 중세적 전통이 피안에서의 축복된 관조를 능가할 수 없는 상태로서 해석하는 데 반해, 라이프니츠는《이성에 기초한 자연과 은총의 원리들(Principes de la Nature et de la Grâce, fondés en raison)》(1714)의 끝에서 자신의 종말론적 희망이 결코 중단되지 않는 진보로 귀결한다는 점을 강조한다. "따라서 우리의 행복은 결코 욕구할 것이 아무것도 존재하지 않고 우리의 정신을 둔감하게 만들 완전한 향유 속에 존립하지 않을 것이며 또 존립해서도 안 된다. 오히려 우리의 행복은 새로운 기쁨과 새로운 완전성을 향한 영원한 진보 속에 존립할 것이다." 괴테의 파우스트가 만약 자신이 한순간이라도 정체할 것을 요구해야 한다면 스스로의 영겁의 벌을 받아들일 때, 그는 거의 전통적인 그리스도교도이기 어려우며 의심할 바 없이 오히려 파라켈수스의 상속인으로서 라이프니츠주의자다.

　첫 머리에서 언급한 질 기준에 따르면 크리스티안 볼프는 이 책에 포함시키지 말아야 할 것이다. 왜냐하면 유능하지만 실제로 독창적이지는 않은(셸링의 표현대로 하자면 "지루한 기념물"인) 이 수학자, 철학자, 법학자는 고전적인 저작을 저술하지 않았기 때문이다. 아니, 그의 저술은 불필요하게 상세한 증명으로 인해 읽기에 종종 몹시 괴로울 수 있기 때문이다. 하지만 그는 세 가지 이유에서 언급할 가치가 있다. 첫째, 우리가 종종 읽을 수 있듯 그가 다만 라이프니츠 철학을 체계화했을 뿐이라는 것은 분명 옳지 않다. 그러나 그가―스콜라 철학자들로부터 데카르트에 이르기까지―너무도 다양한 원천들로부터 길어낸 그 자신의 철학에 라이프니츠적인 이념을 통합했고, 특히 그의 이성주의와 충족이유율의 중심적 역할을 받아들였다는 것은 여전히 참이다. 하지만 그는 모나드론이나 본질적 특성과 비본질적 특성 간의 구별에 대한 논박 같은 라이프니츠의 다른 학설을 거부했다. 아니, 아직도 광범위하게 출간되어 있지 않은 라이프니츠의 작품들에 대한 그의 지식은 제한적이었다. (어쨌든 그는 1703년부터 라이프니츠와 서신을 교환했다.) 그럼에도 불구하고 이미 그의 제자들은 라이프니츠-볼프 철학에 대해 말했다. 그가 스콜라 철학적인 범주를 받아들인 것은 가톨릭적인 계몽에서 그의 대중성을 설명해준다. 비록 그 자신이 루터교도였을지라도 그는 두 종파가 공존하는 브레슬라우에서 성장했다. 둘째, 볼프는 최초로 포괄적인 철학 체계를 독일어로 저술했다는 공로를 지니는데, 바로 그런 까닭에 그 체계는 18세기 독일 대학들에서의 커리큘럼을 대단히 크게 각인했고 오랜 스콜라 철학을 대체했다. 물론 볼프는 후기 단계에서 자신의 체계를 라틴어로도 마무리했다. 왜냐하면 오로지 그렇게 해야만 그를 국제적으로 알아주었기 때문이다. 그러나 독일의 학문어로 향한 발걸음이―비록 유럽의 다른 커다란 국민들과 비교해 현저하게 뒤늦긴 하지만―이제 마침내 내디뎌졌다. (러시아의 학문어와 문학어를 창조한 미하일 로모노소프[31]가 그에게서 공부했다는 것은 아마도 우연 이상의 일일 것이다.) 민중어로의 교체는 '이성적 사상들'(그의 저작 중 여러 개의 제목은 이렇게 시작된다)을 광범위한 대중에게 전달하고자 하는 계몽주의적 의지에 상응한다.

셋째, 독일 철학사에서 가장 커다란 스캔들 가운데 하나가 그의 이름과 관련이 있다. 1723년 그는 프리드리히 빌헬름 1세[32]의 명령으로 만약 교수형을 면하고자 한다면 할레에서의 교수직을 포기하고 48시간 안에 프로이센을 떠나야만 했다. 실제로 이 일은 다만 그의 명성에 기여했을 뿐이다. 그는 칼뱅주의적인 마르부르크에서 교수직을 얻었으며, 전 유럽적으로 칭송을 받았다. 프리드리히 대왕[33]은 1740년에 그를 다시 할레로 초빙했다. 그는 왜 추방을 당했을까? 대학 학장 대리로서 볼프는 1721년 할레에서 중국인들의 실천철학에 관한 축사 때 그들의 도덕, 즉 바로 신학적으로 정초되지 않은 도덕에 대한 자신의 경탄을 표명했다. 이러한 격찬은 17~18세기에 널리 퍼진 중국 애호에 상응했다. 동시에 축사는 도덕이 종교 없이도 존립할 수 있다는 확신을 표현했다. (비록 볼

---

31   Mikhail Vasilyevich Lomonossov, 1711~1765. 러시아의 시인, 과학자, 언어학자, 계몽사상가. 새로운 러시아 학문어 및 문학어의 창시자.

32   Friedrich Wilhelm I, 1688~1740. 프로이센의 국왕(재위: 1714~1740). 프리드리히 1세의 아들. 부국강병책을 펼쳤다. 상비군 양성에 전념함으로써 '군인왕'이라 일컬었으며, 가부장적 국가 체제를 이룩했다.

33   Friedrich der Große(Friedrich II), 1712~1786. 프로이센의 국왕(재위: 1740~1786). 프리드리히 빌헬름 1세가 마련한 기틀을 바탕으로 프로이센을 유럽의 5대 강국으로 발전시켰다.

프가 긴 주해를 통해 보완한 1726년의 인쇄본에서는 특수하게 그리스도교적인 규범이 계시에 기초한다는 것을 논박하지 않았다 할지라도 말이다.) 그의 신학적 동료인 요한 요아힘 랑게[34]는 격분했다. 랑게와 그 밖의 다른 신학자들이 추진한 고발에서는 그에 더해 볼프가 라이프니츠와 마찬가지로 결정론자라는 것도 역할을 했다. 따라서 그는 숙명론자이고 가령 탈영하고자 하는 군인들에게서 모든 개인적 책임성을 파괴한 셈이다. 이것이 군인왕의 불안을 불러일으켰던 것이다. 여러 해에 걸쳐 이뤄진 신학적-철학적 논쟁은 독일에서 철학이 신학으로부터 해방되는 데 기여했으며, 또한 랑게가 프랑케 재단[35]과 더불어 그 중심을 할레에 두고 있던 경건주의의 대표자였기 때문에도 중요하다. 그런데 경건주의는 종교 개혁 이래 독일의 가장 독창적인 종교적 운동이다. 경직된 루터교적 정통으로부터의 경건주의의 전향 및 활동적인 사회적 개입에서도 현현되어야만 하는 개인적 양심 검증과 감정 문화에 대한 그것의 강조가 없었다면 1770년 무렵 독일의 문화 혁명은 일어나지 못했을 것이다. 그리고 분명 윤리학을 신학 없이 근거지을 수 있다는, 아니 그래야만 한다는 볼프의 견해를 공유하지만 라이프니츠와 볼프의 결정론에 대한 반항 없이는 이해할 수 없는, 랑게를 상기시키는 사람, 즉 칸트도 경건주의적으로 교육을 받았다.

---

34 Johann Joachim Lange, 1670~1744. 독일의 신학자, 철학자. 크리스티안 토마지우스와 경건주의자 아우구스트 헤르만 프랑케(August Hermann Francke)의 영향을 받아 1709년 할레의 신학부 교수가 되었다.

35 Franckesche Stiftungen. 할레 대학교 신학부 교수이자 경건주의 지도자 아우구스트 헤르만 프랑케가 1695년 대학교 내에 설립한 재단으로 경건주의 운동의 중심이 되었다.

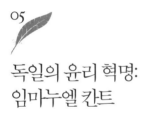

05

독일의 윤리 혁명:
임마누엘 칸트

임마누엘 칸트는 여러 가지 측면에서 라이프니츠에 대한 반대극(反對極)이다. 코즈모폴리턴인 라이프니치가 독일 출신 최후의 유럽 철학자였다고 말할 수 있다면 본래의 프로이센, 즉 제국의 동쪽 부분을 결코 떠나지 않은 칸트는 물론 결코 내셔널리즘적으로 생각하지는 않았지만(러시아가 쾨니히스베르크를 점령한 동안 그는 황후의 충직한 신민이었다) 첫째, 철두철미 독일어로 생각했다. 칸트 때문에 그리고 그에게서 영감을 받은 철학자들 때문에 그가 자신의 중요한 모든 저작을 저술한 독일어에 대한 공부는 모든 나라의 철학자에게 150년 동안이나 그야말로 의무가 되었다. 동시에 칸트는 영국의 경험주의적 전통을 자신과 달리 영어를 할 줄 알았던 라이프니츠보다 더 진지하게 받아들였다. 둘째, 교수의 아들이자 손자인 라이프니츠가 대학들을 피했다면, 소시민 태생의 칸트는 가정교사로서 6년을 제외하면 성인으로서 거의 전 생애 동안 계속해서 그 제도에 묶여 있었다. 그에 의해 대학은 그 속에서 동업 조합의 이해관계뿐만 아니라 지적인 혁신을 지닌 장소로서 국가적이고 국제적인 신망을 획득했다. 그 후 19세기 초 훔볼트에 의한 대학 개혁은 이러한 신망에 의지할 수 있었다. 셋째, 라이프니츠가 20대 젊은이로서 미적분의 기초를 마련하고 40대가 되기 전에 자신의 체계를 완성했다면, 칸트는 늦된 인물이었다. 그는 자신의 최초의 신기원적인 철학적 저작 《순수이성비판(Kritik der reinen Vernunft)》을 57세 때인 1781년에 출간했다. 그 이전에는 오직 《자연신학과 도덕의 원칙의 판명성에 관한 탐구(Untersuchung über die Deutlichkeit der Grundsätze der natürlichen Theologie und der Moral)》(1764)로 베를린 과학아카데미의 (이등)상을 받았을 뿐이다. 여기서는 라이프니츠가 아니라 칸트가 예외다. 철학에서 20대 중반과 30대의 체계 형성은 수학에서 동일한 나이에 이룬 최고의 성취와 마찬가지로 빈번한 일이다. 가령 칸트의 제자 요한 고트프리트 헤르더는 스무 살 많은 스승보다 먼저 명성을 획득했다. 빛나는 뛰어남은 옹골참과 철저히 양립 가능하다. 하지만 칸트에게는 전자가 빗겨갔다. 그리고 빛나는 뛰어남은 (또한 옹골찬 뛰어남도) 쉽사리 현혹하는 까닭에 철학 초심자는 칸트에 대한 공부를 아주 강력하게 권고받을 수 있다. 특히 그 공부는 단지 명민함만을 가르치는 게 아니라 그게 없으면 철학이 거의 수수께끼 풀이 이상도 아닌 그러한 윤리적 진지함을 가져다준다.

자신의 이념을 다듬기 위해 칸트는 앞에서 말했듯이 많은 시간을 필요로 했다. 물론 이런 이념은 사람들이 오랫동안 생각했던 것보다 훨씬 더 연속적으로 발전했다. 하지만 1781년 이전의 고요한 10년이 없었다면─즉 출판물도 거의 없고, 아니 토크쇼 출연도 없고, 블로그도 없는 그 시기가 없었다면─칸트는 오늘날 단지 전문가들에게만 알려져 있을 것이다. 그는 대학의 평가위원회들로부터 괴롭힘을 당하지 않은 채 자신의 철학을 새롭게 구성하고 근거짓기 위해 필요한 시간을 얻었다. 아니, 그가 뒤이은 17년간 자신에게 남아 있는 시간을 유일무이한 방식으로 이용하면서 너무도 다양한 문제 제기에 대한 건축술적으로 완벽한 수많은 저작을 내놓은 모습은 여전히 현기증을 일으킬 정도다. 그렇게 하는 데 있어 그는 자신의 철학 구상을 지속적으로 계속 발전시켰다. 균형을 이루는 저작인 1790년의 《판단력비판(Kritik der Urteilskraft)》은 1781년에는 아직 전혀 예정되어 있지 않았다. 그것은 이전의 가정들을 철회하는 동시에 칸트의 철학에 처음에는 전혀 의도하지 않았던 체계적 통일성을 마련해주었다. (그리하여 셸링은 자신의 추도문에서 칸트 철학이 "유기체적으로보다는 원자론적으로" 성립했다고 언급한다.) 칸트는 《프롤레고메나》[1]와 《법론(Rechtslehre)》[2]에서 식자공이 잘못을 범한 문구 전체의 전도를 전혀 인지하지 못할 정도로 금방 완결한 자신의 저술을 다시 돌아보지 않았다. 넷째, 라이프니츠가 다른 많은 것과 더불어 또한 철학자이기도 했다면, 칸트는 더 이상 창조적인 보편적 학자가 아니라 다만 특히 자신의 포괄적인 강의 활동 덕분에 폭넓게 도야된 철학자일 뿐이다. 어쨌든 그는 특히 자신의 개념 형성에서 중요한 몇 가지 자연과학적 논고, 가령 1756년의 《물리적 단자론(Monadologia Physica)》[3]을 출간했다. 1754년에는

---

1 《학문으로 등장할 수 있는 모든 장래의 형이상학을 위한 프롤레고메나(Prolegomena zu einer jeden künftigen Metaphysik, die als Wissenschaft wird auftreten können)》(1783). 《순수이성비판》의 자매편이라 할 수 있는 이 저작은 《순수이성비판》 1판 출간 2년 후인 1783년 공간되었다. '프롤레고메나'란 예비적 해설을 의미한다.

2 《덕론》과 나란히 존재하는 《윤리형이상학(Metaphysik der Sitten)》(1797)(칸트의 가장 만년에 속하는 실천철학의 체계서. 제1부 '법론의 형이상학적 기초 원리', 제2부 '덕론의 형이상학적 기초 원리'로 이루어졌다)의 한 분야. 둘 다 초월론적 자유(자율로서의 자유)를 궁극 원리로 삼는 점에서는 공통적이지만, 《법론》은 '도덕성(Moralität)' 달성을 목표로 하는 《덕론》과 달리 이른바 행위의 '적법성(Legalität)' 달성을 목표로 삼는다.

심지어 지구의 축 회전에서의 변화를 입증하기도 했다.[4] 그 대신 칸트는 철학의 모든 분야에서, 즉 라이프니츠가 경시한 윤리학과 그가 무시한 미학에서도 최고로 창조적이다. 플라톤과 아리스토텔레스 이래로 그와 비교할 수 있는 창조성은 존재한 적이 없었다. 이것이 다섯 번째 차이다. 비록 칸트가 근대 과학을 철학적으로 정당화하는 17세기의 기획을 계속 이어간다 할지라도, 그는 순종 형이상학자인 라이프니츠가 많은 관심을 기울이지 않은 윤리학에서 대단히 혁명적이다. 칸트의 윤리적 보편주의는 권리와 의무에서의 평등에 대한 그의 실질적 요구에 있어 폭넓게 유럽의 계몽에 상응한다. 하지만 그는 그것에 메타윤리적 근거 짓기를 제공하며, 독일 문화에 특수한 자극을 준 복잡한 윤리학의 형이상학을 제안한다. 가령 영국의 공리주의는 (비록 그것 역시 보편주의적 윤리학을 나타낸다 할지라도) 실질적으로 칸트의 윤리학과 다를 뿐만 아니라 의무의 형이상학의 필요를 전혀 파악하지 못한다. 19세기와 20세기에 이뤄진 독일 법문화의 비상한 수준은 개별적 경우들에 정향된 앵글로색슨적 법학이 경멸해온 철학적 훈련 덕분이다. (단적으로 오늘날까지 미국이 의회를 위한 보통 선거권을 알지 못한다는 것을 생각해보라.) 1949년의 독일 기본법은 칸트적인 정신에서 작성되었다.

만약 칸트 철학이 의식사적으로 무엇을 나타내는가라는 물음을 제기한다면, 그것은 이미 하이네에 의해 올바르게 파악되었다. 한편으로 칸

---

3   《기하학과 결합된 형이상학의 자연철학에서의 사용, 그 일례로서 물리적 단자론 (Metaphysicae cum geometria iunctae usus in philosophia naturali, cuius specimen I, continet monadologiam physicam)》, 《천계의 일반 자연사와 이론》(1755), 《형이상학적 인식의 제1원리의 새로운 해명》(1755)과 더불어 칸트의 교수 자격 논문 중 하나이다.

4   칸트는 1754년 〈쾨니히스베르크 주보〉에 〈지축의 회전에 의해 지구가 겪는 변화〉를 발표했다.

트는 그의 이론철학에서 낡은 형이상학을 파괴한다. (다만 낡은 것만을. 왜냐하면 세 개의 비판은 새로운 형이상학을 준비하고자 할 뿐 결코 모든 형이상학을 철폐하고자 하지 않기 때문이다.) 오늘날 평균적인 지식인이 17세기와 18세기 초에 가장 중요한 정신의 소유자들이 매달렸던 신 존재의 증명이나 영혼 불사성의 증명 사상을 잘못된 것으로 여기는 것은 독일어권에서는 칸트로 소급된다. 영국에서는 유사한 것을 흄이 성취했지만, 그 차이는 주목할 만하다. 흄은 《자연 종교에 관한 대화》에서 가장 대중적인 증명, 즉 물리신학적 증명에 대한 자신의 비판을 내놓았다. 하지만 그것은 문학적으로 아주 미묘하고 아주 역설적인 방식으로 이루어져―물론 최초의 비평가들은(그리고 칸트도) 저작의 본래 의도를 철저히 이해했지만―19세기가 진행되는 과정에서 영국의 많은 지식인들은 이 저작을 흄이 단연코 그 논증을 위한 여지를 허락한다는 식으로 해석했다. 그러나 칸트의 공격 방향은 비록 그가 흄과는 비교할 수 없을 정도로 둔중하게 서술한다 할지라도, 아니 바로 그렇게 하기 때문에 전혀 잘못 생각할 수 없다. 칸트에 따르면 전통적인 신 존재의 증명 가운데 어느 것도 오래 견뎌낼 수 없다. 아니, 자신의 가장 반-라이프니츠적 저술인 1791년의 《변신론에서의 모든 철학적 시도의 실패에 대하여(Über das Mißlingen aller philosophischen Versuche in der Theodizee)》에서 칸트는 또한 변신론 문제에 대한 모든 교의적 해결책도 실패한 것으로 설명한다. 라이프니츠의 명랑하고 명료한 세계 긍정은 특히 인간 본성에 대한 어두운 비전에 굴복하는데, 그것을 쇼펜하우어는 곧바로 더욱 강화해야 했다. 청년 칸트의 신랄한 어조는 노년에 더욱더 혹독해진다.

다른 한편으로 칸트는 그의 실천철학에서 신에 대한 새로운 접근 통로를 열었는데, 그것도 역설적으로 바로 윤리학의 정초를 피안에 대한 모든 희망으로부터 완전히 분리함으로써 그렇게 했다. 이미 마이스터 에크하르트가 비판한 견해, 즉 우리는 신에게 상을 받기 위해 선하게 행동해야 한다는 견해에 반대해 그러나 또한 도덕적 행위가 개인적 행복을 가져다주는 것이라는 고대의 이론에 반대해 칸트는 도덕적 행위의 가치가 그것이 자기 목적으로서 행해지는 데 존재한다는 점을 강조한다. 윤리학은 가언명법의 학문, 요컨대 우리가 지상에서든 하늘에서든 특정한 목표를 달성하고자 **한다면** 특정한 수단을 투입해야 한다고 가르치는 학문이 아니다. 윤리학의 근저에는 오히려 정언명법, 다시 말하면 의지주의적인 신이나 원리적으로 변화 가능한 도덕 감정 같은 타율적 요인이 아니라 실천 이성의 자기 입법에 힘입은 무조건적 명령이 놓여 있다. 특징적인 것은 칸트가 감정윤리학도 타율적인 것으로서 거부한다는 점이다. 이 점은 그를 루소와 그러나 전적으로 특수하게는 흄과 구별해준다. 그들은 둘 다 칸트에게 영향을 주었으며, 프랑스와 영국의 계몽의 틀 내에서 그리스도교 교의학의 붕괴와 근대 과학의 부상 이후에 우리의 도덕적 확신을 정당화하고자 하는 비슷한 시도를 감행했었다. 윤리학을 이성에 부합하게 함으로써 칸트는 독일 문화를 오늘날까지 지속적으로 주조해왔으며, 분명히 도덕의 정서적 측면을 덜 조명하도록 하는 데 기여해왔다. 그의 반-행복주의는 독일인들로 하여금 수많은 전통적 문화가 오늘날까지 올라서지 못한 법치 국가를 형성하는 데서 기꺼이 정서적인 결합의 희생을 정당화하고 또 강화해왔다. 그리고 비록 그것이 칸트에 대한 그로테스크한 오해라 할지라도, 그는 추측컨대 많은 경우 특별한 필요가 없어도 오로지 자신의 의무 이행 능력을 확인시키기 위해 자신과 타인의 행복을 짓밟는 독일의 악덕을 촉진해왔다—폰타네[5]의 《에피 브리스트(Effi Briest)》에서 인슈테텐을 생각해보라.

비록 칸트가 자신의 정치철학에서 유럽의 대부분 동시대인들과 마찬가지로 계약론적으로 사유한다 할지라도(그리고 심지어 악마들의 국가도 가능하다고 여긴다), 그의 윤리학은 앵글로색슨의 개인주의적 국가철학을 함축적으로 의문시했다. 인간의 존엄은 그 사람 자신을 위해서도 흥정할 수 없으며, 법·권리는 사실적인 이해 조정으로 환원할 수 없다는 것이다.

동시에 행복주의와 함께 윤리학을 경험적으로 근거지을 수 있는 가능성도 붕괴한다. 왜냐하면 정언명법은 선험적으로 타당하기 때문이다. 핵심을 찔러 말하자면, 우리는 칸트에게 있어 정언명법이란 근거짓기 이론적으로 라이프니츠에게 있어 존재론적 신 존재 증명의 기능적 등가물이라고 할 수 있다. 행복론으로 이해되는 모든 윤리학에 대한 칸트의 명시적 거부는 실로 새롭다. 그러나 그것도 역시 수사학적, 신학적, 문학적 선구자들을 지닌다. 자기 조국을 위해 스스로를 희생하는 군인에게 우리는 덮어놓고 그가 자신의 행복을 위해 결단했다고 나무랄 수 없다. 수사학적 전통의 상투적인 허식적 담화는 그러한 영웅적 태도를 유용한 것 및 정의로운 것과 구별해 고귀한 것으로서 찬양해왔다. 중세와 근세 초에는 과연 신에 대한 사랑을 자기에 대한 사랑으로 환원할 수 있는지에 대한 물음이 집중적으로 제기되었다. 이에 대해서는 페늘롱[6]을 생각해보는 것으로 충분할 것이다. 그러나 특별히 비극적인 것의

---

5   Theodor Fontane, 1819~1898. 독일의 소설가. 《에니 트라이벨 부인》(1882), 《슈테힐린 호수》, 《에피 브리스트》(1895) 등의 작품이 있다. 《에피 브리스트》에서 작가는 독일 귀족 집안의 무남독녀로 발랄하고 귀여운 17세 소녀 에피 브리스트가 자기 어머니에게 구애하다 실패한 적도 있는 스물한 살 연상의 인슈테텐 남작과 조건을 맞춰 결혼한 뒤 다른 남자와 불륜을 저지르며 겪게 되는 비극적 운명 등 19세기 귀족 사회의 관습을 묘사한다. 한 여성의 운명을 통해 인간성을 잃어버린 당대 귀족 사회의 현실을 비판한 것이다.
6   François de Salignac de la Mothe Fénelon, 1651~1715. 프랑스의 종교가 겸 소설가.

현상에 대한 반성이 행복주의를 극복하는 데 기여했다. 이 반성은 특히 17세기 이래로 숭고 개념의 평가 절상으로 이어졌는데, 칸트도 여기에 1764년의 《미와 숭고의 감정에 관한 고찰(Beobachtung über das Gefühl des Schönen und Erhabenen)》을 가지고 참여했다. 우리가 하이네에 반대해 말할 수 있는 것은 칸트에게 있어 훌륭한 것이란 그가 자신의 윤리학에서 자기의 하인 마르틴 람페를 신과 함께 위로했다는 점이 아니라 오히려 모든 인간을, 따라서 또한 람페도 18세기에 이르기까지 귀족들의 배타적 특권이었던 비극적 영웅의 수준으로 높였다는 점이다. 레싱 이래로 시민적 비극이 무대 위에서 표현하는 것을 칸트는 개념화한다. 모든 인간은 자신의 행복을 희생할 의무를 지는 상황에 도달할 수 있으며, 오로지 그것만이 그에게 존엄을 부여한다는 것이다. 그러나 자연적 존재(Naturwesen)에서 존엄의 가능성은 바로 자연 속에서 자신의 목표를 달성할 수 있는 기회를 지닌 도덕적 존재가 실존할 수 있도록 그렇게 자연을 형성한 자로서 신을 지시한다. 자연 내에서의 신의 현전에 대해서는 회의적으로 유보하면서 신에 대한 관계를 내적인 것, 즉 윤리 법칙에서 근거짓고자 하는 이념은 프로테스탄티즘, 특히 경건주의의 철학적 표현이다. 독일 정신사에서 칸트의 특수한 지위를 이루는 것은 그가 계몽과 그것에 본래적으로 적대적 의도를 지닌 경건주의 사이의 균형, 즉 그것의 완전한 표현이 바로 그 자신의 인격적이고 지적인 통합성인 그러한 균형을 발견했다는 점이다. **그리하여 그는 독일의 종교성을 라이프니츠처럼**

대표작인 《텔레마크의 모험(Aventures de Télémaque)》(1699)은 고전주의 문학의 걸작인 동시에 계몽사상 형성에 영향을 미쳤다. 그는 '정적주의'에 심취했는데, 정적주의란 인간의 자발적·능동적 의지를 최대한 억제하고 명상을 통해 신과 합일함으로써 영혼의 완전한 평안을 얻을 수 있다고 주장하는 신비주의를 말한다.

모든 학문적 영향뿐만 아니라 사회를 변형시키고자 하는 소원에 대해서도 열어 놓았으며, 역으로 계몽주의적 노력에 대해서도―가령 1783년의 〈계몽이란 무엇인가라는 물음에 대한 대답(Beantwortung der Frage: Was ist Aufklärung?)〉 이라는 논고에서―동시대의 프랑스 **철학자들**에게서는 이미 오래전에 사라진 **윤리적인, 아니 바로 종교적인 추진력을 부여했다.** 모든 것을 이성의 법정 앞으로 끌어내는 것은 칸트에 따르면 종교적 의무이다. 그 점이 칸트의 철학함의 엄청난 진지함을 근거짓고 있는데, 그러한 진지함은 많은 경우 그야말로 소박한 것으로 나타나고 아이러니에 대단히 낯설다. 요컨대 칸트의 발상은 비극에 날개를 달아주었지만 희극적인 것에 대해서는 유해했던 까닭에 그 장르에서는 독일 문학이 발전하지 못했던 것이다.

동시대인들을 직접적으로 사로잡은 칸트 기획의 세 번째 측면은 이론 철학과 실천철학 사이의 다리 놓기였다. 그것은 인간의 자유와 인간 정신의 자율에 새로운 자유로운 공간을 열어주었다. 물론 청년 칸트는 라이프니츠 및 볼프와 전적으로 마찬가지로 여전히 양립주의적인 자유 개념을 옹호했지만, 성숙한 칸트는 요한 요아힘 랑게와 마찬가지로 자신이 "고기 굽는 꼬챙이를 돌리는 요리사의 자유(Freiheit des Bratenwenders)" 라고 부른 것에 반대했다. 도덕적으로 책임질 수 있기 위해서는 나의 행동이 자연 법칙과 초기 조건의 필연적인 결과일 수 없을 것이다. 그러나 동시에 칸트는 인과율이 과학의, 아니 규칙적인 경험의 필연적 전제라고 가정하는 동시에 점점 더 볼프와 바움가르텐[7]이 시도했던 것처럼 인과율

---

7   Alexander Gottlieb Baumgarten, 1714~1762. 독일의 철학자, 미학자. 라이프니츠-볼 프학파 중 최고의 철학자이며, 수많은 독일어 철학 용어를 만들었다. 그의 최대 공적은 미학을 철학의 한 분과로 독립시킨 데 있다.

을 모순율로부터 도출할 수는 없다고 확신하게 되었다. 그들의 논증에 대한 현대의 언어 분석적 고찰을 선취하는 적절한 비판은 이미 1755년의 《형이상학적 인식의 제1원리의 새로운 해명(Principiorum priorum cognitionis metaphysicae nova dilucidatio)》에서 발견할 수 있다. 하지만 아마도 1770년 경, 요컨대 가령 질풍노도 참여자들의 영국 문학에 대한 열광과 동시적으로 이루어진 그의 흄 연구가 비로소 그로 하여금 그러한 종류의 모든 시도가 난파할 운명을 선고받고 있다고, 아니 경험으로부터의 근거짓기도 바로 그것이 현재를 넘어설 수 없는 까닭에 가망이 없다고 확신하게 만들었다. 그런데 칸트의 천재적 착상은 그가 인과율에 대해 교조적 형이상학도 흄의 회의적 경험주의도 충족시킬 수 없는 타당성을 확증해주는 동시에 인간적 자유의 가능성도 보존한다는 점에 존재한다. 칸트에 따르면 인과성과 그와 비슷한 다른 범주들이, 아니 더 나아가 바로 공간과 시간이 우리로부터 유래한다. 우리가 그것들을 현실에 강요하는 것이다. 주목할 만한 것은 칸트와 흄에 따르면(라이프니츠에 따라서는 아니다) 똑같은 원인이 똑같은 결과를 지닌다는 것이다. 그것은 보편화 가능성이 그 본질인 이론 이성과 실천 이성 사이의 유사성을 지시한다. 우리의 이성은 우리가 범주들 없이는 세계를 전혀 경험할 수 없는 식으로 구성되어 있다. 따라서 범주들은 선험적으로 타당하다. **세계의 통일은 더 이상 신이 아니라 자기의식의 통일에 근거한다.** 하지만 그것은 우리에게 접근 불가능한 사물들 자체(Dinge an sich)가 현실적으로 그렇게 구조화되어 있다는 것을 결코 의미하지 않는다. 우리는 현상계에서 모든 변화의 원인을 추구해야만 하지만 예지적 현실, 즉 우리의 도식화한 범주들에 의해 형식화되지 않은 본래적 현실에 자유로부터의 인과성이 존재한다는 것을 배제하지 말아야만 한다. 우리는 역설적으로 바로 우리가 현상들에 인과성을 규정함으로써 자유롭다. 왜냐하면 인과성은 우리의 자발적인 정립이기 때문이다. 경험의 가능성의 조건을 드러내는 까닭에 칸트가 '초월론적(transzendental)'이라고 명명한 이러한 관념론이 비록 하인리히 폰 클라이스트[8]를 절망으로 밀어 넣고 그로 하여금 제한된 이성보다 감정을 위에 놓도록 했을지라도, 그것은 독일의 다른 지식인들에 대해서는 무언가 해방적이고 고양시키는 것을 지녔다. 그것은 그들에게 형이상학적으로 이해된 자유에 대한 믿음에의 용기를, 아니 외적 현실을 인간 정신에 비해 그리고 또한 상상력 같은 능력에 비해서도 평가절하하는 세계관에의 용기를 주었다. 물론 계몽주의자인 칸트는 그와 같은 능력에 비판적으로 대립했다. 그러나 칸트가 없었더라면 낭만주의도 없었을 것이다. 아마도 자유의 형이상학에 대한 칸트의 관심은 정치적 자유에 대한 독일인들의 관심이 프랑스와 영국에서보다 더 적게 머무는 데 기여했을 것이다.

자유 문제에 대한 칸트의 해결책, 즉 두 세계론(Zweiweltenlehre)에 의해 양립주의와 비양립주의를 양립 가능하게 만드는 것은 그것에서의 그의 기쁨이 그로 하여금 그것이 절대적으로 견지될 수 없다는 것을 간과하게 만들었다고 이해할 수 있는 그러한 저돌적인 행위다. 왜냐하면 우리는 다음과 같이 물을 수 있기 때문이다. 즉 만약 인과성이 현상들에 제한되어 있다면, 칸트는 어떻게 사물들 자체가 우리를 촉발한다는 것에

---

8 Bernd Heinrich Wilhelm von Kleist, 1777~1811. 독일의 극작가, 소설가. 원래는 자연 속에서 신의 의도를 읽어내고자 하는 계몽주의 사상가였지만, 칸트 철학을 접한 후 인간에게는 진리를 발견할 능력이 없다는 것을 깨닫고 '칸트 위기'(1801)라 일컫는 심각한 정신적 위기를 체험한다. 요컨대 인간의 지성이 파악하는 것은 모두 환영이며 오로지 진리처럼 보이는 것에 불과하다는 것이다.

대해 말할 수 있는가? 인식 불가능한 예지체들(Noumena)의 나라에 관한 칸트의 말은 그 자신의 기준에 따르면 무의미한 것으로 보인다. 특히 중요한 것은 칸트의 그야말로 유령 같은 부분론이다. 칸트는 분명 근세 철학의 데카르트적 노선, 즉 근대화하는 노선에 속한다. 그러나 한 가지 점에서 그는 데카르트와 근본적으로 관계를 끊는다. 왜냐하면 데카르트에 따르면 우리에게는 우리의 의식 흐름이 의심할 바 없이 확실한 것으로서 주어져 있기 때문이다. 그에 반해 칸트에게는 우리 의식의 시간성 자체가 다만 그 자체에서 우리인 것의 주관적 변형일 뿐이다. 시간성은 현상적 자아에 속하지 분명히 무시간적으로 존재할 수 있는 예지적 자아에 속하지 않는다. 그러나 우리는 '나는 생각한다'라는 공허한 점에 의하거나 우리의 실천 이성을 통하는 것 외에는 예지적 자아에 이르는 접근 통로를 지니지 않는다. 이 두 가지에서 독일 관념론은 시작될 것이다. 그러나 우리에게 직접적으로 주어져 있는 의식 흐름의 평가 절하와 그 배후에 놓여 있는 본래적 자아의 가정은—넷째로—쇼펜하우어의 의지의 형이상학에 영감을 주었다. 데카르트의 의식 명징과 우리의 의식적인 삶 배후에 전적으로 다른 힘들이 작용한다는 학설 사이의 결정적 연결 고리는 역설적으로 현상적 자아와 예지적 자아 간의 대립에 관한 칸트의 이론(및 제3비판에서의 그의 천재론)이다.

'모든 변화는 원인을 갖는다'는 판단은 칸트에 따르면 선험적 종합 판단(synthetisches Urteil a priori)이다. 그러므로 그것은 경험에서 유래하지도 않으며 분석 명제처럼 모순율에 의해 근거지을 수도 없다. 선험적으로 종합적이라는 것은 판단의 성질이며, 그러므로 타당성 영역에 관계된다. 그것은 데카르트와 로크 그리고 라이프니츠를 괴롭혔던 물음, 즉 우리가 어떻게 특정한 명제들의 인식에 도달하는가 하는, 그러므로 그 인식이 생득적인가 아니면 그것들에 대한 통찰이 특정한 경험에 의해 발생되는가 하는 발생적 물음과는 전적으로 다른 어떤 것이다. 칸트 자신은 선험적 종합 판단의 발견과 그것의 가능성에 대한 설명을 자기의 가장 중요한 철학적 성취로 간주했다. 그리고 1783년의 《학문으로 등장할 수 있는 모든 장래의 형이상학을 위한 프롤레고메나》에서 그것에 이제 마침내 자신이 그 궁극적 타당성을 의심하지 않는 동시대 과학의 건축물과 마찬가지로 영속적이게 될 형이상학을 구축할 수 있을 거라는 희망을 결합시켰다.

이러한 희망은 허위적인 것으로 밝혀졌지만 그것은 첫째, 사물들 자체 이론의 견지 불가능성을 확신한 젊은 철학자들의 새로운 세대에게 철학사의 가장 대담한 형이상학적 구성 가운데 몇 가지로 향하도록 동기를 부여하는 결과를 지녔다. 왜냐하면 그들은 이제 현실의 가지적(可知的) 근거의 인식 가능성에서 출발했기 때문이다. 칸트 자신은 1786년의 《자연과학의 형이상학적 기초 원리(Metaphysische Anfangsgründe der Naturwissenschaft)》에서 뉴턴 이론의 몇 가지 근본 원리를 제1비판의 선험적 종합 판단들로부터 근거짓고자 시도했다. 비록 그 판단들이 단연코 저 도출에 성공할 수 있도록 정식화되어 있다 할지라도, 칸트가 제1비판에서 뉴턴 물리학으로부터 출발한다고 그를 무고하는 것은 그의 자기 해석에 모순된다. 반대로 그는 경험 일반의 선험적 이론을 기초하고자 한다. 일어나기 시작한 정신적 퇴락을 버텨내며 얻어낸 미완의 《오푸스 포스투뭄(Opus postumum, 유고)》에서 칸트는 좀더 상세한 물리학 이론을 철학적으로 정당화하고자 했다. 그것에서 독일 관념론자들의 체계 구축과 유사한 형이상학적 근본 태도를 인식하는 것은 매혹적이다. 이 최후의 저작에 대한 올바른 해석이 어떻게 이루어지든 둘째, 선험적 종합 인식의 실존과 그 근거에 대한 물음이 철학의 하나의, 아니 아마도 **바로 그** 결정적 문제이며 그에 대한 몰두가 독일 철학을 영국 철학과 구별해주는 바로 그 독일 철학의 본질 징표 가운데 하나였다는 점은 오늘날에도 견지될 수 있다. 물론 칸트는 자신이 선험적으로 종합적인 것으로 간주한 그 판단들 모두의 공통된 징표를 제시하는 데 성공하지 못했다. 하지만 그가 그 물음을 제기하는 것 이상을 성취하지 못했다 할지라도, 그에게는 다만 그 물음을 제기했다는 이유만으로도 사유의 역사에서 명예로운 자리가 보장될 것이다. 그러나 그 밖에도 칸트는 그에 따르면 타당한 선험적 종합판단들을 단순히 나열하는 것이 아니라 근거짓기 위해, 그것도 이른바 초월론적 연역에서 그렇게 하기 위해 노력했다. 어떤 대가를 치르더라도 근거짓고자 하는 이러한 노력은—다섯째로—마찬가지로 독일 문화를 지속적으로 규정했으며, 그것을 특별히 '근본적인' 것으로서 이웃 문화들과 구별했다. 《프롤레고메나》에서 칸트는 상식을 끌어대는 것에 대해 논박한다—그것은 "그 권위가 오로지 공공연한 소문에 기초할 뿐인 증인"이다. 그 대신에 그는 다음과 같이 강조한다. "형이상학은 단지 전체에서만이 아니라 그 모든 부분에서도 학문이어야만 한다. 그렇지 않으면 그것은 전혀 아무것도 아니다." 흄에 대한 칸트의 대답은 이론 철학에서 스코틀랜드 상식학파, 특히 모든 철학함의 출발점으로서 상식을 지시하는 토머스 리드[9]의 그것과는 다르다. 앵글로색슨의 인식론에 대한 리드의 영향은 엄청났다. 가령 로데릭 치숌[10]처럼 증명되지 않

---

9 Thomas Reid, 1710~1796. 영국의 철학자 · 윤리학자, 상식학파의 창시자. 로크, 버클리, 흄의 인식 비판에서 출발하는 그의 상식철학은 흄 철학의 범위 내에 있으면서도 종교를 변호하고자 한다.

10 Roderick Milton Chisholm, 1916~1999. 인식론, 형이상학, 자유 의지, 가치론, 지각의

고 증명할 수 없는 명증성을 모든 인식의 출발점으로 제시하는 인식론자들은 그를 계승하고 있다. 그리고 우리는 그들이 비록 그들 자신의 명증성에 대한 이견에 부딪쳐 그저 어깨를 으쓱하는 것과 많이 다르지 않은 것밖에 제시할 수 없다 할지라도 자신들의 입장을 위한 (단순히 명증성이 아니라) 논증을 지닌다는 점을 부정할 수 없다. 왜냐하면 명증성은 더 이상 논의될 수 없기 때문이다. 칸트는 말할 것도 없고 그를 뒤따르는 독일 전통(셸링과 헤겔은 상식을 "인간 종의 지역적이고 일시적인 제한성"이라고 부른다)은 좀더 위험하지만 지적으로 좀더 도발적인 다른 길을 걸어갔다.

칸트의 전(前)-비판기 저술 가운데 몇 가지는 이미 언급했다. 학생 시기에 시작한 첫 작품, 즉 1746년 이후의《활력의 참된 측정에 관한 고찰(Gedanken von der Wahren Schätzung der lebendigen Kräfte)》[11]은 "라이프니츠와 같은 이들의 오류를 …… 찾아내고자" 한다. 역으로 1790년 노년의 칸트에게《순수이성비판》은 "라이프니츠를 위한 본래적인 변호"로서 나타났다. 따라서 단순히 그가 라이프니츠주의자로부터 나중에 라이프니츠의 적대자가 되었던 것은 아니다. 처음부터 칸트는 자신의 힘들이 라이프니츠에게는 없다는 것을 알고 있었으며, 마지막까지 라이프니츠는 계속해서 긍정적인 관련점으로 머문다. (예지계를 칸트는 결국 라이프니츠적인 모나드의 양식에 따라 표상한다.) 첫 작품에서 특히 중요한 것은 공간의 3차원성에 대한 라이프니츠의 '증명'이 순환적이라는 칸트의 통찰인데, 이는 수학적 판단이 분석적이 아니라 종합적이라는 그의 이후 이론

철학에 관한 작업으로 잘 알려진 현대 미국의 대표적인 철학자 중 한 사람.

11   칸트의 쾨니히스베르크 대학 졸업 논문이자 처녀작(1749년 출판). 운동과 힘 개념을 둘러싼 당시 자연과학과 자연철학계의 '활력 논쟁'을 조정하는 형식으로 형이상학적 세계관과 수학적 및 자연과학적 세계관의 통합을 시도한 야심작이다.

을 미리 보여준다. 1755년 익명으로 출판한 《천계의 일반 자연사와 이론(Allgemeine Naturgeschichte und Theorie des Himmels)》은 자연과학에 대한 칸트의 가장 중요한 기여다. 비록 단지 소수의 수학적 정식만을 제공하긴 하지만, 그사이 뉴턴을 철저하게 연구한 칸트는 라플라스[12]의 성운가설, 요컨대 우리 태양계가 원시 성운의 응축에서 발생했다는 이론을 선취한다. 칸트는 자신이 이미 존재하는 행성들의 운동뿐만 아니라 또한 그것들의 발생을 자연과학적으로 설명하고자 하는 것에 대해 스스로를 신학적으로 정당화하지 않을 수 없었다. 요컨대 그의 기획은 천문학 분야에서 다윈의 기획과 유사하다. 칸트는 "자연이 카오스에서조차 오직 규칙적이고 질서 있게만 행동할 수 있기 때문에" 신의 실존이 증명된다는 생각을 가지고 이를 행한다. 라이프니츠와 마찬가지로 칸트는 보편적 자연 법칙에 따른 세계의 인과적 설명이 세계 건설이 이성적 존재자의 이익에 이바지한다는 것을 배제하지 않는다는 식으로 논증한다. 역으로 그때그때마다 뉴턴에게서 발견할 수 있는 것과 같은 합목적성에 대한 단순한 지시는 아직 충분한 설명이 아니라 "게으른 세계 지혜"일 것이다. 아니, 칸트는 그에게 알려지지 않은 쿠자누스와 마찬가지로 우주의 무한성에서 신의 헤아릴 수 없음에 걸맞은 표현을 보는데, 충만의 원리에 따른 신의 창조는 언제나 앞으로 나아가며, 우주의 부분들의 파괴를 관통해서도 계속된다. 칸트는 또한 다른 별들에서도 이성적 존재자를 추측하며, 그것도 서캐와 비교되는 인간(또한 알렉산더 대왕 같은 인물도, 아니 바로 그러한 인물)보다, 아니 종말론적 희망이 없다면 모든 피조물

---

12   Pierre-Simon Laplace, 1749~1827. 프랑스의 수학자, 천문학자. 만유인력의 이론과 그것을 태양계에 응용한 《천체역학》(1799~1825)의 저자. 칸트보다 조금 늦게 성운설을 제창했다.

가운데 가장 경멸할 만한 존재인 인간보다 도덕적으로 더 고차적인 그러한 이성적 존재자를 추측한다. 고귀한 인간은 스스로를—비록 우주가 무한하다 할지라도—이 우주보다 위로 높여야만 하며, 행복의 원천을 자기 자신 내에서 발견해야만 하고, 이러한 방식으로 숭고함에 도달해야만 한다. 행복의 개념을 떼어놓으면, 《자연사》의 결론은 《실천이성비판》의 마지막에 있는 저 유명한 구절, 즉 내 위의 별이 빛나는 하늘과 내 안의 도덕 법칙(das moralische Gesetz)이 외경으로 마음을 채운다는 구절을 선취하고 있다.

1763년의 《신의 현존재 논증을 위한 유일하게 가능한 증명 근거(Der einzig mögliche Beweisgrund zu einer Demonstration des Daseins Gottes)》는 칸트의 가장 중요한 전-비판기 저술이다. 물론 그것의 사상들 가운데 많은 것을 이미 앞서 발견할 수 있다. (가령 1755년의 두 저술에서는 물리신학적 증명이 신의 전능을 입증할 수 없으며, 존재론적 신 증명이 타당하지 않다는 견해를 발견할 수 있다.) 그러나 여기서 비로소 신 존재 증명 문제를 체계적으로 전개한다. 첫 번째 《비판》의 입장은 이미 거의 달성했다. 칸트는 자연에서의 합목적성으로부터의 논증(이것을 그는 여기서는 아직 '우주론적'이라고 부르며, 나중에 '물리신학적'이라고 명명한다)을 물론 자연스러운 것으로 여기지만, 이론의 여지가 없는 것으로 여기지는 않는다. 그것은 기껏해야 건축가를 증명할 뿐 물질의 창조주를 증명하지는 못하며, 전능과 전지로의 추론뿐만 아니라 유일한 신에로의 추론마저도 허락하지 않는다—그와는 독립적으로 흄도 그리고 이미 11~12세기에 인도의 철학자 라마누자[13]

---

13   Rāmānuja, 1055~1137. 인도 비슈누파의 종교 개혁자. 이지주의에 반대하며 우주정신·개인 정신·만물은 실재이며, 구원은 비슈누에게 있다고 주장했다.

도 그렇게 논증하고 있다. 칸트는 그의 시대 대부분의 유럽 대륙 지식인들이 가졌던 느낌, 즉 자연에서의 제한된 목적으로부터 창조주로의 도약이 부적절하다는 느낌을 공유하며, 우리가 안경을 걸칠 수 있기 위해 코가 있다는 볼테르의 조롱을 동의하면서 인용한다. 물론 영국에서는 물리신학적 전통이 브리지워터 논문집(Bridgewater Treatises)[14] 덕분에 거의 다윈에 이르기까지 유지된다. 그런 까닭에 칸트는 모페르튀의 최소 작용의 원리[15]와 같은 형식적-목적론적 원리에 관심을 기울이며, 세계에 대한 목적론적 고찰이 우리가 자연 내의 질서를 순수하게 수학적으로 설명하는 데 성공할 때에도 배제되지 않는다고 강조한다. 신은 그 속에서도 스스로를 현현시킬 수 있다는 것이다. 더 나아가 그는 세계의 우연성을 필연적인 원인에서 논증하는 것은 오로지 존재론적 증명이 타당할 때에만 설득력이 있다는 것을 인식한다. 그러나 현존재(Dasein)는 그렇듯 신의 개념으로부터 신의 실존을 추론하기 위해 완전한 존재의 다른 속성에 덧붙일 수 있는 속성이 전혀 아닐 것이다. 첫 번째 《비판》에서는 그로부터 표상된 탈러와 현실적인 탈러 간의 이해하기 쉬운 구별이 이루어진다. 하지만 칸트는 존재론적 증명을 둘러싼 논의를 해결하지 못했다. 왜냐하면 존재론적 증명은 현존재가 **다른 속성들과 같은 하**

---

14 1833~1836년에 출간한, 특히 근대 과학에 비추어 신의 능력, 지혜, 선함을 논증하는 여덟 개의 일련의 논문집들. 이 논문집은 8대 브리지워터 경인 프랜시스 헨리 이거턴의 기금에 의해 시작되었다.

15 프랑스의 수학자이자 물리학자인 모페르튀(Pierre-Louis Morean de Maupertuis, 1698~1759)는 데카르트의 와동 이론을 부정하고 뉴턴의 중력 이론을 옹호하는 책을 저술했다. 그가 라이프니츠 식의 신학적, 목적론적 사상을 기반으로 제창한 '최소 작용의 원리'는 자연이 항상 작용의 양들을 최소로 유지하는 방향으로 작용한다는 것이다. 양자역학에서 엄청나게 중요한 사실로 밝혀진 최소 작용 원리의 가장 간단한 예는 빛이 항상 직선으로 이동한다는 사실이다.

나의 속성이라는 것을 결코 전제하지 않기 때문이다. 근대 양상논리학의 틀 내에서는 적확한 재구성을 발견할 수 있는데, 그것은 물론 언제나 신의 가능성을 전제한다. 그야 어떻든 칸트는 이미 1763년에 그 증명을 거부한다. 하지만 여전히 대안적인, 즉 "유일하게 가능한" 증명 근거를 지닌다고 믿는다. 그것은 존재론적 증명의 변형인데, 왜냐하면 세계의 실존을 전제하는 것이 아니라 선험적으로 나아가기 때문이다. 사물들의 내적 가능성은 필연적인 본질(Wesen)을 전제한다는 것이다. 하지만 칸트는 이러한 증명의 강제적 본성을 의심해 그것을 곧 포기했다. 이것으로 첫 번째 《비판》의 입장에 도달했다. 이 《순수이성비판》에서 존재론적 증명에 대한 주요 이의 제기는 논리적 본성의 것이 아니라 인식론적 본성의 것이다. 우리의 인식 기구는 가능성으로부터 현실성에 도달하기 위해 감성에 의존한다는 것이다. 하지만 칸트가 제3비판에서 신적인 지성에 대해서는 존재론적 증명이 단연코 타당할 수 있을 거라는 점을 인정하는 것은 끊임없이 앞으로 나아가는 그의 사유를 증명해준다.

형이상학의 타당성에 대한 자신의 점증하는 의심을 칸트는 《형이상학의 꿈에 의해 해명된 시령자의 꿈(Träume eines Geistersehers, erläutert durch Träume der Metaphysik)》(1766)에서 너무도 인상적으로 표현한다. 이 풍자적인 저술은 초-심리적 현상들에 대해 보고한 엠마누엘 스베덴보리[16]

---

16 Emanuel Swedenborg, 1688~1772. 스웨덴의 과학자, 신학자. 수학과 철학을 공부하고, 천문학과 기계공학을 익혔다. 대뇌피질 기능의 국재성의 발견, 생리학적 심리학의 창시 등 다양한 분야에서 과학적 업적을 남겼다. 55세 무렵부터 심령 체험을 지니기 시작해 과학 연구를 방기하고 영적 세계에 몰입, 성서와 고대 신화의 상징적 의미를 해명하며 영적 세계에 대해 상세히 보고했다. 칸트는 1776년 그를 비판하는 《시령자의 꿈》을 출판했지만, 그가 스베덴보리에게서 발견한 것은 오히려 '형이상학의 몽상'이며, 이를 배척하는 데서 자신의 '도덕적 신앙'의 입장을 분명히 했다.

에게로 향해 있다. 종종 그렇듯이 공격은 다만 자기 자신에 대한 공격의 전이일 뿐인데, 이 경우에는 자기에 대한 의심의 전이다. 왜냐하면 시령자들과 형이상학적 몽상가들이 비교되기 때문이다. 후기 저술들을 아는 사람에게는 칸트가 그것들 가운데 얼마나 많은 것을 이미 선취하는지, 이를테면 무의식적 본능에 의해 자신의 성숙한 입장에로 이끌리고 있는지 명백히 드러난다. (그 입장을 미리 꿈꾸고 있다고도 말할 수 있을 것이다.) 칸트에 따르면 공간과 시간 저편의 비물질적 실체(그러므로 나중의 예지계)와 그들의 상호 작용 가능성은 이론적으로 반박할 수도 증명할 수도 없다. 시령은 그것으로부터 생겨날 수도 있겠지만, 그와 마찬가지로 신경학적인 사건일 수도 있다. 그 문제는 결정될 수 없을 것이다. 나의 의지에 의한 내 팔의 움직임이—비록 그것도 덜 수수께끼 같은 것은 아니라 할지라도—나의 의지에 의한 달의 움직임과 달리 실재적이라고 나를 확신시키는 기준은 오로지 경험뿐이다. 따라서 형이상학은 "인간 이성의 한계들에 관한 학문"으로서 이해된다. 그렇지만 비록 오로지 피안에서의 보상을 위해서만 도덕적이고자 하는 것이 잘못이라 할지라도, 우리로 하여금 죽음과 더불어 모든 것이 끝난다는 표상을 거부하도록 이끄는 것은 실천적 근거들이다. 포괄적 경험주의, 우리가 두 가지 방향에서 그것을 위해 논증할 수 있는 특정한 형이상학적 물음의 결정 불가능성, 자기 이익으로 환원될 수 없는 실천적 근거의 결정적 힘, 이런 이념의 전개는 세 개의 《비판》들에서 이루어진다. 1770년의 《감성계와 예지계의 형식과 원리(De Mundi sensibilis atque intelligibilis forma et principiis)》[17]에

---

17 이는 칸트가 1770년 쾨니히스베르크 대학의 윤리학 및 형이상학 정교수로 취임했을 때 교수 취직 논문으로 저술했다.

서 마침내 칸트는 개념적 인식과 감성적 인식을 날카롭게 구분하는데, 이제 그것들은 라이프니츠가 생각했듯이 단지 등급에 따라서만 구별되는 것이 결코 아니게 된다.

세 개의《비판》모두는 긴 요소론(Elementarlehre)과 대부분은 짧은 방법론(Methodenlehre)으로 나뉜다. 전자는 다시 분석론(Analytik)과 변증론(Dialektik)으로 구분되는데, 변증론은 불가피하게 생겨나는 가상에 대해 논구한다. 그렇지만 제1비판에서는 분석론과 변증론으로 나누어지는 초월론적 논리학 앞에 공간과 시간에 관한 학설로서 초월론적 감성론이 연결되어 있다. 왜냐하면《순수이성비판》은 경험주의와 이성주의의 가운뎃길을 제안하기 때문이다. 영국 경험주의자들, 즉 자신들의 철학 내부에 단연코 신을 위한 자리를 지닌 로크와 버클리보다 더 일관되게 칸트는 경험으로부터 분리된 형이상학적 사변을—가령 거짓된 것으로서가 아니라 거의 논리실증주의만큼이나 철저하게 무의미한 것으로서—거부한다. 오로지 가능한 경험과 관련해서만 입증 가능한 인식이 존재한다. 하지만 동시에 그는 경험이 가능한 것은 다만 그것이 종합적-선험적이고 모든 인식에 대해 타당한—물론 사물들 자체에 대해서는 타당하지 않다—원리에 의해 이끌리기 때문이라고 가르친다. 〔피터 스트로슨[18]은 1966년 사물들 자체 이론을 포기하는 가운데《의미의 한계(The Bounds of Sense)》에서 칸트의 이념을 대가답게 재구성했다.〕경험의 가능성의 조건들에 대한 반성은 실

---

18   Peter Frederick Strawson, 1919~2006. 제2차 세계대전 이후 영국의 대표적 철학자 중 한 사람. 러셀의 '기술 이론'을 비판하며 일상 언어 고유의 논리적 관계를 해명한 초기 작업 이후《개체: 기술적 형이상학 시론》(1959)에서 인간 사유에 불가결한 기본 개념들로 이루어진 '개념 틀'을 기술적으로 해명하는 '기술적 형이상학'을 제창했으며, 또한 이러한 견지에서《순수이성비판》에 관한 해석을 전개한《의미의 한계》를 저술했다.

중주의에서는 제거되어 있는 칸트의 잔여이성주의(Restrationalismus)를 이룬다. 여기서 칸트는—비록 그 자신이 모든 구성은 그것들이 경험을 가능하게 하는 것에 의해서만 정당화된다고 여길지라도—주목할 만한 구성적 착상을 전개한다. 일반적으로 경험은 감성(직관)과 개념의 상호 작용으로부터 생겨난다. 개념 없는 직관은 맹목이며, 직관 없는 개념은 공허하다. 직관은 개별적인 사물들이나 사건들로 향하지만, 그것들은 만약 인식이 성립해야 한다면 개념 밑에 포섭되어야만 한다.

경험적 직관 이외에 칸트는 또한 그 내부에서 모든 경험이 진행되는 외감 또는 내감에 의한 공간과 시간에 대한 순수한 직관, 다시 말하면 모든 경험에 선행하는 직관도 받아들인다. 자기 자신에 대한 경험은 내감의 틀 내에서 이루어지며, 따라서 비록 동일성 문제를 오직 자신의 육체에 대한 관련에 의해서만 해결할 수 있을지라도 오로지 시간에만 복속되어 있다. 칸트에 따르면 이 두 개의 직관 형식이 기하학과 산술의 종합적-선험적 인식을 가능케 한다. 칸트는 정당하게도 기하학적 명제들이 분석적이지 않다는 것을 파악한다. 그가 견지하는 (유클리드) 기하학의 선험성은 바로 이러한 순수 공간 직관에 터 잡고 있다. 칸트 수학의 철학은 신플라톤주의자들의 그것처럼 수학적 구성물의 특유한 지위와 다양성에 관심을 기울이지 않는다. 그에게 중심적인 것은 어떻게 해서 기하학을 물리적 대상에 적용할 수 있는가 하는 물음이다. 그의 대답은 우리의 경험적 직관이 다만 선행하는 순수 직관의 틀 내에서만 이루어질 수 있다는 것이다. 따라서 물리적 대상은 (유클리드) 공간에 파묻혀서밖에는 다르게 나타날 수 없다. 수학적 인식의 선험성을 칸트는 다만 직관 형식이 우리의 인식 기구에 그리고 오직 그것에만 속한다는 것을 가지고 설명할 수 있을 뿐이다. 따라서 공간과 시간은 사물 자체의 형식이 아니라 현상의 형식이다. 그것은 뉴턴 이론과 라이프니츠 이론의 종합이어야 한다. 주목되는 것은 칸트가 유클리드 기하학의 타당성을 물리적 공간에 대해서도 그리고 바로 그 공간에 대해 전제한다는 점이다. 20세기 물리학은 칸트를 따르지 않는다. 그리고 이미 그보다 훨씬 일찍부터 철학적 비판자들은 칸트의 초월론 철학(Transzendentalphilosophie)이 고유한 반성이 아니라 그가 바로 그 가능성의 조건을 찾아내고자 하는 경험 같은 외적인 전제로부터 출발한다는 것을 파악했다. 그의 초월론적 논증의 최초의 전제―가령 우리는 물리적 공간에 관한 종합적-선험적 앎을 지닌다―는 의심에 대해 면역되어 있는데, 왜냐하면 그것은 (비록 칸트가 형이상학적 논의에서 자신의 공간 이론을 위한 몇 가지 논증을 내세운다 할지라도) 철학적 반성과는 구별되어 있는 것을 전제하기 때문이다. 그리고 이에 따르면 오직 순수 직관과 경험의 가능성만이 선험적 종합 판단들의 근저에 놓여 있다는 칸트의 인식론적 명제 자체가 어떻게 근거지어질 수 있는지 통찰할 수 없다.

초월론적 논리학은 경험의 가능성의 조건들에 대한 지성(Verstand)과 (경험을 초월하는) 이성(Vernunft)의 기여를 다룬다. 경험은 칸트에 따르면 오직 열두 개의 순수 지성 개념, 즉 그가 자의적인 방식으로 그 당시 논리학의 판단 형식들로부터 획득한 범주에 근거해서만 가능한데, 그렇지만 여기서 그는 네 개의 범주 삼분법들의 그때그때마다 세 번째 범주가 다른 두 범주를 결합한다는, 그 결과가 풍부한 암시를 제공한다. 아마도 제1비판의 가장 천재적인 부분은 형이상학적 연역을 뒤따르는 '순수 지성 개념들의 초월론적 연역', 즉 1787년의 제2판에서 현저하게 개작한 장들 중의 하나일 것이다. 〔개작의 결정적 동기는 칸트가 단순히 형식적이거나 초월론적 관념론이 아니라 실질적(materialen) 관념론[19]을 옹호한다는, 그러므로 의식에서 독립적인 현실을 부인한다는 의혹을 물리치고자 하는 바람이었다. 그에 반대해 칸트는 비록 의심스러운 정당성을 가지고서이긴 하지만 그에게 있어 경험적으로 주어진 의식이 외계와 정확히 마찬가지로 현상적이라고 강조한다.] 물론 칸트가 의도한 논증의 정확한 재구성은 어렵다. 그리고 그것에 있어 무엇이 설득력 있는 것인지에 관한 합의는 존재하지 않는다. 중심적인 것은 범주들이 '나는 생각한다'라는 통각의 종합적 통일과 감성적으로 주어진 것의 다양 사이를 매개해야만 하며, 오로지 범주적으로 구조화한 객관적 세계만이 스스로를 통일적인 것으로서 이해하는 자기의식에 관계될 수 있는데, 그 까닭은 오로지 그렇게 해서만 타당성 요구를 지니는 경험이 의식의 단순한 흐름과 구별될 수 있기 때문이라는 사상이다. 초월론적 연역을 뒤따르는 것은 이른바 도식론(Schematismus)의 논의다. 즉 범주들은 그것들이 시간의 직관 형식에 관계함으로써 경험에 적용될 수 있다는 것이다. 범주들과 더불어 칸트는 경험의 선험적인 틀 조건으로 순수 지성의 원칙들(Grundsätze des reinen Verstandes)을 정당화한다. 이들 중에서는 경험의 세 가지 유추들(Analogien)이 중요한데, 그것들은 실

---

19 칸트의 초월론적 관념론은 다른 유형의 관념론과는 구별해야 한다. 칸트는 '실질적' 또는 '심리학적' 관념론을 비판하는데, 그것은 시간·공간과 더불어 외계의 실재성을 원리적으로 의문시하는 관념론이다. 거기에는 두 가지 형태가 가능하다. 첫째, 데카르트에게 "우리의 외적인 공간 속의 대상의 현존"은 "의심스럽고 증명할 수 없을" 뿐이며, "그것 자체로서 불가능"한 것은 결코 아니다(B 274). 《순수이성비판》 제1판의 '제4 오류 추리'에서 칸트는 그러한 '회의적' 관념론이 '이성 추리의 오류'에서 유래한다는 것을 보여준다. 칸트에 따르면 그보다 한층 더 극단적인 것이 버클리의 '교조적' 관념론이다(B 274). 칸트는 이것을 "신비적이고 망상적인" 관념론이라고도 부른다(《프롤레고메나》, § 13 Anm. III). 이 관념론은 "우리의 외적인 공간 속의 대상의 현존"을 그저 의심하는 것이 아니라 한 걸음 더 나아가 그러한 대상의 현존을 "겉보기만의 불가능한 것"으로 단언하고, 그것과 공간 그 자체를 모두 "단순한 믿음"에 불과하다고 생각한다(B 274). 《순수이성비판》 제2판의 '관념론 논박'은 '실질적' 관념론의 이러한 두 가지 형태로 향해 있다(B 274ff.).

체의 지속성, 인과성의 법칙에 따른 시간 계기, 교호 작용의 법칙에 따른 동시 존재를 근거짓고자 시도한다. 칸트의 논증에서 결정적인 것은 오로지 인과성 덕분에만 주관적 시간 계기와 객관적 시간 계기 간의 구별이 만들어질 수 있다는 테제다.

제1비판의 변증론은 심리학, 우주론, 신학으로 나누어져 있던 그 당시 대학 철학의 이성적 형이상학에 대한 일반적 공격을 제공한다. 따라서 《순수이성비판》은 가톨릭교회의 금서 목록(Index librorum prohibitorum)에 오른 칸트의 유일한 책이 되었다. 신 존재 증명에 대한 칸트의 비판에 대해서는 이미 언급한 바 있다. 그가 영혼의 실체성을 위한 논증을 거부하는 것은 모든 표상에 동반될 수 있어야만 하는 '나는 생각한다'의 통일성이 고유한 실체로의 역추론을 허락하지 않는다는 것에 토대한다. 오류 추리(Paralogismus)는 경험의 통일이 통일의 경험으로 바꾸어 해석되는 것에 기초한다. 우주론적 이념은 이율배반으로 나아갔다. 즉 세계가 공간과 시간에서 제한되어 있다, 물질적 객체의 최종적인 분할 불가능한 요소가 존재한다, 자연 법칙적 인과성과 달리 자유롭게 시작할 수 있는 인과성이 실존한다, 세계 내부나 외부에 필연적 존재자가 실존한다와 같은 테제에 찬성하는 논증뿐만 아니라 또한 그것들에 반대하는 똑같이 설득력 있는 논증이 발견되었던 것이다. 물론 테제(정립)와 안티테제(반정립)를 위한 논증은 설득력을 지니지 못한다. 이미 헤겔은 그것을 순환적인 것으로 간주했다. 그러나 칸트의 초월론적 관념론의 발전을 위해 그것은 중심적이었다. 근본적으로 오직 그것만이 칸트의 현상체와 예지체의 이원론을 뒷받침한다는 것은 쉽게 파악할 수 있다. 왜냐하면 종합적-선험적 인식이 존재한다는 단순한 사실은 결코 칸트가 주장하듯 이 인식이 오직 현상만을 파악한다는 것을 증명하지 못하기 때문이다. 오로지 순수 지성의 기구가 즉각적으로 사물 자체에 적용될 수 있다는 가정에 존재하는 모순에 대한 제시만이 칸트의 입장을 정당화할 수 있다. 칸트는 이율배반을 범주와 원칙이 오로지 가능한 경험의 한계 내부에서만 기능하며, 따라서 전체로서의 세계에 적용할 수 없다는 사실의 표현으로서 바라본다. 자연의 탐구는 분명 무한하지만, 그것은 자연 자체가 그렇다는 것을 의미하지 않는다. 동시에 칸트는 세 개의 이성 이념, 즉 영혼, 세계 그리고 신에게 규제적인 기능을 돌린다. 즉 그것들은 우리의 앎에 질서를 부여하는 데 도움을 주는 것이다. 그러나 그것들은 범주와 달리 우리의 경험에 대해 구성적이지 않다. 그럼에도 불구하고 경험을 넘어서고자 하는 우리 본성의 지워질 수 없는 성벽(性癖)은 이념에 이르는 다른 가능한 접근 통로, 즉 이론 이성의 의미 기준에 복속되어 있지 않은 실천 이성 내에 근거지어져 있는 접근 통로를 지시한다. 여기서 문제가 되는 것은 앎이 아니라 믿음이지만, 그 믿음은 단순한 사념 이상일 것이다.

칸트는 자신의 도덕철학을 1785년의 《윤리형이상학 정초(Grundlegung zur Metaphysik der Sitten)》(그의 사유에 대한 가장 좋은 입문)와 1788년의 《실천이성비판(Kritik der praktischen Vernunft)》에서뿐만 아니라 또한 1797년의 《윤리형이상학》에서도 전개했다. 처음 두 저작이 그의 혁명적 메타윤리학을 서술하는 데 반해, 마지막 저작은 구체적 윤리학을 제공한다. 오직 그것을 읽지 않은 사람만이 편안한 마음으로 칸트가 덕(德) 윤리학의 전통과 관계를 끊는다고 주장할 수 있다. 왜냐하면 거기서는 《법론》 다음에 제2부로 《덕론》이 뒤따르기 때문이다. 실제로 칸트는 다만 전수된 덕들의 근거짓기를 하고자 할 뿐이다. 보편화 가능성이 하나의 규범 체계를 위한 필요조건이지만 충분조건은 아닌 까닭에 그가 정언명법과 실질적 규범 사이의 다리 놓기에 성공하지 못했다 할지라도 의심할 바 없이 그는 그것을 추구했다. 그의 출발점은 앞에서 말했듯 도덕적 의무가 절대적이며, 비록 그 목적이 행복에 대한 추구일지라도 어떤 목적에 봉사하는 것이 아니라는 견해다. 행복은 도덕적 유보 아래 놓여 있으되 자명한 일이지만 그것이 도덕과 양립할 수 있을 때 정당하다. 아니, 다른 사람들의 행복을 위해 노력하는 것은 자기완성과 마찬가지로 중심적인 실질적 의무다. 우리의 행복 추구의 자연성에 직면해 정언명법은 우리의 감성적 본성으로부터 유래할 수 없다. 그것의 규범성은 다른 질서를 지시하며, 칸트는 이러한 통찰을 자신의 예지계와 현상계 구분과 결합한다. 우리는 이미 그것들의 이원론을 견지할 수 없다는 것을 살펴본 바 있다. 아울러 그런 점은 그것을 존재와 당위의 불가피한 이원론과 동일시하는 것에 의해 변화되지 않는다. 칸트에게서 그런 점이 발생하는 까닭은 그에게는 그 이원론이야말로 비양립주의적인 자유의 가능성을 보장하기 때문이다. 그러나 동시에 윤리 법칙(das Sittengesetz)은 오로지 그것이 자유의 표현일 때에만 우리를 구속할 수 있다. 하지만 자기 규정이라는 의미에서의 자유는, 비록 우리가 칸트에게 윤리 법칙이 실천 이성의 자기 책임에 상응한다는 점에 동의한다 할지라도, 인과적 비결정성이라는 의미에서의 자유와 동일하지 않다.

칸트의 경험주의적 인식론은 스스로를 자유롭게 규정하는 실천 이성이 실질적 윤리학이 아니라 오직 형식적 윤리학만을 근거지을 수 있다는 것으로 이어진다. 그의 최초의 정식화에서 정언명법은 다음과 같다. "너의 준칙이 보편적 법칙으로 될 것을 네가 동시에 의지할 수 있는 그러한 준칙에 따라서만 행동하라." 그것으로 칸트는 앙시앵 레짐의 무수한 불평등으로 규정된 법체계와 사회 질서를 우선은 점진적으로 그리고 프랑스 혁명과 더불어서는 훨씬 더 빠르게 평등한 의미로 개혁한 계몽의 근본 사상을 개념화한다. 칸트는 어떤 사람에 대해 어떤 것이 허락되는 (그리고 그와 비슷하게 명령되거나 금지되는) 것은—다른 사정이 동일하다면—이것이 다른 모든 이성적 존재자에 대해서도 마찬가지일 때뿐이라는 보편주의적 확신을 표현한다. 도덕 준칙이 허락될 수 있는 조건으로서 그것의 보편화 가능성은 더 나아가 칸트가 특정한 행위를 단지 정언적으로만이 아니라 예외 없이 금지하는 결과를 가진다. 거짓말은 그것이 죄 없는 사람을 구하는 유일한 가능성일 때에도 허락되지 않는다는 것이다. 이러한 엄숙주의는 실질적 선의 위계질서의 결여로부터 그리고 그 밖에 우리가 일단 예외를 허용하면 모든 것에 대해 쉽게 생겨나는 정당화에 대한 두려움으로부터 따라 나온다. 이는 선구자가 없는 것은 아니지만〔아우구스티누스(Aurelius Augustinus, 354~430)는 거짓말과 관련해 유사한 것을 가르쳤다〕, 가령 플라톤의 윤리학에 대해서는 정확히 모순된다. 의심할 바 없이 그것은 독일 문화를 각인했다. 너 자신의 인격뿐만 아니라 다른 모든 사람의 인격 속에도 존재하는 인간성을 결코 한갓된 수단으로서만이 아니라 동시에 목적으로서 사용하라는 요구는 순수한 형식주의를 넘어선다. 칸트는 이 정식화를 첫 번째 정식화와 논리적으로 등가인 것으로 여길 때 잘못을 범한다. 실제로 그는 그 정식화를 정언명법이 그에 대해 타당한 자들, 요컨대 모든 인격에게로 전이되는 그 정언명법의 자기 목적 성격에 대한 해명을 통해 획득한다. 오직 이성적 존재자만이 인격인데, 다른 별들에는 인간적이지 않은 인격이 존재할 수 있을 것이다. 따라서 칸트는 동물 학대 금지를 다만 그것이 인간들 사이에서도 동정(Mitleid)을 무디게 한다는 것을 가지고서만 정당화할 수 있다. 동물과 관련한 의무는 동물에 대한 의무가 아니다. 칸트에 따르면 도덕적 행위에는 그것이 단지 의무에 적합하게가 아니라 의무로부터 수행되는 것이 속한다. 그 동기는 윤리적으로 명령된 구체적 행동에로의 경향성이 아니라 그에 이어 자기 승인(Selbstbilligung)이 뒤따를 수 있는 윤리 법칙에 대한 존중으로부터의 의무에 대한 종속이다. 물론 우리는 우리의 본래적 자아를 알지 못하고 또 칸트는 결코 다른 현상적 자아의 경험에 대한 다듬어진 이론을 갖지 못한 까닭에 단 하나의 행위에 대해서도 그것이 바로 의무로부터 행해졌다는 걸 확신할 수 없을 것이다.

제2비판의 변증론에서 칸트는 주로 도덕 및 종교의 관계와 대결한다. 비록 행복에 대한 욕망을 덕의 동인으로 삼는 것은 단적으로 받아들여질 수 없다 할지라도, 그 역도 불가능하다. 행복할 가치가 있음은 여전히 행복을 보장하지 못하는데, 왜냐하면 인간의 감성적 본성과 실천 이성은 이질적인 원천의 것들이기 때문이다. 그러나 양자의 일치는 전적인 완성된 선이며, 그것의 가능성을 믿는 것은 계속해서 순수 이성의 실천적 관심이다. 이 점은 실천 이성의 요청으로서 영혼의 불사성과 신으로 이어진다. (자유는 무언가 다른 위치를 지니는데, 왜냐하면 칸트에 따르면 자유는 비록 그것이 적극적으로 이론 이성에 근거지어져 있지 않다 할지라도 직접적으로 윤리 법칙과 함께 주어져 있기 때문이다.) 여기서 영혼의 불사성을 위한 칸트의 논증은 우리가 도덕적 행동에 대한 보상의 권한을 지닌다는 게 아니라 우리의 의지를 윤리 법칙에 동화해가는 수고스러운 노동이 무한히 앞으로 나아가야만 한다는 것이다. 라이프니츠의 영원한 진보는 지적인 것으로부터 도덕적인 것으로 전환된다. 대중적으로 말하자면 칸트는 낙원을 최종 상태로서 영원한 연옥으로 대체한다고 할 수 있을 것이다. 신에 대한 믿음도 비슷하게 정당화되는데, 왜냐하면 윤리 법칙과 자연의 공통 원리가 없다면 완성된 선의 도달 가능성에 대한 희망은 전혀 전망이 없기 때문이다. 실천 이성의 요청은 칸트에 따르면 결코 앎의 지위를 지니지 못한다. 그러나 그것이 이론 이성과 양립할 수 있는 한 우리는 그것을 선량한 마음으로 믿어도 좋다.

윤리신학(Ethikotheologie), 곧 윤리 법칙의 경험으로부터 신학을 전개하는 것은 종교철학에 대한 칸트의 본래적 기여다. 이성적 윤리신학은 사실적 종교들에 대한, 따라서 또한 그리스도교에 대한 가치 평가의 척도인데, 그리스도교에 대한 칸트의 관계에는 상반된 감정이 병존한다. 소박한 그리스도교 신앙심은 성숙한 칸트에게는 낯설었으며 종교적 폭력, 미신, 광신, 위계적 자의가 거슬렸다. 아니, 칸트는 신이 윤리 법칙을 넘어서 있으며 (이를테면 아브라함에게 이삭의 희생을 명령한 것처럼) 비도덕적인 것을 명령할 수 있다는 견해에서 무언가 역겨운 것, 도덕을 파괴하는 것을 보았다. 그러나 현실을 윤리적 원리의 표현으로서 종교적으로 해석하는 것은 그에게 정당한 것으로서, 아니 도덕적으로 명령되는 것으로서 여겨졌다. 1793년의 《단순한 이성의 한계 안에서의 종교(Die Religion innerhalb der Grenzen der bloßen Vernunft)》는 특히 그리스도교를 대상으로 그리스도교가 초기 계몽에 아주 중요해졌던 이성 종교와 어느 정도까지 양립할 수 있는지를 검증한다. 칸트는 그리스도교를 재해석한다. 즉 원죄에 관한 교설은 윤리 법칙을 경향성에 종속시키는 인간의 자유로운 결정을 부각시키는 근본악에 관한 교설로 대체된다. 이와 비슷하게 그리스도의 대속에 관한 교설은 인간이 윤리 법칙에로 정향되어 있는 도덕적 혁명 자체를 통해 스스로를 정당화할 수 있다는 견해로 교체된다. 그리스도는 윤리 법칙에 따른 삶을 직관적으로 보여주는 (실제로는 필요하지 않은) 모범이다. 기적과 은총 그리고 계시는 현상적 세계의 빠짐없는 인과 연관 안으로 통합된다. 자연 법칙의 일반성은 윤리 법칙의 보편성에 상응한다. 펠라기우스주의(Pelagianismus)[20]와 소치니주의(Sozinianismus)[21]에 가깝고 루터교 정통에서 생각할 수 있는 한에서 멀리 떨어져 있는 칸트의 저술은 프로이센의 검열 조처를 불러일으켰다. 칸트는 맹신적인 왕 프리드리히 빌헬름 2세[22]에게 더 이상 종교적인 문제에 관해 출판하지 않을 것을 약속해야만 했는데, 이는 1797년 왕이 죽을 때까지만 지켜진다. 1798년 그는 《학부들의 논쟁(Der Streit der Fakultäten)》에서 법학과 신학의 물음들에 대해서도 판단할 수 있는 철학의 주권을 옹호했다. 이성에 대한 계몽주의적 헌신과 도덕적 확신을 갖춘 종교성의 전형적으로 칸트적인 결합은 영국과 이탈리아에서는 존재한 적이 없었다. 그것에 가장 가까이 다가온 인물이 루소인데, 물론 그는 이성과 과학을 칸트보다 훨씬 더 부정적으로 평가했다.

칸트의 중심적 윤리 사상이 이를테면 근대의 법률적 사고 형식을 받아들이는 데 존재하는 까닭에, 그가 법(Recht, 권리)의 도덕적 정당화를 제공하는 것은 놀라운 일일 수 없다. 칸트는 그렇게 함으로써 천년에 걸친

20　펠라기우스(360~420)는 영국의 수도사, 철학자, 신학자. 펠라기우스와 그 추종자들은 인간이 신에게서 완전한 삶을 영위할 수 있는 능력을 부여받았다고 믿어 완벽한 그리스도의 삶을 추구했는가 하면, 타락한 현실 사회의 개혁을 시도하기도 했다. 그리하여 인간의 자유 의지를 강조하고 원죄, 그리스도의 구원, 세례 등을 부정했기 때문에 아우구스티누스 등의 맹렬한 반박을 받았으며 종교 회의에서 이단으로 규정되었다.

21　이탈리아의 법률가 L. 소치니에서 유래하고 그 조카 F. 소치니에 의해 폴란드에서 자리 잡은 소치니파는 그리스도교의 중요한 교의인 속죄와 삼위일체론을 부정했다. 16세기 말부터 17세기에 걸쳐 행해졌으며, 이단으로 몰려 폴란드에서 추방당한 후 이곳저곳의 유니테리언파에 흡수되었다.

22　Friedrich Wilhelm II, 1744~1797. 1786년부터 1797년까지 재위한 프로이센의 왕. 그의 재위 기간에 프로이센은 내적으로나 외적으로 약해졌으며, 프랑스 혁명이 제기한 기존 질서에 대한 도전에 적절히 대응하는 데 실패했다. 그의 종교 정책의 목표는 계몽에 반대해 전통적인 프로테스탄티즘을 회복하는 데 있었다.

자연법적 전통을 계승하는데, 이제 그 전통은 모든 신학적이고 우주론적인 전제들로부터 분리되어 오로지 정언명법에만 근거해야 한다. 모든 인간은 자유에 대한 본원적인 권리·법을 지닌다. 물론 그것은 모든 사람이 또한 자유에 대한 다른 사람들의 권리도 존중해야만 한다는 것을 의미한다. 강요할 수 있는 권한으로 특징지어지는 법은 "그 아래서 한 사람의 자의가 자유의 보편적 법칙에 따라 다른 사람의 자의와 함께 통합될 수 있는 조건들의 총괄 개념"으로서 정의된다. 법은 오로지 내적 태도가 아니라 외적 행위에만, 즉 도덕성이 아니라 적법성(Legalität)에만 관계되며 욕구의 충족이 아니라 자유의 규제에 맞추어져 있다. 따라서 칸트는 사회국가를 정당화하지 않는다. 물론 칸트에 따르면 또한 자기 자신에 대해서도 법적 의무가 존재한다. 자신의 인격은 양도할 수 없는 것이다. 그의 법론은 사법과 공법을 다룬다. 사법에서는 특히 사적 소유와 계약법적 원리의 정당화가 문제로 대두한다. 그의 혼인법은 일찍부터 비판을 받았는데, 그것이 지닌 세상과 동떨어진 성격은 물론 독신 남성으로서 칸트의 삶과 그의 여성 혐오와 연관이 있을 수 있을 것이다. 그의 이념 가운데 몇 가지, 가령 혼인 상대방에 대한 성교의 권리 요구의 이념과 같은 것들은 물론 얼마 전까지 서유럽의 법체계에서도 타당했다. 공법에서 칸트는 (비록 그가 여전히 보통 선거권을 지지하지는 않는다 할지라도) 권력 분립의 원리 및 공화주의적 이념을 선호한다. 1795년 《영원한 평화를 위하여(Zum ewigen Frieden)》에서 다듬어낸 것과 같은 그의 국제법적 이념은 특히 미래 지시적이다. 칸트는 전쟁이라는 제도에 대한 가장 날카로운 도덕적 비판자 가운데 한 사람이다. "그런데 우리 안의 도덕적 실천적 이성은 자기의 저항할 수 없는 거부권을 표명한다. **전쟁은 있어서는 안 된다.**" 물론 칸트에 따르면 도덕적으로 정당한 전쟁은 존재한다. 그러나 단지 전쟁 동기와 전쟁 수행이 엄격한 도덕적 규범 아래 놓여 있어야만 하는 것은 아니다. 일종의 국제연맹을 창설할 의무가 존재하는데, 그것은 세계 국가가 아니지만 전쟁의 발발을 제한할 것이다. 아니, 칸트는 또한 물론 어디에나 정착할 수는 없지만 어느 나라든 방문할 수 있는 세계시민법·권리도 가르친다. 그는 경제적, 문화적 교류가 전쟁에 대한 인간의 성벽을 파괴할 거라는 것을 믿는다. 칸트 생애 말년에 1648년[23] 이래로 유럽 내적인 폭력의 가장 커다란 폭발이 있었고 또 우리가 1945년 이후에야 비로소 그의 국제연맹 이념에 맞추어 진지하게 일하기 시작한 까닭에, 우리는 그를 읽어나가는 가운데 한편으로는 계몽주의적 코즈모폴리터니즘이 내셔널리즘 시대에 급속히 증발하는 것을 목도하며 우수에 사로잡힐 수 있으며, 다른 한편으로는 그렇지만 이성적 이념으로 결국 되돌아오리라는 확고한 기대를 지니게 된다.

칸트 공법론의 두 가지 이념은 물론 오히려 위협적이다. 그것들에 속하는 것은 가령 형벌이 그것이 달성할 수 있는 목적과는 독립적으로 정의의 요구라는 응보주의적 형벌 이론에 대한 그의 옹호가 아니라 살인에 대해서는 사형이 필수 불가결하다는 것에 대한 그의 특수한 옹호다. 지적으로 칸트는 1764년 사형에 대한 비판—이는 이미 18세기에 소수의 몇몇 국가에 미약하나마 영감을 부여했다—을 출판한 체사레 베카리아[24]보다 훨씬 탁월하다. 하지만 이것은—비록 칸트가 오랜 시간 동

---

23 에스파냐와 네덜란드 사이에 벌어진 80년 전쟁과 독일의 30년 전쟁을 마감한 베스트 팔렌 조약을 맺은 해.

24 Cesare Bonesana Marchese di Beccaria, 1738~1794. 이탈리아의 형법학자이자 근대 형법학의 선구자. 주저인 《범죄와 형벌(Dei delitti e delle pene)》(1764)은 형벌을 입법자에 의해 법률로 엄밀하게 규정해야 하며, 형벌의 무게는 범죄의 그것과 균형을 이루어야 하고, 그 균형을 법률로써 정해야 한다는 죄형법정주의 사상과 고문 및 사형 폐지론 등을 담고 있다.

안 사형 지지자들에게 양심의 가책을 제거해주었을 뿐만 아니라 바로 도덕적 열정을 보장해주었다 할지라도—그가 이 물음에서 옳았다는 것을 의미하지 않는다. 더 나아가 칸트는 모든 저항권을 거부한다. 이것은 한편으로 일단 진실로 받아들여지는 규범(prima-facie-Normen)에 대한 예외를 정당화할 수 없는 그의 원칙적 무능력의 결과다. 왜냐하면 의심의 여지없이 우리가 무정부를 피하고자 한다면 국가에 복종해야 한다는, 일단 진실로 받아들여지는 규범이 존재하기 때문이다. 토머스 홉스는 이 논증을 영국의 시민전쟁을 고려해 특히 강력하게 만들었다. 물론 홉스의 저항론은 역설적으로 바로 그것이 훨씬 더 나쁜 윤리적 기초 위에 기초하는 까닭에 칸트의 그것보다 덜 위험하다. 왜냐하면 홉스는 다만 고유한 자기 보존 충동에 종속되어 있는 가언명법만을 알고 있고, 따라서 국가가 그의 보호 과제에 더 이상 부응하지 못할 때에는 복종 의무가 사라지기 때문이다. 칸트는 좀더 고상하며, 바로 그런 까닭에 복종 의무는 그것이 자신의 이익에 반할 때에도 계속해서 존재한다. 부분적으로 칸트의 학설은 그의 루터교적 표현인데—정부 당국에 대한 루터교의 예속에 대해서는 이미 지적한 바 있지만—그것은 프로이센이 유럽의 강대국으로 부상하는 것과 연관해 더욱 강화되었다. 물론 칸트의 학설은 양날의 검이다. 혁명을 거부하는 만큼 그는 또한 그 혁명이 성공적일 때에는 반혁명도 배척한다. 프랑스 혁명에 대한 그의 분석은 혁명의 정치적 이념에 대한 공감에 의해 고무되어 있을 뿐만 아니라 본질적으로 혁명 정부를 존중해야만 한다는 점을 부각시키기도 한다. 그러나 여전히 참인 것은 존 로크의 그것과 같이 적극적인 동시에 적절한 저항론이 앵글로아메리카 세계와 달리 독일에 대해서는 그의 가장 위대한 철학자들에 의해 제공되지 않았다는 점이다.

칸트는 단지 정치적 실천이 도덕적 이론의 요구에 맞춰져야만 한다는 것을 가르치는 것만은 아니다. 그는 1784년의 《세계시민적 견지에서 본 일반사의 이념(Idee zu einer allgemeinen Geschichte in weltbürgerlicher Absicht)》에서 도덕적으로 의심스러운 동기에 근거해 도덕적으로 요구된 정치적 제도를 향해 나아가는 점진적인 운동을 가정한다. 인간의 행위가 의도하지 않은 결과를 지니는 체계를 산출한다는 인식을 칸트는 18세기의 다양한 사상가들과 공유한다. 물론 그는 그 인식에 인간적 본성의 비사교적 사교성(ungesellige Geselligkeit)에 관한 학설을 가지고 특별한 강조점을 제공했다. 그 인식은 신적인 섭리에 대한 믿음과 결합할 수 있다. 이미 《이념》에서는 인간의 행위를 목적론적 자연 연관 안에 끼워 넣는다. 하지만 칸트는 1790년의 《판단력비판》 말미의 긴 '목적론적 판단력의 방법론'에서 이 문제를 훨씬 더 철저하게 다루었다. 목적론의 복권은 규범적 관련점에 대한 견지와 그 관련점이 오직 자연 원인의 매개에 의해서만 달성될 수 있다는 통찰로부터 이루어진다.

제3비판은 그것이 최소한 첫눈에 보기에 독립적인 두 개의 평행적으로 구축된 부분, 즉 한편으로 자연미와 다른 한편으로 자연 목적을 다루는 미학적(감성적) 판단력에 대한 비판과 목적론적 판단력에 대한 비판으로 이루어져 있다는 점에 의해 다른 두 《비판》과 구별된다. 그것들은 규정적 판단력과 달리 주어진 특수자에 대해 보편자를 추구하는 반성적 판단력의 두 가지 형식이다. 하지만 《판단력비판》의 내적 이원성이 대부분 이분법적 구분을 이용하는 칸트가 이제 그의 체계 구축의 가장 일반적 수준에서 삼원성(Dreiheit)을 향해 결정하고 있다는 점을 보지 못하게끔 해서는 안 된다. 제3비판은 자연과 자유, 지성과 이성 간의 이원론을 조정하는 중심 과제를 지닌다. 인식 능력과 욕구 능력 사이를 매개하는 것으로서 칸트는 쾌와 불쾌의 감정을 덧붙인다. [이 세 가지 능력은 1798년의 기술적인《실용적 관점에서 본 인간학(Anthropologie in pragmatischer Hinsicht)》의 근저에도 놓여 있다.] 칸트는 그가 목적론적 판단에 구성적 역할이 아니라 오직 규제적 역할만을 인정하는 한에서 제1비판의 출발점에 충실하게 머문다. 그러나 한편으로 유기체에 대한, 다른 한편으로 자연에서 인간의 자리에 대한 명시적 취급은 주제적으로 제1비판을 멀리 넘어선다. 첫 번째 주제와 관련해 칸트는 생명을 결코 기계론적으로 설명할 수 없을 것이며, 그러므로 풀 한 포기에 대해서라도 그에 대한 뉴턴은 없을 것이라는 생기론적 견해와, 우리의 것보다 더 복잡하고 아마도 그에 대해서는 기계론적 설명과 목적론적 설명이 일치할 그러한 지성에게 열려 있는 대립된 견해 사이의 가운뎃길을 추구한다. 칸트는 내적 합목적성과 신진대사 그리고 생식을 가지고서 유기체의 본질 징표를 정확하게 파악하며, 종을 넘어선 진화의 이념에 공감한다. 유기체는 지성을 넘어서서 이성을 가리킨다. 생명의 이념에서는 예지적인 것이 이를테면 내재적이게 되는데—가령 성질을 달리하는 원형적 지성에 대한 칸트의 지적과 같은 테제가 그러한데—그것은 독일 관념론을 선취하고 있으며, 신칸트주의 이전에 유포되어 있던《비판》들에 대한 인간학적 해석을 가장 일찍이 잘못된 해석으로서 입증한다. 목적론적 고찰은 칸트에 의해 유기체로부터 전체로서의 자연으로 확장되는데, 그리하여 자연은 마치 그것이 도덕적인 것의 가능성에 맞추어 놓여 있는 것처럼 해석된다. 왜냐하면 오로지 도덕성만이 최종적 목적이고, 유기체의 합목적성은 이러한 최종적 관련점이 없다면 가치가 없을 것이기 때문이다. 유기체의 합목적성에만 근거하는 종교는 윤리신학에 의해 교체되어야 하는 악마론(Dämonologie)일 것이다.

헤르더는 형식주의에 기초하는 칸트의 미학(Ästhetik, 감성론)에 쓰라린 실망을 맛보았다. 사실 칸트의 예술관은 한편으론 아주 제한되어 있었다. 그리고 다른 한편으로 다음 장에서 살펴볼 새로운 형식의 정신과학 발양은 자연미가 예술미보다 더 중요한 노년의 칸트에게서는 흔적도 없이 그냥 지나가버렸다. 그럼에도 불구하고 내용들로부터 폭넓게 분리된 근대 예술은 바로 칸트의 형식주의를 해방적인 것으로서 지각하며, 의심할 여지없이 그의 미학 이론은 철학사의 가장 독창적이고 가장 영향력 있는 이론 가운데 하나이다. 비록 칸트가 자신의 미학을 오로지 판단력 이론의 틀 안에서만 전개한다 할지라도, 그것이 지닌 가교 기능은 그에게 있어 중심적이다. 그는 분명 미학의 최초 저자는 아니지만, 미학적 반성 없는 철학의 체계를 결코 완전한 것으로 여길 수 없는 그러한 최초의 저자이다. 비록 그의 사상이 예술 작품 미학적인 측면과 특히 생산 미학적인 측면을 배제하지 않는다 할지라도, 칸트의 출발점은 수용 미학적인 본성의 것으로, 요컨대 취미 판단이다. 아름다운 것(das Schöne)은 쾌적한 것(das Angenehme) 및 선과 달리 필연적으로 보편적인 것으로서 표상되는 무관심적 만족감(interesseloses Wohlgefallen)을 불러일으킨다. 취미 판단의 보편성은 아름다운 것을 순수하게 주관적인 쾌적한 것으로부터 구별한다. 동시에 취미 판단은 도덕 판단보다 덜 보편적인데, 왜냐하면 그것은 개념들에 근거하지 않기 때문이다. 따라서 누구든지 모두 다 자기와의 일치를 다만 '요구할(ansinnen)' 수 있을 뿐이다. 칸트는 정서주의적 미학과 계몽의 이성주의적 미학 사이의 가운뎃길을 걸어간다. 즉 쾌의 감정은 거부할 수 없게 단적으로 미학적 경험에 속하지만, 그것은 인지적 현상, 요컨대 상상력과 지성의 자유로운 유희에 따른다. (이 점은 취미 판단의 보편타당성에 대한 칸트 연역의 도약점이지만, 물론 이는 비교

판단에서의 일치를 보장하기 위해서는 충분하지 않다.) 순수한 취미 판단에 문제가 되는 것은 매력이나 완전성이 아니라 오로지 형식적 합목적성일 뿐이다. 순수한 취미 판단이 가령 꽃의 아름다움 같은 자유로운 아름다움을 향하는 데 반해, 가령 목적 개념을 전제하는 건물에 부속해 있는 아름다움은 그 판단의 순수성을 깨뜨린다. 객관적 취미 규칙이 존재하지 않는 까닭에 천재는 예술에 스스로 규칙을 부여할 과제를 지닌다. 하지만 취미가 천재를 제어해야만 한다. 이러한 연관에서 칸트는 이성 이념의 개념에 상응하는 미학적 이념의 개념을 발전시킨다. 아니, 자신의 형식주의에도 불구하고 미를 윤리성의 상징으로 이해하기를 주저하지 않는다. 특히 칸트에게 있어 아름다운 것과 등급이 같은 숭고한 것은 상상력과 더불어 지성이 아니라 이성을 요구하고, 마음으로 하여금 자연의 엄청난 크기나 힘에 직면해 그 자신의 내적인 숭고를 의식하도록 움직이게 하는 특성을 지닌다. 그리하여 칸트는 특히 성숙한 실러(Johann Christoph Friedrich von Schiller, 1759~1805)로부터의 독일 비극뿐만 아니라 또한 독일의 비극 이론에도 지속적으로 인상을 남겼는데, 그 비극 이론은 실러와 관계된 논문들〔가령 1792년의 〈비극적 대상들에서 만족의 근거에 대하여(Über den Grund des Vergnügens an tragischen Gegenständen)〉〕과 더불어 이제 영웅이 아니라 플롯을 중심에 놓았던 아리스토텔레스적 비극론으로부터 벗어나기 시작한다.

06

종교적 과제로서 정신과학:
레싱, 하만, 헤르더, 실러, 초기 낭만주의와
빌헬름 폰 훔볼트

많은 경우 위대한 인물의 한계는 그의 성취 못지않게 가르치는 바가 풍부하다. 실로 칸트는 다른 어느 누구와도 달리 근대 자연과학과 도덕을 근거지었다. 그러나 그는 이해하는 이성에 대한 비판을 내놓지 못했다. 그에게는 정신과학의 특유성에 대한 감각이 결여되어 있었으며, 아니 다른 관념론자들과 마찬가지로 그가 제1비판에서 유아론을 피하는 것은 근본적으로 다만 그 문제를 전혀 제기하지 않았기 때문일 뿐이다. 이 점은 18세기 독일의 가장 위대한 성취가 칸트 철학과 더불어 새로운 형식의 정신과학의 형성인 만큼 더욱더 당혹스럽다. 그러나 비록 괴테가 1805년 《빙켈만과 그의 세기(Winckelmann und sein Jahrhundert)》를 함께 펴냈고, 그리하여 18세기를 빙켈만[1]을 따라 명명했다 할지라도, 우리가 칸

---

1   Johann Joachim Winckelmann, 1717~1768. 독일의 미술사가. '근대의 그리스인'이라고 일컬을 만큼 고대 그리스 미술에 깊은 애착을 보였다. 예술의 이상을 '고귀한 단순함과 고요한 위대함'에서 구했던 것도 그것이 고대 그리스 예술의 본질을 이룬다고 생각했

트의 책들에서 빙켈만이나 괴테의 이름을 찾는 것은 헛된 일일 뿐이다. (그와 반대로 괴테는 제3비판에서의 자연과 예술의 결합을 아주 높이 평가했다.) 독일 정신과학의 원천은 무엇인가? 그것의 창조자들이 종종 루터교 목사의 자손이었고/이었거나 그들 스스로가 그리스어와 라틴어 그리고 많은 경우 또한 헤브라이어의 우수한 문헌학적 교육이 속해 있던 루터교 신학을 공부했다는 것은 잘 알려져 있다. 물론 바로 이러한 교육이 루터교의 지적으로 가장 뛰어나고 도덕적으로 가장 온전한 옹호자들을 특유한 위기로 몰아넣었다. 노발리스[2]는 1799년 신학에 대한 문헌학의 "쇠약하게 하는 영향"을 한탄한다. 왜냐하면 문헌학은 가령 헤르만 사무엘 라이마루스(1694~1768)[3]에게 성서에서 본래적으로 의도된 것을 재구성하도록 가르쳤기 때문이다. 그리하여 근대 이전의 해석학이 가령 마이스터 에크하르트 같은 저자들에게 있어서도, 아니 바로 그들에게 있어 얼버무렸던 개별적 성서 텍스트 간의 모순이 명백해졌다. 근대 역사 편찬 방법들은 종교적 관념의 이차적 원인을 찾아냈으며, 이들은 더 이상 신앙심을 불러일으키지 못했다. 특히 18세기에 성서 이야기의 역사학적 신뢰성이, 가령 그 이야기의 연대기적 진술이 지닌 신뢰성이 붕

기 때문이다.《그리스 예술 모방론》(1756)과《고대 예술사》(1764) 등에서 제시한 빙켈만의 예술 사상은 헤르더, 레싱, 괴테, 헤겔에게 커다란 영향을 미쳤다.

2　Novalis, 1772~1801. 독일 초기 낭만주의 시인이자 사상가. 인간 영혼의 깊숙한 곳에 자리 잡고 있는 무한한 것이 참된 자아이고 또한 세계의 본질이며, 이 비밀을 파악하는 것이 시이고 이것에 의해 창조되는 세계야말로 좀더 높은 실재라 했다. 대표작은《밤의 찬가》(1800)와《하인리히 폰 오프터딩겐》(1802)이다.《하인리히 폰 오프터딩겐》의 주인공이 구하는 '푸른 꽃'은 낭만파의 이상적 상징이다.

3　Hermann Samuel Reimarus. 볼프학파에 속하는 철학자이자 신학자. 그의 사후 레싱이 간행한 유고《신의 이성적 숭배자를 위한 변명 또는 변호서》에서 신·구약성서에서 볼 수 있는 기적과 메시아의 부활, 재림 등을 이성주의 입장에서 강하게 비판했다.

괴했으며, 계몽의 보편주의는 구원사를 유대인과 그리스도인에게 제한하는 것을 새로운 윤리학과 양립할 수 없는 편협성으로 받아들였다. 가톨릭교회가 그러나 또한 영국 국교회도 근대 성서 비판의 도전을 여전히 현실적으로는 받아들이지 않은 데 반해, 흄과 기번은 초연한 아이러니라는 그들의 잘 알려진 문체를 발견했으며, 그것으로 그들은 종교 일반 또는 특수하게는 그리스도교의 자연적 역사를 불가지론 또는 이신론의 관점에서 설명했다. 그렇지만 이러한 형식의 아이러니는—볼테르의 조소와 독일 낭만주의의 염세 감정과는 전혀 달리—정직함이라는 루터교적인 파토스와 통합될 수 없다. 니체의 공격적인 무신론은 그 정직함에서 루터교적이다. 하지만 18세기 말에 독일의 정신적 엘리트들 내에서 일어나는 루터교의 변형은 좀더 복잡해서 문헌학의 종교적 동기를 보존하는 데 존재한다. 그러나 그것은 이제 보편사적으로 확장되고 철학적으로 정초된다. 우리는 신학과 철학 그리고 문헌학의 삼위일체에 대해 말할 수 있다. 계속해서 열심히 연구하는 신의 말씀은 더 이상 성서에 제한되는 것이 아니라 인간 정신의 역사 전체에서 현현한다. 인간 정신의 역사를 통일로서 이해하는 것은 단순히 박학함의 관심이 아니다. 거기서 문제되는 것은 종교적 과제이며, 아마도 그러한 과제만이 바로 우리가 그것을 완수함으로써 실제로 지속적인 것을 성취할 기회를 갖게 되는 그러한 것들일 것이다. 괴테의 어떠한 저작도 이러한 비전을 보편적 인간성의 종교에 대한 서술을 지닌 그의 단편 〈비밀(Die Geheimnisse)〉[4]보다 더 웅대하게 표현하지 못했는데, 그 서술은 크리스티아누스 로젠

---

4   1784년 장엄한 슈탄체(8행 시구)로 쓴 〈비밀〉에서 괴테는 인도주의적 이상과 세계의 종교를 열두 사람의 기사 수도사를 통해 서술한다.

크로이츠[5]에 관한 이야기들이 그에게로 소급되는 요한 발렌틴 안드레에(1586~1654)[6]의 자극에 빚지고 있다.

어느 누구도 고트홀트 에프라임 레싱만큼 정력적으로 낡은 루터교적 정통의 붕괴를, 그것도 자신의 교체되는 대화 상대방들에 맞춘 종교적 논증을 가지고 촉진시키지 못했다. 아마도 가장 풍부한 성과를 낸 그의 텍스트는 〈정신과 힘의 증명에 대하여(Über den Beweis des Geistes und der Kraft)〉(1777)일 터인데, 여기서 그는 조금 나중의 칸트와 전적으로 마찬가지로 우연한 역사 진리는 필연적인 이성 진리의 기초가 될 수 없다고 가르친다. 따라서 물론 기적 없는 시대에 단순한 일은 아니지만 우리가 성서에 나오는 기적 이야기들의 역사적 올바름을 확신할 수 있을 때조차도 그 이야기들에 의해 가령 그리스도론적 교의를 정당화하고자 하는 것은 잘못이다. 〔그에 반대해 청년 레싱은 〈이성의 그리스도교(Das Christentum der Vernunft)〉(1751/1753)에서 신의 자기-자신을-사유함이라는 사상에 의거해 내재적 삼위일체에 관한 교설을 옹호했다.〕 하지만 레싱이 많은 경우 '이신론'이라 일컫는 이성 종교 옹호자들이 그에 대해 전혀 상이한 입장을 취했던 그리스도교에 대해 작별을 고했다고 가정하는 것은 잘못일 것이다. 짧음에도 불구하고 독일어로 된 가장 감동적인 대화편 가운데 하나인 《요한의 계약(Das Testament Johannis)》(1777)은 물론 그리스도교의 사랑의 명령을

---

5   Christianus Rosenkreuz. 17세기 초반에 발표한 네 개의 기본 문서에 장미십자단(Rosenkreuzer)의 창립자로 소개된 전설적 인물. 장미십자단은 17세기 초 독일에서 일어난 정신 운동이다. 네 개의 기본 문서는 1614년의 《전 세계의 보편적이며 총체적인 개혁》과 《장미십자단의 전설》, 1615년의 《장미십자단의 신조》, 1616년의 《화학적 결혼》이다.

6   Johann Valentin Andreae. 《1459년 크리스티아누스 로젠크로이츠의 화학적 결혼(Chymische Hochzeit Christiani Rosencreutz anno 1459)》(1616)의 저자로 알려진 독일의 신학자.

전통적 신앙론으로부터 분리하지만, 그것을 단호하게 옹호한다. 레싱의 종교철학적 주저인 《인류의 교육(Die Erziehung des Menschengeschlechts)》(1780)은 실정적인 신적 계시의 필연성을 교육 과정의 시작으로 인정하지만, 이 과정이 목표로 하는 것은 결국 현세의 승인도 피안의 승인도 필요로 하지 않는 이성의 촉진이다. 자율·자기 지배와 신정·신의 지배가 또다시 새롭게 일치하지만, 사실적인 종교사야말로 이성적인 것으로서 파악할 수 있고 또 그리되어야 한다. 이성의 종교에 대한 레싱의 공감은 모제스 멘델스존[7]과의 우정을 손쉽게 했는데, 이 멘델스존과 더불어 유대적 사유가 독일어권 철학에서 중요한 자리를 차지하기 시작한다. 멘델스존은 그리스도교로 개종하라는 요한 카스파르 라바터[8]의 주제넘은 요구에 반대해 자신의 종교를 견지했지만 그 종교를 이성주의적으로 해석했다. 하스칼라(Haskalah, 유대계몽주의)에 대한 논문으로 그는 유대인 해방을 위한 길을 넓혔다. 도덕을 비이성적인 신에게 종속시키는 것과 교회의 자의에 반대하는 선언문이자 외적인 의식으로부터 벗어나는 종교에 대한 변호인 《현자 나탄》(1779)의 책 제목과 같은 이름의 주인공에게서 레싱은 자기 친구의 기념비를 세웠으며, 멘델스존은 레싱이 죽은 후 《스피노자의 학설에 대하여(Über die Lehre des Spinoza)》(1785)에서 그가 스피노자주의자였다는 프리드리히 하인리히 야코비[9]의 비난에

7　Moses Mendelssohn, 1729~1786. 독일 계몽 시대의 철학자. 라이프니츠-볼프학파의 한 사람이자 대중철학의 대표자 가운데 한 사람. 신의 존재와 영혼불멸을 증명하는 데 힘을 쏟았으며, 베를린 아카데미가 1763년 형이상학적 진리의 판명성에 관한 논문을 모집했을 때 칸트를 누르고 최고점을 땄다. 레싱의 스피노자주의자 여부를 둘러싼 야코비와 멘델스존의 논쟁을 보통 '스피노자 논쟁' 또는 '범신론 논쟁'이라고 부른다.

8　Johann Caspar Lavater, 1741~1801. 계몽 시대 스위스의 개혁적인 목사, 철학자, 인상학자, 저술가.

맞서 그를 옹호했다. 이것과 결부된 범신론 논쟁은 한편으로 야코비의 의도에 반해 스피노자에 대한 관심을 강화하는 데 기여했다. 1811년 야코비는 범신론 비난을 셸링에 대해 반복했다. 다른 한편으로 멘델스존은 정당하게도 레싱의 범신론이 스피노자의 그것보다 훨씬 더 섬세하며 라이프니츠의 양식에 따른 유신론과 거의 다르지 않다는 점을 지적했다. 레싱이 도덕적 실재론자이고 현실에 대한 목적론적 해석을 옹호한다는 점에 대해서는 어떠한 의심도 있을 수 없는데, 그 점은 스피노자가 아니라 라이프니츠에 상응한다. 그 시대의 독일 문화에서 스피노자에 대한 매혹은 라이프니츠와 비교해 그의 비타협적인 언어에 의해 조건 지어져 있었다. 그럼에도 불구하고 그것은 헤르더에게 있어서도 라이프니츠주의적으로 변형된 스피노자주의였다. 니체와 더불어 비로소 그 점은 변화할 것이다. 물론 야코비의 철학적 성취는 인식론에 대한 (신앙과 감정의, 나중에는 직접적으로 직관하는 이성의) 비매개적 명증성의 의미를 강조한 점에 존재한다. 그러나 그 명증성 안에서 인격적인 신이 주어질 것이다.

레싱은 시인으로서는 거의 일류이지 않을 것이다. 왜냐하면 자신에게 관건이 되는 것을 너무나 자주 너무나 명확하게 말하기 때문이다. 문학비평가와 미학자로서 그는 틀림없이 어느 경우에도 일류다. 확실히 이미 1750년경 독일 문화는 요한 마르틴 클라데니우스(1710~1759)[10]와 알렉산더 고틀리프 바움가르텐(1714~1762)에게서 해석학과 미학에 대한

---

9 Friedrich Heinrich Jacobi, 1743~1819. 독일의 철학자. 체계적 사유를 혐오하고 감정과 신앙의 직접적 확실성을 주장했다.

10 Johann Martin Chladenius. 독일의 철학자, 신학자, 역사가로서 해석학의 정초자 가운데 한 사람. 저서로는 《일반 역사과학(Allgemeine Geschichtswissenschaft)》(1752)이 있다.

중요한 저작들을 산출했지만, 레싱은 무언가 전적으로 새로운 것을 내놓는다. 그의 《라오콘(Laokoon)》(1766)은 "회화와 시문의 한계들"을 다루는데, 그럼으로써 다양한 예술을 위한 (가령 추한 것의 역할에 대한) 미학적 규범을 분화해내고자 하는 시도다. 그것은 근대에 비로소 획득한 미술의 일반적 개념을 전제한다. 레싱의 논구를 그토록 웅대하게 만드는 것은 포괄적인 고고학적 지식과 근세 문학 및 정밀함으로 부각되는 새로운 범주들의 형성에 대한 커다란 친숙성의 결합이다. 우리는 개별적인 문헌학적 오류에 대해서와 마찬가지로 미학의 너무 강력한 심리학적 수행에 대해서도 그를 비판할 수 있을 것이다. 하지만 고전문헌학과 일반미학의 결합에서 이 저작은 요한 요아힘 빙켈만의 《고대 예술사(Geschichte der Kunst des Altertums)》(1764)와 마찬가지로 선구적이다. 골동품 고고학은 이미 이전에 존재했었다. 그러나 그리스 문화와 오리엔트 문화의 비교, 4장 3절에서의 고대 예술에 대한 발전 법칙 발견, 그리스 문화의 예술종교적인 찬미, 마지막으로 그 자체로 예술적인 예술 기술 양식은 이 저작의 획기적 위치를 보장해준다. 이번에도 또다시 성과를 거둔 것은 세부적 지식과 일반적 범주의 융합이다―르네상스와 바로크를 패러다임적으로 대립시키는 하인리히 뵐플린[11]의 《예술사의 기초 개념(Kunstgeschichtliche Grundbegriffe)》(1915)도 빙켈만이 없으면 생각할 수 없었을 것이다. 그리고 그리스 애호적인 이상은 새로운 형식의 휴머니즘을 산출했는데, 그

11　Heinrich Wölfflin, 1864~1945. 스위스의 미술사가. 독일 고전 문학 및 감정이입 미학, 딜타이의 철학을 배운 그의 미술사 연구에서 기본적 태도는 형식 분석에서 직관성을 존중하고 이를 개념적으로 정리하기 위한 사유성의 중시다. 부르크하르트의 고전주의적 미술사를 발전시킨 비교양식사의 방법을 확립했다. 저서로는 《르네상스와 바로크》 (1888), 《고전 예술》(1899), 《예술사의 기초 개념》 등이 있다.

것은 첫 번째 휴머니즘과 달리 그리스도교 교의학으로부터 분리되지만, 물론 그것의 보편주의적 윤리학에서는 고대보다는 훨씬 더 그리스도교에 힘입고 있다.

레싱의 종교철학적 저술과 미학적 저술은 서로로부터 폭넓게 독립적이다. 요한 고트프리트 헤르더(1744~1803)의 성취는 이를테면 정신과학들의 신학을 기초했다는 데 존재한다. 정신세계, 특히 민족들의 시문학에 대한 해명은 그에게서 이를테면 종교적 과제가 되었다. 헤르더가 성서를 다른 텍스트들과 마찬가지로 순수하게 내재적으로 해석하고 그럼으로써 독일 동양학의 기초를 함께 정립한 까닭에, 그는 라이마루스를 따른 것으로 보인다. 그러나 그가 모든 위대한 텍스트들을 해석함에 있어 이를테면 그것들 안에서 신의 정신을 추적하는 까닭에, 우리는 정확히 마찬가지로 그가 전통적 성서 해석을 보편화한다고도 말할 수 있다. 여기서 헤르더는 '북방의 현자(Magus im Norden)' 요한 게오르크 하만(Johann Georg Hamann, 1730~1788)의 영향을 받고 있는데, 계몽의 이성주의에 대한 마음의 불편함은 하만에게서 비술적인 표현을 발견했다. 철학의 로렌스 스턴[12] 같은 그의 짧고도 모호하며 재기와 성서 인용으로 반짝이고 의식적으로 비체계적이고 연상적인 저술만큼 이해하기 어려운 독일어 작품은 거의 존재하지 않는다. 하만의 출발점은 종교적 경험, 요컨대 예수와 신의 말씀으로서 성서에 대한 인격적인 관계다. 그의 사유의 이러한 측면에 계속해서 충실하게 머문 것은 다만 그를 숭배한 쇠렌 키르케고르뿐이지 그리스도론에서 레싱을 따르는 헤르더가 아니다. 그러나

12　Laurence Sterne, 1713~1768. 영국의 성직자, 소설가. 기이한 작품이라 일컫는《신사 트리스트럼 섄디의 생애와 의견》(1760~1767)의 작자. 스턴의 파격적 수법 및 생생한 관능과 정서의 묘사는 의식의 흐름을 그리는 현대 작가들에 의해 재평가받았다.

헤르더가 레싱과 하만의 종합을 성취할 수 있었던 것은 다만 하만이 이교적 세계에서도 성서적 구원사의 공명을 발견하기 위해 근본적으로 고대적 형식의 신학을 이용했기 때문일 뿐이다. 하만은 처녀작 《소크라테스 회상록(Sokratische Denkwürdigkeiten)》(1759)에서 그의 삶의 형식에 대한 칸트의 비판에 맞서 소크라테스를 자신의 실존적 철학 이해의 선구자로 내세운다. 소크라테스의 동성연애 같은 철학함의 육체적 측면을 강조한 것이다. 소크라테스는 동시에 유대적 예언자들의 등가물이다. 아니, 인류의 역사 전체를 신화로서, 다시 말하면 성서적 사건들의 전형으로서 해석해야만 한다. 즉 그것은 "우리의 이성과는 다른 것을 이용하지 않고서는 풀릴 수 없는 수수께끼"이다. 하만에 따르면―그의 친구 야코비를 따라서 마찬가지로―신앙은 정당화할 수 없고 또 정당화해서도 안 된다. "왜냐하면 **신앙은 맛보고 보는 것** 이외의 근거들에 의해 생겨나지 않는다." 감각은 개념들로 환원할 수 없다. 《미학 개요(Aesthetica in nuce)》(1760)는 시문, 노래, 비유에서의 인간 문화의 전(前)-이성적 원천을 강조한다. 탈신격화한 근대 세계에서 피조물은 교대로 산 제물과 우상이 된다. 하만의 성서 신앙은 그를 언어의 형이상학에로 이끌며, 우리 이성의 언어성에 대한 경시는 그가 《이성의 순수주의에 대한 메타비판(Metakritik über den Purismum der Vernunft)》(1784)에서 칸트에 대해 제기하는 주요 비난 중 하나가 된다. 그리하여 그는―비록 그의 철학적 문체가 칸트의 엄밀한 분석과 공약수가 없다 할지라도―이후 철학의 중심 주제를 미리 지시한다. 해석학적 철학과 분석학적 철학의 이후 대립은 하만/헤르더와 칸트 간 대결에 먼저 각인되어 있다.

헤르더는 세 가지 이유에서 독일 문화의 역사에서 중심적이다. 그는 독일 철학에 철학적 인간학, 언어철학, 역사철학 및 미학과 해석학 같은 분과들에 새로운 초점을 부여했다. 프랑스 고전주의와 단절하고 민중시와 셰익스피어의 가치를 새롭게 평가한 시학 및 지극히 표현적인 문체 그리고 1770/1771년 슈트라스부르크에서 괴테를 만남으로써 그는 이를테면 독일 문학의 봄이 깨어나는 것을 나타내는 질풍노도의 기초를 함께 놓았으며, 관구 총감독으로서 자신의 경력을 통해 새로운 철학적 종교성을 복음 교회 내로 통합하는 일을 개시했다. 물론 그의 철학의 방법적 엄밀함은 주저《인류사의 철학에 대한 이념(Ideen zur Philosophie der Geschichte der Menschheit)》(1784~1791)을 날카롭게 논평한 칸트의 그것보다 못하다. 그리고 비록 칸트가 헤르더의 의미를 정당하게 평가하지 못했다 할지라도, 그의 실질적 통찰을 형식적으로 좀더 엄밀한 철학과 매개하는 것은 독일 관념론이―인간학과 관련해서는 이미 요한 고틀리프 피히테(Johann Gottlieb Fichte, 1762~1814)가, 그 밖의 분과들과 관련해서는 헤겔이―비로소 수행한 과제로 남았다. 상을 받은《언어의 기원에 관한 논구(Abhandlung über den Ursprung der Sprache)》(1772)는 한편으로는 언어의 신적 기원에 관한 요한 페터 쥐스밀히[13]의 학설에, 다른 한편으로는 언어의 동물적 기원에 관한 콩디약[14]의 학설에 반대한다. 바로 순수하게 인간적인 기원을 가정하는 데서 좀더 심오한 종교성이 드러나는데, 왜냐하면 그러한 가정은 오페라 기계 장치들을 피하고, 신의 의인화를 방지하고, 바로 신의 작품으로서 인간에게 창조적 능력을 돌리기 때문

---

13 Johann Peter Süßmilch, 1707~1767. 독일의 성직자이자 통계학자. 인간이 사고력 없이 언어를 발명할 수 없는 반면, 사고는 언어를 전제로 한다는 전제 아래, 이와 같은 모순에서 헤어 나오려면 신이 언어를 인간에게 선물로 주었다고 해석할 수밖에 없다고 주장했다.

14 Étienne Bonnot de Condillac, 1715~1780. 프랑스 계몽기의 감각론자. 로크의 감각 및 반성과의 이원론을 비판하며 모든 정신 활동을 '변형된 감각'에 귀착시키는 감각 일원론을 주장했다.

이다. "그러므로 언어의 기원은 다만 그것이 인간적인 한에서만 그에 어울리는 방식으로 신적이다." 언어의 가능성과 필연성은 본능의 결함에 의해 다른 동물들과 구별되는 인간의 특수한 본성으로부터 밝혀질 거라는 것인데, 이는 겔렌(Arnold Gehlen, 1904~1976)에게서 계속해서 작용한 테제다. 바로 인간의 감관이 덜 날카롭기 때문에, 그는 세계 전체에 대해 관계를 맺을 수 있다. 그리고 이러한 세계 관계는 동물적 기초 위에 놓이는 어떤 것이 아니라 동물적 기능의 본성도 변화시킨다. "인간의 가장 감성적인 상태도 역시 인간적이었다." 인간의 결정적 징표는 언어인데, 헤르더에 따르면 고립된 인간도 언어를 발전시키지 않을 수 없다. 그에게 있어서는 언어의 전달 기능이 표현 기능과 서술 기능보다 더 적은 역할을 수행한다. 복잡한 감각철학의 틀 안에서 헤르더는 중간 감각인 청각의 특수한 지위를 정당화한다. 사유는 언어에서 현현하며 그 근저에 놓여 있다. 그러므로 정신의 발전은 언어의 그것에서 읽어낼 수 있다. 시문은 산문에 선행한다. 추상적 개념은 늦게 획득된다.

헤르더의 《인류의 형성을 위한 또 하나의 역사철학(Auch eine Philosophie der Geschichte zur Bildung der Menschheit)》(1774)은 좀더 중요하다. 여기서 "또 하나의"는 볼테르의 《역사철학(Philosophie de l'histoire)》(1765)을 가리킨다. 헤르더의 이 책 이후로 독일의 고유한 역사철학이 존재한다. 헤겔의 역사철학 강의는 다만 헤르더의 프로그램을 실행할 뿐이다. 역사철학의 역사에서 본래적인 발전 단면은 18세기에, 즉 가장 위대한 이탈리아 철학자 지암바티스타 비코(1668~1744)[15]도 여전히 따르고 있던 고대

---

15 Giambattista Vico. 이탈리아의 역사철학자, 사회철학자. 데카르트의 기계적 이성주의와 계몽사상을 비판하고, 민족의 역사는 신의 시대, 영웅의 시대, 인민의 시대라는 세 시대를 거치는 것으로 보며, 민족들에게 공통되는 본성을 해명함으로써 자연법 체계의 근

의 순환 모델이 진보 이념에 의해 교체될 때 이루어진다. 비코와 헤르더가 비슷한 관심을 공유하고(눈에 띄는 일이지만 독일어권에서 비코는 헤르더에게 보낸 하만의 편지에서 거의 처음으로 언급된다) 양자가 특히 인간 문화의 전(前)-이성적 단계에 관심을 기울인다 할지라도(이 점이 그들을 결코 반계몽주의자로 만들지는 않는다), 헤르더의 역사철학은 볼테르의 그것과 마찬가지로 진보를 긍정한다. 오리엔트 족장들의 세계로부터 이집트, 페니키아, 그리스, 로마, 중세의 그리스도교를 거쳐 근세에 이르기까지의 발전은 인간의 연령과 비교된다. 그러나 볼테르와 달리 그리고 비코와는 전적으로 마찬가지로 헤르더는 개별적인 시기들이 그 자체로서 파악해야 하는 각각의 상이한 논리를 지닌다는 점을 고수한다. 빙켈만조차도 이집트 예술을 부당하게도 그리스 척도의 지배 아래 두었다고 비난받는다. 헤르더에게 상대주의를 귀속시키거나 심지어 국가사회주의자들처럼 그를 반보편주의적 내셔널리즘의 선구자로 찬미하는 것은 잘못이다. 헤르더에게 문제가 되는 것은 다만 특정한 발전 단계에서 가능하고 많은 경우 이후의 것들과 양립할 수 없는 가치를 선입견으로부터 자유롭게 인정하는 것일 뿐이다. 따라서 덕과 악덕은 종종 서로 뒤얽혀 있다. 계몽 이전의 문화에서 단순한 야만 그 이상을 보는 것은 헤르더에 따르면 종교적 의무인데, 왜냐하면 그리함으로써 역사에서의 섭리가 인정되기 때문이다. 근본적으로 이는 그가 고백하고 또 그리스도교에 의한 고대 민족 종교의 교체에서 준비되는 것으로 보이는 보편주의적 윤리의 표현이다. 인간성의 촉진은 계속해서 항상 헤르더의 목표다. 확실히 그는 각각의 모든 문화에 각자의 특수성에 대한 권리를 허용하며,

---

거짓기를 시도했다. 주저는 《여러 민족의 공통 성질에 대한 신과학 원리》(1725).

계몽의 도덕적 위축과 위선(가령 유럽의 식민주의)을 비판한다. 그러나 그는 이 시기도 인류 역사에서 자기의 필연적인 자리를 지닌다는 점을 알고 있다. 그의 주저에서 인류 역사는 그 내부에서 인간의 특수한 지위가 오늘날에 이르기까지 유효한 방식으로 만들어져온 자연의 역사 안으로 통합된다.

괴테의 문학적 천재성은 헤르더에게 도움이 되었는데, 왜냐하면 괴테는 헤르더에게 근원적인 민중 문학의 생명력을 가리켜 보여주고 인간 정신의 모든 창조물에 대한 보편사적 관점을 제공했기 때문이다. 그리하여 자연적 신선함과 철학적 세련됨으로부터 독일 문화가 1800년경 알고 있던 저 유일무이한 혼합이 산출되었는데, 이것이 독일 문화를 로코코의 인위성 및 그에 반대하는 루소적인 반란의 근본적인 정신 적대성으로부터 그리고 또한 영국 국교회적인 정통의 소박성 및 스코틀랜드 계몽주의자들의 오만한 눈짓으로부터 구별시켜준다. 프랑스어의 '문명(civilisation)'에 대립하는 '문화(Kultur)'라는 독일어 개념의 원천은 여기에 있다. 여기서는 보상 작용이 역할을 한다. 즉 자신의 민간전승에 대한 재수용이 가능하고 필연적이었던 것은 독일이 프랑스 같은 지적인 위신을 누리지 못했기 때문이다. 시인과 철학자로서 레싱의 이중적 재능은 많은 이들에게 허용되지 않았다. 그러나 그의 모범은 독일의 시인들을 철학적 물음에 민감하게 만들었고, 독일의 철학자들을 미학으로 향하게끔 했다. 괴테 자신은 이제 정식화한 복잡한 세계관에 완성된 문학적 표현을 선사했으며, 비록 그 자신이 전문적인 철학자가 아니고 심지어 한 번도 독창적인 미학자가 아니었을지라도(문학에 대해서보다는 오히려 예술 작품, 즉 조형예술에 대한 그의 구체적 해석만이 선구적이다) 지적인 까닭에 교양 소설을 가지고 전형적으로 독일적인 새로운 하위 장르를 창조했다.

그에 반해 프리드리히 실러(1759~1805)는 미학의 역사에서 영속적인 자리를 차지한다. 아니, 그는 칸트에게서 단지 계획되었을 뿐인 그것에 철학 체계의 완결을 위한 중심적 역할을 인정했다. 이미 1793년의《우미와 존엄(Anmut und Würde)》에서 실러는 칸트의 도덕적 엄숙주의를 우미를 지니고서 윤리 법칙 아래 복종하는 것 이외에 또한 경향성과 의무의 조화도 가능하다는 식으로 비판한다. 그리하여 전통적인 미학적 범주에 대해 도덕적 기능을 인정한다. 서간들인 1795년의《인간의 미적 교육에 대하여(Über die ästhetische Erziehung des Menschen)》는 좀더 일반적 형식으로 미에 대해 자연과 도덕을 매개하는 데 중심적 역할을 배정한다. 미가 없으면 도덕은 쉽사리 강제된다는 것이다. 확실히 실러가 미에 대한 감각을 평가 절상하는 것은 또한 정치적 목적도 추구한다. 미적 교육은 실러에 따르면 도덕적 이념을 실현하는 데서 그릇된 길인 혁명에 대한 대안으로서 구상되었다. 그리하여 아마도 그는 19세기의 독일 문화를 지식인들이 정부에서 일하거나 정부에 대한 도전자로서 활동했던 영국 또는 프랑스 문화와 구별해주는 비정치적 문예 애호가의 이상을 촉진했을 것이다. 하지만 미적인 민감화를 통해 모든 삶의 영역의 고대적 통일을 회복함으로써 좀더 도덕적인 사회를 준비하고자 하는 희망은 고귀하다. 그리고 감성적 충동과 형식 충동을 매개하는 유희 충동의 이론은 교육학에 새로운 방향 전환을 제공했다. 1795년의《소박한 문학과 성찰적 문학에 관하여(Über naive und sentimentalische Dichtung)》는 문학의 두 가지 근본 유형을 구별하고자 시도하는데, 그것들은 물론 괴테와 실러 자신 사이의 대립과도 관련이 있지만 역사철학적인 관점에 속한다. 100여 년 전 이래로, 즉 신구 문학 논쟁(Querelle des Anciens et des Modernes)[16] 이래로 유럽의 문학론을 움직였던 고대 문학과 근대 문학 간의 대립은 그리하여 새로운 개념적 수준으로 올라섰다. 특히 실러는 자연에 대한 동경 자체가 자연적 감각은 아니며, 따라서 늦게 등장한다는 것을 인식한다.

초기 낭만주의의 새로운 방향 정립을 이루는 것은 미학과 역사철학의 이러한 결합이다. 초기 낭만주의는 그에 더해 피히테의 강한 영향을 받은 까닭에 본래는 다음 장에서 설명해야겠지만, 그것이 지닌 미학적 초점 때문에 여기서 다뤄야 할 것이다. 훔볼트 형제[17], 그림 형제[18] 그리고 만 형제[19]와 더불어 독일 정신사의 가장 중요한 형제인 아우구스트 빌헬름 폰 슐레겔(August Wilhelm von Schlegel, 1767~1845)과 프리드리히 폰 슐레겔(Friedrich von Schlegel, 1772~1829)[20]이 지닌 의미는 이들이 처음으로

---

16   17세기에 프랑스와 영국에서 일어난 문학 논쟁. '고대파'는 그리스와 로마의 고전 문학이 뛰어난 문학의 유일한 본보기라고 주장한 반면, '근대파'는 고전 작가들의 우월성에 도전했다. 근대 과학의 발전에 자극을 받은 일부 지식인들은 데카르트가 고대 과학을 능가한다면 다른 고대 예술도 능가할 수 있다고 생각했다. 이 논쟁의 핵심은 결국 두 가지였다. 즉 문학은 과학과 마찬가지로 고대에서 근대로 진보했는가, 만약 진보했다면 그 진보 형태는 직선적인가 순환적인가 하는 것이다.

17   Wilhelm Christian Karl Ferdinand von Humboldt, 1767~1835와 Friedrich Wilhelm Heinrich Alexander von Humboldt, 1769~1859. 형 빌헬름 폰 훔볼트는 프로이센의 철학자, 정부 관리, 외교관으로서 베를린 대학을 창립했으며 특히 언어철학과 교육 이론 및 실천에 중요한 기여를 한 언어학자이다. 동생 알렉산더 폰 훔볼트는 박물학자로서 갈바니 전기 실험을 통해 생명의 화학적 과정에 대한 해명에 몰두했으며, 또한 지리학과 지자기 등 여러 분야의 연구에도 종사했다.

18   Jacob Ludwig Carl Grimm, 1785~1863과 Wilhelm Carl Grimm, 1786~1859. 독일의 형제 작가, 언어학자. 낭만주의의 세례를 받으며 유명한《동화집》(3권, 1812~1822)과《독일 전설집》(1816~1818)을 협력해 완성했다.

19   Heinrich Mann, 1871~1950과 Thomas Mann, 1875~1955. 형은 급진적 소설가로서 사회와 문명에 대한 비판적 안목으로 독일의 자유 정신을 대표한다. 대표작으로는《소도시》(1908)가 있다. 동생은 평론가이자 소설가로서 사상적 깊이, 연마된 언어 표현, 짜임새 있는 구성 등에서 20세기 독일 최고의 작가로 여겨진다. 1929년 노벨 문학상을 수상했다.

세계 문학 전체에 대한 남김 없는 지식을 소유한다는 점에 있다. 그들 이래로 세계 문학의 표준이 존재한다. 철학과 역사학 사이의 매개항으로서 비판에 대한 사명 의식은 카를 달하우스[21]가 탁월하게 묘사한 절대음악의 이론과 현실 및 수사학에 대한 시학의 승리에서 표현되는 예술 자율성의 새로운 이상에 상응한다. 아우구스트 빌헬름의 《극예술과 문학에 관한 강의(Vorlesungen über dramatische Kunst und Literatur)》(1809~1811)는 단지 지금까지 알려지지 않은 넓이로 조망을 확대한 것만이 아니다. 그것은 또한 고전극과 낭만극이 서로 다른 규범 아래 놓여 있다는 원리에 대해 고백하기도 한다. 그들의 차이에도 불구하고 소포클레스와 셰익스피어가 똑같이 중요하다는 것이다. 그리스 시문학의 특수한 지위는 그 걸작들의 질뿐만 아니라 또한 그 발전이 지닌 모범적 본성에도 존재한다. 슐레겔 형제는 고대와 근대의 문학에서 똑같은 전문적 지식을 지닌 것뿐만이 아니었다. 그들은 또한 유럽 이외의 문학을 개척하기 시작했으며, 19세기와 20세기에 전 세계적으로 지도적 위치를 차지했던 독일 인도학(印度學)의 기초를 놓았다. 프리드리히는 자기 형보다는 더 적은 분야에 관심을 가졌지만, 문학 비평에서 새로운 문학적 형식을 열어 보였다. 논문 이외에 그는 또한 아포리즘과 대화도 구사했다. 그의

20　슐레겔 형제는 초기 낭만파의 기관지 〈아테네움〉을 함께 창간했다. 형은 《문예와 예술에 관한 강의》(1801~1804)와 《극예술과 문학에 관한 강의》로 낭만주의의 보급에 공헌한 평론가, 시인, 언어학자이다. 동생은 낭만주의를 대표하는 문예이론가에 그치지 않고, 소설 《루신데(Lucinde)》(1799)에서 이론의 실천을 시도하기도 했다. 특히 《그리스 시문의 연구에 관하여》(1794~1795)에서는 문예의 발전을 역사의 발전 단계와 필연적으로 관련된 유기적 전체로 바라보았으며, 《시문에 관한 대화》 등에서는 유한한 자아가 무한한 목표로 다가가는 동경과 사랑을 통해 낭만적 시의 이상을 추구했다.

21　Carl Dahlhaus, 1928~1989. 독일의 음악사학자, 대학교수. 주서 《신음악학 개론》은 구조사의 입장을 토대로 음악사학 서술 경향의 종합을 완성한 저작으로 평가받는다.

《시문에 관한 대화(Gespräch über die Poesie)》(1800)는 비록 조언자에 국한 할지라도 여성도 처음으로 자리를 차지한 낭만주의자들의 대화 문화를 반영하며, 그 자체로 문학적인 문학론을 제시한다. 철학은 문학적으로, 문학은 철학적으로 되어야 한다는 것이다. 거의 1798~1800년에만 존립 했던 잡지 〈아테네움(Athenäum)〉에 실린 단편들은 또한 초기 낭만주의 자들의 공통된 철학함도 표현한다. 그 공통성은 질풍노도 참여자들의 그것과 마찬가지로 단명했지만, 젊은이들의 철학적 우정에 대한 이상은 아름다울 뿐만 아니라 바로 독일 문화에 전형적인 이상이므로 우리는 그것을 비웃어서는 안 되며 오히려 다만 애수에 사로잡혀 그것을 불러낼 수 있을 뿐이다. 슐레겔의 단편들은 헤겔이 다듬어낼 많은 이념을 선취한다. 물론 그것들은 의식적으로 역설적인 반체계적 형식으로 이루어져 있지만, 동시에 체계를 동경하고 있다. "체계를 가지는 것과 체계를 가지지 않는 것은 정신에 대해 똑같이 치명적이다. 그러므로 정신은 아마도 양자를 결합하고자 결단해야만 할 것이다." 삶은 스스로에게 그러한 역설을 허락하지 않는다. 결국 무한히 풍부한 정신의 중요한 산물에 직면한 궁극적인 고독함은 그에 대해서는 낭만주의의 아이러니론도 거의 도움이 되지 않는 내적인 공허함을 산출한다. 슐레겔은 마침내 자신의 부인이자 모제스 멘델스존의 딸인 도로테아(Dorothea Schlegel, 1763~1839)와 함께 가톨릭교로 개종했다. 그렇지만 가톨릭교는 아주 더디게만 혁신적 독일 지식인들의 출발점이 되었다.

　〈아테네움〉의 가장 독창적인 협력자 중 한 사람이 노발리스라고 불렸던 게오르크 프리드리히 폰 하르덴베르크(Georg Friedrich von Hardenberg, 1772~1801)였다. 그의 《밤의 찬가(Hymnen an die Nacht)》(1800)는 계몽의 빛의 은유에 대한 반대 강세를 정립하며, 죽음에 대한 동경을 정당화하고

(물론 그 동경은 결코 공격적이지 않았다), 비애에 사로잡혀 이교와 그리스도교의 종교사를 불러낸다. 에세이 〈그리스도 세계 또는 유럽(Die Christenheit oder Europa)〉(1799)은―비록 아이러니적으로 낙담하긴 하지만―가톨릭적인 중세를 찬미하며, 종교 개혁뿐만 아니라 모든 영감을 해치는 계몽의 주요 흐름도 비판한다. 동시에 노발리스는 "더디지만 확실한 발걸음으로 그 밖의 유럽 나라들에 앞서 나아가는" 독일 문화에 큰 희망을 건다. 괴테에게는 "지적인 중심이 독일 국민 아래 놓여 있다"는 견해가 돌려진다. 확실히 노발리스는 확신을 지닌 유럽인이다. 그에게 독일성이란 원리적으로 보편적 이상으로서 여겨진다. 그러나 그는 프로이센의 아직은 입헌적이지 않은 군주 정체를 힘주어 옹호한다. 진정한 국왕 부부는―루이제 왕비[22]에게 열광하는《믿음과 사랑 또는 왕과 왕비(Glauben und Liebe oder der König und die Königin)》(1798)[23]가 보여주듯―그에게 헌법 이상으로 여겨진다. 노발리스의 사랑스러운 천성을 고려할 때 비판은 쉽지 않다. 그럼에도 불구하고 특히 아담 하인리히 폰 뮐러(1779~1829)[24]가 능변으로 표현하고 가령 프리드리히 빌헬름 4세[25]가 신봉하게 될 정

---

22 프리드리히 빌헬름 3세의 왕비인 루이제 폰 메클렌부르크-슈트렐리츠(Luise von Mecklenburg-Strelitz, 1776~1810).

23 노발리스의 단편 모음집. 노발리스는 이 텍스트를 프로이센의 커다란 정치적·사회적 사건에 즈음해 저술했다. 1798년 초 프리드리히 빌헬름 3세와 그의 아내 루이제는 왕국의 섭정직을 받아들였다.

24 Adam Heinrich von Müller. 독일의 정치학자이자 경제학자. 저서《국가학 강요》에서 국가유기체설을 주장한 정치적 낭만주의의 대표적 사상가이다.

25 Friedrich Wilhelm IV, 1795~1861. 1840년 6월 프리드리히 빌헬름 3세가 사망한 후 즉위했다. 황태자 시절 K. L. v. 할러와 A. 뮐러를 신봉하는 낭만주의적 성향의 소유자였다. 부왕 시대부터 정치에 관여해 그 주위에는 재상 K. A. v. 하르덴베르크의 정치 개혁에 반발하는 보수파가 모여 있었다. '기독교 국가'를 이상으로 삼았지만, 정치적 수완이 부족해 '왕좌의 낭만주의자'라는 평을 들었다.

치적 낭만주의가 영국의 모범에 따른 의회제 군주 정치로 독일이 이행하는 것을 어렵게 했다는 비판은 올바르다. 좀더 긍정적으로 평가하자면, 뮐러는 동시대 영국 경제학이 덜 관심을 기울인 경제적 행위의 도덕적·종교적 전제를 간취하고 있으며, 따라서 국가에 대해 경제에서의 좀더 중요한 역할을 인정한다고 할 수 있을 것이다.

예술의 새로운 자율에는 프리드리히 슐레겔의 개혁교도 친구인 프리드리히 슐라이어마허(1768~1834)[26]가 1799년의《종교에 관한 연설. 종교 경멸자들 사이의 교양인들에게(Über die Religion. Reden an die Gebildeten unter ihren Verächtern)》에서 다듬어낸 종교의 자율이 상응한다. 종교는 형이상학으로나 도덕으로 환원될 수 있는 것이 아니라 "무한자에 대한 감각과 취미"다. 따라서 종교는 낡은 교의로부터 벗어난 사람들에게도 다시 다가갈 수 있다. 슐라이어마허의 감정신학은, 비록 그것이 전적으로 새로운 어떤 것, 아마도 토마스 아퀴나스 이래로 신학의 역사에서 가장 커다란 단절을 나타낸다 할지라도 계몽과 경건주의에 그 뿌리를 지닌다. 이제 전통의 권위 대신 주관적 진지함과 근대적 합리성 표준이 학문적 신학의 근저에 놓여 있다. 그리하여 슐라이어마허는 이후의 신학적 저술에서도 그가 모든 교조적 동기들로부터 분리하는 근대적 해석학에 계

26　Friedrich Schleiermacher. 독일의 신학자, 철학자, 고전학자. 프로테스탄트 최고 사상가의 한 사람이다. 나폴레옹의 독일 침공으로 인해 할레 대학에서 물러난 후, 베를린에서 삼위일체교회의 목사가 되고 자신이 창설하기 위해 노력한 베를린 대학의 신학 정교수를 겸했다. 스피노자의 범신론적 경향을 계승해 당시 지식인들 사이에 지배적이었던 계몽사조에 반대하면서 종교 감정을 존중하는 입장을 내세웠다. 《종교에 관한 연설》에서 종교의 본질을 신앙자의 체험, 즉 직관과 감정에서 추구한 그는 《복음주의 교회의 원칙에 따른 기독교 신앙》(1821)에서 신에게 절대적으로 의존하는 존재로서 자기를 의식하는 감정을 종교심이라고 규정했다. 플라톤 전집의 독일어 번역자로도 유명하다.

속해서 충실히 머문다. 우리는 나중의 교의들을 성서에 넣어 읽어서는 안 된다는 것이다. 《해석학과 비판(Hermeneutik und Kritik)》(1838)은 아마 슐라이어마허가 특히 최고의 고전문헌학자인 까닭에도 그 분야의 고전일 것이다. 그의 플라톤 번역은 능가할 수 없는 것으로 남아 있는데, 왜냐하면 그것은 드라이든[27]과 포프[28]가 베르길리우스 또는 호메로스를 품위 있는 영국인으로 만드는 것과 달리 그 시대 독일의 다른 위대한 번역과 마찬가지로 원전의 언어 수행에 밀착해 있기 때문이다. 그리고 플라톤 철학에 대한 연구는 그 자신의 철학적 작업에 깊이 각인되었다. 물론 헤겔에서와는 전혀 달리 그에게서 변증법은 개념 산출의 방법으로서가 아니라 대화술로서 이해된다. 18세기가 일차적으로 헬레니즘 철학을 연구했던 데 반해 이제는 고전 그리스 철학으로 전환이 이루어지는데, 그 전환은 결국 독일 관념론이 플라톤주의를 가장 독창적으로 다시 체현한 것이라는 점 외에 달리 설명할 수 없다. 독일인에게 그리스인의 유산을 상속해야 할 사명이 주어져 있다는 이념은 그 시대 독일의 조형예술과 문학 그리고 철학에 동기를 부여한다. 그 이념은 바로 독일의 발전이 더디다고 하는 것에서 근거지어질 수 있을 것이다.

특히 빌헬름 폰 훔볼트는 다른 어떤 민족도 그리스인을 "언어, 노고

---

27 John Dryden, 1631~1700. 영국의 시인, 극작가, 비평가. 17세기 후반 영국 최고의 시인으로 《크롬웰 애도가》(1659) 등의 많은 작품이 있으며, 정치적·종교적 우여곡절을 거쳐 명예혁명(1688) 후에는 역경에 처해 베르길리우스를 번역하고 초서·보카치오 등의 초역을 출간했다.

28 Alexander Pope, 1688~1744. 18세기 영국의 대표적 시인. 저서로는 《목동가》(1709) 등이 있고, 호메로스의 《일리아스》(1715~1720)와 《오디세이아》(1725/1726)의 영역을 완성했다. 그는 "존재하는 것은 무엇이든 옳다"며 "존재의 거대한 연쇄"에서 신의 십리의 올바름을 노래했다.

의 다면성, 감각의 단순성에서 그리고 연방주의적 국가 체제와 그의 최근의 운명들에서" 그들과 본질적으로 유사한 독일처럼 그렇게 잘 이해할 수 없을 거라는 신휴머니즘적 확신을 분명히 표현했다—가령 에드워드 기번에 의식적으로 대립해 로마가 아니라 헬라스에 바치는, 단편으로 남아 있는 〈그리스 자유 국가들의 쇠퇴와 몰락의 역사(Geschichte des Verfalls und Untergangs der griechischen Freistaaten)〉에서 그렇게 표현한다. 훔볼트의 의미는 그중에서도 특히 새로운 정신과학의 프로젝트를 지속적으로 그 안에 위치 지울 수 있는 제도들의 창설에 놓여 있다. 그는 1809/1810년 프로이센 내무부의 문화 및 공적 교육 부문의 수장으로서 베를린 대학 설립을 준비했는데, 베를린 대학은 동시대 대부분의 유럽 대학들과 달리 연구의 장으로서, 물론 함께 연구하는 학생들을 가르치는 것을 통해 고무되어야 하는 연구의 장으로서 구상되었다. 그는 더 나아가 음악 교육 및 도서관과 박물관에 관한 제도 교육으로부터 낯선 대학들에 대한 방문 금지 제거 그리고 교직에 대한 국가시험에 이르기까지 독일에 지속적인 교육 정책적이고 문화 정책적인 자극을 주었다. 그의 모든 이념이 현실화된 것은 아니었다—가령 휴머니즘적인 김나지움을 위한 대안들을 창안했는데, 그 김나지움의 높은 명성은 물론 리투아니아 학교 계획에서 심지어 가구공마저도 그리스어에 대한 지식을 갖추길 원한 훔볼트에게로 소급된다. 훔볼트는 프로이센의 패배 이후 나폴레옹에 맞서 내적인 재탄생에 집중했던 더 커다란 운동의 일부였다. 그러나 단지 소수만이 훔볼트처럼 문화로의 이러한 전환을 포괄적 교양 개념을 통해 정당화했다. 분과들은 오로지 전체를 염두에 두고 또 자아의 형성을 위해서만 영위되어야 하며, 그 역사적 발전에서 이해되어야 한다. 그 점이 교양을 박식함으로부터 구별해준다. 따라서 훔볼트는 과학들의 아카데미를 부문별로 분할하는 것을 거부했다. 그 밖에 훔볼트의 구체적인 정치적 결정은 철저하게 초기의《국가 활동의 한계를 규정하는 시도를 위한 이념들(Ideen zu einem Versuch, die Grenzen der Wirksamkeit des Staats zu bestimmen)》(1792)에 의해 각인되었다. 이는 존 스튜어트 밀[29]에게 지속적인 영향을 끼쳤으며, 독일에서는 드문 방식으로 국가의 과제들을 제한하고자 시도한다. 확실히 훔볼트에게는 국가의 경제 정책적이고 사회 정책적인 과제들이 결여되어 있다. 그러나 국가가 너무 많은 것을 떠맡는다면 국민이 고통을 겪는다는 그의 통찰은 여전히 올바르다. 가령 국가가 재화를 분배한다면 능력이 퇴화하리라는 것이다. 학문적 제도의 일정한 자율은 프로이센의 관료에게도 여전히 중심적인 관심사다. 국가는 학문이 "국가가 없으면 무한히 더 잘 나아갈 것이다"라는 것을 알아야만 하는 것이다. 외교관으로서 훔볼트는 고전적인 자유주의적 원칙을 옹호하며, 통일된 독일이 유럽의 균형을 위태롭게 하고 정복 전쟁을 수행할까봐 두려워하는데, 그러한 것은 독일의 정신적 형성에 거의 유익하지 않을 것이다. 사실들에 대한 파악은 항상 이념들을 통해 이끌어야만 한다고 강조하는《역사 서술자의 과제에 대하여(Über die Aufgabe des Geschichtschreiber)》(1821)보다 중요한 것은 훔볼트의 언어학적 작업, 특히《인간의 언어 구조의 상이성과 인류의 정신적 발전에 대한 그 영향(Über die Verschiedenheit des menschlichen Sprachbaues und ihren Einfluß auf die geistige Entwicklung des Menschengeschlechts)》(1836), 즉 인도네시아 카위어(Kawi)에 관한 그의 작업에 대한 유고 서론이다. 훔볼트 이전에는

---

29 John Stuart Mill, 1806~1873. 영국의 철학자이자 경제학자. 벤담의 양적 공리주의와 구분되는 질적 공리주의 사상을 발전시켰으며, 자유주의와 사회민주주의 정치사상의 발전에도 크게 기여했다.

한 사람이 그렇게 많은 언어에 통달하기 어려웠다. 슐레겔에게서 이미 착수되었던 그의 언어 유형론은 오늘날까지 계속해서 작용하고 있다. 그러나 그의 작업에서 본래적으로 철학적인 것, 즉 언어학에 고유한 가치를 보장하고 가령 방언들에 대한 관심을 정당화하는 것은 언어와 사유의 관계에 대한 분석이다. 확실히 훔볼트는 사유에 대한 언어의 영향을 목표로 한다. 여기서 훔볼트는 어휘에서 이루어지는 세계의 분류 이상으로 언어의 문법적 근본 구조에 관심을 기울이는데, 그러함에 있어 가령 인도게르만어의 분화어들에서의 굴절의 퇴화를 철저하게 잘 알고 있음에도 불구하고 자신이 중국어의 고립화하는 언어 구조에 대립시키는 산스크리트어에서의 굴절이 행사하는 사유에 대한 영향을 과대평가한다. 그러나 어떠한 언어 외적인 입장도 존재하지 않는다는 훔볼트의 테제를 나중의 언어상대주의자들의 그것과 구별해주는 것은 그가 언어 자체를 정신의―무의식적인―작품으로서 해석한다는 점이다. 그는 각각의 모든 언어의 근저에 보편적 언어 능력이 놓여 있으며, 이것이―비록 상이한 언어에서 서로 상응하는 단어의 개념 내용이 언어의 전체론적 본성을 근거로 할 때 결코 동일하지 않다 할지라도―원리적으로 상호적인 이해를 가능케 한다는 점을 강조한다. 각각의 모든 언어는 유한하게 많은 요소로부터 그것들의 계속적인 형성을 통해 무한하게 많은 사상을 표현할 수 있다. 특히 문학과 철학이 그 언어를 확대한다.

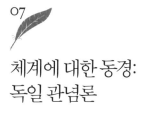

07
체계에 대한 동경:
독일 관념론

오직 하나의 철학 노선, 즉 독일 관념론만이 '독일'이라는 덧이름을 획득했다. 왜인가? 한편으로 그것은 독일이 산출한, 지적으로 가장 요구하는 바가 많은 철학이다. 다른 한편으로 그것은 그 이전 독일 철학의 거의 모든 혁신적 성취를 철학적 사유의 가장 복잡한 형태인 체계의 형식으로 통합하는 데 성공했다. 모두가 신학을 공부한 주요 인물 3명의 종교적 동기는 세계사적으로 새로운 형식의 철학적 종교성을 성립하는 데 기여했다. 새로운 형식의 그 종교성은 19세기 독일의 특히 프로테스탄트적인 교양 시민층에게 그러나 또한 그 발상에서 가톨릭적 시민층에게도 지속적으로 영향을 미쳤으며—아니 그 지류들에서는 가령 토마스 만에게서도 여전히 감지할 수 있지만—다른 유럽 나라에서는 그에 대한 등가물이 거의 존재하지 않았다. 이 입문의 틀 안에서는 관념론의 발생사를 그려내는 것을 배제하는데, 그에 관해서는 지난 몇십 년 사이 소수의 잘 알려진 중간 인물들에 대한 집중적 연구를 통해 많은 것을 배

울 수 있었다. 〔정신사적으로 흥미로운 것은 카를 레온하르트 라인홀트(1757~
1823)[1]에게 있어서는 프로테스탄티즘으로 개종한 오스트리아의 가톨릭 사제가 그리
고 살로몬 마이몬(1753~1800)[2]에게 있어서는 리투아니아의 유대인이 피히테에로의
이행에 기여했다는 점이다.〕 3명의 결정적 인물, 즉 요한 고틀리프 피히테와
프리드리히 빌헬름 요제프 셸링 그리고 게오르크 빌헬름 프리드리히
헤겔—이들은 모두 경력의 마지막에 베를린 대학에서 가르쳤으며, 피
히테와 헤겔은 한동안 그곳의 총장을 지냈다—의 가장 중요한 이념들
에 대한 서술만 하더라도 그들이 너무 많은 천재적 이념들을 가졌기 때
문에 불가능하다.

라이프니츠 및 칸트와 비교하면 피히테는 철학적 딜레탕트다. 수학
과 자연과학에 대해 그는 그사이에 이루어진 정신과학들에서의 혁명에
대해서와 마찬가지로 전혀 알지 못했다. 그리고 너무도 보잘것없는 사
회적 출신과 가정교사로서의 굴욕적 경험에 근거한 열등감 콤플렉스를
보상하는 그의 과도한, 아니 언제나 자기가 옳다는 사명 의식은 그의 저
술들을 읽는 것을 종종 불쾌하게 만든다. 왜냐하면 그는 언제나 거듭해

---

1   Karl Leonhard Reinhold. 독일 관념론의 방향을 제시한 철학자. 《칸트 철학에 관한
서한》(1786~1787)을 발표해 칸트 철학 해설자로서 평가를 얻고, 칸트 철학의 전제를 근거
지으면서 학문 전체의 기초학이 되어야만 하는 '근원철학(Elementarphilosophie)'을 구상
했다. 《인간의 표상 능력에 관한 새로운 이론의 시도》(1789), 《철학지의 기초에 관하여》
(1791) 등에서 모든 철학의 기초인 첫 번째 근본 명제로서 "의식에서의 표상은 주관에 의
해서 주관과 객관으로부터 구별되며, 동시에 양자에 관련지어진다"는 '의식률'을 수립했
다. 근본 명제를 설정하고 그에 기초해 체계를 구축하고자 한 그의 전략은 피히테에게 '학
문론(Wissenschaftslehre)'을 구상하는 계기를 마련해주었으며, 헤겔에게도 영향을 미쳤다.
2   Salomon Maimon. 리투아니아에서 태어난 유대인으로 칸트 철학의 비판적 계승자.
사물 자체의 난문에 대답을 시도했다. 《초월론 철학 초극 시론》(1790), 《아리스토텔레스
의 범주》(1794), 《인간 정신의 비판적 탐구》(1797) 등의 저서가 있다.

서 자신의 독자들을 자율로 강제하고자 하며, 이것이 성공할 수 없는 까닭에 생애 말년에는 출판물을 가능한 한 포기하고 자신의 대중 강의에서 대중 비방으로 기울어지는 독일적 경향의 기초를 놓고 있기 때문이다. 자유에 대한 무조건적 욕구는 그가 1790년에서야 비로소 읽은 칸트와 프랑스 혁명에 대한 그의 열광을 설명해준다—1793년[3]은 그에게 시대를 가르는 문턱으로, 즉 "낡은 어둠의 마지막 해"로 여겨졌다. 그가 자신의 자코뱅주의를 가지고 불굴의 용기를 보여준다 할지라도,《프랑스 혁명에 대한 대중의 판단을 바로 잡기 위한 기고(Beitrag zur Berichtigung der Urteile des Publikums über die Französische Revolution)》(1793)에 나타난 그의 추상적 보편주의는 근대 독일 정신사에서 유대인에 대한 가장 공격적인 논박 가운데 하나로 흘러간다. 유대인에게 인권을 거부하는 것은 아니지만 시민권을 허용하지 않고 또 그들을 약속된 땅으로 추방할 것을 꿈꾸는 이 논박은 유대인이 근대의 윤리적 보편주의를 거부한다는 느낌에 상응하며, 따라서 더 이상 종교적으로 근거지어져 있지 않고 또한 인종차별주의적으로 근거지어져 있지도 않다. 그 논박은 사울 아서[4]의

3　절대 왕정의 구체제를 일거에 타도해 민주적 의회 정치, 사유제와 특권 폐지, 국민국가 등을 특징으로 하는 근대 사회로의 길을 연 프랑스 혁명은 1789년부터 10년간에 걸친 격동의 역사적 전환기였다. 프랑스의 혁명가들은 1792년 8월 10일 왕을 체포하고, 외국과의 음모를 시도했다는 이유로 왕당파에 대한 대학살을 감행했으며, 같은 해 9월 20일 프랑스 국민공회를 소집했다. 여기에서 군주제를 폐지하고 공화제를 선포해 자코뱅당을 중심으로 구성한 이른바 구국위원회가 3년간 프랑스를 통치하도록 했다. 로베스피에르를 주축으로 한 이른바 공포 정치의 수립이다. 이리하여 프랑스 왕 루이 16세는 1793년 1월 21일 단두대에서 처형당했다. 이어 파리의 민중 봉기에 의해 지롱드파가 추방당하고, 몽타뉴파를 중심으로 한 정권은 국내외 비상사태에 대해 강경책을 취하지 않을 수 없었다 (자코뱅 독재). 의회의 기능은 정지되고 공안위원회가 행정권을 장악했으며, 상퀼로트 지도층은 루소의 인민주권론의 영향을 받아 직접민주주의와 평등주의의 실현을 요구했다.

4　Saul Ascher, 1767~1822. 독일의 저술가, 번역가, 서적 판매업자. 유대인 권리의 대

팸플릿 〈아이젠멩거 2세(Eisenmenger der Zweite)〉(1794)를 결과했는데, 이
는 프로테스탄트 신학자 요한 안드레아스 아이젠멩거[5]와 관련이 있
다—그의 《폭로된 유대교(Entdecktes Judentum)》(1700)는 그리스도교 반유
대주의의 정점을 드러낸다.

하지만 피히테는 모든 시대의 가장 천재적인 사유자 가운데 한 사람
이다. 그의 약점들로 인해 분노하는 사람들도 그의 성격이 지닌 에너지
에 계속해서 매혹당하며, 그의 새로운 근거짓기의 이론적 이념들의 질
과 상이한 철학적 분과들을 하나의 체계적 연관으로 정돈하는 능력 그
리고 그가 스스로 혼연일체가 되어 철학에 요구하는 실존적 파토스에
압도당한다. 프랑스 혁명가들이 단지 정치적 자유만을 원했다면, 피히
테는 더 많은 것을 원한다. 가령 육체성의 사실이 이성 존재에 대해 나
타내는 모욕을 그것의 필연성에 대한 통찰을 통해, 즉 '연역'을 통해 씻
어내고자 한다. 헤겔은 왜 자신이 피히테 옆에 묻히기를 원하는지 알았
다. 피히테의 매우 빠른 성공은 익명의 출판물인 《모든 계시 비판의 시
도(Versuch einer Kritik aller Offenbarung)》(1792)와 함께 시작된다. 이는 당시
아직 출간되지 않은 칸트의 종교철학 저술로 여겨졌는데, 왜냐하면 피
히테가 엄청나게 능란한 솜씨로 칸트의 발상 속으로 자신을 집어넣어
사유했기 때문이다. 칸트와 마찬가지로 그도 한편으로 모든 이른바 계
시를 도덕적 제한의 지배 아래 두었으며, 다른 한편으로 계시하는 신이

변자였던 그는 피히테의 저술들이 "선행자들보다 더 무서운 무기들로 무장한 아주 새로
운 종류의 적대자다. 유대인이 지금까지 정치적이고 종교적인 적대자를 가졌다면, 이제는
그들에게로 향한 도덕적 적대자를 지닌다"고 썼다.

5   Johann Andreas Eisenmenger, 1654~1704. 독일의 신학자, 동양학자. 《폭로된 유대
교》로 가장 잘 알려져 있다.

인과적 사건 내로 직접적으로 개입할 필요가 있는 게 아니라 이 인과적 사건을 내재적인 이차적 원인들에 근거해 결국 자신의 의지가 표현되도록 설계할 수 있을 것이라고 강조했다. 피히테는 항상 자신의 철학 전체가 다만 칸트 학설의 문자와만 다를 뿐 그 정신에 계속해서 충실하게 머문다고 생각했다. 하지만 단지 피히테 철학을 곧바로 거부한 칸트만이 그에 반대한 것은 아니다. 또한 그리고 바로 피히테의 숭배자들은 그의 혁신성을 강조하지 않을 수 없었다. 피히테가 《학문론 또는 이른바 철학의 개념에 관하여(Über den Begriff der Wissenschaftslehre oder der sogenannten Philosophie)》(1794)에서 그의 철학 개념을, 1794/1795년의 《전체 학문론의 기초(Grundlage der gesamten Wissenschaftslehre)》에서 그의 이론철학을 그리고 《자연법의 기초(Grundlage des Naturrechts)》(1796/1797)(요컨대 칸트의 《법론》에 앞서서)와 1798년의 《윤리론의 체계(System der Sittenlehre)》에서 그의 실천철학을 단지 몇 년 사이에 내놓는 일을 어떻게 완성해냈는가 하는 것은 여전히 손에 땀을 쥐게 한다. 게다가 그는 자신의 학문적 저술들에 수많은 대중적 저술이 동반되도록 했다. 1798년은 피히테의 생애에서 결정적 전환점이다. 특징적으로 괴테의 《파우스트》에서 종교 대화와 실러의 〈신앙의 말씀(Die Worte des Glaubens)〉에서의 인용들로 끝나는 그의 논고 〈신적 세계 통치에 대한 우리 믿음의 근거에 대하여(Über den Grund unseres Glaubens an eine göttliche Weltregierung)〉(1798)의 출판은—비록 볼프 당시보다는 좀더 부드러운 상황 아래에서긴 하지만—무신론 논쟁과 예나에서의 교수직 상실로 이어졌다. 그렇지만 피히테는 〈대중에 대한 호소(Appellation an das Publikum)〉(1799)에서 공론장으로 향했고, 자신의 논증에서 당시에는 실정법적으로도 자연법적으로도 인정되지 않던 언론의 자유와 학문의 자유 같은 것을 함축적으로 주장했다. 18세기에 유물론적 무신론을 산출하지 않은 것은 프랑스 문화와 구별되는 독일 문화의 두드러진 특징이다. 피히테에게서 무신론으로 비방당한 것은 오히려 신을 도덕적 세계 질서와 동일시한 것이었는데, 피히테에 따르면 도덕적 세계 질서는 철저하게 의도주의적 윤리학이 세계에서의 선에 기여한다는 것을 거리낌 없이 믿기 위해 요구된다. 피히테에게 보낸, 곧바로 출판된 야코비의 편지(1799)는 추측컨대 피히테 철학의 결정적 전환에 기여했다. 왜냐하면 야코비가 아무리 피히테를 "사변적 이성의 메시아"라고 칭송한다 하더라도, 그는 피히테의 극단적으로 수미일관한 철학이 모든 것을 생각된 것으로 해소하는 까닭에 그것은 결국 '니힐리즘(Nihilismus)'(이 말은 야코비의 신조이다)으로 귀착된다고 생각하기 때문이다. 따라서 야코비는 종교에서 신앙을, 즉 앎에 맞선 모름(Nicht-Wissen)을 선호한다.

피히테의 영속적인 철학적 성취는 무엇인가? 첫째, 피히테는 1794년의 강령 저술에서 너무도 요구하는 바가 많은 철학 개념을 능가할 수 없을 만큼 명확하게 제시했다. 철학은 개별 과학의 근본 명제들(Grundsätze, 원칙들) 및 이 원리들로부터 정리를 끌어내는 논리학을 정당화하는 과제를 지닌다. 그에 더해 철학은 학문들의 체계 내적 통일을 제시해야만 한다. 동시에 이러한 학문의 학문 또는 학문론(Wissenschaftslehre)은 그 자체가 학문이어야만 한다. 그러므로 그것은 그 자신의 근본 명제를 필요로 하는데, 그 근본 명제는 형식과 내용의 특수한 통일에 의해 자기 자신을 근거짓는다. 철학적 이론의 자기 근거짓기에 대한 관심은—칸트의 초월론 철학이 포괄적으로 비반성적이었던 데 반해—피히테의 발상을 반성적 초월론 철학으로 만든다. 인간의 모든 앎을 체계적으로 정돈하고자 노력하는 데서 그는 물론 제3비판의 많은 암시를 따른다. 이론적 주저에서 피히테의 첫 번째 근본 명제는 "나는 존재하기 때문에, 나는 단적으로 존재한다"이다. 피히테에 따르면 논란의 여지없는 이 명제는 논리적 동일율의 근저에 놓여 있다. 그리고 비록 당시의 형식논리학에 대한 피히테의 지식이 보잘것없었다 할지라도, 형식논리학이 초월론적 논리학에 의해 근거지어져야만 한다는 이념은 그의 두 번째 영속적인 기여다. 셋째, 피히테는 칸트가 경험적으로 파악한 심적인 능력을 하나의 도출 연관으로 가져오고자 한다. 결국 그에게 문제되는 것은 그것이 자기의식의 전제라는 점을 보이는 것이다. 특히 그는 이전의 다른 칸트 비판자들과 마찬가지로 초월론 철학으로부터 사물 자체를 제거하고자 한다. 그는 자아가 인식에서는 객체, 즉 '비아'에 의해 규정되는 데 반해 행위 자체에서는 자아가 비아를 형성한다는 것을 결코 논박하지 않는다. 그러나 자아에서 가분적 자아에 가분적 비아를 대립시키는 것은 항상 자아일 것이다. 자기의식은 다른 어떤 것으로도 환원될 수 없으며, 의식에 대한 유물론적 설명은 배제된다. 넷째, 우리는 피히테의 개념 형성에서 변증법적 방법에 대한 발상을 인식한다. 하나의 개념과 그것의 대립 개념으로부터 매개하는 개념이 형성되는 것이다.

다섯째, 피히테 철학은 1인칭에서의 철학인바, 요컨대 타당성 요구를 지니는 사행들(Tathandlungen)에서 스스로를 비아와 매개하는 것이 항상 자아라는 것을 망각하는 저 실재론에 대한 의심할 바 없이 정당한 대안이다. 그렇지만 그러한 모든 철학의 위험은 유아론이다. 그리고 이러한 위험에 직면해《자연법의 기초》§3에서 처음으로 상호 주관성의 (불만족스러운) 연역을 시도한 것은 여전히 피히테의 엄청난 성취로 남아 있다. 여섯째, 이 저작은 고대와 중세의 자연법적 사유 및 가령 로크 같은 초기 근세의 자연법적 사유로부터 체계화 의지, 즉 이성 존재의 육체성과 같이 이전에는 단순히 경험적으로 파악된 인간학적 사실들의 연역 시도 및 자연법과 도덕을 분리하는 데서의 가차 없는 철저성에 의해 구별되는 새로운 형식의 자연법적 사유를 나타낸다. 법은 이성 존재들의 상호적인 인정과 그들의 자유 영역에 존재한다. 법의 본질은 그것을 강제 수단을 가지고 관철할 수 있다는 점일 것이다. 민법과 형법, 국가법과 국제법은 납득할 만한 질서 속에서 서로로부터 발전한다. 여기서 출발점은 홉스에게서처럼 이기주의와 각 개인의 불신이지만, 피히테에게 법 관계의 대칭은 사실적인 권력 관계로부터 독립적인 요구다. 이 불신을 국가 설립에서 어떻게 극복할 수 있는가 하는 것은 불명료한 채로 남아 있다. 피히테는 칸트와 헤겔이 옹호한 인과응보적 형벌 이론을 거부하며 따라서 사형을 거부하는데, 그는 사형을 거부한 그 시대 독일의 소수 사상가들 중 한 사람이다. 아니, 법의 과제들에 대한 그의 근본적 제한에 따르면 그는 당시의 수많은 범죄 구성 요건을 자연법에 반하는 것으로 설명하는데, 거기서 한편으로는 20세기 후반의 형법 개혁을 선취하며, 다른 한편으로는 끔찍할 정도로 멀리 나아간다. 즉 그에 따르면 오로지 현실적 자기의식을 지니는 존재들만이 법·권리를 가지는 까닭에 어린아이들을 방치하는 것마저도 본래적으로 자연법에 반하는 게 아니라는 것이다. 동시에 피히테는—그리고 나중의 《법론의 체계(Das System der Rechtslehre)》(1812)에서는 좀더 결정적으로—국가의 사회국가적이고 교육적인 과제를 옹호한다. 일곱째, 피히테에게 법은 다만 이기심의 원리에 근거하지 않는 본래적인 도덕의 결함 있는 전(前)-형식일 뿐이다. 최고의 윤리적 의무는 자립적인 자아인 것에 존재한다. 그의 《윤리론(Sittenlehre)》은 칸트의 그것과 달리 덕론의 전통과 단절된다. 필요한 것 이상의 도덕적으로 중립적인 행위는 그것을 알지 못한다. 피히테는 자연에 대한 의

무를 동료 인간들에 대한 의무와 달리 인정하지 않는데, 물론 그 윤리학은 동료 인간들을 전제하지 않는다. 가령 먹는 것에서의 금욕을 그는 다만 자아의 자율을 위해서만 요구한다. 당혹스러운 것은 피히테가 (가령 교회에 속하는) 전통적 도덕규범을 유지하지만, 그것을 자율성 요구의 맥락에서 새롭게 해석해나가는 그의 모습이다. 칸트의 의도주의와 가령 거짓말은 그 결과들과는 무관하게 어떤 상황에서도 금지된다는 학설을 피히테는 힘주어 견지한다.

　무신론 논쟁은 비록 초기에 이미 틀림없는 통찰을 획득했다는 피히테의 확신이 그로 하여금 자기 자신에게 스스로의 전환을 시인하도록 허락하지 않았다 할지라도, 그의 근본 입장의 수정에로 이어졌다. 야코비의 허무주의 비판은 그에게 깊은 충격을 주었다. 그리고 문학적으로 가장 완전한 작품인 1800년의 《인간의 사명(Die Bestimmung des Menschen)》에서는 주관적 관념론을 말하자면 근대 자연과학이 나타내는 것과 같은 자연주의적 결정론의 위험으로부터 해방으로 칭송한다. 하지만 이러한 새로운 입장의 대가는 비싼데, 왜냐하면 그 입장은 모든 것을, 마침내는 심지어 자아마저도 표상으로 전환시키기 때문이다. 오로지 실천적 믿음만이 우리를 이러한 앎의 심연으로부터 구해준다. 왜냐하면 우리에게 현실의 객관성을 보장해주는 것은 이론적 논증이 아니라 다만 의무의 명령일 뿐이기 때문이다. 이후의 《학문론》들은 존재와 사유를 포괄하며 오직 부정신학의 양식에 따라서만 접근할 수 있고 또 경험적 세계에서 현상하는 절대자 개념으로부터 출발한다. 《축복된 삶에 대한 지시(Die Anweisung zum seligen Leben)》(1806)에서는 플라톤과 요한복음을 자신의 철학에 대한 선구자로서 인정한다. 만약 피히테가 역사학적으로 좀더 훌륭한 교양을 지녔더라면, 또한 플로티노스[6]와 특히 마이스터 에크하르트도 언급할 수 있었을 것이다. 성숙한 피히테에 따르면 세계를 바라보는 다섯 개의 견해, 즉 실재론적인 일상적 의식, 법의식, 도덕적 의식, 종교적 의식 그리고 철학적 의식이 존재한다. 도덕적 자율성 추구 대신 종교는 "저 성스러운 것, 선한 것, 아름다움이 결코 우리의 산물이 아니라 …… 신의 내적 본질이 우리 안에서 빛으로서 직접적으로 현상한 것이다"라는 것을 인식한다. 아니, 세계관도 신 안에 근거지어져 있다. 마이스터 에크하르트와 마찬가지로 피히테도 참된 종교는 단지 관조적인 것이 아니라 활동적이라고 가르친다. 그리고 학문의 입장으로부터 종교의 이성적 관통(헤겔에게서도 그렇듯이 항상 철학은 그렇게 표현된다)은 최종적이자 최고의 입장인데, 왜냐하면 봄(Schauen)은 단순한 신앙 이상이기 때문이다. 피히테는 낯선 단언에 기초한 신에 대한 신앙을 "그에 의해 기껏해야 결함 있는 경찰이 보완되지만, 인간의 내적인 것은 전과 마찬가지로 나쁘게 머무는 허망한 미신"으로서 배척한다. 우리는 타율적인 신을 단념해야 한다. 신은 스스로를 세계 내부적으로 가령 아름다움으로서, 정의로운 국가로서, 학문으로서 현현한다. 참으로 종교적인 인간은 자신의 자기를 포기하고, 더 이상 본래적인 자유의식을 갖지 않으며, 참회마저도 그에게는 낯설 것인데, 왜냐하면 그의 이전의 실존은 그에게 존재하지 않는 것으로서 여겨지기 때문이다. 그의 소네트 중 하나에서 피히테는 다음과 같이 노래한다. "겉껍데기가 아주 분명히 그대 앞에서 들어 올려지고,/그대의 자아는 그것이네. 무화될 수 있는 것

---

6   Plotinos, 205~270. 유럽 고대 말기를 대표하는 그리스의 철학자·신비사상가. 플라톤을 모범으로 독자적인 철학 체계를 구축한 그의 사상은 그리스도교 신학과 결부해 유럽 후세에 막대한 영향을 끼쳤다. 훗날 신플라톤주의라고 일컫는 그의 철학은 고대 말기의 일원적·종교적 경향에 부응해 영혼의 해탈을 목표로 하는 구원의 철학이었다.

은 사멸하고,/이제부터는 오직 신만이 그대의 애씀 속에서 살아간다네./이 애씀보다 오래 살아남는 것이 무엇인지 꿰뚫어보게./그러면 겉껍데기는 그대에게 겉껍데기로서 보일 수 있을 터./그대는 베일을 벗어던지고 삶을 신적으로 본다네."

피히테는 자신의 철학이 그 스스로《현시대의 근본 특징(Die Grundzüge des gegenwärtigen Zeitalters)》(1806)에서 완성된 죄악성의 입장의 표현으로 해석한 시대정신에 모순된다는 것을 의식했다. 그것은 그의 역사철학적 구상에서 네 단계 가운데 세 번째다. 거기서 계몽의 근면함에 대한 혐오는 하나의 이론적 전환이 인류가 자율적으로 스스로를 이성의 모상으로 형성하는 최종 단계를 준비할 수 있을 거라는 희망과 결합된다. 프랑스에 대한 이전의 경탄자가 프랑스인들이 점령한 베를린에서 행한《독일 국민에게 고함(Reden an die deutsche Nation)》(1808)에서 피히테는 직접적으로 실천적이 되고자 시도했다—다른 독일 지식인들과 마찬가지로 그도 1806년 예나와 아우어슈테트의 패전[7] 이후 가장 위중한 순간에 있는 프로이센을 도우러 달려갔으며, 프로이센은 이제 지성적인 정치가들이 도입한 개혁 없이는 회복하기 어려웠을 것이다. 개별적인 독일 국가들과 종족들을 넘어서서 하나의 국민에게 호소하는 그 연설들은 용기를 증명했으며, 독일 내셔널리즘의 형성에 기여했다. 피히테에게서는 내셔널리즘의 성취와 오만을 본보기로서 발견할 수 있다. 오로지 하나의 공동체를 형성한다는 감정만이 가령 피히테가 교육자 요한 하

7　예나–아우어슈테트 전투는 나폴레옹 전쟁 중이던 1806년 10월 14일, 독일의 예나 및 아우어슈테트 일대에서 벌어졌다. 나폴레옹 1세가 이끄는 프랑스군과 프리드리히 빌헬름 3세가 이끄는 프로이센군이 교전을 벌여 프랑스군이 승리했다. 이 전투 결과 프로이센군은 완전히 괴멸하고 프로이센의 모든 영토가 프랑스군에게 제압당했다.

인리히 페스탈로치(1746~1827)[8]로부터 영감을 받은 남성과 여성을 위한 포괄적인 국민 교육에 대한 요구를 제기할 수 있었다. 동시에 이러한 감정은 독일인들의 특수한 지위를 가지고 정당화해야만 했다.

확실히 독일의 내셔널리즘은 프랑스의 권력 정치에 대한 반작용이었으며, 확실히 피히테는 상투적 표현을 사용하기에는 너무나 섬세했다. 분명히 그는 가령 슬라브인과 혼합된 독일인의 혈통의 순수성을 부정하고, 식민주의의 죄가 없었던 까닭에 독일을 찬양하고[그는 이미 1800년의《닫힌 상업 국가(Der geschlossene Handelsstaat)》에서 세계 무역을 거부한다], 상이한 국민들의 상호 보완성을 강조하고, 세계 시민적인 독일인이고자 하고, 나아가 독일성에서 결국 오로지 모두가 접근할 수 있는 근원적 정신성만을 본다. 동시에 그는 독일인을 스칸디나비아 사람과 구별하지 않지만, 게르만적 혈통의 다른 국민과는 그들 언어의 근원성에 의해 구별하고자 한다. 고유한 언어가 고유한 국가에 대한 권리를 근거짓는다는 것이다. 프랑스인과 달리 독일인은 정신뿐만 아니라 마음도 지닌다. 교양 있는 신분은 계속해서 민족과 결부되어 있었다. 인위적인 것 대신 자연 적합성이 지배하는 것이다. 독일 국민의 형성에서 중심적 형상으로 여겨지는 것은 루터다. 루터 이래로 축복과 진지함에 대한 관심이 독일인의 본질 징표라는 것이다. 피히테는 정당하게도 독일에서는 자율성 추구가 종교적 뿌리를 지니는 까닭에 종교와 철학의 대립이 덜 부각되어 있었다는 것을 알아본다. 초감성적인 것에 대한 믿음은 결코 포기되지 않았으며, 오히려 그것이 이성에 의해 새롭게 정향되었던 것이다.

---

8   Johann Heinrich Pestalozzi. 스위스의 교육자이자 사상가. 고아들의 대부이자 어린이 교육에서 조건 없는 사랑을 실천한 것으로 유명한 그는 19세기 이전에 이미 어린이를 하나의 인격체로 간주했다.

확실히 피히테가 '세계 지배'를 약속하는 것은 이러한 철학적 정신에 대해서다. 그러나 그는 위험한 방식으로 실재적인 독일 국민과 융합한다. 왜냐하면 그 연설들의 맥락에서 피히테는 독일 국민으로 하여금 프랑스인에게 저항할 용의를 갖추게끔 하고자 하기 때문이다. 아니, 자신이 한 논고에서 열광적으로 찬양한 마키아벨리[9]와 전적으로 마찬가지로 투쟁 의지의 그리스도교적 말살을 논박하며, 심지어 제한적 내각 전쟁(Kabinettskriege)[10]의 전통적 정치를 반박한다. 우리는 피히테를 21세기의 지식을 가지고 비판해서는 안 된다. 그중에서도 특히 잊지 말아야 할 것은 내각 전쟁을 일소하고 그 이념을 유지하지 않은 것은 프랑스 혁명군이었다는 점이다. 그러나 만약 피히테가 자신의 잠재적 해방 전사들에게 그들의 행위로부터 구원의 시대가 새롭게 시작될 거라고 약속한다면—비록 또다시 프랑스와의 경쟁에서긴 할지라도—그는 라이프니츠와 칸트가 그 앞에서 멈칫했던 한계를 넘어서 있다.

셸링의 특징은 그가 자기 사유의 아마도 가장 생산적인 단계를 25세의 나이에 끝냈다고 말하는 것으로 가장 적절하게 표현된다. 그는 최후의 중요한 책을 34세에 출간했다. 하지만 죽음에 이르기까지 중요한 강의들을 했고, 비록 관심의 비약적인 변화와 입장의 전환, 즉 청년기의

9　Niccolò Machiavelli, 1469~1527. 르네상스 시기 이탈리아의 작가, 정치가, 정치이론가. 그의 《군주론》은 목적만 정당하면 수단은 아무래도 상관이 없다고 주장하는 것으로 인식되어 오랫동안 비난을 받아왔으나 정교 분리 주장과 함께 권력 현실에 대한 객관적 분석을 행한다는 점에서 근대 정치학의 초석으로 평가받는다.

10　내각 전쟁은 1648년의 베스트팔렌 평화로부터 1789년의 프랑스 혁명에 이르기까지 질내 왕정 시기의 유럽에 영향을 준 유형의 전쟁을 가리킨다. '군주들 사이의 전쟁'으로 알려져 있기도 하다. 그러한 전쟁은 소규모 군대와 귀족 장교단을 포함했으며 전쟁의 목표를 제한하고, 교전국 사이의 동맹이 자주 변화했다.

범신론으로부터 피히테와 헤겔보다는 좀더 전통적인 그리스도론을 받아들이는 그리스도교 형식으로의 전환이 그에게 프로테우스[11]라는 덧이름을 가져다주었을지라도, 사람들은 점점 더 그의 발전에서 연속성을 인식하고 있다. 즉 신화는 이미 그의 십대를 사로잡았으며, 후기 철학은 초기 체계 구상을 대체하는 게 아니라 다만 보완하고자 할 뿐인 것이다. 자유는 생애 내내 주요 주제로 남는다. 분명 다른 어떤 철학자도 그토록 일찍이 그토록 많은 독창적인 저작을 출판하지 못했으며, 자신의 천재성에 대한 의식이 그로 하여금 종종 가령 노년의 칸트가 깔끔한 논증을 포기한다고 해서 경고한 철학에서의 저 고상한 어조를 겨냥하도록 했을지라도, 이 신동의 정신적 발전의 신속성은 그야말로 유일무이하다. 그는 이미 학교에서 헤브라이어와 아라비아어를 읽었으며, 15세에 튀빙겐의 복음주의 신학교에 입학했다. 거기서 다섯 살 더 많은 학우인 헤겔 및 프리드리히 횔덜린과 방을 같이 썼는데, 그들의 이념은 서로에게 대단한 영향을 끼쳐 이른바 〈독일 관념론의 가장 오랜 체계 계획(Älteste Systemprogramm des deutschen Idealismus)〉(이것은 분명 1797년에 쓰였으며, 1917년에야 프란츠 로젠츠바이크[12]에 의해 출판되었다)은 세 사람 각각 모두 또는 두 사람의 공동 작업으로 여겨졌을 정도다. 하지만 우정이 없었더라면 고전 독일 철학에 도달하기 어려웠을 이 세 사람은 그들의 지적인 프로필에 따라서는 생각할 수 있는 한에서 정말 서로 다르다. 횔덜린은 근대정신에서 겪는 자신의 고뇌를 엄청난 복잡성을 지닌 시작(詩作)들

---

11 그리스 신화에 나오는 바다의 신으로, 자유자재로 변하는 모습과 예언력을 지녔다.

12 Franz Rosenzweig, 1886~1929. 독일계 유대인, 종교적 실존주의자. 대표작으로는 《헤겔과 국가(Hegel und der Staat)》(1912), 《구원의 별(Der Stern der Erlösung)》(1921) 등이 있다.

에서 그리고 또한 그의 정신적 발병에 이르기까지 표현했으며, 계몽의 역사낙관주의에 맞서 인간의 역사를 신적인 것으로부터의 소외로 해석했다. 막역한 친구 사이인 셸링과 헤겔은 유사한 기획을 추구한다. 근대의 객관적(또는 절대적) 관념론은 물론 셸링에 의해 창조되었는데, 그것에서는 헤겔 후기 이념들의 대부분을 발견할 수 있다. 그렇지만 그 이념들을 일관된 전체로 마무리하는 것은 셸링에게 허락되지 않았다. 그의 빛나는 뛰어남에는 그의 제자들 중 가장 중요한 인물인 헤겔의 두드러진 면모를 이루는 끈질긴 끈기가 결여되어 있었다. 그의 제자 가운데 몇몇은 그들의 이념과 언어의 과오로 독일 철학의 국제적 고립에 기여했는데, 그 점에 대해서는 1834년 셸링 스스로 한탄한 바 있다. "독일인은 아주 오랜 시간 자기들끼리만 철학해왔던 까닭에, 그들은 점차적으로 사상들과 말들에서 점점 더 **보편적으로** …… 이해 가능한 것으로부터 멀어졌다." 헤겔도 물론 불명료할 수 있지만, 헤겔에 의해 비로소 셸링의 프로그램이 전적으로 유럽을 사로잡았다. 헤겔의 공로는 고독한 세부 작업에서 그의 청년기 친구의 천재적 이념들을 청년기 우정의 상실 이후 창조의 기쁨도 잃어버린 사교적인 셸링이 할 수 있었던 것보다 훨씬 더 훌륭하게 체계적으로 마무리한 것에 머문다. 바로 처음에는 분명 자신보다 열등했던 사람이 뒤늦었지만 더욱더 매혹적인 성과를 거둔 것은 셸링에게서 르상티망을 산출했는데, 셸링의 이전 명성(이것이 언제나 축복인 것은 아니다)은 그와 다른 이들에게 그가 더 이상 부응할 수 없게 된 기대들을 일깨웠다. 1828년 빅토르 쿠쟁에게 보낸 편지에서 셸링은 헤겔을 자신의 이념들을 마치 식물의 잎처럼 자기 것으로 만든 벌레에 비교한다. 1841년에는 자신이 없었다면 헤겔도 헤겔주의자들도 존재하지 않을 것이라고 설명한다. 1829년 카를스바트에서 이전의 친구들이 예기치 않게 재회한 일은 토마스 만의 《바이마르에서의 로테(Lotte in Weimar)》 (1939)[13]의 모범에 따라 문학적으로 형상화할 만한 가치가 있었다. 그러나 아무리 사람들이 이 복잡한 관계를 신중하게 평가하려 한다 할지라도, 거기서 계속해서 객관적 사태를 이루는 것은 체계성에 대한 헤겔의 유일무이한 감각, 셸링의 용솟음치지만 언제나 견지 가능한 것은 아닌 이념들로부터의 그의 선택 그리고 법철학과 국가철학에서의 그의 탁월성이 비로소 독일 관념론을 완성했다는 점이다.

법과 정치에 대한 셸링의 적은 관심 및 칸트가 비록 라이프니츠 같은 창조적인 수학자는 아니었을지라도 단연코 지니고 있던 수학적 재능이 결여된 것은 그의 한계에 속한다. 이러한 결함을 셸링은 자연에 대한 한편으로 직관적인, 다른 한편으로 개념적인 접근에 의해 상쇄했는데, 그러한 접근은 그로 하여금 자연에서 근대 자연과학이 회피하는 측면을 지각할 수 있도록 허락했다. 그것은 괴테를 사로잡았고, 괴테는 셸링을 1798년 예나 대학으로 초빙했다. 그에 못지않게 주목할 만한 가치가 있는 것은 미학적 현상들에 대한 그의 비상한 감각인데, 그것은 초기 낭만주의자들과의 우정 덕분에 전개되었다. (아우구스트 빌헬름 슐레겔의 아내 카롤린은 남편을 떠나 결국 열두 살 연하의 셸링과 결혼했다.) 셸링은 그의 경력을 피히테주의자로서 시작한다. 그의 철학적 처녀작인 《철학 일반의 형식의 가능성에 대하여(Über die Möglichkeit einer Form der Philosophie überhaupt)》 (1794)는 물론 그가 칸트로부터 받아들인 논리학에 의해 오늘날의 독자들을 당황하게 만든다. 하지만 이 저작은 《학문론의 개념에 관하여》의

---

13 토마스 만은 《바이마르에서의 로테》에서 괴테의 《젊은 베르테르의 슬픔》의 여주인공인 로테의 바이마르 방문 및 괴테와의 재회를 묘사한다.

철학적 이념에 대한 정신적으로 동일한 파악으로서, 특히 열아홉 살 젊은이의 작품으로서 독자들을 압도한다. 처음에 가령 1795년의 《철학의 원리로서의 자아에 대하여(Vom Ich als Prinzip der Philosophie)》에서 셸링은 자신의 새로운 실질적 통찰을 피히테의 틀 속으로 들여오려 시도했다. 물론 우리는 이미 1795년의 《교조주의와 비판주의에 관한 철학적 서한(Philosophischen Briefen über Dogmatizismus und Kritizismus)》에서 그의 정신의 독자성을 인식한다. 비록 셸링이 칸트 및 피히테와 마찬가지로 비판주의만이 의지 자유를 사유할 수 있게끔 해주는 까닭에 그것을 옹호한다 할지라도, 그는 동시에 스피노자에게 매혹당했으며, 칸트의 도덕적 신존재 증명의 수용을 동시대의 신학에 의해, 그것도 특히 미학적 근거들에서 거부한다. 오로지 비윤리적인 인간만이 벌주는 신을 필요로 한다. 종합 판단들에 대한 칸트의 물음은 절대자가 자기 자신으로부터 어떻게 나올 수 있는가 하는 형이상학적인 물음으로 전환된다. 이는 횔덜린이 같은 시기의 텍스트 〈판단과 존재(Urtheil und Seyn)〉에서 종합에 절대적 통일이 선행해야만 한다고 강조하는 것과 마찬가지다. 이러한 모델은 성숙한 헤겔의 그것에 대립하는데, 그에게 최고의 것은 마지막에 있는 종합에서 비로소 도달하기 때문이다. 그에 못지않게 후기의 헤겔과 다른 것은 개성이 언표되는 철학적 체계의 다수성이 필연적으로 존재하며, 완성된 체계는 자유를 파괴할 거라는 초기 낭만주의의 이념이다. 하나의 체계는 앎에 의해서가 아니라 행위에 의해 근거지어진다는 견해는 피히테주의적이다. 완성된 실재론이 동시에 관념론이라는 사상은 후기의 발전을 미리 보여준다.

셸링을 피히테로부터 곧바로 구별해주는 것은 세계의 물질적 풍부함에 대한 그의 관심이었다. 자연이 피히테에게 있어서는 오직 비-아였을 뿐이라면, 셸링은 그의 자연철학적 저술들―1797년의 《자연의 철학에 대한 이념들(Ideen zu einer Philosophie der Natur)》로부터 플라톤과 겨루는 대화편인 1802년의 《브루노(Bruno)》에 이르기까지―에서 다양한 형태들 또는 '포텐츠들(Potenzen)'[14]로의 자연의 분절을, 그러므로 단계 질서로서 이해하고자 한다. 처음에 그는 전적으로 피히테주의적으로 이러한 형태들을 자아의 사유 활동에서 흘러나오는 결과로서 이해한다. 그것들은 사물-자체라는 키메라를 대체해야 하는 것이다. "우리는 우리의 표상들의 체계를 그 **존재**에서가 아니라 그 **생성**에서 고찰한다. 철학은 **발생적**이게 된다. ……자연의 체계는 동시에 우리 정신의 체계다." 가장 중요한 포텐츠들은 무엇인가? 비유기체적인 것과 유기체적인 것이 구별되는 자연 형식들이라는 점은 명백하다. 하지만 18세기 말 이래로 갈바니 전기[15], 즉 전기생리학과 더불어 특히 양극 구조가 그에 사로잡혀 있던 연결 고리가 주제화되었다. 그러한 것은 라이프니츠와 칸트에게서는 아무런 역할도 하지 못했지만, 괴테의 '선택 친화성'의 근저에

14　포텐츠는 본래 힘을 의미하며, 힘의 수준이라는 의미에서 '세위(勢位)'로 번역한다. 수학 용어로서는 같은 조작의 반복을 의미하며, '멱(거듭제곱)'으로 번역한다. 하지만 이 말은 낭만주의 자연철학에서 셸링, 노발리스 등이 공통으로 사용한다. 셸링은 방법적·존재론적 개념으로 이를 사용한다. 그 함의는 물질이라는 실체성을 힘으로 환원하는 것, 자연 현상을 계층화하고 각각의 계층의 기체를 힘의 이중화, 삼중화로서 나타내는 것이다. 따라서 각 포텐츠에서는 힘의 충실이 그 운동을 구성하며, 각 포텐츠는 주관적인 것과 객관적인 것의 일정한 양적 차이를 나타낸다.

15　금속과 전해질 용액 또는 다른 종류의 두 금속이 서로 접촉할 때 생기는 기전력 또는 이를 이용해 만든 전지에 의해 발생한 전기. 이탈리아 사람 L. A. 갈바니가 발견했다. 갈바니는 해부 실험 중 개구리의 다리가 기전기의 불꽃이나 해부도와 접촉할 때 경련을 일으키는 것을 발견하고, 그것이 전기와 관계있다는 사실을 알았다. 그는 이 전기가 뇌에서 발생해 동물의 근육으로 흘러 들어간다고 생각해 '동물 전기'의 존재를 주장했다. 이 동물전기설은 훗날 A. 볼타에 의해 수정되었다.

놓여 있다. 셸링은 단지 동시대의 발견에 반응했을 뿐만 아니라 구체적인 자연과학적 연구, 가령 전기화학의 창시자 가운데 한 사람인 요한 빌헬름 리터[16]의 연구에 영감을 주기도 했다. 셸링의 자연철학에서는 중력에 대한 반대 원리로서 빛의 특수 지위가 특별한 역할을 수행한다― 이로써 그는 한편으로는 빛의 형이상학의 천년 전통에 연결되고, 다른 한편으로는 그것을 동시대의 과학적 논의와 매개하는데, 왜냐하면 근대 과학에서도 여전히 논란의 여지가 없는 것은 오로지 어리석은 사람들만이 빛을 자루에 꾸겨 넣을 것이라는 점 때문이다. 결정적인 것은 셸링에 따르면 양극성이 단지 전기 같은 하나의 현상 내부에서만 나타나는 것이 아니라 현실 전체의 형이상학적 구성 원리라는 점이다. 그에 따르면 빛은 자연에서의 이념적 원리이고, 중력은 실재적 원리다. 매혹적인 것은 셸링이 전체 현실을 이러한 양극적 구조에 기초해 구성하는 것이 동시대의 소나타 악곡 형식에서 대부분 두 개의 주제를 변주하는 것과 결합할 수 있다는 점이다. 라이프니츠의 모나드론에 양극성은 바흐의 푸가 기법과 마찬가지로 멀리 놓여 있었다. 이원성을 조화로운 전체 내로 통합함으로써 비로소 독일 정신은 그 창조성의 정점에 도달했다.

셸링의 자연철학은 오랜 물리신학뿐만 아니라 또한 피히테에 의한 그것의 관념론적 변형과도 단절하는데, 피히테에게 빛은 "자연에서의 신적 원리의 개현이나 자연 내에서 형상화된 영원한 근원 지식의 상징이 아니라" 다만 인간들이 보기 위해서 실존할 뿐이다. 그에 반해 셸링은 1802년의 《철학 일반에 대한 자연철학의 관계에 대하여(Über das Verhältnis

---

16 Johann Wilhelm Ritter, 1776~1810. 독일의 물리학자. 볼타가 전지를 발견한 직후, 이에 대한 연구를 시작해 금속의 전기 화학열을 발견하고 전기 분해를 연구했으며, 전기 저항의 법칙 등 전기화학 분야를 개척했다.

der Naturphilosophie zur Philosophie überhaupt)》에서 자연의 윤리적 기능화를 물리친다. 셸링에 따르면 자연을 자기 목적으로서 고찰하는 것은 신을 단지 요청으로 간주할 뿐인 칸트와 피히테의 인간중심주의보다 더 종교적이다. 비록 '사변적 물리학'으로서 셸링의 자연철학이 언제나 거듭해서 오직 철저한 실험과 수학적 모델의 형성에 의해서만 해결할 수 있는 물음들에 대해 견해를 펼쳤던 까닭에 곧바로 나쁜 평판을 얻었다 할지라도, 한편으로 물리학의 '허구들'에 대한 그의 도구주의적 유보는 정당하며, 특히 그는 그것들이 "탐구와 관찰의 더 이상의 진보를 위해 단적으로 필요하다"는 것을 논박하지 않는다. 다른 한편으로 자연 속에 바로 자연과학이 단지 경험적으로만 열거하는 저 근본 형식들이 왜 존재하는지를 이해하고자 하는 그의 절실한 관심은 포기될 수 없다. 이 물음은 대답하기 어렵지만 정당하며, 아니 관념론적 관점과 종교적 관점으로부터는 만약 자연이 단적인 사실(brutum factum)이 아니라 이성의 표현이라고 한다면 피할 수 없다. 셸링의 목표는 현실의 근본 구조를 실재적인 것과 이념적인 것의 양극적 대립의 전개로서 해석하는 것인데, 이 대립은 가장 추상적인 수준에서는 자연과 정신의 대립에서 표현되며, 그 이후 각각의 분과 내부에서 더욱더 분화된다. 그리하여 그리고 오로지 그렇게 해서만 원리들을 파악할 수 있다. "체계 내의 이 위치는 그것들에 대해 존재하는 유일한 설명이다."

이와 유사하게 1800년의《초월론적 관념론의 체계(System des transzendentalen Idealismus)》는 정신의 근본 구조를 "자기의식의 전진하는 역사로서" 질서 연관 내로 가져오고자 하는데, 거기서 셸링은 "자연과 이지적인 것과의 평행론"에 주목한다. 피히테에 대한 특별히 중요한 내용적 보완은 셸링이 이론철학과 실천철학 이후에 또한 예술의 철학도 다룬다는 점이다. 그것을 정신의 철학 안으로 편입시킨 것은 왜 셸링이 칸트와 달리 더 이상 자연미가 아니라 오직 예술미에만 관심을 갖는지를 설명해준다. 물론 그는 예술가의 생산에서 자연스러움을 더욱더 강조하는데, 예술가는 "그를 다른 모든 인간들로부터 분리하고 그로 하여금 그 자신이 완전하게는 들여다보지 못하고 그 의미가 무한한 사물들을 언표하거나 서술하도록 강요하는" 하나의 힘 아래 서 있다. 모순들로부터 출발해 예술가는 무한한 조화를 얻기 위해 애쓴다. 예술의 고차적인 지위는 초기 낭만주의적 감수성에 상응한다. 예술과 학문은 동일한 과제를 추구하지만, 그것은 물론 후자에 대해서는 끝없는 것으로 머문다. 그에 반해 예술은 학문이 비로소 도달해야 할 그곳에 이미 존재한다. 오로지 예술만이 철학이 서술할 수 없는 것, 요컨대 생산에서의 무의식적인 것을 증거하며, 자연과 역사의 근저에 놓여 있는 통일을 열어 보인다. "우리가 자연이라 부르는 것은 비밀스러운 놀라운 저술 안에 폐쇄되어 놓여 있는 시이다. 하지만 수수께끼는 밝혀질 수 있을 것이며, 우리는 거기서 정신의 오디세이아를 인식하게 될 것이다."

점점 더 긴장이 더해가는 피히테와의 서신 교환 과정에서 셸링은 피히테에게서 자연철학과 미학의 결여가 단순히 아직 채워지지 않고 있는 빈틈을 지시하는 게 아니라 원칙적으로 다른 체계 구축을 요구하고 있다는 것을 파악했다. 1803년《자연의 철학에 대한 이념들》의 제2판에 대한 중요한 보론들에서 셸링은 자신의 새로운 입장을 절대적 관념론으로서 피히테와 자신의 초기 저작의 상대적 관념론과 구별한다. 절대적 관념론은 동시에 실재론인데, 왜냐하면 그것은 자연을 더 이상 유한한 의식에로 환원하는 것이 아니라 스피노자와 유사하게 양자를 절대자의 현현으로서 파악하기 때문이다. 개념은 우리가 사물에게 강요하는 어떤 것이 아니라 사물의 본래적 본질을 파악한다. 1801년의 《나의 철학 체계의 서술(Darstellung meines Systems der Philosophie)》은 이미 그 제목에서 피히테와의 단절을 암시하며, 자연철학 및 초월론 철학의 기초인 절대적 동일성을 발전시키고자 하는 시도다. 셸링의 직관은 강력하며, 그의 구체적 논증은 물론 재구성하기 어렵다. 그러나 새롭게 획득한 것에 토대해 셸링은 1802/1803년 예나에서와 1804/1805년 뷔르츠부르크에서 예술의 철학에 대해 강의했다. 여기서는 '소박한'과 '성찰적' 같은 중심적인 미학적 범주를 체계적으로 전개하고 고대 시문과 근대 시문 사이의 차이에 대한 문예비평적 발견을 철학적으로 관통하는 것과 더불어 예술의 체계에 대한 선험적 연역의 시도를 처음으로 발견할 수 있다. 개념 구성의 방법은 아직은 이분법과 삼분법 사이에서 동요하고 있다. 그것은 이전 자연철학의 방도를 계속해나가지만 물론 오히려 영속적인 결과를 지니는데, 왜냐하면 19~20세기 경험적 자연과학의 혁명화는 정신과학에서보다 훨씬 더 심원했기 때문이다. 새로운 철학적 프로그램의 중심 기관은 헤겔과 함께 편집한 〈철학 비판 저널(Kritische Journal der Philosophie)〉(1802~1803)이었다. 서론 격인 논고 〈철학적 비판 일반의 본질에 대하여(Über das Wesen der philosophischen Kritik)〉는 두 친구의 공동의 이념을 묘사한다. 즉 데카르트 이래로 지배적인 이원론의 극복을 현대 철학의 결정적 과제로 여긴 것이다. 그것은 "세계와 신의 화해라는 참된 복음의 시대"에 대한 종교적 희망과 결합한다―그에 반해 "그리스도교의 시간적이고 한갓 외적인 형식은 몰락한다". 이를 위해 요구되는 지적 작업은 동시에 윤리적 과제로서 이해된다―이는 다수의 고대 철학에서와 전적으로 마찬가지다. 사람들은 이를 비웃을 수도 있겠지만, 잊어서는 안 되는 것은 철학을 도덕과 종교로부터 떼어놓는 저들이야말로 도덕과 종교로부터 학문들 사이에서 지니는 그것들의 특수한 지위를 박탈한다는 점이다. 초기 셸링의 종교성은 물론 칸트와 헤겔의 그것과 마찬가지로 이성주의적이다. 1804년의 《철학과 종교(Philosophie und religion)》에서 그는 철학이 신앙에 의한 보완을 필요로 하며 철학이 파악한 절대자의 저편에 또 하나의 신이 존재한다는 이념을 거부한다. 그는 절대자로부터의 출발이 참된 철학의 징표라는 것을 힘주어 강조한다. 시간 속에서 이루어지지 않는 유한자의 탄생을 그는 자유로운 이반을 통해 설명한다. 자아성은 절대자로부터 최고의 멀어짐과 동시에 그에게로의 복귀를 나타내며, 인간의 역사도 그와 유사하게 구상할 수 있을 것이다. 따라서 이반은 신의 완성된 계시의 수단이다. 도덕적 명령과 덕에 대한 보상은 오로지 저차적인 단계에만 실존할 것이며, 영원성은 이미 이 생애에서 시작될 것이다.

셸링의 좀더 전통적인 그리스도교로의 복귀는 그중에서도 특히 야코프 뵈메를 근본적으로 수용한 프란츠 폰 바더(1765~1841)의 영향에 의해 조건 지어져 있는데, 셸링은 그를 1806년에 옮겨간 뮌헨에서 만났다. 셸링의 《인간 자유의 본질 및 그와 연관된 대상들에 대한 철학적 연구들(Philosophische Untersuchungen über das Wesen der menschlichen Freiheit und die damit zusammnenhängenden Gegenstände)》(1809)은 비-양립주의적인 자유 개념을 옹호하며, 물론 객관적-관념론적으로 우주 전체에서 악의 가능성을 바라보고—"따라서 자연 전체 위에 펼쳐져 있는 우울의 베일은 모든 삶의 깊은 파괴될 수 없는 멜랑콜리다."—가령 아우구스티누스와 토마스 아퀴나스가 옹호한 악에 대한 아주 오랜 결여론을 거부한다. 악은 결코 한갓된 불완전성이 아니라 자기 존재로 고양되고 보편적 의지로부터 분리된 유한성이라는 것이다. 그 저술의 본래적 관심은 신 안에서 악의 실존의 근거를 신 자신과 구별하는 데 존립한다. 신이 자기 **안에서** 지양하고 따라서 어떠한 이원론도 근거짓지 않는 이러한 차이만이 신 **외부에서** 악을 가능케 한다. 신은 그로부터 모든 것이 필연적으로 따라 나오는 "한갓 논리적인 추상물"이 아닐 것이다. 왜냐하면 그러한 신은 인격성을 지니지 않는 단지 최고의 법칙일 뿐이기 때문이다. 그러나 그는 "체계가 아니라 생명"이다. 동시에 셸링은 신이 더 나은 세계를 창조할 수 있었을 거라는 테제에 대한 라이프니츠의 거부에 머문다. 그 저술은—단순히 형식적인 형이상학 대신 현실적 세계를 그 구체적 구조에서 개념 파악하고자 하는 시도를 내놓았다는 점에서 라이프니츠의 프로그램을 구체적으로 실행할 수 있는 것으로 만든 것이 그의 청년기 철학이었음에도 불구하고—소박한 계시 신앙에로의 복귀를 거부하는 동시에 이성주의적인 신 이해의 결론을 뿌리치고자 하는 셸링의 절망적 시도에 대해 징후적이다. (두드러지게도 그에게서는 점점 더 의지가 결정적 역할을 수행한다.) 셸링은 이제 자기 앞에 떠오르는 대안적인 철학적 신학을 결코 하나의 책으로 마무리해낼 수 없었다—이것은 그의 천재성을 고려할 때 거기서 문제되는 것이 결코 쉽게 실행할 수 없는 기획임을 증명한다.

《신화철학(Philosophie der Mythologie)》과 《계시철학(Philosophie der Offenbarung)》에 대한 후기 강의들은 강령적으로 현실에 대한 단순히 이성주의적인 해석을 적극철학(positive Philosophie)에 의해 보완해야만 하는 소극철학(negative Philosophie)으로 설명한다. 셸링은 때때로 미하일 바쿠닌[17],

---

17 Mikhail Aleksandrovich Bakunin, 1814~1876. 러시아의 사상가, 사회 운동 지도자, 아나키스트. 독일에 유학해 철학을 공부하는 가운데 점차 현실 정치에 대한 문제의식을 높여 사회주의 운동에 참여했다.

프리드리히 엥겔스[18], 알렉산더 폰 훔볼트, 쇠렌 키르케고르 그리고 레오폴트 폰 랑케[19]가 참석한 이 베를린 강의들에서 형이상학적 고찰을 인간적 신화 및 그것과 날카롭게 대조되는 그리스도교적 계시에 대한 해석과 교차시킨다. 이러한 결합의 배후에는 신이 종교의 역사적 전개에서 스스로를 자기의 실존에서 인식하게 되는 데 반해, 소극철학은 구체적 현실이 아니라 단지 무엇임(Was)과만 관계한다는 사상이 놓여 있다. 결정적인 것은 이제 셸링이 개념으로부터 현실로의 이성주의적 이행이 그에 걸려 있는 존재론적 증명을 거부한다는 점이다. 이미 〈근세 철학의 역사에 대하여〉(1827)라는 강의의 헤겔 장에서 셸링은 신이 개념 이상이라는 것을 강조한다. 물론 셸링은 헤겔이 심리학적 개념과 더불어 또한 현실의 본질을 이루는, 이를테면 신적인 사상을 이루는 논리적 개념도 인정한다는 것을 보지 못한다. 헤겔은 자연 및 정신과 더불어 논리적인 것의 고유한 영역을 결코 인정하지 않은 셸링보다 훨씬 더 플라톤

---

18 Friedrich Engels, 1820~1895. 마르크스의 친구이자 마르크스주의의 최초 유포자. 마르크스 사후에 《자본》의 제2권과 제3권을 편집 · 가필했고, 절판되어 있던 마르크스의 저작 등을 복원 · 편집 · 가필 · 수정 · 해설했으며, 마르크스 저작의 번역에 대한 감독, 마르크스의 유고와 장서에 대한 관리를 수행했다. 《신성 가족》은 마르크스와의 공저이며 《영국 노동자 계급의 상태》, 《자연변증법》, 《반뒤링론》, 《루트비히 포이어바흐와 독일 고전철학의 종언》 등은 그의 저작이다.

19 Leopold von Ranke, 1795~1886. 새로운 사료 비판을 방법론으로 체계화한 독일의 역사가. 그의 역사 서술은 원사료에 충실하면서 역사적 사실의 개성을 객관적으로 기술하는 데 특징이 있다. 사실을 있는 그대로 기술할 것을 강조하고, 역사란 많은 사태가 상호 관련해 발전된 그대로를 기술해야 하며, 또한 각 시대에 존재하는 독자적인 개성적 가치를 파악해야 한다고 주장했다. 그가 주장하는 객관주의는 역사학을 현실의 철학 · 정책에서 해방시켜 역사학 독자의 연구 시야를 개척했다는 점에서 공적이 크며, 그래서 '근대 역사학의 아버지'라 일컫는다. 주요 저서로 《종교 개혁 시대의 독일사》(1845~1847), 《프로이센사》(1847~1848), 《16~17세기 프랑스사》(1852~1861), 《16~17세기 영국사》(1869) 등이 있다.

주의자다. 셸링은 개념적인 구조가 현실의 충분조건이 아닌 필요조건이라는 것을 힘주어 강조한다. "전체 세계는 이를테면 지성 또는 이성의 그물 속에 놓여 있다. 그러나 문제는 바로 그 세계가 **어떻게** 이 그물 안으로 들어오게 되었는가 하는 것이다. 왜냐하면 세계 내에는 분명히 단순한 이성과는 다른 어떤 것, 아니 **그 이상의** 어떤 것이 존재하기 때문이다." 셸링의 헤겔 비판을 설득력 있는 것으로 여기지 않는 사람도 그리고 그의 그리스도교 해석을 언제나 거듭해서 근대의 성서 비판과 양립할 수 없는 것으로 감지하는 사람도 인간적 의식 내에서 신을 산출하는 신통기적인 과정이 진행되는 신화에 대한 그의 철학적 해석의 풍부함에 여전히 압도당한다. 사물이 아니라 의식의 내부에서 일어나는 힘이 인간을 움직였다. 참된 신은 민족을—가령 희생 제물이 증명하듯—시적인 것과는 전혀 다른 힘을 지닌 그들의 신 표상의 고삐에 붙들어 맨다. 셸링은 신화에 대한 자신의 접근을 신화가 한갓 시적으로 생각되었거나 전혀 무의미하다고 해서 신화에서 진리를 부인하는 접근 및 신화를 역사학적이거나 물리학적인 진리의 의식적인 표현법 또는 과학적이거나 종교적 진리의 왜곡으로서 해석하는 접근으로부터 떼어놓는다. 셸링에 따르면 신화 그 자체 안에 진리가 존재한다. 겉보기에 무의미한 것에서 의미를 발견하고자 하는 의지는 셸링의 최후 작업을 독일 관념론의 해석학의 정점으로 만든다. 그리고 우리는 후기 작업이 자연철학의 관심사를 계속 이어간다는 것을 쉽게 인식한다. 자연철학이 전혀 사유하지 않는 것 속에서 숨겨진 의미를 발견하고자 한다면, 후기 작업은 명백히 이성에 배치되는 것으로 보이는 것 속에서 이성을 추구한다.

예나 시대 공동의 체계 계획을 완성하는 것은 헤겔에게 맡겨졌다. 그가 그것에 끝까지 충실하게 남았다는 것과 키르케고르와 마르크스의 (서로 다른) 반-관념론적 반란을 선취하는 그 체계 계획의 쉼 없는 창조자를 불안하게 만든 의심이 그를 괴롭히지 않았다는 것은 답답함으로서 해석할 수 있을 것이다. 그러나 우리는 그것을 또한《정신현상학(Phänomenologie des Geistes)》(1807)과 자연철학 그리고 미학에서 셸링의 이념을 수미일관하게 마무리해낸 헤겔이 절대적 관념론을 셸링이 할 수 있었을 것보다 더 훌륭하게 근거지었다는 것을 가지고서도 설명할 수 있을 것인데, 사실 셸링은 그가 거의 예비 작업을 수행하지 못한 헤겔의 가장 독창적 저술인《논리의 학(Wissenschaft der Logik)》(1812/1816)의 "드물게 명민한" 방법론적 이념을 인정했다. 좀더 커다란 형식적인, 특히 수학적인 지적 능력과 더불어—신학자가 아니라 관리의 아들인—헤겔은 정치적 문제의 본성을 셸링보다 훨씬 더 구체적으로 이해했으며, 1907년에서야 비로소 완전하게 출판된 그의 신학적 청년기 저술들에서 전통적인 그리스도론의 붕괴를 냉혹할 정도의 명확성을 지닌 새로운 성서 해석학에 근거해 그리스도교에 대한 모든 지적으로 성실한 옹호의 출발점으로 만들었다.《예수의 생애(Das Leben Jesu)》(1795)는 가령 토머스 제퍼슨[20]의 동시대 저작과 마찬가지로 부활을 포함해 예수의 모든 기적을 제거한다. 물론 헤겔 자신은 그것을 출판하지 않았지만, 그의 제자 다비트 프리드리히 슈트라우스(1808~1874)[21]의《비판적으로 손질된 예수의 생애(Das Leben

---

20 Thomas Jefferson, 1743~1826. 미국의 정치인으로 3대 대통령(재임: 1801~1809)이자 미국 독립선언서를 기초(1776)한 인물. 제퍼슨은 영국과 프랑스의 계몽 지식인들에게 감명을 받아 계몽사상을 필생의 정치철학으로 삼았다. 여기서 언급한 것은《제퍼슨 성서 또는 나사렛 예수의 생애와 도덕》(1820)을 말한다.

21 David Friedrich Strauss. 독일의 프로테스탄트 신학자이자 철학자. 복음서의 예수에 관한 기사는 신앙에 근거한 신화라고 주장해 교단 및 종교계로부터 추방당했으며, 헤겔학파를 좌·우파로 분열시켰다. 헤겔 좌파의 중심인물로서《예수의 생애》외에《그리스도

Jesu kritisch bearbeitet)》(1835)는 민감한 부정적 반응을 결과로 지녀야 했다. 동시에 《그리스도교의 정신과 그 운명(Geist des Christentums und sein Schicksal)》(1798)에서는 요한복음에 의해 고무된 그리스도교가 칸트의 법칙 도덕보다도 탁월한 것으로서 옹호된다―비록 제자들이 예수의 복음을 오해했을지라도 말이다. 시작부터 성자가 아니라 성령이 그리스도교에 대한 헤겔의 철학적 변형에 영감을 부여하며, 비록 우리가 처음부터 헤겔의 그리스도교가 종말론적 차원을 지니지 않는다는 것을 감지한다 할지라도, 우리는 헤겔의 엄청난 종교적 진지함을 부정하지 않아야 하는데, 그가 인격적 불사성의 요청에 작별을 고하는 까닭은 다만 참으로 윤리적인 인간은 보상에 대한 어떠한 전망도 필요로 하지 않기 때문일 뿐이다. 개인적 불사성에 대한 전통적인 믿음은 이 시대의 독일 엘리트들 사이에서 점차적으로 소멸되기 시작한다. 우리는 실러의 〈체념(Resignation)〉(1786)을 생각해볼 수 있을 것이다. 프로이센의 문교부 장관 알텐슈타인[22]의 누이가 1830년 사망한 후 그에게 보낸 헤겔의 조문 편지는 조의 표명을 더 쉬운 것으로 만들지 않은 새로운 방식의 감수성의 대가다운 예이다.

《피히테와 셸링의 철학 체계의 차이(Differenz des Fichteschen und Schellingschen Systems der Philosophie)》(1801)는 헤겔이 쓴 최초의 책인데, 그것으로 헤겔은 스스로를 셸링의 충실한 추종자로서 인식하게끔 해준다. 특히 혁신

신앙론》(2권, 1840~1841), 《낡은 신앙과 새로운 신앙》(1872) 등의 저작이 있다.

22 Karl Sigmund Franz Freiherr vom Stein zum Altenstein, 1770~1840. 프로이센의 정치가이자 최초의 문교부 장관(1817~1840). 1817년 신설한 문교부 장관에 취임하자 '철학하는 대신'으로서 당대의 혁명 및 혁명적 충동을 학문과 교육으로 선도하고자 했다. 당시 그가 세계와 그 과정을 해명해주는 것으로서 발견한 것이 헤겔의 철학 체계다. 알텐슈타인은 1814년 이후 공석이었던 피히테 강좌에 헤겔을 초빙했다.

적인 것은 피히테의 개인주의적 법 이론에 대한 비판이다. "따라서 인간과 다른 인간들과의 공동성은 본질적으로 개인의 참된 자유에 대한 제한으로서가 아니라 그것의 확대로서 간주해야만 한다."《신앙과 지식 (Glauben und Wissen)》(1802)에서는 새로운 철학 프로그램이 칸트와 야코비 그리고 피히테의 "주관성의 반성철학"에 대립하며,〈철학 비판 저널〉에서 헤겔의 마지막 논문인〈자연법의 학문적 취급 방식에 대하여(Über die wissenschaftlichen Behandlungsarten des Naturrechts)〉(1802)는 특히 그리스 비극과 대결하는 가운데 칸트의 형식주의적 보편주의에 맞서 윤리의 새로운 개념을 발전시킨다. 계몽의 세계주의에 맞서게 되는 것은 유감스러울 수 있지만, 헤겔은 정당하게도 도덕적 행위가 오직 사회적 제도의 틀 안에서만 가능하다는 것을 파악하며, 그 제도의 내적 논리를 출간되지 않은《윤리의 체계(System der Sittlichkeit)》(1803)에서 재구성하고자 시도한다. 사회적 세계의 셸링으로서 그 포텐츠들을 재구성하고자 한 것이다. 예나 시대 헤겔의 주저는 1807년의《정신현상학》인데, 그것은 '학문의 체계'의 '제1부'로서 고지된다. 비록 이후에《철학적 학문들의 엔치클로페디 강요(Enzyklopädie der philosophischen Wissenschaften im Grundrisse)》(1817. 대폭 개정된 제3판은 1830년 출간)에서 제시한 체계가 과연 타당성 이론적으로 실제로 '현상학'을 필요로 하는지 의심스럽고, 특히 나중 저작의 그 '현상학' 장의 대부분이 많은 경우 다른 질서 속에서 다시 나타난다 할지라도,《정신현상학》은 그 후《엔치클로페디》의 선험적 범주 체계가 현실의 본래적 본질을 파악한다는 확신을 가지고 전개하게 될 절대지로의 상승을 명확히 하고자 한다.《정신현상학》서문은 장엄하면서도 모호한 언어로 헤겔의 프로그램, 특히 "참된 것은 전체다"라는 그의 전체론과 셸링의 동일성 이론으로부터 이반의 시작을 묘사한다. 절대자는 본질적으로 결과라는 것이다. 헤겔은 감성적 확신의 가장 단순한 것으로부터 절대지에까지 이르는 의식 형식의 만화경을 펼치는데, 거기서 성숙한 체계의 범주들로 하자면 주관 정신으로부터 객관 정신을 거쳐 절대 정신으로, 그러므로 철학적 심리학으로부터 사회론을 거쳐 종교철학에로 움직여간다. 세계상의 본질을, 가령 그리스적 윤리와 칸트적 도덕철학의 본질을 몇 번의 필치로 파악해내는 그의 능력은 압도적이다. 그리고 의식 형태**에 대해** 사실인 것과 **그 자체에서나** 관찰자인 **우리에 대해** 이루어지는 것 사이의 섬세한 구별은 매혹적이다. 저작의 목표는 두 관점의, 즉 주관과 객관의 그러나 또한 나와 우리의 일치다. 왜냐하면 《정신현상학》은 상호 주관성이라는 주제에 《엔치클로페디》보다 많은 공간을 배정하기 때문이다. 그리고 특히 '지배와 예속' 장은 마르크스로부터 사르트르에 이르는 이후의 발전을 너무도 지속적으로 각인했다.

헤겔의 주저 《엔치클로페디》는—특히 만약 우리가 강의들로부터 제자들에 의해 최초의 전집 판에 덧붙여진 구술 보론들을 무시한다면—전보문 식으로 간명하다. 다행히도 헤겔은 제1부와 제3부의 제2편을 독자적인 저작들로, 즉 1812/1816년의 《논리의 학》과 1821년의 《법철학요강(Grundlinien der Philosophie des Rechts)》으로 완성해낼 수 있었다. 그의 죽음 이후 역사철학, 미학, 종교철학과 신 존재 증명 및 철학사에 대한 그의 강의들이 헤겔의 초고와 필기록에 근거해 오늘날의 문헌학적 척도로는 충분하지 않지만 헤겔 사상의 풍부함을 반영하는 형식으로 출판되었다. 대담을 나누는 것 같은 그 어조 때문에 강의들은 헤겔에 의해 출간된 책들보다 더 쉽게 읽을 수 있다. 특히 그의 역사철학은 19세기에 광범위한 독자들이 읽었으며, 진보를 장담하는 낙관주의적 역사철학자라는 단적인 이미지를 전달해주었다. 그에 반해 그의 형이상학의 근거 짓기 이론적인 복잡성은 오직 소수에 의해서만 현실적으로 파악되었다. 헤겔학파가 우파와 좌파로 분열된 것도 오로지 헤겔의 미묘한 만유재신론(Panentheismus)을 대부분의 제자들이 놓쳤기 때문에만 가능했다. 왜냐하면 헤겔은 의심할 여지없이 자연과 정신에서의 절대자의 현현이 그의 본질에 속한다는 것에서 출발하는데, 이는 그리스도교에 대한 많은 전통적 해석들과 모순되기 때문이다. 그러나 그에 못지않게 헤겔이 확신하고 있는 것은 정신이 체계의 첫 번째 영역이 아니라는 것이다. 정신은 자연으로부터 전개되는데, 그 자연 자신은 자기를 근거짓는 이념적 구조를 전제하고, 그 이념적 구조를 헤겔은 창조 이전의 신의 본질로서 표현하기를 두려워하지 않는다. 헤겔의 성숙한 체계를 특징짓고 또한 그것을 다듬어진 논리학을 지니지 않은 셸링의 체계로부터도 구별해주는 것은 바로 이러한 논리와 자연 그리고 정신의 삼분법 구조다.

무엇이 헤겔의 체계를 그토록 매력적이게 만드는가? 왜 언제나 거듭해서 헤겔 르네상스가 존재했으며, 나아가 왜 어떠한 중요한 철학자도 그와의 대결을 회피하지 않는지를 무엇이 설명해주는가? 사람들은 헤겔을 거부할 수도 있다. 하지만 그를 무시하는 자는 철학적 위대함을 달성할 수 있게끔 해주는 철학함의 일정한 수준을 전혀 파악할 수 없을 것이다. (그 점은 헤겔적 정식의 한갓된 흉내가 철학에서 수공업적인 숙련의 획득에 극도로 유해하다는 것을 배제하는 게 아니라 오히려 함축한다.) 헤겔은 첫째, 철학사의 가장 위대한 체계 형성자다. 철학의 모든 분과를 그와 비교할 수 있도록 풍부하게 만들 뿐만 아니라 (오직 칸트에게만 떠올랐던 것이지만) 이 분과들을 이후의 수많은 통찰도 쉽사리 통합될 수 있는 적절한 질서 연관으로 가져온—거기서 대부분의 이후 통찰은 그에게서 맹아적으로 착수되어 있는 것으로 나타난다―다른 사상가는 존재하지 않는다. 전문화는 물론 확실히 모든 분야의 운명이다. 그러나 우리는 전문화에 대한 해독제를 발전시킬 때에만 철학의 이념에 충실하게 머물 수 있으며, 헤겔 체계에 대한 연구는 분명 여전히 가장 강력한 해독제. 철학적 분과는 서로 연결되어 있으며, 따라서 우리는 가령 윤리학을 생물학의 철학에 대한 지식 없이는 전혀 영위할 수 없는데, 왜냐하면 우리가 아는 모든 도덕적 존재는 동시에 유기체이기 때문이다. 단지 현실의 부분 영역만을 연구하는 자는 거의 언제나 그것을 근본적인 영역으로 간주하는 데로 기울 것이다. 환원주의는 전체를 안목에 두기를 거부하는 것의 자연스러운 결과다. "**체계 없는** 철학함은 학문적인 것일 수 없다." 오귀스트 콩트[23]와 달리 헤겔은 단순히 경험과학 사이에 존립하는 전제 관계를 받아들이지 않는다. 그는 학문의 내적 건축술에 대한 선험적 설명을 갖고자 한다. 헤겔은 종합적-선험적 판단이 아니라 개념의 선험적 체계에 관심을 지닌다. 근본적으로 《엔치클로페디》는 플라톤과 플로티노스의 눈앞에 떠올랐던 이데아의 우주를 조탁해낸 것이다. 우리가 예나, 뉘른베르크, 하이델베르크 그리고 베를린에서 점차적으로 분명하게 자기의 모습을 표현해나간 헤겔의 질서에 대해 개별적으로는 이의를 제기한다 할지라도, 부인해서는 안 될 것은 현실에 대한 우리의 접근이 무조건적으로 개념에 의해 이끌린다는 점과, 하나의 개념 체계에 대한 결실 있는 비판은 가령 개념성의 영역으로부터 벗어나는 게 아니라 더 나은 개념

23　Auguste Comte, 1798~1857. 사회학과 실증주의의 창시자. 콩트의 사회학과 실증주의는 현대 산업 사회에서 정치 조직의 기초를 제공하기 위해 제시한 사상과 지식의 체계다. 그의 《실증철학 강의》는 인간의 지적 발전이 역사적으로 신학적 단계, 형이상학적 단계, 실증적 단계의 3단계로 발전해왔다는 '3단계 법칙'을 제시한다.

체계를 제안하는 데 존립한다는 점이다. 개념은 우리가 현실에 덮어씌우는 어떤 것이 아니다. 비록 개념이 경험으로부터의 추상에 의해 획득되지는 않는다 할지라도, 실재 자체가 개념적으로 구조화되어 있다. "지성과 이성이 세계 속에 존재한다는 것은 '객관적 사상'이라는 표현이 포함하는 것과 동일한 것을 말한다." 객관적(또는 절대적) 관념론은 개념경험주의가 견지될 수 없으며 따라서 근본적 개념은 스스로를 선험적인 구성 과정에 빚지고 있다는 통찰과, 우리의 개념에도 불구하고가 아니라 그 개념 때문에 현실의 맥박에 다가선다는 실재론적 확신과의 결합이다. 이것은 역설적으로 들린다. 하지만 그것은 단연코 세계가 신적 사상들의 표현이라는 종교적 신앙과 일치한다. 물론 헤겔은 소박한 신앙에는 낯선 확신, 즉 사상들을 올바른 방법에 힘입어 파악할 수 있다는 확신을 가지고 있지만 말이다.

그러나—둘째—헤겔의 특수한 방법, 즉 그의 변증법이란 도대체 무엇인가? 헤겔은 자신이 변증법 자체를 분명하게 밝힐 수 있었던 것보다 더 능란하게 그것을 다뤘다. 아니, 때에 따라서는 헤겔이 모순적인 진술을 참인 것으로 여긴다거나 특히 그가 지성과 이성을 서로 대립시킨다고 무고하는 것으로 보이는 오도하는 견해도 발견된다. 실제로는 헤겔 변증법의 모든 이성적 재구성은 모순율을 전제한다. 헤겔은 이론과 제도에서의 모순으로부터 그것들의 비진리를 추론하기까지 한다. 하지만 그는 모순적인 이론과 제도가 실존한다고 가르친다. 그리고 개념이 일면적이고 자기의 반대 개념의 상대적 권리를 인정하지 않으며 그 자신의 전제를 회복하지 못할 때 모순적이라고 생각한다. 그것은 교조적 지성의 징표이다. 《논리의 학》이 그것으로 시작되는 순수 존재 개념은 헤겔에 따르면 모순적인데, 왜냐하면 그것은 무규정성을 의미하지만, 이러한 의미 자체에 의해 규정되어 있기 때문이다. 따라서 규정된 존재로서 현존재 개념은 하나의 진보다. 유한자 개념은 그것이 개념으로서 지녀야만 하는 안정성에 들어맞지 않는다. 그러나 그것에 대립된 나쁜 무한자 개념은 무한자를 유한자에 대립시키며, 그리하여 무한자를 유한화한다. (왜냐하면 한계를 지니는 것은 유한하기 때문이다.) 오로지 유한자를 통합하는 참으로 무한한 것의 개념, 즉 헤겔의 만유재신론의 근저에 놓여 있는 무한자 개념만이 적합할 것이다. 결정적인 것은 뵈메에게서처럼 부정적인 것을 절대자 내로 통합하는 것이다. 논리학의 최종 범주, 즉 '절대적 이념'은 그의 개념들의 삼분법 구조의 근저에 놓여 있는 원리다. 긍정적 개념 뒤를 부정적 개념이 따르며, 마지막으로 종결하는 종합적 개념이 뒤따른다. 종합적 개념을 형성하는 이성을 헤겔은 '변증법적'이 아니라 '사변적'이라고 부른다. 확실히 우리는 (때때로 사분법으로 대체되는) 헤겔의 삼분법에서 무언가 기계적인 것을 볼 수 있다. 헤겔에 따르면 그것은 물론 현실의 통일을 보장하는 동시에 그 분화를 가능케 한다. 비록 헤겔이 그리스도교의 삼위일체론에서 유사성을 보는 데 거리낌이 없었을지라도, 그는 자신의 보편적 편성 원리에 대해 이성적으로 논증한다. 그러한 원리는 특히 우리가 개념경험주의를 거부하는 동시에 개념 형성에 있어 자의를 피하고자 할 때 가까이 놓여 있다. 그리고 삼분법적 편성은 이원론에 빠지지 않는 분화를 허락하는데, 그 까닭은 세 번째 범주가 매개를 수행하기 때문이다. 헤겔의 구체적 개념 형성을 언제나 거듭해서 거부하는 사람도 다른 어떤 사상가로부터도 그럴듯한 개념 결정에 관해 그토록 많은 것을 배울 수 없을 거라는 점을 인정해야 할 것이다.

체계의 가장 포괄적인 삼분법은 논리, 자연, 정신으로의 구분이다. 논리는 본질적으로 자기 자신을 예화하는(instantiieren) 개념을 다룬다―가령 존재 개념은 **존재한다**. 그에 반해 자연철학의 최초 개념인 공간 개념은 그 자체가 공간적이지는 않다. 따라서 헤겔은 자연을 이념의 자기 외존재(Außersichsein)라고 부른다. 하지만 자연은 증대되는 내면화에 착수해 있으며, 그 내면화는 부분들이 전체 때문에 현존재하고 마침내 감정 같은 어떤 것이 전개되는 유기체의 특수한 존재 양식에서 정점에 도달한다. 마침내 정신이 물론 자연에서 유래하지만, 동시에 정신은 논리학에로의 귀환으로서 자연을 초월한다. 그리하여 헤겔은 인간의 이중적 본성에 부응하지만(인간은 한편으로는 실재적 세계에 속하며, 다른 한편으로는 규범적 타당성 요구를 제기한다), 그렇다고 해서 칸트의 이원론을 이어나가는 것은 아니다. 정신은 자연 발전의 결과이지만, 자연은 처음부터 그것이 첫째, 개념적 구조에 참여하고 둘째, 이 구조를 파악하는 자연 존재를 산출**해야만** 하는 식으로 구상되어 있다. 정신의 최종 형식은 철학이다. 철학에서는 처음부터 함축적으로 체계의 전개에서 일어났던 것이 명시적으로 해명된다. 그리하여 체계는 자기 회복에서 완결된다―이는 자기의 구성적 성취를 동시에 현실의 계기로서 사유할 수 없는 저 초월론 철학에 대한 그야말로 멋진 대안이다.

《논리의 학》은 근대 형식논리학과 달리 첫째, 자연과 정신으로의 구별 이전에 모든 존재자의 근저에 놓여 있는 범주를 다루는 보편적 형이상학의 과제 둘째, 모든 이론 형성의 가능성의 조건을 반성하고 따라서 논리학도 포함하는 초월론 철학의 과제 셋째, 기초로서 존재론적 신 존재 증명을 지니는 이성적 신학의 과제를 긴장에 가득 찬 방식으로 하나로 통합한다. 헤겔의 신은 초월적(transzendent)이 아니라 초월론적(transzendental)이다. 신은 사유를 비로소 가능하게 만드는 것에로 되돌아가는 것에서 파악되는 것이다. 두 개의 절대자가 존재할 수 없는 까닭에 이러한 동일화는 명백하다. 그 저작의 본래적 성취는 칸트에 의해 판단 형식으로부터 긁어모은 범주를 개념의 자기 운동에 의해 증대되는 복잡성의 질서 연관 안으로 가져오는 것이다―가령 내용과 형식 같은 본질 논리의 양극적 범주는 질과 양 같은 존재 논리의 좀더 단순한 범주보다 더 많은 내용을 지닌다. 그리고 개념 논리는 그 자체에서 처음부터 전제되었지만 아직은 주제가 아니었던 개념성의 수준을 명시적으로 해명한다. 언제나 거듭해서 헤겔은 가령 존재 논리의 세 번째 부분에서 도량 구조 같은 동시대 과학의 문제에 관여한다. 특히 놀라운 것은 가령 당시 미적분의 결함(이는 코시[24]와 바이어슈트라스[25]에 의해 비로소 산뜻하게 근거지어졌다)이나 유클리드의 평행선 공준의 수학적 연역 불가능성에 대한 그의 수학적 통찰이다. 논리적 범주는 실재의 구조를 예시하는데, 실재의 발전은 대체로 논리적 영역의 그것에, 가령 공간은 존재에, 절대 정신은 절대 이념에 상응한다.

자신의 논리학 틀 안에서 헤겔은 또한 철학사의 고전적 입장과도 대결하는데, 왜냐하면 그는 논리학에서의 범주적 발전과 철학사의 진행 사이에 정확한 상응이 존립한다는―잘못된―견해를 주장하기 때문이다. 어쨌든 이러한 이론은 헤겔로 하여금 철학사에 그 이전에는 어떠한 철학자도 인정한 적 없는 체계적 의미를 부여할 수 있도록 허락했다. 그

---

24 Baron Augustin Louis Cauchy, 1789~1857. 프랑스의 수학자. 정다면체는 면수가 4, 6, 8, 12, 20의 다섯 종류밖에 없다는 것을 완전히 증명한 논문과 '오일러의 정리'를 확대한 논문이 높은 평가를 받아 수학에 전념했다. 1838년에는 미분방정식의 풀이에 관해 최초의 존재 증명을 했다.

25 Karl Weierstraß, 1815~1897. 독일의 수학자. 해석학의 기초를 확립했으며, 멱승수로서 복소함수 이론의 기초를 닦은 것이 최대의 공헌이다.

리고 이와 관련한 그의 강의들은 여전히 철학사 전체에 대한 가장 좋은 입문 가운데 하나로 남아 있는데, 왜냐하면 그 강의들은 철학사에서 스스로를 유기적으로 발전시키는 통일을 보기 때문이다. 비록 중세 철학에 대한 헤겔의 지식이 아주 보잘것없었다 할지라도, 고대와 근세 철학에 대한, 가령 헬레니즘 학파들에 대한 그의 통찰은 인상적이다. 그리고 헤겔학파의 수많은 공적 중 하나는 학문적 철학사를 구축한 것이었다. 그럼에도 불구하고 헤겔의 논리학을 역사학적으로 읽는 것은 불합리하다. 헤겔의 논리학은 비록 개념적 구조가 모든 발전의 근저에, 그러므로 또한 역사적 발전의 근저에 놓여 있을지라도, 그 발생이 정십이면체의 구성과 마찬가지로 시간 속에서 진행되지 않는 무시간적 개념적 구조를 기술하고자 한다. 더 나아가 비록 헤겔이 절대자의 삼분법적 구조와 그의 자기-자신을-사유함에 근거해 그리스도교적 신의 수많은 특징을 계승하는 절대자 이론을 기획한다 할지라도, 그의 이론은 물론 오류 가능하다. 헤겔이 자기 저작의 서로 다른 판에서 시도한 지속적 개정은 그가 물론 자기 체계의 근본 사상은 아니지만 그 실행을 얼마나 비판적으로 보았는지를 시사한다.

정신철학과 함께 실재철학을 형성하는 헤겔의 자연철학은 그가 당시의 자연과학이 아직 꿰뚫고 지나가지 못한 현상을 개념화하고자 하는 곳에서 취약하다. 그리고 뉴턴에 반대해 괴테의 색채론(여기에는 광학이 아니라 생리학에 대한 새로운 통찰이 속한다)을 옹호하는 것은 케플러의 천문학에 대해 뉴턴의 훨씬 더 일반적인 이론보다 더한 탁월성을 부여하고자 하는 그의 헛된 시도보다 좀더 고통스럽다. 하지만—셋째—헤겔의 자연 개념은 전통의 가장 매혹적인 것 중 하나인데, 왜냐하면 그것은 자연의 부분적인 선험적 인식 가능성을 가르치면서도 칸트처럼 우리의 실재론적 직관을 배반하지 않을 뿐만 아니라 자연의 풍부한 형태에서 절대자의 현현을 인식하면서도 그렇다고 해서 정신에의 목적론적 정향을 부정하지 않기 때문이다. 자연철학의 세 번째 부분인 〈유기체론〉은 웅대한데, 거기서 유기체의 본질 징표(형태, 동화, 재생산) 및 식물과 동물의 구별에 대한 상세한 분석은 아리스토텔레스 이후 가장 중요한 생명체의 철학이다. 빛의 특수한 지위에 대한 헤겔의 반성은《자연철학》에 대한 최고의 전문가이자 헤겔 변증법의 가장 명민한 해석자 중 한 사람인 디터 반트슈나이더[26]에 의해 특수 상대성 이론의 예기적인 서술로서 해석되었다. 또한 우리는 관성 원리가 중력에서 독립적으로 타당하지 않다는 헤겔의 견해에서 일반 상대성 이론을 예시하는 직관을 인식할 수 있다. 헤겔에 따르면 자연은 공간의 상호 외재(Außereinander)를 점점 더 섬세하게 극복하는 형태로 상승한다. 중력과 화학적 과정 그리고 성교가 자연철학의 세 부분을 끝맺는 범주이다. 짐작컨대 칸트와 헤겔의 선험주의는 독일의 자연과학을 가령 영국의 그것보다 더 강력하게 사유 실험과 보편적 원리에 대한 이론적 반성이 중요한 역할을 수행하는 방향으로 이끌었다. 동시에 힘주어 견지해야 하는 것은 헤겔이 라이프니츠와 달리 범논리주의자가 아니라는 점이다. 그는 실재적인 것의 세계 안에 환원 불가능한 우연성이 존재한다는 데서 출발한다. 헤겔에 따르면 실재철학에서는 논리학에서와 달리 일정한 경험 내용의 개념적

---

26 Dieter Wandschneider, 1938~. 독일의 철학자이며 현대의 가장 저명한 헤겔주의자 가운데 한 사람. 그의 특수한 관심은 헤겔의 자연철학으로 향해 있다.《공간, 시간, 상대성. 헤겔 자연철학의 관점에서 본 물리학의 근본 규정》(1982),《변증법 이론의 근본 특징. 헤겔 '논리의 학'에서의 변증법적 범주 발전의 재구성과 개정》(1997),《자연철학》(2009) 등의 저서가 있다.

구조로의 귀속이 요구된다는 것을 자명하게 이해할 수 있다. 그리하여 거기서는 필연적으로 개념적 구조의 도출이 문제로 되는 것은 아닌 잘못이 생겨날 수 있다.

헤겔의 자연철학은 그 통찰의 풍부함 때문에만 결정적인 것이 아니다. 많은 헤겔 해석자들이 그렇게 하듯이 자연철학을 무시하고《정신현상학》과《엔치클로페디》제3부에 집중하는 사람들은 대부분 체계의 객관적인 관념론적 전체 구조를 놓친다. 요컨대 그 체계를 주관주의적이고 구성주의적으로나 심지어 역사학적으로 잘못 해석하는 것이다. 그러나 체계를 종결하는《정신의 철학》이 헤겔의 걸작이라는 점은 여전히 올바르다. 계몽과 고전주의 및 초기 낭만주의가 획득한 모든 통찰을 그 근거짓기 이론적인 복잡성이 그 통찰에 걸맞은 것을 추구하는 하나의 체계 속에 편입시킴으로써 헤겔은—넷째—그것이 없었다면 1933년까지의 독일 정신과학의 장대한 전개가 가능하지 않았을 정신의 이론을 창조했다. 이 점은 비록 그의 죽음 이후 헤겔의 형이상학적 가정들로부터 분리가 시작되고 가령 딜타이(Wilhelm Dilthey, 1833~1911)의 새로운《정신과학 서론(Einleitung in die Geisteswissenschaften)》(1883)의 시도가 헤겔의 가정들로부터 생각할 수 있는 한에서 아주 멀리 떨어져 있을지라도 여전히 참이다. 그리고 딜타이의 기획이 곧바로 얽혀 들어간 난문들은 독일 정신의 엄청난 정신과학적 활기가 좀더 견고한 기초에 빚지고 있다는 것을 분명히 보여준다—고전문헌학자 브루노 스넬[27]의 1946년 작《정신의 발견(Die Entdeckung des Geistes)》도 여전히 헤겔적 실체로부터 살

---

27 Bruno Snell, 1896~1986. 독일의 고전문헌학자. 《정신의 발견. 유럽 사유의 그리스적 기원》은 호메로스로부터 아리스토파네스에 이르는 그리스 문학의 발전이 내적인 정신적 삶의 점진적 발견을 보여준다고 논증한다.

아가고 있다. 헤겔이 무의식적인 영혼의 사건으로부터 복잡한 지적인 작업 과정에 이르기까지 이론적이고 실천적인 활동의 광대한 파노라마의 윤곽을 그리는 주관 정신에 관한 학설보다 그의 객관 정신론과 절대 정신론이 더 의미심장하다. 주관 정신의 철학에서 중요한 것은 그것이 개념을 다시 한 번 다루되, 이번에는 현실의 형이상학적 핵심의 주관적 상관자로서 다룬다는 점이다. 그러므로 헤겔은 인간 정신이 개념들을 창조한다는 것을 논박하지 않는다. 하지만 그것들이 실재를 파악할 수 있는 것은 원리적으로 다만 실재가 개념적으로 구조화되어 있고 오로지 그에 의해서만 가지적이기 때문일 뿐이다. 몰개념적인 사물-자체는 헤겔에 따르면 자기 모순적인 개념적 구성물 이외에 아무것도 아니다. 그리고 존재는 개념적으로 파악할 수 있을 뿐만 아니라 언어적으로 표현할 수 있기도 한데, 왜냐하면 언어에서 정신은 세계의 개념적 구조를 재생산하기 때문이다.

가장 폭넓게 마무리한 작품은 《법철학 요강》, 즉 독일의 법철학과 국가철학의 가장 중요한 저작이다. 헤겔이 그것을 쓸 수 있었던 것은 다만 그가 젊은 시절부터 정치적 사건의 명민한 관찰자였기 때문일 뿐이다. 독일 제국의 내적으로 사멸한 국가 체제에 대한 초기 기술로부터, 카를 크라우스[28]에게서처럼 단순히 인용에 의해 그 정체가 폭로되는 뷔르템베르크 신분제 사회의 편협함에 반대해 나라에 근대적 헌법을 주고자 한 왕의 편을 드는 《1815년과 1816년 뷔르템베르크 왕국 민회에서의 토

---

28 Karl Kraus, 1874~1936. 오스트리아의 문필가. 《격언과 반론》(1909) 등의 경구집과 《윤리와 범죄》(1908), 《문학과 거짓》(1929) 같은 수필집에서 풍자적 관점과 뛰어난 언어 구사력으로 오스트리아 중산층의 자유주의로부터 유럽의 문화 전통에서 가장 훌륭한 것들을 파괴하는 데 책임 있는 모든 것에 이르기까지 비판의 대상으로 삼았다.

론(Verhandlungen in der Versammlung der Landstände des Königsreichs Würtemberg im Jahr 1815 und 1816)》(1817)을 거쳐, 19세기 영국의 가장 커다란 헌법상의 변혁을 둘러싼 투쟁을 (아직 그것이 평화적으로 해결되기 이전에) 전문적이고도 불안에 가득 찬 채 주제화하는 1831년의《영국 선거법 개정안에 대하여(Über die englische Reformbill)》에 이르기까지 헤겔은 자기 시대의 정치적 변화를 마치 지진계처럼 민감하게 기록했다. 프랑스 혁명에 대한 청년기의 열광과 시 〈엘레우시스(Eleusis)〉에서 횔덜린에게 바친 서약, 즉 "오직 자유로운 진리를 위해서만 생겨난 그 동맹, 의견과 감정을 얽어매는 규약과는 결코 화해하지 않을 터"라는 서약은 프로이센의 국가철학자에 의해 단지 가상적으로만 포기되었다. 실제로 헤겔은 프랑스 혁명의 중요한 이념, 특히 법적 평등은 프로이센에서 슈타인-하르덴베르크 개혁[29]에 따라 실현되었다고 단연코 생각할 수 있었다. 헤겔은 피히테와 달리 그리고 또 다른 가장 위대한 독일 정신인 괴테와 전적으로 마찬가지로 독일 내셔널리즘을 숨김없는 반감을 가지고 고찰했다. 그는 결코 공동의 국민을 국가의 필요한 요소나 심지어 충분한 요소로서 간주하지 않았다. 정당한 국가를 위해 결정적인 것은 법이념의 실현이다.

---

[29] 1806년 나폴레옹에 패한 프로이센은 1807년의 틸지트 조약으로 엘베 강 서안을 잃고 거액의 배상금을 지불하며 프랑스군의 점령을 인정해야 했다. 여기서 회복하기 위해서는 구체제의 전면적 쇄신이 필요했으며, 그리하여 개혁을 주장하는 카를 슈타인(Karl Stein, 1757~1831)이 1807년 10월 총리 역할을 수행하는 각료로 등용되었다. 슈타인의 개혁은 (1) 근대적 행정 기구의 확립, (2) 독립 자영 농민의 창출, (3) 상공업의 근대화 도모, (4) 국민적 대표 기관의 설치, (5) 군제 개혁, (6) 교육 개혁에 걸친 것이었다. 그러나 슈타인은 점령군에 대한 무력 저항 계획이 발각되어 해임을 당했고 뒤를 이은 하르덴베르크(Karl August Hardenberg, 1750~1822)가 1810년부터 1822년까지 5차에 걸쳐 내각을 구성해 개혁을 계승했다. 개혁은 행정 기구, 군제, 교육과 상공업에서는 실현되었지만 '농민 해방', 즉 자영 농민의 창출에서는 성과가 없었다.

그리고《법철학 요강》의 제1부인 '추상법'에서 실질적 정의론을 조탁해 낸 것에는 헤겔이 역사법학파에 반대해 옹호하는 자연법 전통을 완성한 것이 놓여 있다. 그의 체계의 몇몇 부분에서 개념 발전은 아주 적확하다. 그리고 비록 일관성과 개념적 분화가 계속해서 모든 법학의 포기할 수 없는 요소라 할지라도 헤겔의 법철학은 단순히 개념 법학이 아니다. 왜냐하면 그 저작의 제2부인 '도덕성'에서는 칸트의 윤리학에 대한 비판과 더불어 자신과 타인의 복지를 위한 노력, 그러므로 물론 법이념이 그리로 환원될 수 없는 관심을 위한 노력의 정당화를 발견할 수 있기 때문이다. 왜냐하면 헤겔에 따르면 가령 자연에 대한 정신의 주권의 표지로서 소유는 욕구 충족을 위한 그것의 의미와는 전적으로 독립해서 내재적인 가치를 지니기 때문이다. 또한 헤겔은 당시에는 존재하지 않았던 무과실 위해 책임론에 대한 발상을 처음으로 제공한다―가령 피히테는 오로지 과실 책임만을 정당화한다.

《법철학 요강》의 주요 문제는 그것이 칸트와 피히테의 법론과 같이 단순히 규범적인 이론을 제시할 뿐만 아니라 동시에 몽테스키외를 따르는 정치적 사회학을 내놓는다는 점이다. 그 점은 특히 가족, 시민사회 그리고 국가를 논의하는 제3부 '윤리(Die Sittlichkeit)'[30]에서 명확해진다. 규범적 차원과 기술적 차원의 결합은 헤겔의 근본 발상에서 생겨난

---

[30] 헤겔의 'Sittlichkeit'는 지금까지 보통 '인륜'이라고 번역해왔지만, '인륜'은 본래 오륜 오상의 유교 도덕을 의미하므로 혼동을 피하기 위해 여기서는 '윤리'라고 옮긴다. 이는 아리스토텔레스가 '윤리적 덕'을 일상의 실천에 의해 형성되는 관습의 소산이라고 생각한 것을 생각하면 개념사적으로도 일관성을 지닐 것이다. 왜냐하면 헤겔도 '윤리(Sittlichkeit)'를 그 어원을 이루는 '습속(Sitte)'의 의미에서 이해하고, 공동체의 습속과 관습에 적합한 상태로 정의하고 있기 때문이다. 이러한 '윤리'는 칸트의 '도덕성(Moralität)'과 명확히 구별된다.

다―헤겔에 따르면 사회적 제도와 상호 주관적으로 공유된 삶의 형식은 자연 포텐츠들처럼 내재적 가치를 지닌다. 그럼에도 불구하고 여전히 평가 절하할 수 없는 것은 윤리의 도덕적으로 수용 가능한 형태와 수용 불가능한 형태를 구별하는 것이다. 국가성 그 자체는 하나의 성취다. 그러나 그 점은 일정한 국가 구조가 저항을 정당화한다는 점에 아무것도 변화시키지 못한다―하지만 그 점에 대해 헤겔은 어디서도 이야기하지 않는다. 그러나 그와 동시에 헤겔이 부각시키는 구체적인 국가는 단연코 고전적인 자유주의 국가이며, 따라서 칼 포퍼[31]와 더불어 그의 정치적 사유를 전체주의의 전사(前史)로서 평가하는 것은 잘못이다. 헤겔의 국가는 국가 이전의 자연법을 인정한다―그리고 무엇이 오히려 국가에 제한을 정립할 수 있는지 알기는 쉽지 않다. 더 나아가 헤겔은 자율적인 시민사회를 힘주어 옹호한다―그는 시민사회를 주제화한 최초의 독일인이다. 피히테와 달리 헤겔은 영국의 경제학자들을 읽었으며, 시장의 자기 조절적인 힘에 관해 잘 알고 있다. 그러나 이런 힘은 다만 국가 수준에서 공익을 위한 합리적 투입이 존재할 때만 작용할 수 있다. 그에 반해 가족은 특수한 이타주의에 그리고 시민사회는 보편적 이기주의에 근거한다. 국가의 감독이 없으면 시민사회는 필연적으로 가난한 자와 부자로의 양극화와 이른바 천민을 산출한다.

국가에 대한 헤겔의 윤리적 정당화는 독일의 높은 공무원 에토스를

---

31 Karl Raimund Popper, 1902~1994. 오스트리아 태생의 영국 철학자. 과학철학자로서 객관적 지식을 탐구하고 그것이 가능한 방법을 역설했지만, 사회철학에도 관심을 가졌다. 《탐구의 논리》(1935), 《추측과 반박》(1963), 《객관적 지식》(1972) 외에 사회철학적 저서로 《열린사회와 그 적들》(1945), 《역사주의의 빈곤》(1957) 등이 있다. 회슬레가 주로 염두에 두고 있는 것은 《열린사회와 그 적들》이다.

함께 형성했으며, 비록 그 자신이 스스로 가차 없이 공개한 사회적 문제에 직면해 대단히 크게 당황했을지라도, 그의 이념들에 근거해 가령 중요한 행정법 전문가 로렌츠 폰 슈타인(1815~1890)[32]에 의해 국가에 의한 사회적 문제의 해결을 고취한 사회국가적 프로그램이 설계되었다. 이 모델에서 국가는 폭넓게 사회로부터 분리해 '위로부터' 지배한다—슈타인은 1882년 빈으로 그를 찾아온, 훗날 일본 최초의 총리가 된 이토 히로부미에게 정당제 민주주의(Parteiendemokratie)와 보통 선거권을 피할 것을 충고했다. 민주주의의 이론적 요소는 헤겔에게서도 단지 가령 배심 재판에 대한 요구에서 초보적으로만 현존한다. 그의 중심적인 국법상 요구는 권력 분할과 관련이 있는데, 국가 권력은 왕권과 상원 그리고 하원의 협력에서 표현된다. 군주의 권리에 대한 정확한 규정은 여전히 날카롭지 못하다. 구두 강의들에서 헤겔은 군주의 역할을 문제를 '나'에게로 정립하는 사람의 역할로 환원하는 것으로 보이는데, 충분히 가능한 것은 1819년의 카를스바트 결의[33]에 직면한 책의 인쇄판이 검열에 대한 선취적인 적응을 포함한다는 점이다. 가장 문제점이 있는 것은 헤겔의 그 저작의 끝이다—국제 관계에 대한 헤겔의 기술이 아무리 명민하다 할지라도, 그만큼이나 더 실망스러운 것은 국제연맹 방식의 제도에 의해 전쟁이라는 제도를 극복하는 것에 대한 칸트의 희망을 그가 냉

---

32 Lorenz von Stein. 독일의 사회학자, 법학자, 행정학의 창시자. 자본주의 사회의 계급 구성을 경제적으로 분석해 국가에 의한 사회 정책 실시를 주장했다.

33 Die Karlsbader Beschlüsse. 1819년 9월 20일, 극작가 아우구스트 폰 코체부의 암살 사건을 계기로 빈 체제를 이끌던 오스트리아의 재상 클레멘스 폰 메테르니히가 주도해 통과시킨 결의안. 당시 오스트리아 제국의 카를스바트에서 열린 회합에서 채택했으며 급진주의자들의 취업 제한, 학생 조합 및 체육 협회의 해산, 대학에 감시자 파견, 엄격한 출판물 검열 등 빈 체제 반대 음모에 대한 탄압이 주요 내용이다.

혹하게 거부한 것이다. 객관 정신의 철학의 부록에 속하는 것이 헤겔의 역사철학인데, 그것은 자유 의식의 진보에서 역사의 본래적 의미를 인식하면서도 동시에 가장 커다란 역사학적 사건은 의식적 계획이 아니라 '이성의 간지'에 의해 생기한다고 가르친다. 이 점은 왜 헤겔이 그 자신의 철학에 대해 미래를 형성하는 힘이 아니라 다만 생기한 것을 개념화하는 힘만을 기대하는지를 설명해준다. "미네르바의 부엉이는 황혼이 깃들 무렵에야 비로소 날기 시작한다." 혁명 이후의 근대 국가는 그에게 종교 개혁이 본질적 역할을 수행하는 복잡한 발전의 목적으로서 여겨진다. 물론 그는 근대 국가의 축복이 동양 세계에도 도움이 될 수 있을지 의심한다. 하지만 모든 문화가 똑같이 가치 있다고 생각하는 저 상대주의적 역사학주의보다 헤겔로부터 더 멀리 떨어져 있는 것은 아무것도 없다.

절대 정신은 헤겔에게 세계의 절대적 원리를 확인하는 인간적 시도다. 그것은 예술, 종교 그리고 철학으로서 표현된다. 헤겔의 미학은 칸트의 미학과는 첫째, 그것이 내용 미학이라는 점에 의해 구별된다. 이점은 특히 그것이 헤겔의 체계 내에서 종교와 밀접하게 결합되어 있다는 것과 연관이 있다. 문제가 되는 것은 지성과 상상력의 단순한 자유로운 유희가 아니라 "이념의 감성적 가현"이다. 동시대 예술가들은 대부분 칸트의 형식주의를 자신들의 활동에 친숙한 것으로서 느낀다. 이 점은 물론 인류의 가장 커다란 물음을 표현한다는 19세기 순예술의 야망이 사라진 사실의 결과일 수 있을 것이다. 헤겔은 단연코 자신의 규범적 예술 개념을 견지하며 오늘날의 다른 종류의 경향에 직면해 "사실들에 대해 디욱더 나쁘게"라고 외칠 수 있을 것이다. 예술의 다양한 내용—예술의 형식적으로 적합한, 다시 말하면 유기적 형태화는 당연히 예술가의 과제로 남는다—에 대한 헤겔의 관심은 칸트에게는 여전히 낯설었던 예술의 역사적 변천에 대한 그의 상세한 연구를 설명해준다. 아니, 그는 고전적 예술 형식과 낭만적(중세와 근대의) 예술 형식에 또한 상징적 예술 형식도 덧붙이는데—아울러 상징적 예술 형식 아래 동양 예술의 모든 형식을 포섭한다—그에 대해 아무리 비판한다 하더라도 그 고유한 논리를 파악하고자 시도한다. 상징적-고전적-낭만적이라는 삼분법은 부각되는 지절이 세 번째가 아니라 두 번째 지절인 한에서 보통과는 다르다. 헤겔에게 그리스 예술은 가장 완전한 예술인데, 왜냐하면 그것은 객관성과 주관성 사이의 유일무이한 조화를 표현하는 데 반해 상징적 예술에서는 전자가, 낭만적 예술에서는 후자가 우위를 점하기 때문이다. 헤겔은 다섯 개 주요 예술의 체계를 예술 형식과 고집스럽게 상응시키는 가운데 전개한다. 건축은 상징적 예술 형식에, 조형예술은 고전적 예술 형식에, 회화와 음악 그리고 시문은 낭만적 예술 형식에 상응한다. 따라서 우위는 조각에 속해야만 하겠지만, 헤겔은 시문을 총애하며, 그 안에서는 서사시와 서정시의 종합적 장르로서 극문학을 총애한다. 특히 그 결과가 풍부한 것은 그의 비극론인데, 비극의 본질을 그는 동등한 권리를 지니지만 마찬가지로 일면적인 두 개의 원리의 갈등에서 본다. 따라서 비극적인 것의 개념은 단지 미학적일 뿐인 것으로부터 윤리적인 것으로 전환되는데, 비록 다수의 비극이 헤겔의 개념을 빛나게 예시해준다 할지라도 그 점이 모두에 대해 타당하지는 않다. 헤겔에게서 상세한 작품 해석은 거의 발견할 수 없지만, 그는 생산자나 수용자가 아니라 예술 작품 자체에 결정적인 초점을 두면서 그러한 종류의 해석에 길을 준비한다. 헤겔과 대결하는 가운데 19세기의 독일은 풍부한 미학적 체계와 이론을 산출했다. 특히 카를 로젠크란츠(1805~1879)[34]의 《추의

미학(Ästhetik des Häßlichen)》(1853)과 에두아르트 한슬리크(1825~1904)[35]의 《음악적 미에 대하여(Vom Musikalisch-Schönen)》(1854)는 여전히 중요한 것으로 남아 있다.

'종교철학(Religionsphilosophie)'이라는 명칭은 두 개의 상이한 분과, 즉 철학적 신학(헤겔은 신의 현존재에 관한 증명에 대한 강의들에서 그것과 대결했으며, 괴테는 그것을 더 이상 시대에 적합한 것으로 간주하지 않는다)과 종교라는 인간적 현상의 철학을 위해 사용된다. 체계 내에서 그것의 위치에 근거해 헤겔은 자기의 종교철학에서 오로지 후자만을 의도할 수 있다. 물론 그에 따르면 신에게로 되돌아가는 인간적 시도에서는 신적인 것이―비록 종교에서는 철학에서처럼 그렇게 분명하게는 아니라 할지라도―특별히 집중적인 방식으로 입증된다. 헤겔은 풍부한 역사적 종교들과 대결하며 그리스도교에 절대적 종교로서 특수 지위를 보장하는데, 왜냐하면 그것에서는 종교의 개념이 자기의 적합한 형태를 발견했기 때문이다. 비록 성숙한 헤겔이 청년 헤겔과 달리 삼위일체론적 교의와 그리스도론적 교의에 많은 자리를 허락한다 할지라도, 결정적인 것은 그가 그리스도교 신앙의 내적 논리의 재구성이라는 틀 안에서만 그렇게 한다는 점이다. 그는 이 교의들을 그 자체로 직지향적으로(intentione recta) 가르치지 않는다. 헤겔의 신은 고난을 겪지 않지만, 세계를 위한 그의 계획에는 인간들이 고난을 관통해나가고 그리스도의 형상에서의 고난의 불

34　Karl Rosenkranz. 독일의 철학자. 헤겔 철학은 로젠크란츠의 기본적인 낭만주의 세계관을 고전적이고 관념주의적인 방향으로 이끌었으며 헤겔 철학의 계승자로서 그 철학을 보수적 시각으로 체계화했다.

35　Eduard Hanslick. 오스트리아의 음악비평가, 작가. 음악에 대한 보수적 태도로 슈만과 브람스의 음악을 옹호한 반면, 바그너와 리스트의 업적을 부인하는 등 정서적 반응의 중요성 대신 형식주의를 강조했다.

가피성과 그 극복을 이를테면 신격화하는 것이 속한다. 아니, 신 자신이 죽었다고 하는 근대적 감정, 즉《신앙과 지식》의 '사변적 성금요일'도 필연적인 통과 계기일 것이다. 삼위일체론에 대한 헤겔의 고유한 철학적 등가물은 논리학의 절대 이념 장에서 발견할 수 있다. 그리고 인간화에 대한 **믿음**이 그를 사로잡는 까닭은 인간이 바로 그에 의해 그렇지 않으면 그에게 계속해서 허락되지 않았을 신에 대한 가까움을 만들어낼 수 있기 때문이다. 헤겔에게는 성령론이 그리스도론을 흡수한다. 예수는 제자들이 공동체 안에서 신에 대한 자립적 관계를 획득하기 위해 죽어야만 했다. 청년 헤겔이 실재적인 그리스도교의 역사를 부정적으로 보았던 데 반해, 베를린의 헤겔은 표상을 매체로 주어진 그리스도교 교의들의 철학적 관철 및 근대 법치 국가의 구축에서 그리스도교의 본래적 실현을 인식한다.

헤겔을 여전히 그리스도교도라고 부를 수 있는가? 그것은 전적으로 '그리스도교'의 정의에 달려 있다. 헤겔은 의심할 여지없이 이성적 신학자이며, 아니 유니테리언 이성주의자들과 달리 철저한 삼위일체론자이고, 이성적 신학의 틀 안에서 그리스도교에 대해 특별한 의미를 부여한다. 그가 자신의 시대에 목격했던 소박한 그리스도교적 종교성의 위기는 그를 극도로 불안하게 만들었다. 정당하게도 니체는 헤겔이 무신론의 승리를 너무도 오랫동안 지연시켰다고 쓴다. 그러나 그는 루터주의자로서 너무나 성실했으며, 분명 자기 시대의 거의 전체 지식을 조망한 최후의 인간이자 특히 근대적 문헌 연구 방법에 정통했던 사람으로서 그리스도교를 전통적인 기적 이야기에 근거짓고자 하기에는 너무나 지적이었다. 그가 예수의 도덕적 혁명을 인격적으로 전유하는 문제와 종말론적 차원을 위한 도덕적 논증에 관심을 가지지 않았다는 사실은 처음에 쇠렌 키르케고르와 그 후 20세기의 변증법적 신학자들의 반란을 설명해준다. 그리고 특히 그들이 반대했던 문화 프로테스탄티즘은 헤겔과 슐라이어마허에게서 그들의 형이상학적 기초를 박탈함으로써 진부하게 만들었으며, 그리하여 종교를 단순한 문화 현상으로, 많은 경우 심지어 독일 내셔널리즘의 쿠션으로 만들었다. 그러나 신이야말로 자기 사유의 일관성에 책임이 있다고 믿는 모든 사람에게는 라이프니츠와 칸트의 그것들과 더불어 또한 헤겔의 철학적 신론도 철저하게 연구할 것을 강력하게 권유할 수 있을 것이다.

08

그리스도교 교의학에 대한 반란: 쇼펜하우어의 인도 세계 발견

거의 어떤 철학자에 대해서도 아르투어 쇼펜하우어에 대해서만큼 사람들의 태도가 갈리지 않는다. 의심할 바 없이 그는 가장 위대한 독일 문장가 중 한 사람이다. 헤겔이 단지 언어 구사력이 뛰어날 뿐인 곳에서 그는 동시에 능가하기 어려울 만큼 명확하고 우아하다. 그의 에세이 〈저술과 문체에 대하여(Über Schriftstellerei und Stil)〉는 독일어로 쓰고자 하는 모든 이가 읽어야 할 것이다. 우리는 여러 나라 말에 능통한 상인의 아들이 이미 어린 시절에 프랑스어와 영어를 배웠다는 것을 감지한다. 심오함을 가장하는 불명료함, 따라서 당대의 독일 문화는 그에게 불쾌한 것이었으며, 그보다는 "모든 유럽 국민 가운데 가장 지성적이고 가장 기지 넘치는 문화"인 영국 문화를 더 좋아했다. 비록 그리스도교에 대한 영국 문화의 완고한 견지가 그를 분격하게 만들었지만 말이다. 그의 현상학적 눈길은 투철하며, 그의 관심의 풍부함은 헤겔에서와 비슷하게 백과사전적이고, 체계 구축에 있어 그의 건축술적 재능은 주목할 만하다. 그의 모난, 아니 냉혹한 개성―루터와 마찬가지로 그도 '성격'을 지녔다―은 유럽 최초의 이 불교도로 하여금 그의 시대에는 여전히 금기였던 것들을 언표하게끔 했다―이 점은 결코 진리의 보장은 아니지만, 새로운 진리를 안목에 넣을 수 있는 가능성을 높인다. 실제로 쇼펜하우어의 독창성은 엄청나다. 그는 그리스인 이래로 존립해온 로고스 철학에 철저하게 도전하면서도 마찬가지로 고대 이래로 친숙한 유물론이라는 피상적인 대안에로 퇴락하지 않는 그런 사람이다. 니체와 그의 후손들은 쇼펜하우어가 없었다면 전혀 가능하지 않았을 것이다. 그리고 그의 영향은 독일의 정신사 전체뿐만 아니라 유럽의 정신사에까지 뻗어간다―리하르트 바그너[1]와 토마스 만은 그에게 결정적인 것을 빚지고 있다. 아니, 심지어 토마스 만의 부덴브로크(Buddenbrook)[2] 같은 허구적인 인물들도 그의 영향으로부터 벗어날 수 없었다. 셸링이 청년 시절에 명성을 얻었던 데 반해 쇼펜하우어는 괴테와 알고 있었음에도 불구하고 결코 교수직에 초빙받지 못했다. 베를린에서의 그의 강의들, 즉 과도한 자기의식을 가지고 헤겔의 그것들과 동일한 시간으로 고지된 강의들은 대실패였으며, 그의 주저 《의지와 표상으로서의 세계(Die Welt als Wille und Vorstellung)》(1818. 개정 증보판은 1844년에 나왔다)는 거의 알려지지 못했다. 노르웨이 과학아카데미로부터 상을 받은 《인간 의지의

---

1   Wilhelm Richard Wagner, 1813~1883. 독일의 작곡가이자 지휘자, 음악이론가. 새로운 교향악적 오페라로 잘 알려진 그는 스스로의 음악적 사고를 '총체예술'이라는 발상을 통해 드러냈고, 이는 기념비적인 네 개의 오페라 연작 〈니벨룽겐의 반지〉(1876)로 표현되었다.
2   《부덴브로크가》(1901)는 토마스 만의 첫 장편소설이다. 19세기 유럽의 사실주의 전통에 입각한 소설로, 당시 대부르주아 출신 가문의 4세대에 걸친 번창과 몰락을 통해 독일 시민 계급의 발전 과정을 비판적으로 제시한 시대적 연대기다.

자유에 대하여(Über die Freiheit des menschlichen Willens)》(1839) 및 《도덕의 토대에 대하여(Über das Fundament der Moral)》(1841)도 거의 성공을 거두지 못했다. 에세이 모음집 《소품과 단편집(Parerga und Paralipomena)》(1851)이 비로소, 그것도 극작가 존 옥센포드[3]의 (곧바로 독일어로 번역된) 에세이 〈독일 철학에서의 성상 파괴(Iconoclasm in German Philosophy)〉를 거쳐 일반적인 주목을 받게 되었다. 여기서 쇼펜하우어는 지배적인 독일 철학의 전복을 인정받았으며, 1859년 그의 주저의 제3판을 체험할 수 있었을 뿐만 아니라 세계적인 명성의 시작을 향유할 수 있었다—가령 자신의 극작가로서 경력을 헤겔주의자로 시작한 프리드리히 헵벨[4]이 그를 방문했다. 오랜 홀대는 그의 비판의 떠들썩함을 격화시켰다—그는 (강의를 들은) 피히테와 (자기의 교수 자격 취득 논문 심사에 참석한) 헤겔에게서 협잡꾼을 보았으며, 자기 시대의 그리스도교 및 교회와 국가에 순응한 대학 철학에 대해서는 다만 경멸을 느꼈을 뿐이다. "전체적으로 보아 교수직이라는 축사 사육은 반추동물에게 가장 적절하다. 그에 반해 자연의 손에서 자기의 노획물을 받아들이는 자들은 자유로운 곳에서 더 훌륭하게 존재한다." 이 모든 것은 그를 읽는 것을 보기 드문 즐거움으로 만든다—《소품과 단편집》에 있는 〈삶의 지혜를 위한 경구들〉은 여전히 걸작이지만, 물론 도덕이 아니라 처세술의 걸작이다. 가령 명예의 다양한 형식에 대한 기술과 조소는 시간을 넘어서서 타당하다. 쇼펜하우어

---

3   John Oxenford, 1812~1877. 영국의 극작가이자 번역가. 탁월한 언어학자로서 괴테의 《시작과 진리》(1846), 에커만의 《괴테와의 대화》(1850)의 번역으로 잘 알려졌다. 옥센포드가 1853년 익명으로 쓴 웨스트민스터 비평문 〈독일 철학에서의 성상 파괴〉는 쇼펜하우어를 헤겔의 비판자로서 제시하기 위해 저술했다.

4   Friedrich Hebbel, 1813~1863. 독일의 극작가, 시인. 괴테 · 실러 · 클라이스트를 잇는 독일 비극의 전통을 지킨 사실주의 희곡을 완성시켰다.

는 특히 에스파냐의 위대한 도덕신학자 발타사르 그라시안[5]을 공부했는데, 그는 기질적으로 동일한 그라시안을 독일화했다. 또한 심리학자로서도, 특히 초심리학적인 현상의 체계화에서도 쇼펜하우어는 여전히 선구적이다.

하지만 쇼펜하우어에 대한 의구심은 그의 매력보다 더 적지 않다. 상속받은 재산으로 생활한 그는 정치적으로 극도로 보수적이었다. 당대의 정치적 변화는 그의 관심을 끌지 못했는데, 왜냐하면 그는 모든 진보의 역사철학을 거부했기 때문이다. 일반적으로 말하자면 그는 계몽의 상속인이었지만, 사회적 측면에서가 아니라 단지 종교적 측면에서만 그러했다. 그는 칸트와 헤겔의 절대적 형벌 이론을 거부했을지라도(쇼펜하우어에 따르면 형벌은 위협에 이바지해야 한다) 그들과 마찬가지로 사형을 열정적으로 옹호했다. 민주주의에 대한 그의 감정은 명백히 적대적이었다. 노예를 소유하는 아메리카 민주주의의 모순에 대해 그가 강조한 것은 부당한 게 아니었으며, 그는 소유의 권리가 상속되는 한에서 탄생의 권리와 소유의 권리가 유사하다는 이유로 세습 군주제를 옹호했다. 〈여성에 대하여(Über die Weiber)〉라는 에세이에서 가장 분명하게 드러나는 그의 여성 혐오는 병적이었는데, 비록 그것이 전통적 역할 이해의 붕괴가 남성을 극도로 불안하게 만든 19세기에 저술가-철학자에게 비교적 널리 퍼져 있었을지라도 말이다—우리는 철학사가 아니라 일반 문화사에 속하는 오토 바이닝거(1880~1903)[6]에 대해 침묵한다 하더라도 키

---

5   Baltasar Gracián y Morales, 1601~1658. 아라곤 태생의 예수회 신부이자 17세기 에스파냐의 가장 중요한 모럴리스트 작가. 문명을 분석한 소설 《비평가》(3권, 1651~1657), 이상적 인간의 모습을 그린 평론 《영웅》(1637), 처세법을 다룬 《신탁》(1647) 등은 모두 철학적 내용을 담고 있다.

르케고르와 니체를 떠올려볼 수 있을 것이다. 그러나 키르케고르에게는 일반적인 성적 장애가 그리고 니체에게는 아마도 동성애가 앞에 놓여 있었던 데 반해, 쇼펜하우어가 여성을 증오한 것은 그가 그들을 성적으로 아주 강하게 욕망했기 때문이다─여성은 금욕을 향한 그의 노력을 위태롭게 했다. 이것이 실제로 여성 혐오를 위한 훌륭한 근거인지에 대한 의심이 제기되지만, 물론 인정할 수 있는 것은 사랑의 능력 없는 강력한 성 충동은─그리고 쇼펜하우어는 동정심(Mitleid) 이상의 것에 대한 능력이 없었다─몹시 고통스럽다는 점이다. 그에 못지않게 위험한 것은 쇼펜하우어의 그리스도교 거부는 특히 그것의 유대적 유산 때문이라는 점이다. 아리아인 예수에 관한 나중의 학설은 그에게서 먼저 각인되었다. 그는 피히테와 마찬가지로 유대인에게서 인권을 부인하지 않지만, 분명 시민권은 박탈한다. 유대교는 그에게 고등 문화의 종교 가운데 가장 저급한 것으로서 여겨진다.

그러나 쇼펜하우어에 대한 결정적 이의 제기는 철학적인 성질의 것이다. 그의 언어의 명확성은 그의 논증이 열등하고 그의 테제가 종종 우스울 정도로 과도하다는 사실에 아무것도 변화시키지 않는다. 기본적인 근거짓기 이론적인 반성이 그에게는 낯설다. 아니, 혁명적인 형이상학과 전통적인 윤리학과 미학의 결합은 이미 니체와 더불어 불안정한 것으로서 입증되었다. 라이프니츠 테제를 그가 역전시킨 것은 유명하다. 즉 쇼펜하우어에 따르면 우리는 가능한 한에서 가장 나쁜 세계에서

---

6   Otto Weininger. 오스트리아의 사상가. 1902년 빈 대학을 졸업하고, 다음 해에 졸업 논문을 발전시킨 《성과 성격》을 발표한 후 자살했다. 이 책은 플라톤, 칸트, 기독교를 사상적 배경으로 한 철학적 심리학의 견지에서 주로 여성 문제를 다룬 것으로, 여성을 부정하는 표현이 도처에 보인다.

살고 있다. 그런데 라이프니츠는 자신의 테제가 경험적으로 근거지어 질 수 없다는 것을 알았다. 그것은 그에게 있어 존재론적 신 존재 증명 에서 따라 나온다. 그러나 쇼펜하우어는 자기의 반대 테제를 정당화하 기 위한 기능적인 등가물을 지니고 있지 않다. 그는 그것을 단지 귀납적 으로 근거지을 수 있을 뿐이며, 일반적으로 칸트와 셸링 그리고 헤겔과 달리 그리고 19세기의 덜 알려진 많은 사상가, 가령 그와 헤겔의 영향을 받은 에두아르트 폰 하르트만(1842~1906)[7]과 같이 귀납적인 형이상학, 즉 선험적으로 나아가는 것이 아니라 근본 경험으로부터 출발하는 그러한 형이상학을 주장한다. 하지만 고통을 사람들이 체험할 수 있는 것보다 상당히 더 많게 표상하는 것은 어려운 일이 아니다. 거기서 쇼펜하우어 는 라이프니츠와 대칭적으로 그러한 증대가 단지 불합리하게 복잡한 자연 법칙에서만 생각될 수 있을 거라고 논증할 수 없다. 왜냐하면 자연 법칙의 단순성은 라이프니츠에게 있어 선이고 아마도 가치로부터 자유 롭겠지만—쇼펜하우어가 그렇게 주장해야만 하듯이—우리의 세계를 다른 모든 대안보다 더 나쁜 것으로 제시하기 위한 악이기는 어려울 것 이기 때문이다. 쇼펜하우어의 성공은 그가 삶의 감정을, 그것도 낭만주 의에서 처음으로 깊이 감지한 세계 고통을 강력하게 표현한다는 점에 토대한다. 이러한 염세주의는—니체도 당연히 그러하듯이—결코 특별 히 끔찍한 시대에 전개된 것이 아니었다. 오히려 그것은 인간들이 고통 을 삶의 정상적인 부분으로서 견뎌낼 수 있는 능력을 상실한 시기에 전 개되었다. 유신론과 범신론에 대한 쇼펜하우어의 저항은 그 도덕적 정

---

7   Karl Robert Eduard von Hartmann. 최초의 저작 《무의식의 철학》(1869)에 따라 '무 의식의 철학자'라고 일컫는 독일의 형이상학적 철학자. 무의식적인 마음의 역할을 강조 함으로써 이성주의와 비이성주의라는 서로 갈등하는 두 흐름을 화해시키고자 했다.

당화를 동물과 인간의 고통에 대한 극도로 민감한 지각에서 지닌다. 낙관주의자가 고통 그 자체를 느끼지 못한 채 마치 텔레비전에서처럼 바라보는 이 고통들을 고려할 때 라이프니츠와 헤겔의 철학과 같은 것들은 단적으로 양심의 가책이 없는 것일 것이다. 라이프니츠가 변신론 문제를 **논리적으로** 제어했다면, 쇼펜하우어는 그것의 **실존적** 해결 불가능성을 표현한다. 그리고 1848년의 독일 혁명 실패 이후 독일은 정서적으로 쇼펜하우어에 동의할 수 있었다. 그의 삶의 감정은 19세기에 다른 이들에 의해서도 공유된다. 특히 그가 애호한 이탈리아 시인 자코모 레오파르디[8]와 미국 작가 허먼 멜빌[9]을 언급할 수 있다. 그러나 멜빌은 낙관주의적인 미국으로부터는 20세기에서야 비로소 고전적 작가로서 인정받았다. 그리고 정치적으로 진보적 이념을 결코 포기하지 않은 레오파르디는 체계적인 철학자가 아니었다. 그리스도교의 점차적인 소멸에 대한 유럽의 비애를 어느 누구도 쇼펜하우어보다 더 능변으로 그리고 더 커다란 철학적 깊이를 가지고 언표하지 못했는데, 그는 자기 주저의 제1판을 (부록 '칸트 철학 비판' 앞에서) '무'로 끝맺으며, 지구가 달과 마찬가지로 생명을 산출하지 않았더라면 더 좋았을 거라고 설명한다. 이것은 독일 니힐리즘의 새로운 판본이자 야코비가 피히테에게서 진단한 것보다 훨씬 더 위험한 판본이다.

쇼펜하우어는 자신의 대안적 세계관을 좀더 커다란 권위를 가지고서

---

8 Giacomo Leopardi, 1798~1837. 이탈리아의 시인. 《죽음에 다가서는 찬가》 등으로 염세 시인의 면모를 나타냈다.

9 Herman Melville, 1819~1891. 미국의 소설가 겸 시인. 잘 알려진 대표작 《백경》은 악 · 숙명 · 자유 의지 등에 대한 철학적 고찰을 전개하는 작품이다. 근대적 합리성을 거부하는 철학적 사고와 풍부한 상징성이 그의 본질이었다.

발전시킬 수 있었는데, 왜냐하면 그 세계관이 불교의 핵심과 일치한다고 확신했기 때문이다. 쇼펜하우어 이래로 서구 지식인들은 아시아의 세계관을 지혜의 탁월한 원천으로 이용할 수 있었다―이는 의식사적으로 엄청난 전환인데, 그것은 특히 쇼펜하우어가 날카롭게 반대한 식민주의의 정당화를 파괴했다. (이는 아마도 식민지가 없는 나라에서 더 쉬웠을 것이다.) 프리드리히 슐레겔의《인도인의 언어와 지혜에 대하여(Über Sprache und Weisheit der Indier)》(1808) 이래로 오늘날까지 영국의 그것에 뒤처지지 않는 최고의 독일 인도학이 존재한다. 1985년 이후 수여한 교토상의 오늘날까지 단 세 사람뿐인 독일인 수상자 가운데 최초의 인물은 두드러지게도 인도학자인 탁월한 파울 티메[10]였다. 슐레겔은 단지 산스크리트어를 습득한 최초의 독일인 가운데 한 사람인 것만이 아니다. 그의 책은 가령 차라투스트라의 이원론과 베단타의 범신론에 예시되어 있는 근본적 사유 양식을 발견하려는 시도에 못지않게 언어학적 방법론에 의해서도 매혹적이다. 18세기에 아시아 문화 가운데서 중국 문화가 유럽의 지식인을 가장 많이 사로잡았다면, 이제 특히 독일에서는 인도와 차라투스트라의 이란이 중국을 대신한다.

이에 대해서는 세 가지 이유가 존재한다. 첫째, 18세기 말에 이르러서야 비로소 인도 텍스트와 앙케틸 뒤 페롱[11]에 의해 아베스타어 텍스트가

---

10   Paul Thieme, 1905~2001. 독일의 인도학자이자 베다 산스크리트어 학자. 1988년 "베다어와 다른 인도 고전 문학에 대한 우리의 지식을 광대하게 증대시키고 인도 사상사 연구의 확고한 기초를 제공한" 공로로 교토상의 '사상과 예술 부문'을 수상했다.
11   Abraham Hyacinthe Anquetil Du Perron, 1731~1805. 프랑스의 동양학자, 언어학자. 아베스타(조로아스터교의 경전)를 최초로 근대 유럽어로 번역해 유럽인에게 동양의 언어와 사상 연구에 대한 관심을 일깨웠다.《젠드아베스타》(1771),《동양의 법률》(1778),《인도와 유럽의 관계》(1798),《우파니샤드》(1804) 등의 작품이 있다.

유럽의 언어들로 번역되었다. 그리고 앙케틸 뒤 페롱을 기만에 사로잡혀 있다는 비난에 맞서 옹호한 것은 독일의 신학자 요한 프리드리히 클로이커[12]였다. 둘째, 사람들은 (결정적으로는 프란츠 봅[13]과 더불어) 산스크리트어와 아베스타어 그리고 대부분의 유럽 언어 사이에서 언어적 동족 관계를 인식했다. 프리드리히 슐레겔은 처음에는 심지어 산스크리트어가 어족 전체의 근원어이며, 그것을 해명함으로써 우리가 인류의 근원에 접근하는 것이 가능하다고 생각했다. (유럽의 연대학적 표상은 18세기에 물론 어느 정도 확대되었지만, 여전히 우리의 그것과는 멀리 떨어져 있었다.) 그러나 셋째, 신화를 결여하고 있던 게 계몽주의자들의 마음에 들었던 중국인의 냉정함과 달리 인도의 신비주의는 매혹적이었다. 바로 낭만주의가ー셸링의 말을 빌리자면ー인도 열광(Indomanie)에 사로잡혔던 것이다. 거기서 인도에 대한 쇼펜하우어의 구체적 지식은 전적으로 보잘것없었다. 쇼펜하우어는 슐레겔 형제, 빌헬름 폰 훔볼트 또는 피히테와 셸링의 제자이자 만유재신론과 진보로 정향된 법철학이 '크라우제주의(krausismo)'로서 에스파냐어 세계에 엄청난 영향력을 행사하고 또 쇼펜하우어가 드레스덴에서 한동안 같은 집에 거주했던 카를 크리스티안 프리드리히 크라우제(1781~1832)[14]처럼 산스크리트어를 공부하지 않았다. 아니, 그

---

12   Johann Friedrich Kleuker, 1749~1827. 독일의 복음주의 신학자. 앙케틸 뒤 페롱의 《젠드아베스타》를 독일어로 번역했다.
13   Franz Bopp, 1791~1867. 독일의 언어학자. 인도유럽어의 비교 연구로 잘 알려져 있다. 당시 언어학자 사이에서는 이미 산스크리트어 · 페르시아어 · 고전 그리스어 · 라틴어 · 독일어 등이 유사하며 공통된 조상을 갖고 있을 거라는 사실이 알려져 있었다. 봅은 이들의 문법이 시대에 따라 어떻게 바뀌어왔는지를 처음으로 밝혀냈다.
14   Karl Christian Friedrich Krause. 독일의 철학자. '크라우제주의'로 에스파냐에서 영향력을 가졌던 그의 철학은 신앙이나 양심에 의해 알려진 신의 관념과 감각에 알려지는 것으로서의 세계를 화해시키려 노력했다. 그가 만유재신론이라 부르는 이 체계는 일신론

는 셸링과 특히 헤겔이 소유했던 인도 문화에 대한 폭넓은 지식도 결코 갖지 못했다. 그는 우파니샤드[15]를 페르시아어 번역을 앙케틸 뒤 페롱이 라틴어로 옮겨놓은 것으로만 읽었다. 그러나 유대-그리스도교적 유신론과 이성주의가 보여주는 것과는 전적으로 다른 종교성과, 동물들도 포함하고 칸트의 명법적인 것으로부터 벗어나는 동정심 윤리학 및 산업혁명이 복지를 약속하는 과정에서 그리스도교적인 유럽에서도 점점 더 그 뒷받침을 상실한 금욕적 이상의 부활 가능성을 쇼펜하우어는 인도와의 만남에 빚지고 있다. 하지만 가령 그가 윤리학의 이른바 근거 짓기를 위해 찬도기야-우파니샤드의 '너는 그것이다(tat tvam asi)'를 이용한 것은 그 자신의 고유한 평가로 귀착된다.

우파니샤드 및 (나중에야 비로소 연구한) 불교와 더불어 쇼펜하우어는 플라톤과 칸트에게서 자신의 철학의 가장 중요한 원천을 보았다. 그의 철학은 분명히 칸트에 대해 반작용하며, 그는 사물-자체에 빛을 비추고자 하는 독일 관념론자들의 소망을 공유한다. 그러나 한편으로 쇼펜하우어는 여전히 강력하게 칸트의 주관주의에 붙잡혀 있으며 또한 그것을 필요로 하기도 하는데, 왜냐하면 그에 따르면 주관주의야말로 현상적 세계를 무조건적으로 지배하는 결정론을 최종 심급에서 회피할 수 있는 유일한 가능성이기 때문이다. (동시에 쇼펜하우어는 라이프니츠에게서 신 존재 증명에로 나아가는 충족이유율의 '수직적' 차원을 거부한다.) 현상하는 대로의 세계는 우리의 표상이다. 공간, 시간, 인과성(그가 인정하는 유일한 범주)

_____

과 범신론의 결합이다.

15 가장 오래된 힌두 성전인 베다를 운문과 산문으로 설명한 철학적 문헌. 우파니샤드에 기반을 둔 가르침을 베단타(Vedānta: 산스크리트어로 '베다의 결론'이라는 뜻)라고 부른다.

은 다만 우리의 주관적 구성일 뿐이며, 아니 칸트의 초월론 철학을 인간학적으로 피상화하는 동일성 이론에 근거하자면 우리 뇌의 기능일 뿐이다. 물론 우리는 어떻게 공간이 뇌와 같은 공간적인 어떤 것으로 환원될 수 있는지 물을 수 있다. 다른 한편으로 쇼펜하우어에 따르면 현실의 최종 근거는 인식 불가능한 사물-자체가 아니라 내관으로부터 확신된다. 그렇지만 그것은 이성이나 개념이 아니라 삶에의 의지다. 생물학에 대한 그의 관심과 비상한 전문적 지식은 그로부터 유래한다―환경생물학은 그에게로 소급된다. 세계를 선입견에서 자유롭게 고찰하는 사람은 서로 투쟁할 뿐만 아니라 또한 성적 충동에 의해 비록 논란의 여지없이 목적론에 의해 두드러진다 할지라도 극도로 불합리한 생명의 유지로 내몰리는 유기체를 본다. 이성, 즉 "육체 없는 날개 달린 천사의 머리"로서 현상하는 것은 참으로 삶의 의지의 징후 이외에 아무것도 아닐 것이다. 인간의 인식은 동물적 인식과 연속성 속에 놓여 있으며, 실용주의적으로 삶의 관심에 대한 봉사자로서 해석해야만 한다. 칸트로부터 영향을 받고 프로이트를 선취하면서 쇼펜하우어는 우리의 완전히 의식적인 사유의 본래적 근원 근거로서 무의식적인 것을 지시한다. "우리의 의식을 …… 어느 정도 깊은 물과 비교한다면, 명료하게 의식된 사상들은 단지 표면일 뿐이다. 그에 반해 실질은 불명료한 것, 감정들이며 …… 우리 본질의 핵심인 우리 의지의 고유한 기분으로 옮겨 놓는다." 의지의 가장 집중적인 증대는 "결코 그리고 어디서도 명료하게 언급되어서는 안 되지만, 언제나 그리고 어디서나 주요한 문제로서 스스로 이해되며 따라서 모든 이의 사상에 항상 현재적인" 생식 행위에서 일어난다. "그러나 그것은 세계의 외설적인 것이자 농담이며, 모든 이의 주요 용건은 은밀하게 추동되고 노골적으로는 가능한 한 무시된다. 그러나 사실상 우리는 바로 그것이 모든 순간에 세계의 본래적이고 상속받은 주인으로서 …… 타고난 왕좌에 앉아 그로부터 비웃는 눈길로 내려다보면서 우리가 그것을 제어하고 감금하며 최소한 제한하도록 만들어낸 시설들을 조롱하는 것을 본다." 그리하여 쇼펜하우어는 마르크스와 니체 그리고 프로이트 이전에 이미 스스로를 (폴 리쾨르[16]의 표현을 사용하자면) "의심의 해석학(Hermeneutik des Verdacht)"의 대가로서 입증한다. 그에 따르면 모든 위대한 인간은 결국 작은 인간으로서 그 정체가 폭로된다. 어떠한 영웅도 그의 하인 앞에서는 더 이상 영웅이 아니다. (그에 반해 헤겔은 이러한 결론을 특수한 하인의 관점으로 제한했다.)

객관적 관념론적인 근본 사상을 기묘한 방식으로 수용하는 가운데 쇼펜하우어는 물론 현실을 그가 '이념들'이라고 부르는 의지의 객관화의 연속적 단계로서─즉 비유기체적인 것으로부터 유기체를 거쳐 인간적 개별성에까지 이르는 단계로서─해석한다. 그것들은 형이상학적으로 근거지어진 자연 이론을 전개하는 그의 체계 제2부의 주제다. 그에 반해 제1부에서 문제되는 것은 인식론이다. 쇼펜하우어는 개념에 대한 직관의 우위를 강조한다. 수학의 철학에서 그의 급진화한 칸트주의는 20세기에 위대한 네덜란드 수학자 루이첸 에그베르투스 얀 브로우베르[17]

---

16 Paul Ricoeur, 1913~2005. 데카르트 이후 프랑스 철학의 맥을 계승하는 철학자로 프로테스탄트 계통의 사상가. 후설의 현상학을 통해 인간 존재의 유한성을 밝히고 초월적 존재인 신을 해명하고자 했다. 《의지적인 것과 비의지적인 것》(1949), 《유한성과 죄악 가능성》(1960), 《해석에 관하여》(1965), 《살아 있는 메타포》(1975), 《타자로서의 자기 자신》(1990) 등의 저작이 있다.

17 Luitzen Egbertus Jan Brouwer, 1881~1966. 박사 학위 논문 〈수학의 기초〉(1907)에서 이미 수학기초론에서의 러셀과 힐베르트의 입장을 비판하고, 다음 해 〈논리학의 원리에 대한 불신〉이라는 제목의 논문에서 배중률의 사용을 제한하는 것을 핵심으로 하는 직관주의적 입장을 표명했다.

의 직관주의에서 중요한 후계자를 발견했다. 비록 쇼펜하우어가 수학에서의 논리적 연역의 의미를 전적으로 저평가한다 할지라도, 가령 유클리드 서두에서의 합동 '증명들'에 대한 그의 비판, 즉 헤겔에게서도 유사하게 발견되는 비판은 지극히 명민하다. 힐베르트[18]에게서는 정당하게도 고유한 합동 공리가 발견된다. 세 번째 체계 부분은 미학에, 네 번째 부분은 윤리학에 해당하는데, 최소한 이 점에서 칸트주의자인 쇼펜하우어는 윤리학에서 철학의 가장 중요한 부분을 본다. 예술 향유와 도덕적 행위 그리고 윤리학의 정점인 금욕은 그에 따르면 거기서 의지의 부정이 이루어지는 세 가지 형식이다. 물론 어떻게 해서 이 부정이 첫째, 가능하고 둘째, 정당한지의 물음을 제기할 수 있다. 정신이 세계의 원리로서 절대 이념에로 귀환하는 헤겔의 체계와 달리 쇼펜하우어의 체계는 완결되는 것이 아니라 자신의 형이상학적 원리에 대한 반란으로 끝나는데, 그 반란은 '의지'라는 표현이 때에 따라서 동음이의어적으로 도덕적 세계 질서와 관계됨으로써 단지 임시방편적으로만 은폐된다. 게다가 쇼펜하우어의 윤리학은 순수하게 기술적이다. 그것은 어떤 힘이 이기주의를 초월하는가 하는 물음을 추적하며, 그것을 동정심에서 발견한다. 그러나 왜 이타주의적 태도가 도덕적인가 하는 것은 근거 지어지지 않는다. 왜냐하면 현실의 일원론적 근원 근거에 대한 형이상학적 지시는 당연히 대답이 아니기 때문이다. 또한 유일한 사물-자체가 존재한다면, 상이한 개인들에서의 초월론적 자유에 대한 칸트의 이론

---

18 David Hilbert, 1862~1943. 독일의 수학자. 형식주의의 창도자로 20세기 초 최고의 수학자 중 한 사람. 《기하학의 기초》(1899)는 비유클리드 기하학이 논리적으로 유클리드 기하학과 동등하다는 것을 밝힘으로써 수학기초론 연구에 새로운 시대를 연 획기적 저작이다.

을 쇼펜하우어가 수용한 것은 잘못이다. 그리고 그에 따르면 사형 집행인과 희생자가 근본적으로 동일한 영원한 정의에 관한 그의 학설은 전통적 변신론 관념들의 그로테스크한 패러디다.

쇼펜하우어의 미학은 그의 가장 중요한 성취 가운데 하나다. 우리는 또한 추상적인 것과 직관적인 것 간의 불일치로서 웃음에 대한 (첫 번째 체계 부분에서 다룬) 그의 이론도 그의 업적으로서 생각할 수 있다. 물론 그 이론은 너무 일면적으로 직관의 우위에 서지만, 우스운 것이 본질적으로 불일치에 관계된다는 것은 어떤 경우에도 여전히 올바르다. 그 대부분이 뛰어난 취미를 증명하는 장르와 개별적 예술 작품에 대한 수많은 구체적인 언급을 제외하면, 쇼펜하우어는 첫째, 예술가가 (플라톤적인) 이념을 파악한다고 가르친다—이는 전적으로 셸링 및 헤겔과 일치한다. 이렇듯 자신의 욕구를 초월하는 어떤 것을 달성하는 것에 자기-자신을-벗어남의 행복이 존립한다. 예술에 대한 쇼펜하우어의 존경에서 새로운 것은 예술이 고통으로부터 벗어남으로써 나타난다는 점이다. 그에 의해 예술은 금욕을 위해 창조되지 않은 자들에게 종교의 대체물이 될 수 있다. 둘째, 천재는 고양된 형식에서 관조를 위한 이러한 능력을 소유한다. 천재의 심리학과 그의 성취 및 위험에 대한 쇼펜하우어의 묘사는 아주 인상적이다. 하지만 거기서 불쾌한 것은 천재와 망상 간의 연관에 대한 낭만주의적 미화보다는 천재가 아닌 사람들을 "자연의 대량 생산품"으로서 처리하는 교만함이다. 셋째, 예술에 대한 쇼펜하우어의 배열은 가장 커다란 독창성을 보여준다. 그에 따르면 최고의 예술은 음악인데, 왜냐하면 그것은 이념의 모상이 아니라 의지 자체이기 때문이다. 바로 감정에 대한 그것의 힘과 그것을 개념으로 옮겨놓을 수 없는 그 불가능성이야말로 그것의 유일무이한 지위를 보장한다.

쇼펜하우어의 작품에 열광적으로 반응한 사람이 예술종교적 자기 이해를 지닌 천재적 작곡가였다는 것은 놀라운 일일 수 없다—리하르트 바그너는 1854년 쇼펜하우어에게 〈니벨룽겐의 반지〉[19]를 보냈는데, 그것은 참으로 바그너 미학의 원리에 따른 총체예술 작품이었다. 물론 헤겔과 마찬가지로 로시니[20]를 애호한 쇼펜하우어의 반응은 긍정적이지 않았다. 그러나 의심할 여지없이 무대 축제극은 쇼펜하우어(및 포이어바흐)의 이념을 표현한다. 그것을 여기서 짧게 언급할 수 있는 것은 바로 이 작품이 정치적 통일 전야에 그야말로 때맞춰 다가온 특수하게 독일적인 신화를 창조했기 때문이다. 이미 조지 버나드 쇼[21]는 1898년의 《완전한 바그너파(The Perpect Wagnerite)》(바그너-지침서)에서 고대 게르만 신화의 외관을 한 〈라인골트〉가 어떻게 근대 자본주의의 상승과 붕괴의 알레고리를 제공하는지 그야말로 뛰어나게 보여주었다. 거기서 권력의지가 방기될 수 있을 거라는 희망은 쇼펜하우어적이며(권력 의지는 쇼펜하우어에서와 달리 성적 충동보다 더 위협적인 것으로서 여겨진다), 특히 마지막의 〈신들의 황혼〉은 라인의 딸들의 귀환, 즉 모든 문화의 고통이 소멸되는 비전에 상응한다. 바그너에게서 새로운 것은 물론 몰락이 시인-작곡가가 긍정하는 폭력에 의해 실행된다는 점이다—그에 반해 모럴리스트 쇼펜하우어는 지그프리트의 소박한 잔혹성에서 기쁨을 느끼기 어려웠다. 그러나 그것은 쇼펜하우어의 가장 이지적인 제자, 즉 그의 스승의

---

19   4부작인 〈니벨룽겐의 반지〉는 〈라인골트〉, 〈발퀴레〉, 〈지그프리트〉, 〈신들의 황혼〉으로 이루어졌다.

20   Gioacchino Antonio Rossini, 1792~1868. 이탈리아의 오페라 작곡가. 특히 〈세비야의 이발사〉(1816), 〈신데렐라〉(1817), 〈세미라미데〉(1823), 〈기욤 텔〉(1829) 등이 유명하다.

21   George Bernard Shaw, 1856~1950. 아일랜드의 극작가, 소설가, 비평가, 화가, 웅변가. 1925년 노벨 문학상을 수상했다.

형이상학에 기초해 또한 윤리학을 혁명화하기 시작한 이를 사로잡았다. 그리고 유감스럽게도 〈니벨룽겐의 반지〉로부터 영감을 받은 것은 니체만이 아니었다. 굴욕을 당한 민족은 1918년 이후 스스로를 지그문트의 고통과 동일시하고 자신의 지그프리트를 기대했는데, 이 민족은 1933년에 그를 얻었고, 그는 전적으로 계획에 따라 신들의 황혼을 실행했으며 바그너의 반유대주의적 환상을 피비린내 나도록 진지하게 생각했다.

09

부르주아 세계에 대한 반란:
루트비히 포이어바흐와 카를 마르크스

그러나 그보다 먼저 문제가 된 것은 세계 해방을 시도하는 것이었다. 의심할 바 없이 독일 철학은 카를 마르크스에 의해 직접적으로 가장 강력한 역사적 힘이 되었다. 공산주의 국가들에서 마르크스의 지위는 가톨릭교에서 교부들의 위상을 훨씬 능가했다. 왜냐하면 그는 자신의 명예를 오직 그의 충실한 친구 프리드리히 엥겔스와 공유해야만 했을 뿐이기 때문이다. 물론 엥겔스는 마르크스보다 지적으로 분명히 열등했다. 하지만 마르크스는 그와 함께 다수의 저작을 집필했으며, 엥겔스는 마르크스주의의 세계관을 이른바 《반뒤링론(Anti-Dühring)》[《오이겐 뒤링 씨의 과학 변혁(Herrn Eugen Dührings Umwälzung der Wissenschaft)》(1878)][1]을 가지고,

---

1   독일의 철학자이자 정치경제학자 오이겐 뒤링(1833~1921)은 실증적 지식을 자연 현상을 관찰함으로써 얻을 수 있다는 실증주의 철학 이론을 지지했다. 인간이 선천적으로 서로 공감하는 본능을 지닌다는 낙관적 견해를 펼쳤으며, 이러한 '공감의 윤리학'에 기초해 자본가와 프롤레타리아트로 나누는 마르크스주의의 이분법은 불필요하다고 주장했

물론 명백한 철학적 딜레탕트의 저작을 가지고 보완했다. 1989년 이후, 즉 마르크스와 엥겔스에 기초한 피비린내 나는 사회적 실험의 종국적 실패 이후 일반적으로 인정되는 것은 그들의 강력한 영향력이 물론 대단히 효과적이긴 했지만 바로 가령 아우구스티누스의 그것보다는 훨씬 더 생명이 짧았으며, 그들에게서 독일 철학의, 아니 세계 철학의 완성을 보는 것은 도덕적 감각뿐만 아니라 지성의 그로테스크한 잘못이라는 점이다. 철학적으로 재능 있는 모든 이들을 괴롭히는 인식론적 물음과 가령 심신 문제 같은 형이상학적 물음에 대해 그들이 단지 독창적인 것을 아무것도 말할 수 없었던 것만이 아니다. 그들은 그것을 전혀 이해하지도 못했다. 쇼펜하우어가 자신의 무신론에서 고통을 겪었던 데 반해 마르크스는 무신론을 지적인 자명성으로서 취급했으며, 다만 사람들이 마침내 그것을 획득하도록 촉진할 수 있었을 뿐이다. 많은 경우 적절한 그의 종교 비판의 근저에는 라이프니츠와 칸트의 양식에 따른 철학적 종교성에 대한 전적인 무지와 무신론적인 권력 의지의 오용 가능성과 관련한 순진하고도 완전한 몰이해가 놓여 있다. 심지어 윤리학의 본래적인 근거짓기 문제마저도 그에게는 낯선 것으로서 남아 있으며—규범적인 정치 이론에 대해 단지 초기 저작에서만 무언가 기여하긴 했지만—권력 분할의 필요성에 대한 자유주의의 지속적 통찰을 무시했고, 심지어 이데올로기적인 것으로서 제거해버렸다—그리고 그런 한에서 그는 최소한 엄청난 지적인 태만죄로 전체주의의 부상을 방조했다.

그럼에도 마르크스는 오늘날 과소평가되고 있다. 단지 1848~1989년의 시기를 이해하고자 하는 모든 이가 그를 연구해야만 하는 것은 아니

———

다. 엥겔스는 《반뒤링론》에서 뒤링의 사회주의 이념을 '속류 유물론'이라고 공격했다.

다. 그의 단연코 독창적인 이념 다수가 수많은 학문적 분과의 형태뿐만 아니라 또한 문학(다만 베르톨트 브레히트[2]만을 떠올리는 것으로 충분할 것이다)을 영구히 변화시켰다. 또한 단지 그의 종종 저널리스트적인 문체가 재기 넘치는 핵심 찌르기로 우리를 사로잡고, 전문가 바보들의 시대에 그의 포괄적 교양이 우리를 놀라게 하는 것만도 아니다. 그리고 단지 그에게 전형적인 것이지만 (프롤레타리아트도 포함해) 사회적 세계에 대한 냉정하고도 많은 경우 냉소적인 기술과 도덕적 격분의 불꽃을 결합하는 것이 여러 세대를 매료시켰던 것만도 아니다. 또한 그리고 바로 그가 철학에 대해 역사적 과제를 부여하는 그 열정은 오늘날 그것과 결합된 긴박감이 사라진 까닭에 무언가 감동적인 것, 아니 그야말로 우울한 기분에 사로잡히게 하는 어떤 것이다. 마르크스로 하여금 어려운 문제들에 대한 단순한 해결책을 선전하도록 한 그의 교조주의는 개인적 권력에 대한 의지뿐만 아니라 또한 바로 사회적 변화에 대한 의지에서 유래했으며, 이 의지의 근저에는 물론 그와 엥겔스 자신의 출신인 부르주아의 도덕적 성질에 직면해 지니지 않을 수 없었던 수긍할 수 있는 분노가 놓여 있었다. 부당하고 극복 가능한 고통에 직면해 무관심하게 머물지 않은 것은 단연코 그 철학자를 돋보이게 한다. 자본주의가 하나의 경제 형식

2　Bertolt Brecht, 1898~1956. 독일의 시인·극작가·연출가, 서사극의 창시자. 《밤의 북소리》(1922)로 클라이스트상을 수상하고. 1920년대에는 서사적 연극의 발상을 발전시켜 사회 기구를 비판하는 희곡에 반영했으며, 이후 마르크스주의에 접근했다. 1933년 나치가 정권을 잡자 덴마크로, 1940년에는 핀란드로, 1941년에는 미국으로 망명했다. 대표작인 《억척어멈과 그 자식들》(1939), 《갈릴레오 갈릴레이의 생애》(1943) 등은 이 시기에 완성했다. 제2차 세계대전 이후 미국에서 '빨갱이 사냥'이 시작되자 스위스로 가 그곳에서 《파리 코뮌의 나날》(1948) 등을 썼으며, 이때 동독의 초청을 받고 동베를린으로 거처를 옮겼다. 만년에는 '변증법적 연극'을 창도했다.

이상이라는 개념과 자본주의가 가령 모든 것을, 즉 덕과 사랑, 지식과 양심을 사고팔기 때문에 미묘한 방식으로 전통적인 덕들을 서서히 파괴한다는 개념을 지니는 것은 우리가 이 체계의 좀더 긴 유효 기간을 목표로 하고 또 중앙관리경제에 대한 시장경제의 무시간적 탁월성을 옹호할 수 있는 온갖 이유를 가질 때에도, 아니 바로 그때야말로 여전히 하나의 성취다.

한편으로는 헤겔 체계의 비상한 미묘함에 대한 감각이 그리고 다른 한편으로는 개념 형성에서 대안들에 의한 그 체계의 내재적 비판이 보수적인 헤겔 우파에게서 대부분 더 두드러졌을지라도, 유럽의 의식의 역사에 대해 결정적 역할을 한 것은 헤겔 좌파였다. 위대한 사상가의 제자라는 것은 결코 쉬운 일이 아니며, 많은 경우 일종의 저주다. 왜냐하면 그의 위대함을 파악했다는 것이 여전히 그 위대함을 공유한다는 것을, 아니 단지 그의 통찰의 근저에 놓여 있는 논증만이라도 실제로 이해했다는 것을 의미하지는 않기 때문이다. 그리고 만약 '자율'이 스승의 슬로건 중 하나라면, 반드시 탁월한 통찰에서 유래하는 것은 아닌 분리 운동이 미리 확정되어 있는 셈이다. 헤겔이 철학을 완성했다는 느낌은 현실을 새로운 사유의 요구에 따라 비판하고자 하는, 아니 재형성하고자 하는 욕구를 키웠다. 그리고 바로 이것이 미네르바의 부엉이에 관한 표어에 반해 생겨났기 때문에 그와 동시에 사람들은 스승을 능가했다고 생각했으며, 아니 스스로가 전적으로 다른 철학적 이념을 구상하도록 재촉받는다고 여겼다. 특히 그를 날카로운 비판으로 불러들인 것은 3월 혁명 이전 시기[3]의 억압적인 정치적 상황과 구체제의 부활 그리고

---

3   포어메르츠(Vormärz) 시기. 독일에서 1848년 3월 혁명 이전의 1815~1848년의 시기

뒤얽혀 있고 더 이상 시대에 적합한 것으로 느껴지지 않는 그리스도교였다. 헤겔 좌파(성숙한 마르크스는 더 이상 이들에 속하지 않는다)의 저작 가운데 가장 영향력이 컸던 것은 루트비히 포이어바흐(Ludwig Feuerbach, 1804~1872)의 《그리스도교의 본질(Das Wesen des Christentums)》이다. 이 책은 1841년 초판을, 같은 1840년대에 두 개의 증보판을 출간했으며, 곧이어 프랑스어와 영어로 번역되었다. 후자는 메리 앤 에번스(Mary Ann Evans)에 의해 이루어졌는데—에번스는 다비트 프리드리히 슈트라우스도 번역했다—그녀의 필명 가운데 조지 엘리엇[4]은 세계 문학의 위대한 이들 중 하나다. 오늘날에도 여전히 이 책에 대한 연구는 모든 지적인 그리스도교도에게 강력하게 권고해야 한다. 그것은 슈트라우스의 저작보다 더 시간을 초월해 있는데, 왜냐하면 이 책은 구체적인 성서 해석상의 물음에 관여하지 않기 때문이다. 물론 이 책은 예수가 가까이 와 있다는 기대, 다시 말하면 가까운 미래에 그가 재림한다는 가정이나 요한복음의 비역사성 같은 공공연하지만 번거로운 성과도 논의 과정에서 고려하고 있다.

중요한 형법학자 파울 요한 안젤름의 아들인 루트비히 포이어바흐는 처음에는 대단히 진지하게 신학을 공부했지만, 그 후 헤겔 밑에서 철학으로 향하며 마침내 어느 정도의 자연과학적 지식을 획득했다. 헤겔에게서 단지 함축되어 있을 뿐인 개인적 불사성에 대한 논박을 명시적으

를 말한다.

4 George Eliot, 1819~1880. 여류소설가. 빅토리아 시대를 대표하는 작가 중 한 사람. 포이어바흐의 《그리스도교의 본질》을 번역했다. 《미들마치》(1871~1872), 《다니엘 데론다》(1876) 등에서 멋진 심리 묘사 및 도덕과 예술에 대한 뛰어난 지적 관심으로 20세기 작가의 선구적 역할을 수행한 것으로 평가받는다.

로 언명한 그의 익명의 저술《죽음과 불사성에 대한 사상(Gedanken über Tod und Unsterblichkeit)》(1830)은 이미 하나의 스캔들이었다. 그 저술이 검열에 의해 금지된 일은 그가 사강사로 있던 에를랑겐에서의 교수 활동 포기로 이어졌다. 또한 나중에 학생들이 그를 1848년에 강의들을 위해 초청한 하이델베르크로의 초빙도 좌절되었는데, 그 강의들은 특히 고트프리트 켈러[5]에게 커다란 영향을 끼쳤다. 어쨌든 그러한 강좌를 얻을 만한 가치가 있는 유일한 사람은 셸링과 더불어—다만 그의 철학이 그렇게 해체적이지만 않다면—포이어바흐라는 것이 한 감정인에 의해 인정되었다. 포이어바흐가 1843년에 썼듯이 경찰은 여전히 진리와 학문 사이의 한계였다.

포이어바흐의 주저는 칸트의《비판》들과 전적으로 마찬가지로 분석론과 변증론, 즉 두 부분 및 부록으로 이루어진다. (그 부록은 신학사에 대한 놀라운 지식을 증명한다. 포이어바흐는 자신이 가장 정통했던 루터와 더불어 교부들과 토마스 아퀴나스도 읽었다.) 제1부에서 포이어바흐는 종교의 참된 본질, 즉 인간학적 본질을 폭로함으로써 종교에서 의미를 발견하고자 한다. 제2부에서는 그리스도교 교의학에서의 모순을 파헤치고자 함으로써 종교의 참되지 않은 본질, 즉 신학적 본질을 공격한다. 헤겔의 종교철학이 역사적 그리스도교의 수많은 표상으로부터 스스로를 떼어놓고 그것들을 사변적 형이상학으로 대체하는 데 반해, 포이어바흐는 "종교적 의식

---

5   Gottfried Keller, 1819~1890. 스위스의 소설가. 19세기 중반 이후 독일어권 리얼리즘 문학의 가장 위대한 작가 가운데 한 사람이다. '스위스의 괴테'라고 일컫는 그는 포이어바흐의《종교의 본질에 관한 강연》에서 큰 감명을 받고, 신을 인간의 힘과 의욕의 결집이라고 보는 현세적 인간주의로서 문학 활동을 시작했다.《녹색의 하인리히》(1855),《마르틴 살란더》(1886) 등의 작품에서 가까운 장래의 사회 개혁과 인간 혁명의 가능성을 묘사했다.

의 가장 야만적인 방종들"을 포함해 그리스도교를 세부적으로 알고 있다. 그리고 그리스도교가 어떻게 그 구체적 표상들에 도달하게 되었는지에 대한 설명을 하고자 한다. 그러한 설명은 세계 외적인 요인들로 소급될 수 없다. 오로지 인간적인 것만이 종교의 근저에 놓여 있다. 그리하여 포이어바흐는 신학과는 구별되는 근대 종교학의 아버지다. 물론 그는 근대 종교학처럼 가치 중립적으로 나아가는 것이 아니라 반-신학적 정념에 의해 추동된다. "신학은 그리스도교 신화학에 의해서처럼 신비적 **행위론**(Pragmatologie)이나 사변적 종교철학에 의해서처럼 **존재론**으로서가 아니라 정신적 **병리학**으로서 다루어진다." 에피쿠로스[6]와 마찬가지로 그도 동시에 치료적 목적을 추구하는데, 다시 말하면 사람들로 하여금 무엇보다도 근대의 철도 및 증기기관차와 양립할 수 없는 자기 내에서 모순적 표상과 특히 이미 프로테스탄티즘이 극복한 도덕, 즉 육체에 적대적인 도덕으로부터 벗어나도록 도움으로써 인간을 종교적 '소외'로부터 해방시키고자 했다. 포이어바흐는 자기 자신의 감각주의적 휴머니즘을 그 윤리학에서 가톨릭주의를 능가한 프로테스탄티즘의 계속으로서 바라본다─물론 바로 그런 까닭에 그에게 있어서는 가톨릭주의의 특징을 이루는 정합성이 상실되었다. 초기 그리스도교를 거부함에도 불구하고 포이어바흐는 초기 그리스도교에서 자기 시대의 타협적인 그리스도교에 대해서는 공격적으로 부인하는 위대함을 인식한다. 그러한 공격성은 키르케고르를 상기시킨다.

종교적 이념의 근저에 신적인 계시가 놓여 있지 않다면 그것들은 어

---

6   Epicouros, BC 341~BC 270. 그리스의 철학자. 소박한 즐거움, 우정, 은둔 등에 관한 윤리철학의 창시자다. 데모크리토스의 원자론을 자연학의 연구 수단이 아니라 궁극적으로 윤리적 목적을 추구하는 철학 체계의 기초로 사용했다.

디서 유래하는가? 포이어바흐에 따르면 종교는 "인간 정신의 꿈", "인류의 **어린이 같은 본질**"이다. 종교를 원시적 발전 단계로 추방하는 것은 같은 시기 프랑스의 콩트에게서 발견되며 모든 세속화 이론의 근저에 놓여 있는데, 물론 그러한 이론에 대해서는 종교가 경이로운 저항력을 대립시켜 보였다. 짐작컨대 종교는 저 모든 이론보다 오래 살아남을 것이다. 포이어바흐의 이론에서 특수한 것은 헤겔의 의식철학과 그의 사변적 명제 이론에 그 배경이 있다는 점인데, 그에 따르면 주체·주어는 결코 술어들로부터 독립적인 의미를 지니지 않는다. 포이어바흐에게 있어 종교는 인간의 자기 자신에 대한, 좀더 정확하게는 다른 본질**로서** 자기의 본질에 대한 태도다. 종교에서 인간은 그 자신의 정신의 특성을 대상화하며, 그 특성을 외적인 힘에서 특히 가치로 충만한 것으로서 경험한다. "무한자의 의식은 **의식의 무한성**에 관한 의식 이외에 다른 것이 아니다." 따라서 종교사는 인간 정신의 진화에 대한 중심적인 지표일 것이다. 포이어바흐는 종교에 의해 주체·주어로, 요컨대 신으로 변형된 술어들의 신성을 논박하지 않는다. 그런 까닭에 그는 자신을 결코 무신론자로서 표현하지 않는다. "오늘 무신론으로 여겨지는 것은 내일 종교로 여겨진다." 하나의 특성은 신이 그것을 갖는 까닭에 신적인 것이 아니라 그것이 신적인 까닭에 신이 그것을 지닌다는 그의 논증은 확실히 플라톤적이다. 그리고 이지적인 그리스도교 전통은 단연코 신이 자기의 특성을 가지는 것이 아니라 바로 그 특성이라고 가르쳐왔다. 그에 못지않게 정당한 것은 종교적 의지주의(특히 "우연의 신비"로서 은총의 선택)에 대한 포이어바흐의 비판인데, 왜냐하면 그것은 모든 도덕적 의미를 파괴하기 때문이다.

포이어바흐는 가령 인간의 지성이나 도덕적 경험이 어떻게 신으로서 실체화하는지를 개별적으로 보여주고자 한다. 아니, 그리스도교는 모든 종교 중에서 그 비밀의 폭로에 가장 가까이 다가가는데, 왜냐하면 그것은 성육신론에서 신과 인간을 동일화하기 때문이다. 그런 까닭에 그리스도교는 "절대적 종교"다. 물론 스스로를 인간이 되는 신으로 창조하는 것은 그 자체에서 신적인 인간이다. 그리스도의 고난은 다른 이들을 위해 고난당하고자 하는 마음가짐의 신격화, 즉 나-너-관계의 삼위일체론이다. 형상에서의 성인 숭배는 성스러운 것으로서의 형상 숭배다. 그리고 기적의 힘은 상상력의 힘을 현시한다. (그리고 그것은 선입견으로부터 자유로운 자연 연구에 유해할 것이다.) 신의 인격성에 대한 반성에서 사람들은 "다른 본질의 비밀들을 엿본다고 하는 망상 속에서" 자기 자신에 대해 사유한다. 특히 야훼는 "이스라엘 민족의 인격화한 자기 욕망"이다. 그렇지만 포이어바흐는 종교에서 또한 현실적 삶에 결여되어 있는 것의 보상도 본다—마리아는 프로테스탄티즘에서 독신 제도를 지양하는 순간 그 의미를 상실한다.

포이어바흐에 의해 기술된 메커니즘이 종교적 이념의 발생을 부분적으로 설명한다는 것은 올바르다. 하지만 종교의 이차적 원인에 대한 선입견으로부터 자유로운 기술은 가령 루돌프 오토[7]의 고전《성스러움

---

7   Rudolf Otto, 1869~1937. 독일의 프로테스탄트 신학자, 종교학자. 종교의 본질과 진리를 학문적으로 파악하는 것을 과제로 삼고, 인간의 내적 직감이나 예감을 방법으로서 해명했다. 오토의 가장 의미 있는 공헌은 종교적 감정의 독자성을 끄집어낸 것이다. 종교는 '성스러움'에 관계하지만, 그 감정은 칸트가 말하는 숭고의 감정같이 이성적인 것이 아니라 비이성적인 것이며, 그 독자성은 '전율하지 않을 수 없는 신비'와 '매혹하는 신비'를 갖추고 있다는 데 있다. 오토는 이것을 '누미노제'라고 명명하는데, 이는 외경심을 불러일으키는 전율적인 무서움, 압도적 권위, 세력 있는 것, '절대 타자'로서의 신비이며, 또한 사람의 영혼을 홀리는 가치로서의 존엄이다.

(Das Heilige)》(1917)에서와 문학적 형식으로는 토마스 만의 요제프 소설들[8]
에서처럼 종교적인 것에 대한 신학적 해석과 양립할 수 있다. 왜냐하면
비록 종교의 심리학적 원인이 존재한다 할지라도, 그 원인에 의해 신적
인 계획이 실현된다는 것을 배제하지 않기 때문이다. 포이어바흐는 이
러한 반박을 감지했던 까닭에 그리스도교에서 모순을 찾아내는 자신의
책의 제2부를 저술했던 것으로 보인다. 하지만 21장은 신 존재의 증명
과 나아가 신의 실존 일반에 대해 반대한다. 존재론적 증명의 중심성은
인정되지만, 이 증명은 칸트와 더불어 그리고 헤겔에 반대해 거부된다.
신의 실존에서의 모순은 그 실존이 감각적이지도 (순수하게 주관적인 사상
내용이라는 의미에서) 정신적이지도 않다는 점에 존립한다. 하지만 근저에
놓여 있는 대안은 어느 정도 단순하다. 가령 수학적 대상은 그 대안에
속하지 않으며, 심지어는 신을 인류의 본질과 동일시할 때 포이어바흐
자신이 전제하는 유(類)개념마저도 그것에 속하지 않는다. 그에 못지않
게 잘못된 것은 신에 대한 신앙이 덕에서 그 내재적 가치를 박탈한다는
그의 논증이다. 그것은 만약 도덕적 이념이 신의 핵심을 형성한다면 사
실이 아니다. 좀더 근본적인 것은 계시 신앙에 대한 그의 비판, 즉 계시
로서 자처하는 전통은 다만 인간의 본성을 드러낼 뿐이며, 단지 역사학
적으로만 타당한 통찰의 절대화는 불가피하게 미신으로 이어질 뿐이
고, 또는 사람들은 성서에서의 모순을 가리기 위해 해석의 자의에 손을
뻗는다고 하는 비판이다. 물론 비판의 중심에는 그리스도교 신학이 놓
여 있지만―또한 헤겔과 헤겔 우파의 사변적 신론도 비판하는데―요컨

---

8   토마스 만의 4부작 《요제프와 그의 형제들》(1933~1943), 즉 1933년의 〈야코프 이야
기〉, 1934년의 〈젊은 요제프〉, 1936년의 〈이집트의 요제프〉, 1943년의 〈부양자 요제프〉를
가리킨다.

대 그들이 지성과 이성을 구별하는 것은 "모든 무의미함의 정당화에" 적합하다는 것이다. 삼위일체는 일신론과 다신론의 모순이며, 그리스도 론의 이중본성론은 절망적으로 비일관적이고, 성사론(Sakramentenlehre) 은 미신과 부도덕을 촉진한다. 그러나 가장 나쁜 모순은 신앙과 사랑 사 이에 존립한다―왜냐하면 전자는 배제하고, 후자는 결합하기 때문이 다. 이교도 박해는 전자로부터 따라 나오며, 겸손 뒤에 숨어 있는 자부 심, 즉 자신의 신앙에 의해 무언가 특수한 존재라는 것에 대한 자부심은 다른 사람들을 위한 지옥의 표상에 의해 자기의 기쁨을 달콤하게 만드 는 사악한 원리다. "지옥의 화염은 다만 믿는 이가 믿지 않는 자들에게 던지는 파멸적이고 분노로 타오르는 눈길의 불꽃일 뿐이다."

부정으로서가 아니라 발견으로서 이해되는 그의 비판의 날카로움에 도 불구하고 포이어바흐를 그리스도교의 적대자로 표현하는 것은 잘못 일 것이다. 우리는 이 칭호를 니체를 위해 남겨놓아야 한다. 왜냐하면 포이어바흐는 다음과 같이 쓰고 있기 때문이다. "신은 사랑이다. 이 명 제는 그리스도교의 최고의 것이다." 결정적인 것은 사랑을 신앙이 아니 라 이성과 결합해 그것을 자기 자신을 통해 근거짓는 것이다. 사랑은 그 리스도의 삶의 척도다. 그러나 그 역은 결코 아니다. "그러므로 인간 때 문에 인간을 사랑하는 자는 …… 그리스도 자신인 그리스도교도다." 물 론 포이어바흐는 위선이 곧이어 그에 뒤따르는 반자연성을 위한 완곡 어법으로서 초자연성을 논박한다. 그는 삶 그 자체에서 종교적 의미를 찾아내고자 한다. 그러나 후자는 비그리스도교적이지 않다. 따라서 '아 멘'은 그의 책의 끝에 놓이지 않는다 해도 말이다. 비그리스도교적인 것 은 다만 그가 윤리학을 "인간은 인간에게 신이다(Homo homini Deus)"라 는 명제로 환원하고자 하는 소박성뿐이다. 그리고 20세기를 "세계사의 전환점"으로 내세우는 것은 바로 이 20세기의 경험에 따르자면 전적으로 우스꽝스럽다. 그리고 비철학적인 것은 그가 자기의 고유한 세계관의 형이상학적, 인식론적, 윤리학적 전제를 어디에서도 해명하지 않고 그저 감각주의를 종적으로 지시하고 있다는 점인데, 인식론으로서 감각주의의 무용성은 이미 칸트가 꿰뚫어보았었다. 그 모두가 사랑스럽지는 않은 인간의 특정한 특성이 어째서 다른 것들보다 더 타당해야 하는지는 포이어바흐에게서 어디서도 근거지어지지 않으며, 나아가서는 다만 근거짓기를 필요로 하는 것이라는 점조차도 파악되지 않고 있다. 라이프니츠 또는 칸트의 형이상학적이고 메타윤리학적인 섬세함과 비교하면 포이어바흐는 원시적이다. 물론 그 점은 그의 책의 베스트셀러 지위에 기여했다. 그러나 비록 그의 저작이 칸트의《비판》들이나 헤겔의《엔치클로페디》를 지양하지는 못한다 할지라도, 그만큼이나 그는 가령 1843년의《미래 철학의 원칙들(Grundsätzen der Philosophie der Zukunft)》에서 독일 관념론의 주관-객관-모델에 대한 대안으로서 나-너-관계를 가지고 철학에 새로운 전망을 열었다고 주장할 수 있다.

비록 포이어바흐가 1869년 사회민주노동자당(SDAP)에 가입했을지라도, 그는 정치적 선동가가 아니었다. 그에 반해 마르크스와 엥겔스는 세계를 단지 여러 가지로 해석하는 것이 아니라 그것을 변혁하기를 원했다―가령 마르크스의 〈포이어바흐에 대한 테제(Thesen über Feuerbach)〉 (1845)의 열한 번째 테제.[9] 그리하여 본래적으로는 철학이라는 과제 영역

---

9   "철학자들은 세계를 단지 다양하게 해석하기만 했다. 중요한 것은 세계를 변혁하는 것이다." 이와 관련해 두 번째 테제는 다음과 같다. "인간의 사유에 대상적 진리가 다가오는가 하는 물음은 이론의 물음이 아니라 실천적 물음이다. 실천에서 인간은 자기 사유의 진리, 다시 말하면 현실성과 힘, 차안성을 증명해야만 한다. 실천으로부터 유리된 사유의

이 이미 방기되어 있지만, 마르크스주의의 핵심 중 하나는 단순한 감성적 직관이 아닌 오로지 실천에 의해서만 특정한 인식을 획득할 수 있다는 것이다. 포이어바흐에 대한 두 번째 비판으로 덧붙여지는 것은 그의 유물론이 역사주의적이지 않다는 점이다—가령 종교가 변화하는 역사적 조건으로부터가 아니라 '인간의' 본질로부터 도출된다는 것이다.[10] 이 두 이념은 단연코 논의할 만한 가치가 있다. 가령 《연방주의자 논집(The Federalist Papers)》[11]이나 존 스튜어트 밀의 정치적 저술을 읽는 이는 그것들이 오로지 정치적 실천에서만 생겨날 수 있었던 구체화로 채워져 있음을 발견한다. 그러나 사실적 실천을 초월하는 가치 평가 척도를 지니는 것은 여전히 포기될 수 없다. 그리고 이 척도는 불가피하게 이론적이다. 더 나아가 종교 현상의 (후기 포이어바흐가 단연코 통찰하고자 시도한) 커다란 역사적 변이가 존재할 때조차 그 변이는 다만 가령 예술이 아닌 **종교**의 변이로서만 여겨질 수 있는데, 왜냐하면 종교의 초역사적 개념이 존재하기 때문이다. 역사학자가 자기 분야의 경계를 짓고자 하는 한에서 그도 마찬가지로 본질주의의 근본 형식을 포기할 수 없는 것이다. 역사주의는 마르크스로 하여금 언제나 거듭해서 경제의 일정한 합법칙성이 오직 하나의 시기에만 제한되며 미래에는 효력을 잃을 수 있을 거라

현실성 또는 비현실성에 관한 다툼은 순수하게 **스콜라 철학적인** 물음이다."

10 여섯 번째 테제는 다음과 같이 시작된다. "포이어바흐는 종교적 본질을 인간적 본질로 해소한다. 그러나 **인간적** 본질은 각 개인에 내재하는 추상물이 아니다. 인간적 본질은 그 현실성에서 사회적 관계의 총체다."

11 《연방주의자 논집》은 미국 헌법을 지지하는 85개 논문을 말한다. 헌법 작성자의 생각과 철학을 엿볼 수 있는 이 논집은 1787년 10월부터 〈인디펜던트 저널〉을 비롯한 뉴욕의 신문에 알렉산더 해밀턴, 제임스 매디슨, 존 제이 등이 헌법 지지를 이끌어내기 위해 논문을 쓰고 익명으로 출판한 것이다.

고 믿을 동기를 부여했다. 그것은 참이다. 경제 운용의 몇 가지 틀 조건은 시기 상대적이다—그러나 결코 모든 것이 그런 것은 아니다. (오로지 마르크스만은 결코 그에 속하지 않지만 독일에 그 중심이 있던) 국민경제학의 역사학파는 그 둘을 구별할 능력이 없었다. 따라서 이후의 학설사에서 오히려 연역적인 방도로의 귀환은 비록 역사학파의 많은 통찰을 상실했다 할지라도 전체적으로 보아 옳았다.

젊은 마르크스에게 가장 많은 영향을 끼친 헤겔 좌파는 브루노 바우어(1809~1882)[12]였다. 그는 물론 애초에는 슈트라우스에 의해 헤겔 우파로서 표시되었지만, 신약 성서에 대한 그의 비판은 마침내 슈트라우스를 넘어섰으며 본 대학에서 그의 지위 상실을 초래했다. 마르크스와 그의 선생과의 결렬을 불러일으킨 것은 자신들의 신학적 논쟁에 의미를 돌리는 헤겔 좌파의 잘난 체함이었는데, 마르크스가 보기에 그 의미는 현실적인 현대사의 사건들에 의해 능가되었다. 이미 1843년에 마르크스는 〈헤겔 국법론 비판(Kritik des Hegelschen Staatsrechts)〉을 저술했는데, 거기서 그는—아리스토텔레스가 플라톤을 그렇게 비판했듯이—헤겔을

---

12 Bruno Bauer. 베를린 대학에서 신학을 공부하고 헤겔의 강력한 추천을 받아 칸트 미학에 관한 논문(1829)으로 상을 받았다. 슈트라우스의 《예수의 생애》에 대해 헤겔학파를 대표하는 형태로 비판적 논평을 내놓았으며, 이 일로 헤겔 우파로서 자리매김했다. 헤겔학파의 신학자 마르하이네케의 후계자로 지목받고 헤겔 《종교철학》 제2판의 실질적 편집자가 되었다(1839). 하지만 또 한 사람의 은사인 에른스트 빌헬름 헹스텐베르크(Ernst Wilhelm Hengstenberg, 1802~1869) 비판을 계기로 복음서와 교회, 신학에 대한 철저한 비판을 전개하기에 이른다. 이 시기의 작품인 《공관복음서 이야기 비판》(1841, 1842)에 따르면 복음서 이야기는 역사적 사실이 아니라 인류사에서 자기의식의 특정한 발전 단계의 소산이다. 그것은 슈트라우스가 말하듯 교단 안에서 무의식적으로 성립한 신화가 아니라 복음서 기자에 의한 의식적인 작성이자 자기의식의 소외의 완성이다. 바우어의 자기의식의 철학은 일정 시기의 마르크스에게 지대한 영향을 주었다.

이념으로부터 출발해 본래적인 현실을 놓친다고 비판했다. 고대 공화국들에 대한 향수병적 맹세 및 신학적 개념 형성과 정치적인 그것 사이의 평행에 대한, 카를 슈미트를 선취하는 관심과 더불어 특히 중요한 것은 근대 관료주의에 대한 비판("어느 누구도 벗어날 수 없는 행로")과 "모든 헌정 체제의 해소된 **수수께끼**"로서 민주주의에 대한 찬성이다. 1844년에는 오직 〈헤겔 법철학 비판 서설(Zur Kritik der Hegelschen Rechtsphilosophie. Einleitung)〉이라는 논고만을 출간했는데, 거기서는 프롤레타리아트에게 메시아적인 희망이 결합된다. 독일은 물론 뒤쳐져 있지만, 바로 그 근본성 때문에 근본으로부터 혁명이 이루어져야만 한다. (아주 조금만 기여한) 엥겔스와 마르크스의 이름으로 1845년 출간한 《신성 가족, 또는 비판적 비판의 비판. 브루노 바우어와 그 일파에 반대하여(Die heilige Familie, oder Kritik der kritischen Kritik. Gegen Bruno Bauer & Consorten)》라는 책은 말하자면 비판의 무자비한 날카로움 속에서 인간적 충실함의 우울하지 않을 수 없는 결여를 증명한다. 그러나 그것은 예를 들어 종교적 언어를 패러디하는 가운데 여전히 모든 시대의 가장 재치 있는 논박 중 하나다. 인식의 정적에 빠져들고 모든 열정과 사랑을 포기하며 정신으로서 오만하게 대중을 내려다보는 순수한 비판의 자기 관련의 공허함에는 프롤레타리아트와의 연대가 대립하는데, 필요한 것은 그들의 관념이 아니라 그들의 존재를 변화시키는 것이다. 왜냐하면 이념은 아무것도 수행할수 없기 때문이다. 세계를 거꾸로 세우고 철학이 그것과 구별되는 '형이상학'에 대해서는 저항이 이루어진다—이는 위르겐 하버마스(Jürgen Habermas, 1929~)에게서도 여전히 계속해서 작용하는 대립화, 즉 전통이제일철학으로서 간주하는 것을 이제 본래적인 철학으로서 간주되는 것에 대해 대립시키는 것이다. 거기서는 엄청난 소박함을 지니고서 공산주의가 유물론의 자연적 결과로서 제시된다. 실제로는 유물론이 그와 마찬가지로, 아니 오히려 훨씬 더 사회다윈주의를 뒷받침함에도 말이다. (마르크스와 동시대의 영국인 허버트 스펜서[13]를 떠올리는 것으로 충분할 것이다. 물론 그는 이신론자로 머물렀다.) 그 저작에는 외젠 쉬[14]의 연재소설 《파리의 비밀(Les mystères de Paris)》과의 대결을 짜 넣었는데, 그 대결은 근대 통속 문학의 본질 및 부와 복수 환상에 의한 대리 만족 그리고 그때그때 마다 자신의 고상한 행동에 대한 감동 앞에서 사라지는 부르주아 도덕 주의의 볼품없는 본성을 뛰어나게 파악하고 있다.

1845/1846년에 두 친구가 저술했지만 1932년에야 소련에서 출간된 《독일 이데올로기(Die deutsche Ideologie)》는 헤겔 좌파에 대한 비판을 계속한다. 그에 더하여 그것은 포이어바흐에 관한 제1장에서 역사적 유물론의 근본 원리를 포함한다. 비록 제목이 원래의 것은 아닐지라도, 프랑스인과 영국인보다 열등한 독일인의 관념론에 대한, 즉 "스스로를 늑대로 여기는 이 양들"에 대한 논박이 이 저술의 주된 관심사다. 종교와 개념의 힘에 대한 믿음에 대해 "정치적인 주요 행위와 국가 행위"를 기술하는 것이 아니라 인간을 그의 자연적인 기초, 특히 그의 경제적 활동으로부터 이해하는 역사 서술이 강령적으로 대립된다. 다양한 생산 관계,

---

13 Herbert Spencer, 1820~1903. 영국의 철학자, 사회학자. 실증주의 입장에서 과학의 개념을 서로 대립·항쟁하는 것으로 보며, 한정된 개인의 경험을 가지고 사물의 본질에 이르는 것은 불가능하다고 여김으로써 동시에 종교 성립의 필요성을 인정했다. 그리고 다윈의 생물진화론을 받아들여, 진화를 생물뿐 아니라 세계 전체로 확대·적용했다. 그러나 진화 단계의 질적 구별을 무시하고, 인간 사회와 자연을 동질적으로 생각하는 사회유기체설을 받아들여 사회다윈주의의 입장을 취했다.

14 Eugène Sue, 1804~1857. 19세기 프랑스의 대중소설가. 사회주의에 공명해 중·상류 사회의 부패나 하층 계급의 비참한 생활을 폭로했다. 《파리의 비밀》(1842~1843)은 프랑스 최초의 일간 신문 연재소설로 《레미제라블》에 영향을 주었다.

예를 들어 소유 관계는 생산력의 발전에 달려 있었다. 정신적 '상부구조(Superstruktur)'(나중에 마르크스는 'Überbau'라고 말한다)는 경제적 토대의 함수다. "하늘에서 땅으로 내려오는 독일 철학과 정반대로 여기서는 땅에서 하늘로 올라간다. ……이리하여 도덕, 종교, 형이상학 그리고 그 밖의 이데올로기와 그것들에 상응하는 의식 형식들은 더 이상 자립성의 가상을 지니지 않는다." 그것들은 외부적으로 설명되어야만 하지 자기로부터 이해되어서는 안 된다. 하지만 독일의 역사학은 "각각의 모든 시기가 자기 자신에 관해 말하고 상상하는 것을 믿는다". 언어적으로 매개된 것으로서 의식은 언제나 사회적 산물이다. 중심적인 것은 계급의 형성이다. 계급 투쟁은 생산력과 (소유 관계에서 뚜렷이 나타나는) 교통 형태(Verkehrsform) 간의 모순으로부터 발원하며 역사의 추동력이다. 근대 국가는 부르주아 사회의 지배 계급의 기능 이외에 아무것도 아니며, 지배 계급의 사상은 한 시기의 지배적인 사상이다. 아울러 근대 국가의 무력함을 다음과 같이 신랄하게 기술한다. "그 실존은 증권거래소에서의 국채의 등락에 있어 전적으로 상업적인 신용에 의존하게 되었다." 근대의 대공업은 하나의 전환점이다. "그것은 가능한 한 이데올로기, 종교, 도덕 등등을 절멸시켰으며, 그렇게 할 수 없었던 곳에서는 그것들을 명백한 거짓말로 만들었다. 그것은 각각의 모든 문명화한 국민과 모든 개인을 그 점에서 그들의 욕구의 만족에 있어 세계 전체에 의존하게 만든 한에서 비로소 세계사를 만들어냈다. ……그것은 자연과학을 자본 아래 포섭했다." 하지만 프롤레타리아트의 빈곤화와 자본주의의 고도한 분업의 결과인 소외가 현재를 규정한다. 그에 대한 대항으로서 "각각의 모두가 활동의 배타적 영역을 가지는 것이 아니라 임의의 모든 분야에서 스스로를 형성할 수 있으며, 사회가 일반적 생산을 규제하고 바로 그에 의해 내게 오늘은 이것을 내일은 저것을 할 수 있게 해주는 공산주의 사회"의 표상이 입안된다. 인류는 어떻게 거기에 도달할 수 있는가? 소외의 비참함은 특히 프롤레타리아트 편에서의 빈곤과 부르주아 편에서의 부와 교양 간의 모순에 의해 견딜 수 없는 것이 되지 않을 수 없다. 그와 동시에 전 지구적인 세계 시장의 성립 때문에 프롤레타리아트는 국제화하고 고통의 압력에 의해 비판이 아니라 혁명으로 내몰리지 않을 수 없는데, 이 혁명은 그와 함께 인간이 역사의 능동적 주체가 되는 까닭에 환영받는다. 마르크스와 엥겔스는 실재적인 인과적 메커니즘을 제시함으로써 공산주의를 하나의 이상으로부터 현실적 운동으로 전환시켰다고 자임한다. 여기에는 유토피아적 사회주의를 '과학적' 사회주의로 극복했다는 주장이 결합한다.

초기 마르크스로부터 철학자라기보다는 오히려 경제학자인 성숙한 마르크스로의 이행은 상당히 연속적이다. 물론 이 점에 대해서는 1968년 경 마르크스를 그의 소비에트 수용자들로부터 구해내고자 한 네오마르크스주의자들이 이의를 제기했다. 경제학 연구로의 이동은 피에르-조제프 프루동[15]을 겨냥한 1847년의《철학의 빈곤》에서 시작된다. 여기서 마르크스는 끝까지 견지하는 자신의 가치 이론을 명확히 표현하는데, 그에 따르면 가치는 생산물이 필요로 하는 최소의 (다시 말하면 경쟁으로

---

15 Pierre-Joseph Proudhon, 1809~1865. 프랑스의 사회주의자, 무정부주의의 선구자. 《소유란 무엇인가》(1840)에서 "소유는 도둑질이다"라고 결론지었으나 자본주의적 사유 그 자체에 반대한 것은 아니었다. 1846년 발표한《빈곤의 철학》에 대해 마르크스는《철학의 빈곤》에서 그의 비과학적이고 프티부르주아적인 입장을 격렬히 비판했다. 1848년 혁명 시기에 프루동은 자기의 이론에 입각한 교환은행의 설립을 제안했으며, 일체의 강제를 배제한 무정부주의의 한 원류가 되었다. 말년에는 소유를 개인의 자유·자립·자기 책임의 근거로 간주하는《소유의 이론》을 남겼다.

인한 종국의 평균적인) 노동 시간에 비례한다. 가치의 구성에 있어 수요가 지니는 의미는 포괄적으로 차단된다. 마르크스는 인간을 모자로 전환시키는 영국인 데이비드 리카도[16]에 대해 모자를 이념으로 전환시키는 헤겔에 대해서와 동일한 방식으로 논박한다. 그는 동시대의 국민경제학이 그 내부에서 경제 활동이 이루어지는 제도적인 틀 조건들을 설명하지 않는다고 정당하게 비판한다. 이 조건들은—물론 그의 그릇된 추론이지만—언제나 역사적이고 무상하며, 경제의 원리와 법칙은 결코 행동하는 인간들보다 먼저이지 않고, 항상 생산력의 발전에 따라 변화할 수 있다. 그는 아이들을 거래해 폭리를 취하는 장사와 산업자본주의가 산출하는 인간 기계를 가차 없이 묘사한다. 동시대의 경제학은 숙명주의적인 것과 낭만주의적인 것—후자에서는 전자의 소박한 무관심성이 아양으로 된다—그리고 모든 인간으로부터 부르주아를 만들어내고자 하는 인도주의적-박애주의적인 것으로 나누어진다. 그 자신의 공산주의적 학문은 더 이상 교조적이 아니라 혁명적일 것이다—이는 물론 그에 대한 모든 비판이 반혁명적이라는 것을 결론으로 지닌다.

마르크스와 엥겔스의 가장 많이 읽힌 저술은 1848년의 《공산당 선언 (Das Manifest der kommunistischen Partei)》이다. 이는 물론 논증적으로 설득력 있는 텍스트라기보다는 오히려 정치적 팸플릿이다. 부르주아의 세계사적이고 세계 포괄적인 성취 및 도덕적 위축을 그려내는 언어의 힘

---

16 David Ricardo, 1772~1823. 영국의 경제학자로서 고전학파의 완성자. 노동가치설에서 출발해 분배론에 이르는 이론을 《경제학 및 과세의 원리》(1817)에서 저술했다. 마르크스는 《철학의 빈곤》에서 리카도가 모자 가격과 노동 임금을 비교한 것을 언급하면서 "의심의 여지없이 여기서 리카도의 언어는 더할 나위 없이 냉소적이다. ……그러나 이러한 냉소를 비난하지 말라. 냉소적인 것은 현실이지 그 현실을 표현하는 말이 아니다"라고 썼다.

은 웅대하며 언제나 거듭해서 핵심을 찌른다. "부르주아는 …… 온갖 봉건적 속박을 가차 없이 갈기갈기 찢어내 버렸다. 그리하여 사람과 사람 사이에는 냉혹한 이해관계와 무정한 '현금 계산' 이외에 다른 어떠한 유대도 남지 않았다. ……부르주아는 인격적 존엄을 교환 가치로 해체했으며, ……부르주아는 종교적이고 정치적인 환상들에 의해 가려져 있던 착취를 공공연하고 파렴치하며 직접적이고도 잔인한 착취로 바꿔 놓았다." 이전 계급들의 구성원이 노력해서 출세할 수 있었던 데 반해, 오늘날 프롤레타리아트의 운명은 만약 그들이 공산당으로 통합되지 않는다면 점점 더 깊은 나락으로 떨어질 것이다. 공산주의에서의 교양의 상실에 대한 부르주아의 두려움은 오늘날 다수를 위한 교육이 기계에 대한 적응 교육에 그 본질이 있는 까닭에 가식이다. 혼인의 파괴에 대한 두려움도 가식인데, 왜냐하면 부르주아는 프롤레타리아트의 여성과 딸뿐만 아니라 자신들의 부인도 상호적으로 유혹하기 때문이다. 중요한 것은 생산 도구로서 여성의 지위 및 국민의 서로에 대한 적대적인 입장을 낳는 내셔널리즘을 극복하는 것이다. 더 나아가 그 고유한 발상은 가령 자기의 목표를 평화적인 도정에서 달성하고자 하는 결함 있는 사회주의 형식들과 대조를 이룬다.

마르크스의 수많은 시의적인 정치 저술 가운데 가장 재기에 넘칠 뿐만 아니라 아마도 가장 훌륭한 책은 일반적으로 1851년의 보나파르트[17]의 쿠

---

17 Charles Louis Napoléon Bonaparte, 1808~1873. 나폴레옹 1세의 형제자매 13명 중 4남인 루이 보나파르트(네덜란드 왕)와 나폴레옹 1세의 첫 황후 조세핀이 데려온 딸인 오르탕스 사이에서 태어난 세 번째 아들. 나폴레옹 1세의 조카인 그가 나폴레옹 3세로 즉위할 수 있었던 것은 그가 프랑스 혁명의 유산과 나폴레옹 1세의 유지를 이어받아 그것을 정치적 이념으로 만들어내고 실현하는 데 성공했기 때문이다. 마르크스는 그에 대해 나폴레옹 1세와 비교해 "한 번은 비극으로 또 한 번은 희극으로"라고 조소했다.

데타를 서술한 《루이 보나파르트의 브뤼메르 18일(Der achtzehnte Brumaire des Louis Bonaparte)》(1852)일 것이다. 베를루스코니[18]의 이탈리아 민주주의 왜곡에 대한 현재의 대응물은 마르크스의 분석 형식이 여전히 죽지 않았다고 하는 바람직한 징표일 것이다. 그의 정치사회학의 범주적 분화는 여기서 정점에 도달하며, 문체적으로도 그 저술은 풍자와 비극적 절규를 혼합하는 데서 일등급이다. 마르크스는 작은 보나파르트를 악마화하지도 않으며 그가 더 커다란 이해관계를 대표한다는 것을 가지고 그를 정당화하지도 않는다. 오히려 마르크스는 어떤 계급적 이해관계들이—기대에 반해 바로 농민과 룸펜 프롤레타리아트가—보나파르트를 뒷받침하는지와 왜 부르주아 당파들이 그의 권력 장악에 저항할 수 없었는지를 상세하게 보여준다. 정치에서 위대한 선행자를 모방하고자 하는 공허한 파토스가 능란하게 묘사된다—물론 그것과 공산주의 혁명에 선행자가 없다는 것이 대조를 이루는데, 그런 까닭에 공산주의 혁명에 대해서는 구체적인 것을 아무것도 표상할 수 없다. 특별히 좋지도 않고 또한 이미 사회적 인정을 향유하지도 못하는 새로운 헌정 체제에 대한 신뢰의 어리석음을 정당하게 풍자하는데, 왜냐하면 빈말 없는 폭력이 빈말의 폭력에 대해 승리를 거두어야만 하기 때문이다—물론 그것과 결합한 것은 마르크스주의의 가장 커다란 도덕적 약점 가운데 하나였던 법·권리에 대한 일반적 경멸이다. 보통 선거권이 없는 공화국 형식이 그러나 또한 보통 선거권이 있는 그것도 정의로운 정치의 보장이 아니라는 점은 마르크스에게도 마찬가지로 인정될 수 있다. 그러

---

18 Silvio Berlusconi, 1936~. 이탈리아의 기업인, 정치인. 1994년부터 2011년까지 세 차례 총리를 지냈다. 본문에서 대응물로 지적하고 있는 것은 베를루스코니 정치의 포퓰리즘적인 모습을 말한다.

나 그것은 공화국 형식에 대한 더 나은 대안이 존재한다는 것을 의미하지 않는다.

가령 중요한 서문이 실려 있는 1859년의 《정치경제학 비판을 위하여(Zur Kritik der politischen Ökonomie)》 같은 그의 수많은 경제학적 저술의 정점은 《자본(Das Kapital)》이다. 제1권은 1867년에 출간했으며, 제2권과 제3권은 수고에 기초해 엥겔스가 1885년과 1894년에 출판했다. 경제의 근본 범주들, 요컨대 헤겔로부터 영감을 받은 범주적 전개, 엄청난 경제사적이고 학설사적인 지식 그리고 식민화와 노동자의 쇠약화같이 자본주의적 변형과 함께 나타나는 범죄에 대한 신랄한 논평들은 그 책에 고전으로서의 지위를 보장한다. 비록 그 근저에 놓여 있는 노동가치론이 견지될 수 없고 그와 더불어 또한 노동자의 착취에 관한 테제(결코 언제나 잘못은 아닌 테제)가 의지하는 잉여가치론이 붕괴한다 할지라도 말이다. 인구통계학을 경제학에 통합하는 맬서스[19]의 중요한 시도를 거부하고 노동을 유일한 생산 요인으로 고찰하는 것으로 인해 마르크스는 그 이전에 이미 달성한 것보다 못하다. 그리고 20세기에 그동안 이루어진 신고전파[20]의 학문적 혁명에 맞서 마르크스의 경제론을 옹호한다면, 거기서 문제되는 것은 순수한 교조주의다. 그럼에도 불구하고 상품의 물신

---

19 Thomas Robert Malthus, 1766~1834. 영국의 사회사상가, 경제학자. 산업혁명에 따른 도시 노동자의 증대와 그 빈곤, 프랑스 혁명에서 촉발된 급진적 사상의 출현이라는 사회 정세 속에서 집필한 《인구의 원리》(1798)를 통해 식량은 산술급수적으로만 증가하는 데 반해 인구는 양성 간의 정욕에 의해 기하급수적으로 증가하는 경향을 지니기 때문에 바로 인구를 제한하기 위해 전쟁·질병·기근 등에 따른 사망률의 상승, 낙태·유아 살해·매춘 등에 의한 출생률의 억제가 일어난다고 설파했다.

20 신고전파 경제학은 시장이 어떻게 작동하는지 설명하는 학문이다. 원래는 영국 고전파 전통을 중시한 앨프리드 마셜의 경제학을 일컫는 말이지만, 일반적으로는 한계 혁명 이후의 효용 이론과 시장 균형 분석을 받아들인 경제학을 가리킨다.

적 성격을 설명하기 위해 마르크스가 사용 가치와 교환 가치의 구별을 이용한 것은 천재적이다. 교환 가치는 사회적 관계들로부터 생겨난다. 그리고 이러한 사회적 관계는 감각적 대상인 상품 속에서 사라지며, 이를테면 대상화한다. "그러므로 상품 형태의 신비함은 단순히 다음과 같은 점에 존립한다. 요컨대 그것이 인간에게 그들 자신의 노동의 사회적 성격을 노동 생산물 자체의 대상적 성격으로서, 즉 이 사물들의 사회적인 자연 속성들로서 나타내 보이며, 따라서 또한 총노동에 대한 생산자들의 사회적 관계도 그들 외부에 실존하는 대상들의 사회적 관계로서 나타내 보이는 것이다." 상품에 대한 욕망은 그것들이 빚지고 있는 복잡한 과정에 대해 눈멀게 만든다. 그리고 사회적 세계는 외적 대상의 모델에 따라 구상되며, 그러므로 죄르지 루카치의 《역사와 계급의식(Geschichte und Klassenbewußtsein)》(1923) 이래로 그렇게 여겨지듯 "사물화"한다.

마르크스는 화폐 마법과 자본 물신을 유사하게 논의한다. 확실히 그는 자본주의가 상품-화폐-상품 과정을 화폐-상품-화폐 과정으로 대체한다고 하는 데서 올바르다. 화폐가 상품에 도달하기 위한 교환 수단이 아니라 오히려 상품이 화폐를 증대하기 위한 수단이다. 이윤 추구의 자립화는—비록 그것의 긍정적 결과인 생산력과 혁신성의 증가를 그것 없이 어떻게 달성할 수 있는지 명확하지 않다 할지라도—자본주의에서 본래적으로 의심스러운 점이다. 더 나아가 마르크스는 시장의 익명적인 힘이 대부분의 사람들에 의해 계획 경제 사령부의 명령에 대한 직접적인 의존보다 덜 굴욕적인 것으로서 감지된다는 점을 간과한다. 프롤레타리아트의 점점 더 악화하는 빈곤화에 대한 그의 예상은 다행스럽게도 성취되지 않았으며, 변증법적 도약에 의해 바로 그로부터 계급 없는 사회가 나타나게 될 거라는 불합리한 희망은 다만 변증법에 대한 불신으로 이어졌을 뿐이다.

일반적으로 마르크스주의로부터 무엇을 견지할 수 있을까? 사회사와 경제사는 마르크스주의에서 처음으로 정당화를 획득했으며, 또한 역사적 발전에 대한 구체적 분석도 언제나 거듭해서 뛰어나다. 마르크스는 역사사회학의 창설자에 속한다. 지구화에 대한 마르크스주의의 분석, 즉 21세기 초는 단지 19세기에 시작되고 1914~1989년에 두 번의 세계 전쟁과 냉전에 의해 중단되었던 것을 계속할 뿐이라는 분석은 웅대하다. 그리고 과장된 이데올로기 배후에서 경제적 이해관계를 보여주는 폭로의 몸짓은 의심할 바 없이 종종 설득력이 있다. 비록 그것이 장기적으로는 소박함뿐만 아니라 선에 대한 신뢰도 해쳤고, 나아가서는 아마도 그것의 경제적 환원주의에 의해 경제적 추구의 꾸밈없는, 다시 말하면 특히 어떠한 장애도 없는 관철을 결과로 지녔을지라도 말이다. 하지만 그 발상의 철학적 약점은 간과할 수 없다. 첫째, 그것에서 무엇이 경험적으로 그리고 무엇이 선험적으로 근거지어져 있는지 명확하지 않다. 사회과학적 인식의 두 요소의 구분은 어디에서도 행해지지 않는다. 물론 마르크스와 엥겔스는 자립적인 철학을 추구하고자 하지 않는다. 그들은 관찰에 의지할 것을 요구한다. 물론 사회적 현실과 그 역사에 대한 그들의 언제나 거듭해서 혁신적인 범주화는 결코 오로지 선입견에서 자유로운 관찰로부터만 생겨나는 것이 아니다. (관찰은 칸트 이래로 알고 있듯이 항상 이미 범주들을 전제한다.) 특히 헤겔의 관념론적 변증법에 대한 논박은 개념 발전에 대한 헤겔의 이론이 인과과학적인 물음을 해결하고자 하는 것이 아니고 또한 **인간의** 표상이 역사를 움직이는 원리라는 것을 함축하지 않는 까닭에 잘못이다. 둘째, 경제적인 것의 우위에 대한 마르크스의 강조는 일면적이다. 정치뿐만 아니라 종교도 경제적 생기 사건에 영향력을 행사하며, 결코 단지 그것에 반작용하는 것만은 아니다. (이 점은 몇몇 구절에서 인정된다.) 따라서 가령 페르디난트 라살레[21]가 품은 희망, 즉 국가가 자본주의를 제어할 수 있을 거라는 희망은 의미심장하다. 그리고 마르크스가 1844년 종교를 그와 잘 알고 있는 하인리히 하이네와 관련해 "민중의 아편"이라고 표현할 때, 이는 한편으로는 종교가 폭력을 위한 선동 수단일 수도 있는 까닭에 과소평가한 것이며, 다른 한편으로는 종교에 의해 이루어질 수 있고 따라서 역사를 적극적으로 변형시킬 수 있는 공동 가치의 창설을 놓치고 있다. 아니, 마르크스와 엥겔스는 종교가 타당성 요구를 제기하는 사람이라면 누구나 관계하지 않을 수 없는 이념적 세계에 대한 인정—잘 알려진 대로 그 대부분은 그 세계를 소박하게 사물화한다—이라는 점을 어디에서도 파악하지 못한다. 만약 인간 정신이 단지 물질과 경제적 이해관계 입장의 기능일 뿐이라면 어떻게 그것이 진리 능력을 지닐 수 있는지 쉽게 파악할 수 없다. 그리고 이와 더불어 자연스럽게 왜 우리가 마르크스와 엥겔스 자신의 이론을 진지하게 받아들여야 하는가 하는 물음이 제기된다. 자신의 철학적 진리 요구를 회복하는 중심 과제에서의 경솔함은 쇼펜하우어와 함께 시작된다. 마르크스와 엥겔스는 바로 다음 단계를 나타내며, 물론 니체는 이를 훨씬 더 뛰어넘는다.

셋째, 갈등의 법적 해결이 인간에게서 그들의 자율성을 가장 잔인하게 박탈하는 폭력을 최소화하는 까닭에 혁명을 회피해야 할 도덕적 근거가 존재한다. 그에 반해 "기요틴이 …… 그에 대해 장단을 맞출 때, 그

---

21   Ferdinand Gottlieb Lassalle, 1825~1864. 19세기 독일에서 마르크스 및 엥겔스와 어깨를 나란히 하고 또는 그 이상의 권위를 인정받기도 한 사회주의자, 노동 운동 지도자.

아침놀이 하늘의 불타는 도시들의 반사"인 날에 대한 마르크스와 엥겔스의 열광적 맹세는—비록 여기에서 유대교와 그리스도교로부터 유래한 종말론적 표상이 세속화되어 계속해서 작용하고 있다 할지라도—서구의 윤리적 전통과의 경악할 만한 단절을 나타낸다. 하지만 그들에게서는 견고한 윤리적 기초를 제시할 수 있는데, 물론 마르크스와 엥겔스는 근본적으로 혁명이 모든 것을 배려할 거라고 확신했던 까닭에 그것을 결코 다듬어내지 않았다. 이러한 전망에서는 우리가 윤리적 요구를 어떻게 근거짓고 가령 관대함과 동정심 같은 덕을 어떻게 배양할 것인가 하는 것들은 낡은 것으로서 나타난다—구체적인 사회 정책도 이와 마찬가지다. 이미 '수정주의적' 사회민주주의자인 에두아르트 베른슈타인(1850~1932)[22]은 노동가치론과 빈곤화 이론 그리고 민주주의의 도구화에 대한 비판과 더불어 마르크스주의로부터 구해낼 수 있는 것을 구해내기 위해 칸트로의 귀환을 가르쳤다. 그의 구호인 "캔트에 반하는 칸트(Kant wider Cant)"(여기서 '캔트'는 '위선'을 말한다)는 유명하다. 만약 우리가 마르크스주의를 그것과 가장 유사한 프랑스 철학, 즉 그와 마찬가지로 순수하게 내재적인 세계관을 제공하고 세계에 관한 지식이 사회학에서 정점에 도달하게끔 하는 콩트의 철학과 비교한다면, 독일인의 혁명에 대한 열광은 곧바로 눈에 띄는 데 반해 콩트는 질서와 진보를 결합

22   Eduard Bernstein. 독일사회민주당의 가장 저명한 수정주의자. 《사회주의의 문제》 (1896~1898)나 수정주의의 바이블이라 일컫는 《사회주의의 전제와 사회민주주의의 과제》(1899) 등의 저작에서 유물론적 역사관, 노동가치론, 자본주의 붕괴론=생산의 사회화론, 계급투쟁론 등 마르크스주의의 이론적 근간을 비판했다. 그는 독일사회민주당의 현실적 모습인 '민주적·사회주의적 개량 정당'에 부합한 마르크스주의의 수정과 더불어 사회주의 운동에서의 윤리와 주체성의 계기를 중시한 '윤리적 사회주의'의 필요성을 주장했다.

하고 자신의 무신론에도 불구하고 종교의 가치를 긍정적으로 평가하며 그것을 자기의 목적을 위해 이용하고자 한다. 이 점은 프랑스인에게는 성공적인 혁명의 결여를 상쇄해야만 했던 독일인에게보다 혁명의 높은 가격이 훨씬 더 명확했다는 것을 가지고 설명할 수 있다.

역사적 발전의 자동운동은 마르크스주의에서 모든 윤리학을 대체한다. 그리고 이 점은 공산주의의 승리가 보장되어 있을 때에도 불합리할 것이다. 그러나 넷째, 역사의 공산주의적 최종 상태에 대한 예측은 경쟁 없는 경제가 정체한다는 경험과 모순된다. 그 예측은 빈곤의 극복을 세계사적으로 처음 전망케 해준 산업혁명에 의해 생산력이 해방된 것에 대한 매혹에 토대한다. 그러나 이것이 왜 사적 소유의 철폐와 함께 가야 하는지는 결코 근거지어지지 않는다. 자유를 오로지 공동체 속에서만 획득할 수 있다는 것은 물론 잘못이 아니다. 그러나 그것은 다만 이 공동체가 강제되지 않을 때뿐이다. 특히 애덤 스미스[23]와 데이비드 리카도의 가치론을 마르크스가 철저화한 것은 마침내 총효용과 한계효용의 구별을 파악한 신고전파 혁명에 의해 1870년대에 이르러 (아니, 헤르만 하인리히 고센[24] 덕분에 그 이전에 이미) 이론적으로 반박되었다. 그중에서도 특히 마르크스의 이론은 불충분한 가공되지 않은 자원의 가치를 설명할 수 없으며, 그러므로 환경경제학을 위한 좋은 기초가 아니다. (비록

---

23 Adam Smith, 1723~1790. 18세기 스코틀랜드의 계몽사상을 대표하는 도덕철학자이자 경제학자. 저서로는 《도덕감정론》(1759)과 《국부론》(1776) 등이 있다.
24 Hermann Heinrich Gossen, 1810~1858. 독일의 경제학자. 경제적 선택이란 어떤 행동이 자신의 효용을 최대화할 것인지에 대한 개인들의 계산 결과라고 주장한 벤담의 '효용주의'를 기초로 '한계효용 체감의 법칙'을 만들어냈다. 튀르고의 '수확 체감의 법칙'이 생산을 증대시켜도 이익이 감소한다는 것을 보여준다면, 고센의 '한계효용 체감의 법칙'은 소비를 증대해도 효용은 감소한다는 것을 보여준다.

《자본》에서 자본주의의 결과로서 환경 파괴에 대한 구절을 발견할 수 있다 할지라도 말이다.) 과학성에 대한 마르크스주의의 요구는 그 이론이 자본주의의 붕괴에 관한 자기의 예언에 관해 침묵하기 위해 단지 현실적 과정조차 거의 설명할 수 없었던 만큼 더욱더 우스꽝스럽다. 그리고 마르크스가 자본주의에 위기·공황이 내재적이라고 한 게 옳다 하더라도, 그가 계급 없는 사회를 위한 규범적 권력분립론을 다듬어내길 거부한 것은 그 사회에서도 모든 지배가 남겨질 것이기 때문에 엄청난 권력 남용을 위한 처방전이었다. 우리는 거기서 특유한 변증법이 지배한다는 것을 가지고 스스로를 위로할 수 있을 것이다.

10

보편주의 도덕에 대한 반란:
프리드리히 니체

"나는 인간이 아니다. 나는 다이너마이트다. 그리고 그 모든 것에도 불구하고 종교 창설자의 그 어느 것도 내 안에 존재하지 않는다―종교는 천민의 일이며, 나는 종교적 인간과의 접촉 후에 내 손을 씻을 필요가 있다." 물론 프리드리히 니체의 죽을 수밖에 없는 유해에 대한 DNA 분석은 그가 단연코 인간 종에 속했다는 것을 확증해줄 것이다. 그러나 니체가 보통 철학자가 아니라는 것은 올바르다. 그런 가운데 인용문이 유래한 그의 정신적 자서전 《이 사람을 보라(Ecce homo)》를 읽어나가는 것은 심지어 환멸을 느끼지 않을 수 없게 만든다. (나는 이 장에서 니체 자신이 그의 여러 저술에서 제시한 논쟁적 어조를 사용하고자 한다.) 왜냐하면 일관성은 진리의 최소한의 조건인데 자신의 진술에서 일관성에 그보다 덜 관심을 기울이고 더 나아가 그보다 더 많이 모순에서 뒹굴며, 따라서 우리가 그의 저작에서 거의 모든 것을 증명할 수 있는 다른 어떤 사상가도 존재하지 않기 때문이다. 요컨대 자연주의자와 급진적 해석학자, 모럴리스트와 냉소가, 사형 반대자와 폭력 찬미자, 자유주의자와 나치, 낭만주의자와 냉정한 예술심리학자의 기대를 똑같이 만족시킨다. 그러나 단지 논리학이 그의 강점은 아니었을 뿐만 아니라 모든 철학자에게 아주 강력하게 권고할 수 있는 전통에 대한 연구도 니체에게서는 주로 당대의 이차 문헌에 의해 매개되어 있었다(특히 신칸트주의자 프리드리히 알베르트 랑게(1828~1875)[1]의 《유물론의 역사(Geschichte des Materialismus)》). 니체는 비록 1878년 처음으로 찾아낸 그의 유일무이하고 매혹적인 아름다움을 지닌 문체가 논증과 명증성의 결여를 대부분 은폐한다 할지라도 철학자로서든 철학사학자로서든 마찬가지로 딜레탕트다. 니체의 철학은 그가 자기혐오를 그것을 가지고 점점 더 보상했고 결국 아마도 '유물론적으로', 다시 말하면 점진적 마비의 징후로서, 즉 분명 1889년에 시작된 정신착란 원인의 징후로서 설명해야만 하는 과대망상에 의해 더 좋아지지 않는다. 정신착란으로 인해 그는 어머니와 누이에게로 보내졌으며, 그들의 후원으로부터 자신의 삶 전체를 벗어나게 하려고 헛되이 시도했다. 이런 점은 여성과 특히 그들의 해방에 대한 그의 논박을 가지고 설명할 수 있다. (해방 달성에 이르기까지의 중간 상태가 관련 있는 모든 이들에게 고통스러울 것이라는 그의 예언은 적절하다.)

우리는 왜 그에게 기다란 장 하나를 바치는가? 왜냐하면 이 인간이 실제로 다이너마이트였기 때문이다. 다른 어떤 사상가도 이 철학적 테러리스트만큼 많은 것을 파괴하지 못했으며, 다른 어떤 이도 특히 독일

---

1   Friedrich Albert Lange. 독일의 철학자. 신칸트주의의 선구자며, 생리학적 칸트 해석으로 특이한 일파를 형성했다. 신칸트주의로 유물론 극복을 지향함과 동시에 모든 형이상학을 거부했으며, 모든 형이상학에 대한 노력을 자기기만이라고 주장해 니체에게 영향을 끼쳤다. 주요 저서로는 《유물론의 역사와 현대에서의 그 의의 비판》(2권, 1866)이 있다.

을 그의 고전적 시기로부터 소원하게 만드는 데 그만큼 기여하지 못했다. (이 고전적 시기로부터 니체는 오로지 괴테만을 존경했다. 헤겔에게서 그는 탁월한 역사학적 본능을 인정했다.) 그러나 니체가 그렇게 많은 것을 때려 부술 수 있었던 것은 다만 그가 반대했던 것이 썩어문드러졌기 때문일 뿐이다. 1871년의 정치적 통일 이후 독일 문화의 공허함을 주권적으로 무시하는 대신 그는 그것을—비록 그가 본래적으로는 "문화의 병사"이고자 하지는 않았을지라도—다른 어느 누구와도 달리 개념화했다. 그리고 그의 시대 비판이 여전히 현실적인 것은 그가 채찍질하는 것 중 많은 것—가령 신문의 증대하는 중요성—이 점점 더 확대되었고 또 고급문화의 표준이 계속해서 붕괴했기 때문이다. 물론 니체의 비극은 그가 현상학적 힘과 빛나는 문체에도 불구하고 기술적인 철학적 질을 결여한 점이 문화의 쇠퇴를 가속화했다는 것에 존립한다. 저널리스트와 지식인은 라이프니츠나 칸트보다 그를 더 즐겨 읽으며, 저널리즘과 문화 경영은 그것에 의해 더 나아지지 않았다. 그의 불편한 심기는 그의 매력에 빠져든 세대들 전체의 그것을 예언적으로 선취했는데, 그 세대들이 그의 매력에 빠져든 까닭은 그가 그들이 처한 정황을 능가할 수 없는 함축성을 가지고 표현했기 때문이다. 좋은 철학은 본질적으로 표현의 풍부함 그 이상이다. 그러나 예술과 마찬가지로 철학도 역시 표현적인 과제를 가진다. 그리고 니체 반열에 올라선 철학적 표현 무용가는 그 이전에도 이후에도 존재한 적이 없었다. 인간 영혼과 문화의 심원함에 대한 민감화 및 정신의 위협과 니체가 자기 자신에게서 풍부하게 관찰할 수 있었던 도덕적 최고 성취의 의문스러움에 대한 지식은 그가 불러일으킨 긍정적인 의식사적 변화에 속한다. 토마스 만은 니체의 통찰을 수용한—유일하지는 않을지라도—가장 중요한 인물인데, 그가 그렇게 의미심장한 까닭은 니체의 윤리학과 단절하고 니체의 개별적 통찰을 그 자신이 알았던 것보다 독일 관념론에 훨씬 더 가까운 세계관 속으로 통합했기 때문이다. 그와 동시에 니체는 우선은 그리스도교적 가치 질서의 분쇄 및 살기에 젖어 있는 대안적 가치 체계의 새로운 창조라는 독일의 모험에 대해, 그다음으로는 주제넘을 정도로 통속적일 뿐만 아니라 1989년 이래로 특히 마르크스주의를 뿌리친 자들을 종종 마비시키는 상대주의의 전 세계적 확산에 대해 지적인 주요한 책임을 짊어진다.

그러나 니체 자신은 살인적으로도 통속적으로도 생각하지 않았으며, 그의 경력 중반 이후로는 심지어 독일 내셔널리즘과 특히 당대의 반유대주의에 대한 경멸자이기도 했다. 대부분의 철학자는 건강했지만, 니체는 자신의 수많은 질병에 대항해 싸우는 인간이었으며, 따라서 건강한 사람에게는 전혀 눈에 띄지 않는 철학함의 육체적 전제와 관련해 엄청난 감수성을 지닌 사람이었다. 자신의 고통에도 불구하고, 더 나아가 피안에 대한 어떤 전망도 지니지 않은 삶에 대한 그의 긍정은 뭔가 영웅적인 것(과 행복에 대한 거부에서 뭔가 칸트적인 것)을 지닌다. 물론 그의 심리학은 왜 그가 다른 고통들에도 불구하고 점점 더 강하게 긍정했는지 이해할 수 있도록 우리에게 가르쳐준다. 가령 1870년 자원해서 전쟁에 나섰을 때 분명해진 그의 육체적 무능함은 다양한 분야에서 비상한 재능에 의해 보상을 받았다. 그는 문헌학자로서 유능했고, 작곡가로서 능력이 있었으며, 서정시인으로서 혁신적이었고, 심리학자로서 천재적이었다. 성실함에 대한 무조건적 의무라는 루터교적 감정이 또한 동료들로부터의 완전한 고립을 대가로, 아니 세계의 절멸을 대가로 치르고 덧붙여졌다. 그의 호언장담하는 무자비함은 다른 이들(또한 바로 그 공감을 전적으로 결여하고 있는 이들)과의 교제에서 커다란 공감과 부드러움이 상쇄했다. 그가 이를 점차 약함으로 평가했던 까닭에 스스로 강해지고자 했지만, 그의 강함은 예를 들어 자신의 청년기의 낭만주의와 우정에 대한 갈망을 근절했다는 점에서 주로 자기 자신에 반대하는 것이었다. 하지만 강함에 대한 그의 찬가는 그와 반대였던 사람들을 고무시켰다. 그가 성취한 것은 이념적 세계 속에 쓰여 있는 사실들, 즉 미학적 민감성과 심리학적 명민함 그리고 문헌학적-역사학적 지식이 논리적 지성과 일관된 형이상학에 대한 감수성을 동반하지 않을 때 그것은 유용하기보다 해롭다는 사실, 위대한 덕과 몇 가지 약점의 결합은 종종 모든 악덕이 뒤섞인 것보다 더 위험하다는 사실이다.

이미 1869년 바젤의 고전문헌학 교수직에 초빙받은 니체는 1872년 초《음악의 정신으로부터 비극의 탄생(Die Geburt der Tragödie aus dem Geiste der Musik)》을 출간했다. 이 책은 뜨거운 논쟁을 불러일으켰다―훗날 독일의 가장 중요한 문헌학자로 우뚝 선 젊은 울리히 폰 빌라모비츠-묄렌도르프[2]는 자신의《미래의 문헌학!(Zukunftsphilologie!)》(1872~1873)의 두 부분에서 그 책을 공격했고, 그 첫 부분에 대해 1868년 라이프치히에서 니체를 만난 리하르트 바그너뿐만 아니라 니체의 친구 에르빈 로데,[3] 곧 마찬가지로 19세기 후반의 가장 위대한 독일 고전문헌학자 중 한 사람이 옹호의 글을 쓰며 그에 맞섰다. 이 논쟁 이후 철학과 고전문헌학은

2   Ulrich von Wilamowitz-Moellendorff, 1848~1931. 독일의 고전학자. 고대 세계의 거의 모든 측면을 새롭게 조명했으며, 풍부한 상상력을 엄밀한 학문과 결합해 고전학, 역사학 분야의 수많은 지식을 발전시켰다.

3   Erwin Rohde, 1845~1898. 독일의 고전문헌학자. 고전학 영역 바깥에서는 오늘날 주로 니체와의 우정과 서신 교환으로 알려져 있지만, 로데의《프쉬케》(1890~1894)는 영혼과 관련한 그리스의 의식과 믿음에 대한 표준적 참고문헌이며《그리스 소설과 그 선구자들》(1876)은 19세기 독일 고전학 연구의 금자탑이다.

결별했다. 19세기 초에도 여전히 실존했던 양자의 웅대한 결합(슐라이어마허, 슐레겔, 훔볼트를 생각해보는 것으로 충분할 것이다)이 최종적으로 와해된 것이다. 그 저작은 세 가지 상이한 목표 설정을 추구한다. 첫째, 그리스 비극의 기원에 대한 문헌학적 설명을 제공하고자 한다. 둘째, 니체가 이미 1865년에 읽었고 또한 소크라테스 이전 철학자들 이외에 그가 실제로 알고 있던 유일한 철학자인 쇼펜하우어와 관련해 새로운 미학 이론을 제공하는데, 아폴론적인 것과 디오니소스적인 것이라는 범주에 근거해 예술의 쇠퇴를 디오니소스적인 것의 생명력 있고 비도덕적인 힘이 소크라테스의 아폴론적 합리성에 의해 파괴되었다는 것을 가지고 이 이론을 설명한다. 셋째, 아이스킬로스 비극의 정신적으로 동일한 재탄생으로 해석되는 바그너의 음악극을 선전한다. 또다시 여기서도 독일인은 새로운 그리스인인데, 물론 그리스인과 독일인을 하나로 만드는 것은 더 이상 로고스 철학이 아니라 반대로 비합리적 힘에 대한 감수성이다―고대를 끌어대는 것이 반휴머니즘적인 일이 되었던 것이다. (나중에, 즉 독일의 현대 문화에 영향력을 행사하려는 희망이 실패한 후 니체는 프랑스인을 새로운 그리스인으로 설명하고 독일인의 야만성을 루터에게로, 즉 정신에 반하는 농민 봉기를 통해 르네상스 가톨릭교에서 이미 시작된 그리스도교의 해소를 저지한 이에게로 환원한다.)

바그너와 쇼펜하우어에 대한 선전은 여전히 과장된 언어로 예술종교적 열정을 가지고 이루어진다. 단어는 신중하게 선택하는데, 왜냐하면 쇼펜하우어와 바그너는 니체가 자기 조상들의 루터교적 신앙(아버지는 목사였고, 할아버지는 교구 감독이었으며, 그 자신도 본에서 처음에는 신학을 공부하기 위해 등록했다)을 무엇보다도 우선 다비트 프리드리히 슈트라우스를 읽고서 상실했을 때 십대의 니체에게서 발생한 공백을 메워야만 했기 때문이다. 물론 니체는 그리스인에게서 비합리적인 것의 힘을 통찰한 최초의 사람 중 하나였다. 나아가 음악은 비록 재구성하기 어렵다 할지라도 그리스 비극에서 중심적 역할을 담당했다. 그럼에도 불구하고 그 저작에서 기원에 대한 반아리스토텔레스적 찬미와 현실에 대한 그의 해석이 부당하게도 소크라테스의 낙관주의와 결합하는 에우리피데스에 대한 날카로운 비판은 문제가 있다. 에우리피데스는 오히려 비극 작가 중에서도 가장 페시미즘적인 인물이다. 비록 니체는—1872년에는 여전히 쇼펜하우어에 의해 페시미즘이 긍정적 위치를 차지하고 또 그 자신이 에우리피데스를 대중과 "작은 사람들"에 대한 애정 때문에 좋아하지 않았기 때문에—그 점을 인정하고자 하지 않았지만 말이다. 민주주의와 사회적 사유에 대한 혐오는 니체의 몇 안 되는 상수들 가운데 하나다. 그 밖의 경우 그의 사유는 세 시기로 구분할 수 있다. (더 나아가 또한 그 자신에 대해서도. 이전의 저술들에 대해 스스로 거리를 취하는 것은 특히 두 번째 판들의 서문들에서 명확해진다.) 단순화하자면 우리는 니체가 첫 번째 단계에서 자신의 두 영웅을 맹목적으로 존경하며, 두 번째 단계에서는 좀 더 미묘한 심리학에 근거해 그들에 대한 믿음을 포기하고, 세 번째 단계에서는 자기 자신을 천재로서 구축한다고 말할 수 있다. 사람들은 이전의 두 번째 니체의 문체에서 세 번째 그 자신에 의해 세워진 기념물을 붕괴시킬 바로 그 사람에게 감사하지 않을 수 없을 것이다.

전문 학과에 대해 거부하는 반응은 문헌학으로부터의 니체의 전향을 규정했다. 문헌학이 현재에 대해 더 이상 어떠한 규범적인 것도 가르치지 않고 오히려 단지 죽은 것만을 탐구하고자 한다면, 그는 비록 철학자로서 교육받은 적이 결코 없었다 할지라도 철학자가 되어야만 했다. 하지만 외부로부터 충격은 어떠한 분과에 대해서도 철학에 대해서만큼 그렇게 중심적이지 않다. 1873년부터 1876년까지 네 개의《반시대적 고찰들(Unzeitgemäßen Betrachtungen)》은 제목에서 그의 점증하는 고립을 표현한다. 친부 살해적인 첫 번째 고찰은 다비트 프리드리히 슈트라우스의 만년의 저작이자 당시의 베스트셀러인《옛 신앙과 새 신앙(Der alte und der neue Glaube)》(1872)에 반대하는데, 그 작품은 사실상 독일 철학사의 가장 진부한 저작 가운데 하나다. 더 이상 그리스도교적이지 않으며, 다윈의 발견에서 독일 관념론에 대한 반박을 간취하고, 동시에 세속화한 기독교 윤리를 옹호하며, 그것을 세계관적으로 더 이상 견지할 수 없다는 사실을 진보에 대한 열정적 어구들로 은폐하는 시대의 상투어를 일관되지 않은 방식으로 뒤섞음으로써 슈트라우스는 자신이 니체에게는 더욱더 여전히 접근하기 어려운 것일 수밖에 없었던 헤겔 철학에 얼마나 적게 침투해 있었는지를 보여주었다. 첫 번째 및 쇼펜하우어와 바그너를 찬미하는 세 번째와 네 번째(그러나 여기서도 친부 살해가 곧바로 뒤따른다)보다 더 중요한 것은 두 번째 반시대적 고찰인〈삶에 대한 역사학의 공과에 대하여(Vom Nutzen und Nachteil der Historie für das Leben)〉이다. 노련한 문헌학자로서 니체는 현실에 대한 역사학적 고찰이 어떻게 삶과 무시간적인 것을 성취하고자 하는 의지의 마비로 이어질 수 있는지 파악한다. 기념비적인, 골동품적인 그리고 비판적인(다시 말하면 찬미하는, 보존하는 그리고 해체하는) 역사학의 세 가지 기본 유형의 최종 결과로서 나타나는 것은 "위대한 것의 할 수 있음을 지니지 않은, 위대한 것에 대해 아는 자", "경건함을 지니지 않은 골동품상", "고뇌를 지니지 않은 비판자"이다. 유감스럽게도 니체는 이 책에서 철저한 역사학주의가 어떻게 해서 또한 논리적으로 사유하는 능력의 둔화를 결과로 지니는지 논구하지 않는데, 왜냐하면 그는 더 이상 참된 명제들이 무시간적 형성물이라고 통찰하는 것을 허락하지 않기 때문이다. 그 대신 니체는 가장 철저한 형식의 비판적 역사학에 속하는 자신의 나중 저작들 자체에서 이러한 문화를 보여준다―그것들은 이러한 철저화에 의해 자신의 위대함의 기념비를 세우고자 하는 희망 속에서 집필된다.

니체의 중기는 철학적으로 가장 결실이 풍부한 시기다. 왜냐하면 그 시기에 한편으로는 이미 그의 거의 모든 중요한 통찰을 물론 여전히 학문에 대한 신뢰 속에서 그리고 후기의 공격성을 지니지 않고 분명히 표현하기 때문이고, 다른 한편으로는 그와 정신적으로 동일한 아포리즘 형식을 《인간적인 너무나 인간적인―자유로운 정신들을 위한 책(Menschliches, Allzumenschliches―Ein Buch für freie Geister)》(1878~1880)과 《아침놀. 도덕적 선입견들에 대한 사상(Morgenröte. Gedanken über die moralischen Vorurteile)》(1881) 그리고 《즐거운 학문(Die fröhliche Wissenschaft)》(1882)에서 독일 철학을 전에도 후에도 달성한 적 없는 완성으로 이끌었기 때문이다. 아포리즘 모음은 체계에 대한 반대 형식인데, 왜냐하면 그것은 핵심을 찌르고 종종 역설적인 통찰을 표현하며 그런 까닭에 이러한 개별적 통찰이 서로로부터 따라 나오거나 다만 일관적이기만이라도 한지 여부에 대해 관심을 가질 필요가 없기 때문이다. 빛나는 짧은 텍스트들은 저자를 최종적으로 확정하지 않으며 독자를 숙고로뿐만 아니라 이의 제기로도 초대하는데, 왜냐하면 "저자에게 관건은 바로 이의"이기 때문이다. 형식의 암시적인 것은 근대의 조건들 아래서 특히 쉽사리 도덕적 비판을 위해 사용될 수 있는데, 왜냐하면 도덕적 비판은 독자의 자율성을 그 대부분이 오히려 해로운 꾸짖음보다 덜 해치고 더 많이 존중하기 때문이다. 니체가 인정하듯 인간 본성의 타락을 조명하고자 한 까닭에 그리스도교적 뿌리를 지닌 17세기와 18세기의 프랑스 모럴리스트들은 이 형식을 처음으로 대가다운 방식으로 투입했다. 그에 반해 독일에서 그 형식은 다만 소수의 모방자를 발견했을 뿐이다. (리히텐베르크[4], 초기 낭만주의자들, 괴테와 쇼펜하우어가 가장 중요한 이들이다.) 니체는 프랑스의 모범에 많은 것을 빚지고 있다. 물론 그는 반드시 도덕적 이데올로기들의 주관적 성실성을 부인하는 것이 아니라 다만 그것들의 근저에 뭔가 사태적으로 참된 것이 놓여 있다는 것을 부인하는 한에서 그 모범을 보완한다—현실에 대한 도덕적 해석은 친구의 화음을 들을 수 있다는 피타고라스주의자들의 믿음과 마찬가지로 사라질 거라는 것이다. 역설적으로 아포리즘에 승리를 보장한 것은 윤리학에서 자율성을 향한 칸트의 혁명이었다. 요컨대 자유에서 최고선을 보는 자는 논문 형식을 회피할 뿐만 아니라 또한 도덕 설교자의 의심스러운 도덕적 동기를 제시할 때 좀 더 깊이 만족스러운 자신의 새로운 감수성이 토마스 아퀴나스의《신학대전》뿐만 아니라 칸트의《실천이성비판》에 의해서도 훼손된다는 것을 발견하는 것이다. 니체, 즉 객관적 도덕에 대한 믿음을 지니지 않는 이 모럴리스트의 역설은 그가 지속적으로 그 장르와 처음에는 그 자신에게 활기를 불어넣는 저 도덕적 민감성을 해친다는 데 존립한다. 의심할 바 없이 니체는 커다란 고통을 겪으면서 부르주아 도덕과 점차적으로 또한 문화 경영의 위선을 꿰뚫어본다. 또한 자기 자신도 집요하게 탐구한다. 중기의 니체는 종종 비록 자기의 이름을 부르지는 않는다 할지라도 자기에 대해 말하는 것이다. 얼마나 많은 허영심("인간적 '사물 자체'")이, 얼마나 많은 탁월함에 대한 소원과 열등함에 대한 두려움이 이른바 덕들

---

4   Georg Christoph Lichtenberg, 1742~1799. 괴팅겐 대학의 물리학 교수. 아포리즘과 풍자 등의 문학적 저술로 알려진 다재다능한 계몽주의자로 계몽 초기의 대표적 사상가다.

〔가령 스스로에 대해 꾸미기를 기대하지 않는 자의 진실을 연기하기(Wahrspielerei)〕의 근저에 놓여 있는지, 얼마나 많은 숨어 있는 비천함이 모든 일상 대화의 근저에 놓여 있는지 그 어느 누구도 이 도덕적 엄숙주의자만큼 깊이 감지하지 못했기에 가장 엄격한 고해 문답보다 그를 읽을 것이 더 요구된다. 왜냐하면 평등주의자(Nivellierer), 다시 말하면 보편주의에 대한 니체의 투쟁이 숙명적인 만큼이나 그는 근대의 형식주의가 가치들과 덕들에서 전통의 풍부함을 종종 보지 못한다는 것을 인식했기 때문이다. 그리고 후기 니체마저도 보통의 무신론자와 실증주의자보다 더 뛰어나게 만드는 것은 다른 어떤 것과도 달리 종교가 교육하는 도덕적 차별성에 대한 그의 진지함이다.

세 개의 아포리즘 모음 가운데 첫 번째 것의 제1권은 가장 포괄적이고 가장 적게 극단주의적인 까닭에 최선의 책이다. 극복해야 할 형이상학적 철학에 대해 처음에는 역사학적 철학이 대립한다. 모든 철학자의 유전적 결함으로 여겨지는 것은 "역사학적 감각의 결여"다. 동시에 자신의 방법을 근대 자연과학에 대한 경의를 표해 "개념과 감각의 화학"이라고 명명한다. 그리고 그것을 불가피하게 결정론적으로 처리해나간다. 화학과 역사과학을 가지고 니체는 그 시대의 실증주의적 과학 신앙에 호소한다. 하지만 그는 두 학문이 서로에 대해 어떻게 관계하는지 관심을 기울이지 않으며 또한 두 학문이 단연코 논리학과 (가령 자연 법칙에 대한) 존재론적 가정을 전제한다는 것을 통찰하지도 못하는데, 왜냐하면 그에게 있어 '형이상학'은 초월적 질서의 학설과 관계가 있기 때문이다. 우리의 형이상학적 이단은 언어에 의한 유혹으로부터 그리고 현실에서 그 어느 것도 그 전제에 상응하지 않는 논리학에 대한 과대평가로부터 나타났다. 물론 니체는 자신이 이러한 판단을 가지고 학문의 기초를 파괴한다는 점을 간과한 것으로 보인다―그리고 실제로 그는 세 번째 단계에서 학문의 진리 요구에 날카롭게 반대한다. 물론 그와 동시에 회의주의에 기초해 그리스도교가 다시 도입될 수 있기 때문에 회의주의도 증오하지만 말이다. 또한 지그문트 프로이트(1856~1939)[5]의《꿈의 해석(Die Traumdeutung)》(1900)을 부분적으로 선취하는 꿈에 대한 그의 심원한 분석은 꿈의 논리의 그릇된 추론에 대한 그 비판에서 논리적 엄밀함에 대한 자기 고양을 진보로서 전제한다. 형이상학에 대한 모든 공격에도 불구하고 니체는 형이상학적인 시대와 더불어 또한 지속적인, 즉 스스로 살아남는 제도들을 창조하는 추동력도 사라졌다는 것을 단연코 인정한다. 자신의 시대는 그 본질이 불안정함, 아니 야만인 것의 비교와 가속화의 시대로서 표현된다. 삶은 오로지 자신의 동기와 관련한 그러나 또한 인정된 모범들의 그것과 관련한 자기기만에 의해서만 유지된다. "우리 안의 야수는 기만당하기를 원한다. 도덕은 우리가 그 야수에게 물려 찢기지 않기 위한 방편적 거짓말이다." 종교는 결코 단지 위선만이 아니라 긴장되고 성공적인 자기기만에 의거한다. 니체가 그 이상주의적 삶의 형식에 대해 많은 재치 있는 것을 말하고 있는 자유로운 정신은 이 세계를 흥분 없이 고찰하며 그에 의해 마음의 안정에 도달한다―충동으로부터 자유로운 인식에 대한 칭찬은 의지가 지성의 후견자라는 테제와 마찬가지로 쇼펜하우어의 유산이다. 쇼펜하우어로부터 니체는 물론 현실이 그 본질에 따라 정신에 적대적이라면 자유로운 정신이 현실을 인식한다는 게 도대체 어떻게 가능한 것인가 하는 문제를 상속한다.

5　Sigmund Freud. 오스트리아의 신경학자, 정신분석학의 창시자. 당대 최고의 지적 영향력을 가진 사람으로, 그의 정신분석학은 인간의 정신 및 성신병 치료에 관한 이론인 동시에 문화와 사회를 해석하는 시각을 제공하는 이론이다.

니체가 쇼펜하우어의 도덕의 형이상학적 중요성을 거부하는 데 반해 인간 사회가 강자와 약자로 분열되는 역사 과정에서 도덕적 표상과 가치의 성립은 그의 관심을 사로잡는다. 여기서 니체는 마르크스와 달리 더 강한 자를 선택한다. 강제와 폭력으로부터의 도덕적 이념의 발생과 마법으로부터의 종교의 발생에 대한 그의 인과적 설명은 항상 언어 구사력이 뛰어나며 종종 설득력이 있다. 하지만 그는 이러한 역사학적 접근이 타당성 문제를 해결할 수 없다는 것을 (아니, 발생적 이론도 타당성 기준 아래 놓여 있다는 것을) 파악하지 못한다. 심리학과 역사학은 제일철학과 윤리학에 대한 대체물이 아니다. 오로지 발생과 타당성을 구별하지 못하는 자만이 다음과 같이 주장할 수 있다. "저 성립에 대한 통찰과 함께 저 믿음도 사라진다." 유감스럽게도 니체는 도덕의 진화를 그와 눈에 띌 정도로 비슷하게 다루지만 이러한 접근을 그것과 양립할 수 있는 보편주의적 자연법론과 결합하는 비코를 알지 못했다. 물론 칸트와 쇼펜하우어는 우리의 도덕 표상의 역사학적 발전을 부당하게도 무시했다. 그러나 역사적으로 실현된 가치에 집중하되 타당성 이론적인 관점 아래서 그것들 사이에서 선택하는 어떠한 능력도 지니지 못하는 것은 더 커다란 결함이다. 그리고 만약 이러한 결함을 지니는 자가 스스로를 타당성 이론적으로 사유하고자 하는 노력보다 뛰어난 것으로 간주한다면, 그것도 타당성 이론적으로 사유하고자 하는 그 관점 역시 역사적으로 성립했다는 논증을 가지고—마치 그와 더불어 또한 마찬가지로 역사적으로 성립한 역사주의도 붕괴하는 것은 아니라는 듯이—그렇게 간주한다면, 그러한 결함은 견딜 수 없게 된다.
　동정심(das Mitleiden)에 대한 공격은 단순한 도덕의 역사학을 넘어선다. 본질적인 것은 동정하는 자(함께 고통을 겪는 자)가 자신의 탁월성을 누리며 따라서 함께 즐거워함에 거의 이를 수 없다는 것이다. 그러나 그 자체에서 특수하고 섬세한 도덕적 감각에 기인하는 이러한 관찰은 이후의 저작들에서 고통 받는 자에 대한 동정의 거부로 전환된다. 니체의 잔인성은 물론 그의 민감성의 보상이지만, 그것의 존중할 만한 발생이 그렇다고 해서 그 최종 결과를 이미 존경할 만한 것으로 만들지는 않는다. 또 다른 특수하게 윤리학적인 학설은 충족하지 못한 복수심이 곧바로 복수할 때에는 형성되지 않는 영혼의 독을 산출한다는 것이다. 그것은 거짓이 아니며, 물론 그로부터와 근대 형벌의 본성에 대한 비판으로부터 결투에 대한 옹호 그리고 나중에 금발의 야수에 대한 찬미가 생겨난다. 니체의 모럴리스트적 저술 작업에서의 긴장은 이미 일찍부터 그것이 한편으로는 도덕적 위계의 해체를 아쉬워하면서도 다른 한편으로는 그 해체가 풍자적으로는 위대함을 의미하는 까닭에 그것 자체를 촉진한다는 데 존립한다. "극단적 행위를 허영심으로, 평범한 행위를 습관으로 그리고 소인배적 행위를 공포로 환원한다면, 우리는 거의 잘못을 범하지 않을 것이다." 아니, 좋은 행위와 나쁜 행위의 구별은 단지 정도에 존립할 뿐이다. "좋은 행위는 승화된 악이다." (나중에 악덕은 격세유전으로서 해석된다.) 비록 니체가 근대의 획일주의를 극도로 증오했다 할지라도, 위대함을 견디지 못하는 르상티망에 심리학화하는 것을 가지고 탁월한 것을 자기에게로 끌어내리는 가장 날카로운 무기를 제공한 것은 바로 니체다.

　도덕에 대한 비판은 좀더 나아가 종교에 대한 비판으로, 특히 그리스 종교의 고귀함이 결여되어 있고 그와 같은 것이 여전히 믿어진다는 것을 거의 믿지 못할 만큼 비합리적인 그리스도교에 대한 비판으로 발전한다. 거기서 니체는 그리스도교가 특정한 인간 유형에 유리하고 심지어 그러한 인간을 미화한다는 것을 단연코 인정하며(그는 귀족적인 가톨릭 주교들을 선호했다), 포이어바흐와 키르케고르와 마찬가지로 금욕적인 그리스도교의 일관성을 동시대의 일상적 그리스도교도들의 가련함보다 더 좋아한다. 그와 마찬가지로 그는 가장 위대한 예술 작품 몇 가지가 오로지 그리스도교에 의해서만 가능했다는 것을 논박하지 않는다. 물론 그가 세계로부터 상상된 본질에 선물을 주기에는 이 세계에 사랑과 자비가 충분하지 않다고 한탄한다면, 쉽게 대답할 수 있는 것은 이러한 상상(만약 그것이 상상이라고 한다면)이 사랑을 단연코 증대시킬 수 있을 거라는 점이다. 최소한 이것은 삶을 위한 자기기만이라는 그의 이론과 양립할 수 있다. 좀 더 흥미로운 것은 그가 권력 의지에 근거해 금욕을 설명하는 것이다. 다른 이들을 전제적으로 다스릴 수 없는 자는 자기의 지배욕을 자기 자신에게서 충족한다. 자연적인 것을 나쁜 것으로서 판결하는 것과 오만과 겸손을 오고가는 것은 그리스도교의 또 다른 약점으로 간주된다.

《인간적인 너무나 인간적인》 제1권의 네 번째 장은 아마도 가장 독창적인 것일 터이다. 왜냐하면 그것은 바그너에 의한 환멸에 근거해 낭만주의적 심미주의와 단절하기 때문이고, 또한 예술가의 표현 수단으로서 단편과 불완전성에 대한 옹호가 자기 관계적으로 읽힐 수 있기 때문이다. 예술은 영감이 아니라 고된 노동이다. 그와 동시에 무언가 어린이 같은 것을 지니는 예술가의 진리 감각은 흐릿하고 과학자의 그것보다 열등하다. 예술이 이념을 모사한다는 형이상학적 이론은 불합리하다. 그 대신 예술은 개인적 욕구들로부터 설명된다. 쇼펜하우어와의 또 다른 단절을 나타내는 것은 음악의 의미가 노래에서 말과 음악의 근원적 통일에 달려 있다는 이론이다. 절대 음악은 나중의 추상이다―이러한 판단에서는 바그너의 총체예술론의 영향이 지속되고 있다. 특히 위대함과 천재의 개념이 파괴된다. 위대함은 단지 모든 모방자를 마비시키는 것만이 아니다. 사람들은 상처 입은 허영심으로부터 천재 숭배에 손을 내미는데, 왜냐하면 천재 숭배는 사람들을 천재와 경쟁할 필요로부터 해방시키기 때문이다. 물론 천재에게는 저 숭배가 가장 위험하다―"그가 자기 자신에 대한 비판 행하기를 중지함으로써 결국 그의 날개로부터 깃털이 하나하나 빠져나간다." 이는 니체 자신에 대해 들어맞는 진술이다. 매혹적인 것은 천재의 개인적으로나 문화적으로 의심스러운 것을 제시하는 것인데, 그 의심스러운 것은 한편으로는 종종 약함의 보상에서나 권력 의지에서 자라나고, 다른 한편으로는 고대적 훈육의 잔인성을 전제하고 이상적인 국가에서는 위축되어야만 하는 그런 것이다.

형이상학과 종교 그리고 도덕과 이별한 후 니체가 지닌 유일한 가치 개념은 문화의 그것이다. 그에게는 오로지 좀더 고차적인 문화의 촉진만이 문제가 된다. 여기서 기본권이 제한을 이룬다는 것은 그의 염두에 떠오르지 않는다. 그러함에 있어 니체는 자신이 총애하는 숙적 루소와 마찬가지로 고차적인 문화가 더 행복하게 만들지 않는다는 것을 단연코 명확히 알고 있다. 그는 행복주의자가 아니라 완벽주의자인 것이다. 제8장 '국가에 대한 조망'에서 니체는 근대 정당 국가와 그것의 커다란 "우둔한 벽화들(Alfresco-Dummheiten)"에 대한 경멸, 혈통 있는 인간들에 대한 동경(결국 그는 폴란드 귀족으로부터 자신의 혈통을 꾸며냈다), 공포 정치적인 전제 정치를 초래할 사회주의의 정의 표상에 대한 조소 또한 가장 결실이 풍부한 전쟁의 긍정적 영향 작용(긍정적인 것과 더불어 그는 부정적인 것도 단연코 인정한다. 또한 내셔널리즘을 점차적으로 유럽의 이름으로 비판하는데, 물론 그는 유럽의 세계 지배를 원한다)에 대한 경탄을 표현한다. 한가한 자유로운 정신보다 고통을 훨씬 덜 섬세하게 느끼는 노동자에 대한 니체의 경멸은 그에게 있어 다음과 같이 설명할 수 있다. "개별적 인간을 초인적 존재로까지 끌어올리고자 노력하는 모든 곳에서는 또한 국민의 전체 계층을 실제보다도 훨씬 더 거칠고 저급하게 나타내는 경향도 발생한다." 우리가 마르크스와 니체가 프롤레타리아트라는 새로운 사회적 계급을 역사철학적으로 너무 높이거나 비웃는다는 데 주목한다면 19세기 독일 문화의 본질적 특징을 파악할 수 있다. 사회적 문제에 대한 찰스 디킨스[6]의 그리스도교적 대답은 독일의 고급 문학과 철학에서는 거의 등가의 것을 지니지 못한다.

그 저작의 제2권과 제3권에서는 이런 주제를 가령 다음과 같이 좀더 상론한다. "동정심으로 금도금한 자루 속에는 때때로 질투심이라는 비수가 숨어 있다." 특히 덧붙이는 것은 복잡한 예술 작품을 "즐겨**야만** 하기" 시작한 이래 독일 교양의 허위와 숙련된 난쟁이들로서의 학자들에 대한 비판, 현재에 대한 대조 필름으로서의 그리스인에 대한 찬양 그리고 사회주의에 대한 공격에 대해 대위법을 이루는 금권 정치에 대한 논박, 즉 "오직 **정신**을 가지고 있는 자만이 **소유**를 지녀야 한다"이다. 당파가 아니라 아는 자들이 지배해야 한다는 요구는 플라톤적이며, 물론 세계에서의 이성과 자연의 목적론적 해석에 대한 공격은 반플라톤적이다. 이러한 대조는 지속적일 수 없었다. 피안의 영역들에 대한 탐닉 대신 가장 가깝고 가장 작은 사물들에 대한 접근의 파토스는 더 강해진다.

---

6   Charles John Huffam Dickens, 1812~1870. 빅토리아 시대에 활동한 영국 소설가. 《데이비드 코퍼필드》, 《위대한 유산》, 《올리버 트위스트》, 《크리스마스 캐럴》, 《두 도시의 이야기》 등의 작품이 있다. 디킨스는 사회적인 기록을 작품으로 옮겼으며, 빅토리아 시대의 빈곤과 사회 계층에 대한 신랄한 비평가였다.

그와 동시에 니체는 이전의 모럴리스트에 대한 자기의 구별을 자신은 해부하지 설교하지 않는다고 하는 데서 본다.

《아침놀》의 제2판에 대한 서문에서 니체는 도덕에 대한 자신의 해체도 이끄는 '너는 해야 한다'를 지시한다―그 해체는 도덕성에서, 즉 성실성에서 이루어진다. 그런 한에서 문제되는 것은 도덕의 자기 지양이다. 하지만 좀더 숙련된 논리학자는 여기서 오히려 스스로가 논박하는 것을 전제하는 비도덕주의의 자기 지양을 인식할 것이다. 그에 반해 타당성 이론적으로 일관된 입장이 그 자신의 불투명한 원천을 스스로의 마음에 새길 때 거기에는 아무런 모순도 존립하지 않는다. 그 내용이 무엇이든 습속에 대한 존중은 도덕의 원천에 속한다. 그것은 특히 그와 더불어 종종 도덕적 진화가 시작된 광기의 도전을 받아왔으며, 따라서 개혁자를 그 자체로 갈망했을 것이다. (우리는 니체도 이런 일을 행했다는 인상을 금할 수 없다.) 이 저작에서 새로운 것은 도덕의 자연사 프로그램인데, 이것은 물론 다윈에 의해 이미 1830년대에 구상되어 비교할 수 없을 정도로 더 엄밀한 수준에서 다듬어졌다. 물론 다윈은 정신의 자연화를 물리칠 수 있도록 해주는 객관적 관념론의 자연철학에 친숙하지 않았다. 하지만 최소한 그는 발생과 타당성을 혼동하지 않았다. 따라서 영국의 19세기는 니체가 발동시킨 도덕적 직관의 해체를 결코 체험하지 않았다. 가령 그는 단지 생명력의 성취의 과잉으로서만 생겨나는 정신의 인과적 무력함을 강조한다. 이러한 것은 나중에 진화론적 인식 이론으로 다듬어진다. 근거는 혐오의 거짓된 합리화이다. 물론 가상은 시간과 더불어 믿어진 습관으로 전환된다. 니체는 고대적 습속의 잔인함을 향락적으로 기술하며 이러한 곪고 있는 지반이 오늘날 극복되었다는 견해에 대해 경고한다―덕은 순화된 잔인함이다. 따라서 미와 악인의 행복이 그를 사로잡기 시작한다. 그리스도교에 대한 공격은 더 강화되며, 바울을 그것의 창설자로 간주한다―예수에 대해 니체는 그의 생애 내내 낮추어 보긴 하지만 공감적인 태도를 취한다. 그리스도교를 움직이는 힘은 로마의 위대함에 대한 증오와 복수에 대한 소망, 현실과의 스토아적 화해와 구별되는 키메라에 대한 기다림, 영혼의 미묘한 잔인함, 가령 구약 성서에 대한 유형학적 해석에서의 해석학적인 속임수, 죄로부터의 회심이라는 이름으로 이루어지는 보통의 덕에 대한 반감, 의심에 대한 도덕적 비난에 의한 자기 면역화였다. 이러한 비판보다 더 중요한 것은 그리스도교의 임종의 자리를 지키고 있다는 사회학적 확인과 근대의 인간애가 그리스도교 교의학의 황혼에 대한 보상이라는 인식이다.

라로슈푸코[7]는 스스로를 우울증 환자로 보았다. 하지만 이 독일의 모럴리스트는 자기 삶의 기쁨을 깨려 하지 않으며 《즐거운 학문》을 내놓는데, 거기서 그는 처음부터 곧바로 모든 것에 대한 웃음으로 초대한다. 니체의 비일관성에 대해서도 그러한가? 왜냐하면 두 번째 아포리즘에서 확실성에 대한 열망을 고차적 인간의 징표로서 지적하기 때문이다. 그러나 진리를 부인하고 의식이란 유기체의 가장 뒤늦은 발전 이외에 아무것도 아니며 따라서 바로 인간의 핵심이 아니라고 설명하는 사람이 어떻게 확실성을 가질 수 있는가? 확실히 니체는 무의식적 사유가 존재한다고 하는 데서 올바르다. 그러나 타당성 문제는 오로지 의식적 사유에서만 해결할 수 있다. 매혹적인 것은 "근면한 연구자들을 위한" 사회적 태도의 비교를 수행하는 학문 기획이다―철저한 니체 독자인

---

7 François de La Rochefoucauld, 1613~1680. 17세기 프랑스의 고전 작가, 모럴리스트. 《잠언과 성찰》(1665)은 간결하고 명확한 문체로 인간 심리의 미묘한 심층을 날카롭게 파헤친다.

막스 베버[8]는 그 학문을 실현하고, 과연 학문 자체가 행위의 목표를 규정할 수 있는가 하는 "모든 물음 중에서 가장 까다로운 것"에 대해 부정적으로 대답한다. 물론 목표가 어딘가로부터 와야만 하는 까닭에 니체 자신은 "지금까지의 역사의 모든 위대한 노고와 희생을 그림자 속에 놓을 수 있는" 영웅적인 실험을 지시한다—국가사회주의를 악인 속의 영웅주의의 시도로 해석하는 것은 가능한 일인데, 니체도 내용적으로 그 몇 가지 이념을 선취하고 있다. 가령 그는 고통 감소의 근대적 경향을 비난한다. 왜냐하면 그 경향은 즐거움에 대한 능력도 억누르며, 가능한 한 많은 불쾌를 섬세한 쾌락의 증대를 위한 대가로서 지불할 준비가 되어 있기 때문이다. 삶이란 "약한 모든 것에 대해 잔인하고 무자비하게 …… 된다"는 것을 의미한다. 따라서 장애가 있는 아이들의 살해를 암시한다. 중심적으로 되는 것은 권력 감정에 관한 교설인데, 그에 따르면 권력 감정은 많은 경우 친절에 의해서보다는 오히려 고통을 주는 것에 의해 만족될 수 있다. 권력의 편재는 가령 여성들에 의해 약함이 권력 요인으로서 투입되는 데서 드러난다. 또한 사랑도, 특히 에로틱한 사랑도 소유욕의 하나의 형식이며, 사욕이 없는 것은 오직 그들 자신이 약하기 때문에 그로부터 이익을 얻을 수 있는 자들에 의해서만 설교될 것이다. 도덕성은 군서 본능이며, 인간의 존엄은 허구다. 정언명법을 가르치는 것 대신 중요한 것은 자기 자신을 창조하는 것이다. 물론 기준이 없다면 그로부터 골렘(Golem)[9]이 생성될 수 있다. 다신론은 어떤 일신론보

---

8   Max Weber, 1864~1920. 독일의 사회학자이자 사상가. 정치, 경제, 사회, 역사, 종교 등 학문과 문화 일반에 대해 박식하고도 심오함을 갖춘 학자였으며, 19세기 후반 서구 사회과학의 발전에 크게 공헌했다. 《프로테스탄트 윤리와 자본주의 정신》 등의 수많은 기념비적 저작을 남겼다.

다 뛰어난데, 왜냐하면 그것은 개인주의적이기 때문이다. 우리는 더 이상 그리스도교에 반대할 이유를 필요로 하지 않는다—취미가 그에 반대해 판결하는 것이다. 니체는 물론 그러한 종류의 단절이 엄청난 문화적 결과를 지니게 되리라는 것을 감지한다. 그의 유명한 '광인(toller Mensch)'은 신의 살해라는 결과를 예측한다. "이 행위의 위대함은 우리에게는 너무 큰 것 아닐까?"

1887년의 제2판에 비로소 덧붙여진 마지막 제5부의 서두에 따르면 그 모든 것이—"예를 들어 우리 유럽의 도덕 전체가"—신에 대한 신앙과 더불어 몰락하지 않으면 안 된다는 것을 많은 이들이 알지 못한다. 물론 이것은 니체가 이미 칸트의 윤리학이 종교적 가정들로부터 독립적이며 오히려 그 가정들이 그 윤리학에 의지한다는 것을 결코 파악하지 못했다는 것을 보여준다. 그러나 니체는 종교의 상실이 모자의 유행이 변하는 것보다 더 깊이 작용한다고 하는 데서 올바르다. 독일에서 특히 니체 덕분에 유럽의 나머지 지역에서보다 더 빠르고 더 트라우마적으로 진행된 탈그리스도교화에 대한 니체의 극적인 표현은 수많은 종교적 인간들을 니체 편으로 다시 끌어들였는데, 왜냐하면 그는 그렇게 함으로써 그리스도교에 대해 미지근한 그리스도교도들마저도 일반적으로 행하는 것보다 더 본질적인 의미를 인정했기 때문이다. 물론 니체는 오랜 신이 죽었다는 소식에서 마치 새로운 아침놀이 비추고 있는 것처럼 느낀다. 하지만 이러한 빛 비춤은 도대체 니체가 어떻게 그 자신의 진리 요구를 회복할 수 있는가 하는 문제의 그림자에 의해 위협받는다. 요컨

---

9   유대 민담에서 생명을 지닌 화상(畵像)을 말한다. 성서(시편 139: 16)와 《탈무드》에서는 태아 상태거나 완성되지 못한 물체를 가리킨다. 이로부터 인간이 어떤 형상에 생기를 불어넣은 것을 가리키게 되었는데, 오늘날에는 주로 인간이 만든 괴물을 의미한다.

대 이전의 책들 및 저작들과 구별되게 니체는 이제 도덕뿐만 아니라 그가 올바르게 보고 있듯이 도덕적이고 형이상학적인 전제를 지니는 학문에 대해서도 반대하는 것이다. 그것과 더불어 또다시 예술에 대한 평가 절상이 나타난다. 학문은 선입견이며, 따라서 니체는 학자들의 정신적 어중간함을, 가령 삶에 대한 의지는 권력에 대한 의지인 까닭에 투쟁이 생존이 아니라 권력을 둘러싸고 진행된다는 것을 보지 못하는 다원주의자들을 비웃는다. 생존 · 현존재는 본질적으로 해석적이며, 세계는 무한한 해석을 자기 안에 담을 수 있다. 니체는 열광적으로 보편주의적 도덕을 논박한다―이기주의와 이타주의가 그 속에서 화해되는 인류는 절멸될 가치가 있으며, 정의의 나라는 "가장 심오한 평균화"의 하나로서 바람직하지 않지만, 그것 없이는 그리스를 생각할 수 없는 노예제의 새로운 형식에 대해서는 분명 숙고할 만하다는 것이다. 국가사회주의 국가는 이러한 조언에 대해서도 관심을 기울였지만, 그렇다고 해서 그리스의 위대함에로 되돌아가지는 못했다. 오로지 긍정을 말하는 자이고자 시도한 니체는 자신이 인간 증오로부터 자유롭다고 알았는데, 왜냐하면 그의 경멸은 여전히 증오와 통합되기에는 너무도 깊었기 때문이다.

근대 문화의 표면 밑에서 제어된 악의와 과거의 트라우마적 사건들의 마그마가 끓어오르는 것을 어느 누구도 니체처럼 그렇게 뚜렷하게 듣지 못했다. 그것은 전적으로 존중할 만한 가치가 있다. 하지만 단순한 관찰자에 만족하지 못하고 그는 늦어도 《즐거운 학문》에서는 스스로 불을 내뿜기 시작하며, 그리함으로써 스스로 다가오는 것을 감지하고 있는 숙명을 가속화한다. 언젠가 니체는 인간적 자기기만과 그리스도교의 퇴락에 대한 단순한 기술에 지겨워졌음에 틀림없다. 그는 새로운 가치표들을 세워놓기 시작했다. 그것들을 위한 논증은 그 자신의 인식 이론에 따르면 존재할 수 없었다. 그러므로 그는 문학적인 작품을 저술해야만 했다. 《차라투스트라는 이렇게 말했다(Also sprach Zarathustra)》(1883~1885)는 인간적이고 비인간적인 가능한 모든 인물—이들 가운데 몇몇은 비유다—과의 상호 작용 속에서 새로운 윤리학을 고지하는 자를 서술한다. 문제되는 것은 이것이 니체의 너무도 키치적인 책이라는 것이다. 이 책은 언어와 구조에서 복음서들과 경쟁에 나서지만, 복음서들이 결정적으로 더 훌륭하다. 니체의 책에는 가령 베드로의 부인(否認) 같은 인간성에 비교할 수 있는 것이 아무것도 존재하지 않는다. 차라투스트라의 연설은 수다스럽고 주제넘으며, 그의 성격은 심리학적으로 단순하다. 고독의 저주를 받고 자신의 고독을 오만하게 향유하는 이러한 이른바 천재는 현실적인 상호 주관성의 능력을 지니지 않는다. 내용적으로 이 책은 주로 오래된 잘 알려진 것들을 포함하는데(니체의 독창성은 퇴색하기 시작한다), 설교 형식으로 된 그것들은 아포리즘보다 더 불쾌하다. 새로운 것은 다윈의 진화론을 미래로 연장하는 초인론이다—이러한 미래주의적 정당화 확보는 마르크스주의를 연상케 한다. 권력에의 의지에 관한 교설은 모든 가치 정립의 원리로서 그리고 지상에 충실하게 머물라는, 다시 말하면 세계를 위해 모든 초월을 거부하라는 요구로서 강화된다. 특히 새로운 것은 《즐거운 학문》에서 단지 암시했을 뿐인 영원 회귀에 관한 교설이다. 그것은 분명 고대의 모범으로 소급되며, 그리스도교의 역사신학 및 진보의 낙관주의적 역사철학에 반대한다. 그것을 위한 사태적인 논증을 니체는 갖고 있지 않지만, 그것은 바로 삶에 대해 말하고자 하는 그의 안간힘을 다하는 의지의 가장 극단적 표현이다—요컨대 역사의 가장 끔찍한 범죄도 주기적으로 반복될 것이며, 이는 좋은 일이라는 것이다. 물론 니체는 《이 사람을 보라》에서 영원 회귀에 대한 가장 강력한 이의 제기는 과거의 대량 학살이 아니라 자기의 어머니와 누이일 거라고 고백했다.

일상심리학은—니체보다 이미 오래전에—자기가 얼마나 건강한지를 종종 강조하는 사람은 병들어 있으며 또한 자신이 그것을 어떻게든 알고 있다고 파악했다. 후기 저술들에서 자기의 육체적 건강에 대한 니체의 강조는 하나의 경보 신호이며, 그에 못지않게 자신의 특수한 지위에 대한 지시는 좀더 깊숙한 문제를 증명하고, 더 나아가 그의 항상 좀더 날카롭고 결국 목이 잠긴 소리는 이 다이너마이트가 진리 능력에 대한 부정과 함께 스스로 자신의 발을 걷어차 버렸으며 정신적으로 쇠약해졌다는 사실을 파악했다는 것에 대한 틀림없는 징표다. 자기가 가면을 쓰고 있다는 비밀을 지껄이는 것은 가장하고자 하는 그의 의지가 극도로 깊숙하지는 않았다는 것을 시사한다. 그리고 짐작컨대 이러한 가식적 요구는 독자를 오도하는 데 이바지한다. 요컨대 독자는 모순에 부딪힐 때 스스로 복잡한 배후의 의미를 가정해야 한다. 아마도 니체 자신은 이러한 기만에 속았을 것이다. 그런 한에서 그에게는 자신이 주장하는 것과 같은 성실성이 최종적인 덕으로서 남아 있을 수 있을 것이다—그러나 진리 없는 성실성은 그리 많은 가치를 지니지 않는다. 후기의 니체는 물론 여전히 너무나 인간적인 것의 정신병리학을 위한 일급의 영감을 제공하지만, 더 이상 주체로서가 아니라 객체로서 그리한다. 그와 더불어 그는 여전히 20세기의 수많은 철학적 몰취미의 원천으로서 읽을 가치가 있다. 최소한 니체는 그를 모방한 자들보다는 더 독창적이며 문체적으로 더 자극을 준다.

《선악의 저편. 미래 철학의 서곡(Jenseits von Gut und Böse. Vorspiel einer Philosophie der Zukunft)》(1886)은 한편으로 철저한 관점주의를 근저에 놓고

있는데, 그것은 라이프니츠와 달리 관점들의 객관적 서열을 가르치지 않으며 따라서 진리 사상과 작별을 고한다. 논리학 배후에는 "특정한 종류의 삶의 보존에 대한 생리학적 요구들"이 놓여 있을 것이다. 허위는 그것이 삶을 촉진하는 한에서 반증이 아닐 것이다. (그렇다면 왜 종교에 대한 비판을 행하는가?) 존재하는 것은 오로지 현실에 대한 해석일 뿐 본래적인 텍스트가 아니다. 중요한 것은 칸트와 더불어 "선험적 종합 판단들은 어떻게 가능한가?"를 묻는 게 아니라 그러한 판단들에 대한 믿음이 왜 필요한가 하는 심리학적 문제에 대답하는 것이다. 영혼은 충동들, 아니 주체들의 다수성이다. '그것이 생각한다'고 말하는 것은 '나는 생각한다'보다 더 올바를 것인데, '나는 생각한다'는 본래 오로지 우리 언어의 특유성으로부터 출현하며 다른 어족에서는 전혀 등장하지 않는다. 다른 한편으로 니체는 의지의 약함에서 기원하는 저 회의주의를 증오한다. 그래서 그의 관점주의는 전체 현실을 권력에의 의지의 발전으로 바라보는 존재론 내로 편입된다. 이는 성적인 것에 초점을 맞춘 쇼펜하우어의 의지를 일반화한 것이다. (성적인 것을 니체는 과소평가하지 않는다. "인간의 성의 정도와 양식은 그의 정신의 최종적인 정점에까지 미친다.") 그런 한에서 니체도 형이상학적 전통에 속하는 것으로 본 하이데거가 옳지 않은 것은 아니었다. 확실히 이론도 가령 미셸 푸코[10]가 상세하게 다듬어냈

10　Michel Foucault, 1926~1984. 프랑스의 철학자. 서양 문명의 핵심인 합리적 이성의 독단적 논리성을 비판하고 소외된 비이성적 사고, 즉 광기의 진정한 의미와 역사적 관계를 파헤쳤다. 《광기와 비이성》, 《언어와 사물》(1966), 《지식의 고고학》(1969) 등의 저작이 있다. 1970년대에 부르주아 권력과 형벌 제도에 대한 분석의 결과물인 《감시와 처벌》(1975)을 저술했는데, 여기서 푸코는 인간의 알고자 하는 의지와 이를 억압하는 권력과의 관계를 주요 주제로 삼아 지식은 권력과 관계를 맺고 있으며 모든 지식은 정치적이라고 주장했다.

듯이 권력 요인이다. 물론 힘 개념의 사회적 등가물인 권력 개념을 양화하는 것이 결코 쉬운 일은 아니지만 말이다. 하지만 타당성 개념은 그것과 더불어 사라질 수 없으며, 니체의 관점주의는 그 자신의 형이상학의 가치를 파괴한다. 이 점을 니체는 알고 있으며, 그의 전략은 보편적 구속력을 지닌 진리 개념을 포기하고 그 대신 호객 상인 식으로 바로 자기의 비상한 악의와 위험성에 존립하는 자신의 고유한 유일무이함을 강조하는 것이다. 망치를 가지고 그리스도교적-민주주의적 유럽을 분쇄하고 가치의 전환을 도입할 새로운 지도자에 대한 그의 허풍선은 역설적이게도 특히 니체에 대한 열광을 가지고 그들에 대한 두려움을 스스로에게서 몰아내는 의지 박약자들에게 받아들여지기 쉬운데, 그 의지 박약자들이란 니체가 그들의 출현을 마법으로 불러내는 정신적이고 도덕적인 난쟁이들일 것이다. 그러한 대중에게 터 잡는 전략이 천박하다는 것을 니체는 알았다. 따라서 그는 이 저작을 '고귀함이란 무엇인가?'라는 장으로 끝맺을 필요가 있었다―이는 그가 그것을 영원히 상실했다는 게 명확해지면 명확해질수록 그에게 더욱더 중요해진 속성이다. 왜냐하면 고귀함은 인간 자신보다 더 위대한 어떤 것에 의지하지 않고서는 가질 수 없기 때문이다. 그렇게 의지하지 않는다면 거리의 파토스는 잘난 체하는 것 외에 아무것도 아니다. 개별 과학자와 구별해 철학자를 부각시키고 그에게 최종적 가치를 정립하는 과제를 위탁하는 것은 플라톤적인 전제 아래서는 의미가 있지만, 심리학을 학문들의 여주인으로 설명하는 그러한 저작에서 전통의 가장 강력한 철학 개념으로 되돌아오는 최후의 니체의 전제 아래서는 그렇지 않다. 민주주의적인 노예 도덕이 그에 대립하는 주인 도덕으로부터의 고귀한 가치들에 대한 도덕사적인 설명은 그에 못지않게 잘못이다.

1887년의《도덕의 계보. 하나의 논박서(Zur Genealogie der Moral. Eine Streitschrift)》에서 니체는 논문 형식으로 되돌아온다. 그것은 좋은 선택이 아니었다―니체는 모호성과《차라투스트라는 이렇게 말했다》에서와 같은 문학적 예술 수단마저도 포기한 곳에서 평범해진다. 근원적 가치 대립은 '좋음'과 '나쁨', 다시 말하면 '강함'과 '약함/비겁함'의 그것이 다. 르상티망에서 태어난 도덕의 노예 봉기가 비로소 이러한 개념을 '선'과 '악'으로 대체하는데, 거기서는 약한 자들이 선으로서, 그에 반해 그들의 억압자들이 악으로서 표시된다. 그와 비슷하게 '죄(Schuld, 빚)'는 그 원천을 채권법에서, 즉 채무자에 대한 채권자의 주인으로서의 복수 에서 지닌다. 고대적 형벌의 잔인함은 희생 제물에서 죄의 감정을 곧바 로 저지했다. 죄책감은 내면에로의 방향 전환에 의해 비로소 발생했는 데, 자유 의지로서 등장한 그러한 전환은 금발의 야수에 의해 억압되어 더 이상 외부를 향해 방사될 수 없었다. 그렇지만 무신론의 승리는 두 번째 무죄로 되돌아갈 것이다. 금욕적 이상을 니체는 능동적 망각성의 현상 근저에도 놓여 있는 의지의 더 이상 그 뒤로 물러설 수 없음으로부 터 설명한다. 사람들은 욕망하지 않는 것 대신 무를 욕망하기를 더 좋아 한다. 금욕의 평가 절하와 더불어 니체는 자신을 여전히 쇼펜하우어와 결합시켜주는 마지막 다리를 때려 부순다. (또한 사람들이 무관심한 만족에 관심을 기울이는 것은 다만 의지의 고문에서 벗어나기 위해서뿐이라는 그의 예술 이 론도 거부한다.) 한편으로 금욕적 이상은 자기의 고통에 대한 감각을 추구 하는 퇴화하는 삶의 보호 본능에서, 다른 한편으로 고통 받는 자에 대한 지배와 더불어 그들에게 가능한 유일한 나라를 창설한 사제들의 권력 의지에서 기인한다. 비록 니체가 진리의 가치가 결국 금욕적 이상들과 동일한 나무에서 성장한다는 것을 인정할지라도, 그는 그 이상들이 영혼의 건강을 독살하는 까닭에 그것들을 전적으로 뿌리치고자 한다.

1888년 니체는 최후의 저작들을 저술하는데, 그것들 가운데 가까스로《바그너의 경우. 악사들의 문제(Der Fall Wagner. Ein Musikanten-Problem)》(1888)와《우상의 황혼 또는 망치를 가지고 어떻게 철학하는가(Götzen-Dämmerung oder Wie man mit dem Hammer philosophiert)》(1889)를 인쇄에 붙일 수 있었다.《안티크리스트. 그리스도교에 대한 저주(Der Antichrist. Fluch auf das Christentum)》는 1895년에,《이 사람을 보라》는 1908년에 출간했다. 니체가 계획했지만 그 후 포기한 저술로부터 남겨진 단편들이《권력에의 의지(Der Wille zur Macht)》라는 제목으로 출판된 것은 1901년 이후이다. 비록 니체의 누이가 거기서 본래적인 주저를 보고자 했을지라도, 이 단편들은 니체 자신이 출판한 책들에서도 발견되지 않는 이념을 아주 소수만 담고 있다. 니체는 자신의 시대가 끝났다는 것을 감지했음에 틀림없다. 그와 동시에 우리는 자신의 시원, 즉 바그너에게로 그리고《우상의 황혼》에서는 소크라테스의 문제 및 현재에 대한 반시대적 눈길로 되돌아가고자 하는 소망을 깨닫는다. 이 저작에서 니체는 시장에서 유용하게 급진화한 자신이 총애하는 다음과 같은 주제의 접속곡을 제공한다. 즉 귀족에 대한 평민의 복수로서 소크라테스의 대화술, 간교한 그리스도교도 칸트에서와 같이 본래적인 현실로부터의 도피로서 이원론, 삶에 적대적인 반자연으로서 도덕, 상상적인 것으로서 종교와 도덕 그리고 자유 의지, 그리스도교적인 길들이기를 대신하는 (카스트 없는 자들을 내쫓는 인도 카스트 체계에서와 같은) 사유, 독일에서 만연하는 사실 숭배의 비열함, "일정한 상태에서는"(이는 더 구체화되지 않는다) 더 이상 남아 있게 해서는 안 되는 좋은 충고 받은 자의 기생물로서 질병, 디오니소스의 제자로서 니체가 그것들이다.《안티크리스트》는 유대교로부터의 그리스도교의 발생 및 불교와 그것의 차이 그리고 민족 종교와 보편 종교 간의 원칙적 단절, 더 나아가 예수로부터 떠나가는 자기 후기의 쇠퇴의 역사에 대한 역사학적 분석과 새로운 반그리스도교적 도덕의 포고, 즉 "약자와 실패자는 몰락해야 한다. **우리의** 인간애의 첫 번째 명제. 그리고 우리는 그들이 몰락하도록 도와야 한다"는 포고를 뒤섞는다.

    니체의 완고하고도 의식적으로 모순 가득한 표현 스타일에 직면해 그런 종류의 표현과 가령 국가사회주의의 T4 작전(Aktion T4), 즉 정신병 자의 대량 학살 사이에 존립하는 연속성을 논박하기 위해서는—인정받을 수 있듯이 전망이 없는 것은 아니지만—엄청난 해석학적 노력이 필요하다. 확실히 국가사회주의에 대한 차이는 존재한다. 아니, 아마도 바그너의 거부는 결국 (비록 《파르지팔》에서 바그너가 그리스도교와 그 도덕으로 되돌아갔다는 것이 니체의 명시적 비난에 속한다 할지라도) 바그너와 니체의 융합이 다이너마이트의 폭발력을 훨씬 능가할 수 있다는 본능적 두려움에 의해 함께 규정되어 있다 할 것이다. 공격적-반유대주의적 내셔널리즘의 이름으로 니체의 반그리스도교적 권력 숭배와 바그너의 고대 게르만 신화의 부활을 종합한 것은 아돌프 히틀러의 지휘 아래 독일 민족이 시도한 집단적 실험이었다. 물론 이러한 이념사적 결과로 인해 니체가 우리에게 남긴 다음과 같은 두 가지 철학적 과제의 해결을 도외시해서는 안 될 것이다. 즉 정신이 우리가 아는 한 몇몇 유기체에서만 뒤늦게 발전했다는 사실을 어떻게 정신의 진리 요구의 더 이상 그 뒤로 물러설 수 없음과 함께 사유할 수 있는가? 그리고 보편주의적 윤리의 무제약적 타당성은 어떻게 우리의 도덕적 감각에 거의 호소력을 지니지 못하는 역사 및 현실과 매개될 수 있는가?

II

도전으로서 정밀과학과 분석철학의 부상:
프레게, 빈학파와 베를린학파, 비트겐슈타인

인간 영혼의 심연을 측정하고자 하는 니체의 최초의 시도(그 자체가 전적으로 새로운 수수께끼들을 산출한 시도)와 동시에 1879년 고틀로프 프레게(Gottlob Frege, 1848~1925)가 《개념 표기법, 산수적인 것에 따라 형성된 순수 사유의 형식 언어(Begriffsschrift, eine der arithmetischen nachgebildete Formelsprache des reinen Denkens)》를 출간했다. 이 저작은 우리의 추론 형식에 절대적 명확성을 가져오고자 하는 대립된 소망에서 기인했다. 그것을 장식하고 있는 많은 정식은 표현적이고 자극 앞에서 전율하는 폭로의 언어에 대한 반대 세계다. 이 책 이후로 논리학은 단지 (이미 아리스토텔레스와 함께) 연역적 학문일 뿐만 아니라 형식화한 분과이기도 하다. 형식화를 위한 이전의 노력이 불충분했던 데 반해 《개념 표기법》의 방식은 우리의 오늘날의 그것과 거의 구분되지 않는다. 프레게는 물론 박사 학위와 교수 자격을 취득한 수학자였지만, 빈델반트[1]와 마찬가지로 철학자인 헤르만 로체(1817~1881)[2]에게서 공부했다. 그리고 또한 후설도 로체의 영향을 받았기 때문에 우리는 그에게서 이 장과 다음 장에서 소개하는 철학자들의 선조를 볼 수 있다. (이 장들은 학파를 따라 전개되며, 따라서 더 나이 많은 후설을 비트겐슈타인 뒤에 다룬다. 비트겐슈타인은 프레게가 근거지은 전통을 계속해 이어나가며 후설보다 훨씬 더 형이상학 비판적이다.) 비록 오늘날 거의 더 이상 읽히지 않는다 할지라도 로체는 가장 영향력 있는 19세기 독일 철학자 가운데 한 사람이었다. 헤겔과 셸링의 자연철학에 대한 근대의 과학적 생리학의 이름으로 이루어진 그의 공격(물론 이것이 결코 로체를 유물론자로 만들지 않았다. 반대로 그의 형이상학은 문화 프로테스탄티즘을 주조했다)보다, 아니 그가 타당성과 가치 개념을 철학적 논의 안으로 도입한 것보다 아마도 더 중요한 것은 스타일의 변혁이었다. 쇼펜하우어와 마르크스 그리고 니체도 여전히 그들의 쓰고 말하는 방식을 이어갔던 독일 관념론의 천재적 사유자들과 달리 더 이상 광범위한 대중을 향하는 것이 아니라 동료들을 위해 종종 전문 잡지에 글을 쓰는 강단 철학자가 등장했다. 1920년대는 이러한 전문 철학자 집단에 저항하게 되는데, 물론 그것은 독일 철학의 영웅시대의 지적 풍부함과 도덕적 분화성을 단지 근사치만큼도 다시 성취하지 못했다.

---

1   Wilhelm Windelband, 1848~1915. 독일의 철학자이자 철학사가. 서남독일학파(바덴학파)의 창시자. 쿠노 피셔와 로체에게서 공부했는데, 전자로부터는 철학사, 후자로부터는 가치철학 분야에서 영향을 받았다. 그는 자연과학 같은 법칙 정립적 학문(nomothetische Wissenschaft)과 특히 역사학처럼 가치와의 관계가 명료하게 보이는, 즉 특수 사태의 기술을 행하는 개성 기술적 학문(ideografische Wissenschaft)을 구별한다.

2   Rudolph Hermann Lotze. 독일의 철학자. 주저는 《미크로코스모스》(1856~1864). 처음에는 심리학주의적 경향이 강했지만, 후에 독자적인 형이상학을 구축했다. 대체로 현실적 존재는 사물·사건·관계 같은 존재와 명제 같은 타당성(Geltung)의 어느 편이라고 주장한다. 명제적 타당성을 존재와 구별한 점에서 논리주의의 선구를 이룸과 동시에 서남독일학파의 가치철학에 커다란 영향을 주었다.

프레게의《개념 표기법》은 무엇보다도 우선 산수의 논리적 근거짓기 가능성의 물음을 규명하기 위한 정확한 도구로서 창조되었다. 이를 위해서는 "추론 연쇄의 빈틈없음"을 검사해야만 했으며, 이는 오로지 일상의 언어와 문법으로부터의 분리에 의해서만 가능했다. "인간 정신에 대한 말의 지배를 깨뜨리는 것이 철학의 과제라면, ……나의 개념 표기법은 …… 철학자들에게 쓸모 있는 도구가 될 수 있을 것이다." 개념 표기법의 논리적 언어에 의해 프레게가 진술논리학을 위해서뿐만 아니라 일차와 더 높은 차수의 술어논리학, 그것도 당시 비로소 단초적 방식으로 형성된 관계논리학을 포함하는 술어논리학을 위해서 제시한 것과 같은 논리 계산이 가능해졌다. 복합 명제의 진리치는 요소 명제의 진리치의 함수다. 프레게는 물론 그의 계산의 무모순성을 증명했지만, 그것의 완전성을 증명하지는 못했다. 또한 그의 공리 모두가 서로로부터 독립적이지는 않다. 그의 이차원적 표기법은 나중의 일차원적 표기법보다 지나치게 상세하다. 나중의 일차원적 표기법은 그에 더해 그의 판단과 내용에 대한 고려를 포기한다.《산수의 기초(Die Grundlagen der Arithmetik)》(1884)는 (훗날 페아노[3]에게서 제5공리의) 완전 귀납을 포함해 수의 법칙이 선험적일 뿐만 아니라 칸트에 반해 분석적이라는 것을, 다시 말하면 논리학으로 환원할 수 있다는 것을 보여주고자 한다. 기하학과 관련해 프레게는 칸트의 순수 직관 이론을 따르며, 비-유클리드 기하학에 대해 그

---

3   Giuseppe Peano, 1858~1932. 이탈리아의 수학자, 논리학자. 자연수론의 공리화를 시도했다. 현재 페아노의 공리로 알려져 있는 것은 다음과 같다. 1) 1은 자연수다. 2) x가 자연수라면 x+1인 자연수가 있다. 3) 임의의 자연수 x에 대해 x+1≠0이다. 4) x+1＝y+1이라면, x=y다. 5) P를 자연수에 관한 성질이라고 할 때, 만약 1이 P라는 성질을 갖고, 또 x가 P라는 성질을 가질 때 x+1도 P라는 성질을 갖는다면, 모든 자연수는 P라는 성질을 갖는다. (이를 귀납 공리라고 한다.)

리고 이 시대에 정점에 도달한 정밀과학의 공리화에서 가장 웅대한 진보 중 하나인 다비트 힐베르트(1862~1943)의 《기하학의 기초(Grundlagen der Geometrie)》에서의 함축적 정의의 사용에 대해 적대적이다. 그러나 산수는 기하학보다 더 일반적인데, 왜냐하면 모든 것을 그리고 또한 사유 가능한 것도 셀 수 있기 때문이다. 두 권의 《산수의 근본 법칙(Grundgesetze der Arithmetik)》(1893, 1903)이 "개념 표기법적으로 도출되고" 따라서 읽기 어려운 데 반해 《산수의 기초》는 그 논증을 일상용어로 전개하며, 플라톤의 수학철학에 대한 옹호와 수 개념의 구체적 해명 덕분에 분명 프레게의 가장 중요한 저작이다. 프레게는 산수에 대한 논리학적이 아닌 심리학적 정초에 단호하게 반대하며, 말들의 의미는 오로지 명제 연관 안에서만 발견할 수 있다고 가르치고 개념과 대상 간의 구별을 견지한다. 프레게에게 개념은 플라톤에게처럼 그것 없이는 "세계의 인식 가능성이 중지"될 무시간적 존재자이다. 그에 따르면 본래적인 개념사는 전혀 존재할 수 없다―그것은 "개념들에 대한 우리 인식의 역사이거나 단어들의 의미의 역사"다. 프레게가 감성적 경험을 지니지 않고서나 시간을 지니지 않고서 우리가 수 개념을 형성할 수 있다고 주장하는 것은 아니다. 그러나 우리가 한 명제의 내용을 **의식하기** 위해 경험해야만 한다는 것은 결코 그것이 선험적일 수 없다는 것을 의미하지 않는다. 명확한 것은 수들이 비록 이성으로부터 독립적이지 않다 할지라도 주관적인 어떤 것이 아니라는 점이다―수들은 이성에 직접적으로 주어져 있다는 것이다. 수학자는 아무것도 창조하지 않는다―"그는 거기 있는 것을 다만 발견할 수 있을 뿐이다." 무모순성은 수학적 실존을 위해 충분하지 않다. 아니, 무모순성마저도 이미 우리가 아무런 모순도 발견하지 못한다는 것으로부터 나타나는 게 아니다. 수들은 분명히 숫자들과 혼동해서는 안 된다. 수들은 또한 다른 수들과 종적으로 다르지 않은 0에서 볼 수 있듯 개별적 사물이나 무리의 속성도 아니다. '넷의 고귀한 말들'에서 '고귀한'은 개념 **징표**(Begriffsmerkmal)다. 그에 반해 '넷'이라는 수는 '고귀한 말'이라는 개념의 **속성**(Eigenschaft), 요컨대 그 개념 아래 네 개의 대상이 속한다는 것을 말한다.

물론 프레게의 논리주의 프로그램의 구체적 실행은 1902년 버트런드 러셀이 그에게 러셀의 이름에 따라 명명한, 고전적 집합론에서 구성할 수 있는 이율배반을 알렸을 때 실패했다. 이 문제를 해결하기 위해 프레게는 더 이상 지속적인 어떤 것을 성취하지 못했으며, 따라서 이후에 논리주의로부터 아마도 너무 빠르게 몸을 돌렸다. 하지만 그의 언어철학적 숙고, 특히 이름과 문장에서의 뜻(Sinn)과 지시체(Bedeutung)의 구별뿐만 아니라 1891년과 1892년 논문들을 통해 제안한 개념 이론은 고전적 지위를 보유한다. 프레게에 따르면 '샛별'과 '개밥바라기'는 같은 대상을 지시하며, 그러므로 같은 지시체를 지니지만 같은 뜻을 지니지는 않는다. 프레게는 더 나아가 개념을 함수에 비교하는데, 왜냐하면 양자는 '채워져 있지 않으므로', 다시 말하면 텅 빈 자리를 지니고 고유명사에 의해 채워짐으로써 비로소 완결된 뜻을 얻기 때문이다. 개념에서는 변수로서 단순히 수가 아니라 대상이 인정되어 있다. 만약 우리가 'x의 수도'로 표현하는 함수의 변수로서 독일을 취한다면, 함숫값은 베를린이다. 프레게가 개념과 대상을 엄밀하게 구별한 것의 결과는 가령 '말이라는 개념'이 개념이 아니라 대상이라는 것이다. 왜냐하면 응분의 고유명사는 술어적으로 사용해서는 안 되기 때문이다. 이후 세 개의 《논리적 탐구들(Logische Untersuchungen)》(1918~1923), 즉 〈사상(Der Gedanke)〉, 〈부정(Die Verneinung)〉, 〈사상 결합(Gedankengefüge)〉에서 프레게는 전통

논리학과 단절을 근거짓고 고전논리학의 배타적 타당성에서 출발하는 자신의 논리철학을 내놓았다. 여기에서 인상적인 것은 사유, 판단과 주장한 것, 기술 간의 구별 및 비감각적 사상의 감각적 외양으로서 문장의 구별 같은 구별 및 사상(가령 피타고라스 정리)의 고유한 존재 방식에 대한 옹호다. 여기서 문제되는 것은 사물도 주관적 표상도 아닌데, 왜냐하면 그렇지 않으면 학문의 상호 주관적 타당성이 위태롭기 때문이다. "세 번째 영역을 인정해야만 한다." 논리학의 과제는 "정신이 아니라 …… 정신의 탐구"일 것이다. 사상은 무시간적이며, 경험 가능한 세계 속에서는 다만 그것을 '파악'함으로써만 작용할 수 있다.

쿠르트 괴델(1906~1978)[4]이 그 한계를 명백히 밝혀낸 인공어의 조탁은 의심할 바 없이 철학적 논증의 타당성에 대한 검사를 쉽게 만들었다. 물론 그런 종류의 언어를 습득하기 위해서는 아주 많은 시간을 필요로 하며, 그 점은 프레게의 영향을 받은 철학자들이 종종 프레게에 이르기까지 철학에 있어 본질적인 것으로 여겨진 상당히 다른 지식들을 무시하는 결과를 낳았다. 우리는 철학의 이러한 교환이 유용했는지에 의심을 지닐 수 있다. 수학에 대한 경탄에도 불구하고 프레게는 심지어 자기 시대의 수학에서 이루어진 위대한 진보를 충분히 수용하거나 평가하지 않았다. 그리고 논리학과 수학철학 및 언어철학 외부에서 그는 아무것도 성취하지 못했다. 아니, 1994년에야 비로소 출간한 1924년의 정치적 일기는 프랑스에 대한 보복 전쟁 요구, 보통 선거권과 사회민주주의에

4　Kurt Gödel. 불완전성 정리로 유명한 수학자이자 논리학자. 수학기초론이나 논리학의 방법에 결정적 전환점을 가져온 많은 '괴델의 정리'를 발표했는데, 특히 유명한 것은 1931년 발표한 '불완전성 정리'이다. 이 정리는 당시의 힐베르트나 러셀같이 공리적인 방법에만 의존해 수학의 체계를 세우려는 확신을 좌절시켰다.

반대하는 증오 장광설 그리고 특히 독일로부터의 유대인 추방을 요구하는 반유대주의적 구호를 내건 독일 극우파의 하나의 경악할 만한 기록이다. 작은 철학사에서 사적인 수기를 인용하는 것은 불공정해 보일수 있다. 그러나 개념 표기법적인 명민함이 윤리적-정치적 기만과 양립할 수 있다는 사실은 20세기 철학에 빛을 비추어준다.

프레게의 논리적 혁명은 오늘날 특히 앵글로색슨 세계에서 지배적인하나의 철학 학파, 이른바 분석철학을 산출했다. 그 기원에서 분석철학은 영국적인 만큼이나 최소한 그와 마찬가지로 독일적-오스트리아적이며, 그러므로 '대륙' 철학에 대립되어서는 안 된다. 물론 그 주창자 대부분이 1933년 이후 앵글로색슨 나라들로 이주한 것이 옳긴 하지만 말이다. 따라서 분석철학의 후기 저작들은 이 책의 주제가 아니다. 오늘날에는 이미 오래전에 극복한 분석철학의 최초의 형태는 논리실증주의또는 논리경험주의였다. (첫 번째 것은 현상주의에 대한 공감을 지녔고, 두 번째 것은 좀더 실재론적으로 맞추어져 있었다.) 농업의 발명 이후 다른 어떤 사건보다도 그 기술적 적용이 인간의 생활 세계를 더 통절하게 변화시킨 19세기 자연과학의 압도적인 진보에 대한 열광은 어떤 의미에서는 진화생물학이 인간의 행태에 빛을 비추기 시작했을 때 그리고 20세기 초 특수와 일반 상대성 이론 및 양자론과 더불어 공간과 시간 그리고 물질에 대한 몇백 년이나 오래된 가정의 근거에 의문을 제기하거나 반박했을 때더욱더 상승되었다. 이 과정에서 기하학의 본성에 대해서든(특히 유클리드 기하학에 대한 일관된 대안의 발전 이후, 여기에는 카를 프리드리히 가우스[5] 및 베

---

5   Carl Friedrich Gauss, 1777~1855. 독일의 수학자. 대수학과 해석학, 기하학 등 여러 방면에 걸쳐 뛰어난 업적을 남겨 19세기 최고의 수학자로 일컫는다. 수학에 이른바 수학적 엄밀성과 완전성을 도입해 수리물리학에서 독립된 순수 수학의 길을 개척함으로써 근

른하르트 리만[6]과 더불어 몇몇 독일인들이 결정적으로 참여했다), 측정 과정의 본성에 대해서든 그리고 운동의 일반적 상대성 원리에 대해서든 철학적인 기초적 반성이 중요한 역할을 수행했다. 알베르트 아인슈타인(Albert Einstein, 1879~1955)의 특수 상대성 이론은 공간적으로 멀리 떨어진 사건들의 동시성의 측정 문제에서, 그러므로 물리학의 가능성의 조건들에 대한 초월론적 반성에서 시작된다. 그의 이념은 누구보다도 특히 철학하는 물리학자 헤르만 폰 헬름홀츠(1821~1894)[7]와 에른스트 마흐(1838~1916)[8] 및 프랑스의 수학자이자 과학철학자 앙리 푸앵카레[9]의 영향을 받았다. 아인슈타인의 《특수 상대성 이론과 일반 상대성 이론에 대하여(Über die spezielle und die allgemeine Relativitätstheorie)》(1916)는 여전히 어려운 이론을 대중화한 걸작으로 남아 있으며, 그에 의해 이 이론은 광범위한 계층에

대 수학을 확립했다.

6   Georg Friedrich Bernhard Riemann, 1826~1866. 독일의 수학자. 복소함수의 기하학적 이론의 기초를 닦았으며, 리만 적분을 정의하고, 리만 공간의 개념을 도입해 리만 공간의 곡률을 정의했다. 비유클리드 기하학 중에서 공간의 곡률이 양인 곡면 상에서의 기하학, '타원 기하학'을 리만 기하학이라고 부른다.

7   Hermann Ludwig Ferdinand von Helmholtz. 독일의 물리학자이자 생리학자. 1847년 베를린의 물리학회에서 강연한 〈힘의 보존에 대하여〉에서 에너지 보존의 법칙을 수학적으로 정연한 형태로 표현했다.

8   Ernst Mach. 오스트리아의 물리학자, 철학자. 주저 《역학의 발달》(1883), 《열학의 원리들》(1896), 《물리광학의 원리들》(1921)에서 전개한 뉴턴 역학에 대한 근본적 비판이 청년 아인슈타인에게 영향을 주어 특수 상대성 이론의 형성에 기여했으며, 거기서 제기한 '마흐의 원리'는 일반 상대성 이론에 이르는 길을 열었다. 철학과 관련한 주저는 《감각의 분석》(1886) 및 《인식과 오류》(1905)가 있는데, 그의 주장은 '감성적 요소일원론' 혹은 아베나리우스 등과 함께 '경험비판론'이라는 이름으로 불린다.

9   Jules-Henri Poincaré, 1854~1912. 프랑스의 수학자, 물리학자, 천문학자, 과학사상가. 수학에서는 수론·함수론·미분방정식론에 업적을 남겼으며, 물리학에서는 전자기파론·양자론·상대성 이론에 공헌했다.

게 다가갔다. 이 시대의 과학적으로 흥분된 분위기는 20세기 초 그 독창성에서 오로지 질풍노도와만 비교할 수 있는 예술, 즉 음악과 문학 및 새로운 예술 형식인 영화를 산출한 고전적 모더니즘 위기의 한 부분인데, 영화에 대한 미학적 분석은 곧바로 그중에서도 특히 벨라 발라즈(1884~1949)[10]와 루돌프 아른하임(1904~2007)[11]에 의해 착수되었다. 직관적 전체를 친숙하지 않은 요소들로 해소시키는 것은 입체파와 양자론에 공통적이다. 이를테면 눈에 띄는 것은 논리경험주의가 엄밀함을 호소하고 전통이 쌓아놓은 짐으로부터 전향하는 데 있어 《장식과 범죄(Ornament und Verbrechen)》(1908)의 저자 아돌프 로스(1870~1933)[12]부터 바우하우스[13]에 이르기까지의 모더니즘 건축과 일맥상통한다는 점이다. 그와 동시에 과학과 기술에 의한 매혹은 고전적 이성 개념의 축소를 의미한다. 그러나 과학과 기술의 승리가 이성 개념을 독점했기 때문에, 산업화가 훨씬 더 일찍 시작된 영국이나 좀더 여유 있게 진행된 이탈리아 같은 나라에서보다 독일에서 더 깊게 감지된 근대화의 비싼 대가에 대한 비판은 비이성주의적인 것으로서, 가령 삶의 이름으로 이루어지는 저항으로서

10 Béla Balázs. 헝가리의 작가. 시와 소설, 시나리오 등 많은 작품을 발표했으며 미학자이자 영화이론가로도 명성을 떨쳤다. 영화 〈서푼짜리 오페라〉, 〈그랜드 호텔〉의 시나리오도 썼다.
11 Rudolf Arnheim. 독일 태생의 예술 및 영화이론가. 제2차 세계대전이 일어나자 미국으로 망명했다. 인간의 '본다'는 시각적 행위와 의식이 어떤 작용인지를 심리학적 분석을 통해 규명했다. 예술의 이해란 시각적 행위와 대상의 상호 작용에 의해 결정된다고 보았으며 《미술과 시지각》, 《예술로서의 영화》 등의 저작이 있다.
12 Adolf Loos. 오스트리아의 혁신적인 근대 건축가. 평론 《장식과 범죄》에서 빈의 심미적 경향을 맹렬히 비난하고, 스스로 슈타이너 저택(1910) 등에서 순수 형태의 우위를 실증했다.
13 독일 바이마르에 있던 조형학교.

등장하지 않을 수 없었다.

가까이 놓여 있었던 일은 한편으로는 프레게의 새로운 논리학을 새로운 과학의 토대 짓기를 위해 투입하고, 다른 한편으로는 고유한 철학적 확신을 이를테면 인식의 금본위이던 자연과학의 방법과 성과에 적응시키는 것이었다. 17세기 이래 가장 중요한 과학 혁명의 증인이라는 느낌은 1918년 네 개 제국의 붕괴[14]와 더불어 모두에게 명백해진 전통적인 미학적, 종교적, 정치적 가치와 질서의 광범위한 붕괴 경험과 결합해 근본적인 세계관적 전환을 초래할 수 있다는 희망으로 고조되었다. 가령 칸트가 이제는 반증되어 있는 자기 시대의 많은 확신을 부당하게도 선험적으로 타당한 것으로 내놓았다는 통찰은 물리학의 진보를 위태롭게 할 선험적 종합 판단들의 가능성에 대한 원칙적 거부로 이어졌다― 그러나 실제로는 세계가 자연 법칙적으로 만들어져 있다는 가정이야말로 그러한 판단이다. 오로지 경험 판단과 논리학의 동어반복만이 정당하다는 것이다. 이러한 경험주의를 '논리적'이라고 일컫는 것은 그것이 프레게와 더불어 그리고 가령 존 스튜어트 밀과 달리 논리학의 경험에로의 환원 불가능성을 가르쳤기 때문이다.

논리실증주의의 중심지는 베를린과 특히 빈이었다. 늦어도 수학자이자 철학자인 베른하르트 볼차노(1781~1848)[15] 이래로, 요컨대 국가와 교

---

14   제1차 세계대전이 독일의 항복으로 끝나자 이 전쟁에서 패배한 동맹국, 즉 독일, 러시아, 오스트리아-헝가리, 터키 제국이 몰락했다.

15   Bernhard Bolzano. 체코의 철학자, 수학자. 체코는 당시 오스트리아의 지배를 받고 있었다. 볼차노의 업적은 다양한 영역에 걸쳐 있지만, 특히 수학의 순수하게 사변적이고 철학적인 부분에 관심을 기울이며 해석학의 기초 확립에 힘써 자신의 이름이 붙은 정리('볼차노-바이어슈트라스의 정리' 등)를 남겼다. 집합론의 창시자 G. 칸토어는 《무한의 역설》을 남긴 볼차노를 실무한 개념의 "가장 결정적 옹호자"로 평가했다.

회로부터 같은 정도로 괴롭힘을 당했고 우리가 논리학과 미적분에 대한 좀더 엄밀한 근거짓기 및 그의 《무한의 역설(Paradoxien des Unendlichen)》(1851)에서 게오르크 칸토어(1845~1918)가 해결한 무한집합 문제에 대한 최초의 접근을 빚지고 있는 볼차노 이래로 오스트리아에는 독자적인 철학이 존재한다. (그에 반해 독일어권 스위스는 오늘날까지 거의 중요한 철학자를 산출하지 못했다. 그 까닭은 아마도 유럽의 나머지 부분으로부터 고립되는 데 성공한 것이 물론 평화와 복지에 유리했겠지만, 정신적 모험에는 거의 그렇지 못했기 때문일 것이다.) 한편으로 우리는 논리경험주의에 수학과 물리학의 철학에 대한 일등급 저작들을 빚지고 있으며, 다른 한편으로 논리경험주의는 자기의 주장을 이러한 분야를 훨씬 넘어서서 스스로가 능력을 지니지 못하고 또한 자신이 지금까지의 철학보다 깜짝 놀랄 정도로 낮은 수준에 머물고 있는 물음들로 확대했다. 물론 논리경험주의는 '사변적' 철학을 '과학적' 철학에 의해 영구적으로 극복했다고 상상했지만 말이다. 물론 견지해야 할 것은 그 운동이 첫눈에 보기보다는 이질적이었다는 점이다. 그 운동은 모든 것을 요소적인 감각 소여들로 환원하고자 하는 입장뿐만 아니라 이러한 프로그램이 실패하지 않을 수 없을 거라는 통찰도 포괄했다. 가령 한스 라이헨바흐(1891~1953)[16]는 이미 1924년에, 즉 경험주의의 도그마에 대한 윌러드 V. O. 콰인[17]의 전체론적인 비판 이전에

---

16   Hans Reichenbach. 독일 태생의 미국 철학자, 논리실증주의의 대표자. 상대성 이론을 기초로 시간·공간론을 전개하고, 확률 합의라는 개념을 사용해 확률론의 형식화를 시도했으며, 양자역학에 철학적 기초를 부여하려고 노력했다. 《공간-시간론의 철학》(1928), 《과학철학의 형성》(1951) 등의 저작이 있다.

17   Willard Van Orman Quine, 1908~2000. 현대 미국의 철학자이자 논리학자. 철학이란 개념 분석에 그치는 것이 아니라는 관점에 동의하는 대표적 인물로서 분석철학의 전통에 정면으로 맞섰다. 주요 저작으로는 분석 명제와 종합 명제의 구분을 공격하고 의미론

측정 도구의 사용과 관련해 다음과 같이 썼다. "아무리 단순한 것이라 하더라도 모든 사실 주장은 …… 이미 해석이며 …… 그런 까닭에 이미 그 자체가 이론이다." 그의 《공간-시간론의 철학(Philosophie der Raum-Zeit-Lehre)》(1928)은 물리학의 철학의 고전으로 남아 있다. 프레게와 달리 라이헨바흐는 형식주의적인 수학의 철학의 변호 덕분에 비유클리드 기하학의 정당성을 힘주어 옹호한다―오로지 수학에만 문제되는 조건-귀결-관계들(Wenn-Dann-Beziehungen)은 분석적이며, 따라서 서로 다른 공리에서는 서로 다른 정리가 타당할 거라는 것이다. 선험적 종합 판단들은 기하학에서는 필요하지 않을 것이다. 공리의 진리에 대한 물음은 수학적 문제가 아니며, 수학적 근본 개념은 공리의 총체성에 의해 함축적으로 정의되어 있을 것이다. 칸트에 반대해 라이헨바흐는 수학적 기하학과 물리학적 기하학 간의 원칙적 구별을 지시한다. 물리학적 공간-시간을 적합하게 기술하기 위해서는 우리가 해당 값을 측정할 때 사용하는 절차를 기술하는 귀속 정의들(Zuordnungsdefinitionen)이 필요할 것이다. 물론 라이헨바흐는 만약 우리가 귀속 정의를 그에 상응해서 변화시킬 준비가 되어 있다면 물리학적 공간에 항상 일정한 측정 기준을 귀속시킬 수 있다는 것을 인정한다. 그러나 철저한 규약주의에 반대해 만약 우리가 하나의 정의를 확고히 하고 가령 움직이지 않는 물체에 의해 측정하기로 결정했다고 한다면 이러한 자유가 중단될 것이라고 강조한다. 정의는 참도 아니고 거짓도 아니지만, 귀속 정의와 측정치의 조합은 검사할 수 있는 결과를 낳을 것이다. 여기서는 차이적인 힘과 달리 보편

적 전체론의 한 유형을 옹호하는 《경험주의의 두 도그마》(1951)와 그러한 입장을 발전시켜 번역 불확정성 논제를 소개하는 《단어와 대상》(1960)이 있다.

적 힘을 무시할 수 있는데, 왜냐하면 그것의 현전 존재는 원리적으로 확정될 수 없을 것이기 때문이다—그것은 바로 척도도 변화시킬 것이다. 특히 결실 있는 것은 비유클리드 기하학도(물론 유클리드적인 것이든 비유클리드적인 것이든 4차원 기하학은 아니다) 직관화할 수 있다는 라이헨바흐의 증명이다. 직관의 근저에는 그 원천을 논리학에서 지니고 또 직관의 새로운 조정을 초래할 수 있는 규범적 힘이 놓여 있다. 이른바 순수 직관은 자연에 대해 아무것도 규정하지 않으며, 오히려 실제로 실존하는 공간에 대한 적응의 결과일 것이다. 비유클리드 위상학을 지니는 공간을 논의함에 있어 라이헨바흐는 그 자체에서 항상 가능한 일이지만 만약 우리가 저 공간을 계속 유클리드적으로 해석할 때 획득하는 인과적 변칙에 관여한다. 그런데 이는 칸트의 선험적인 것들의 체계에 대한 반박일 것인데, 왜냐하면 이 경우 인과성 원리와 유클리드적 성격은 서로 모순되기 때문이다. 하지만 그로부터 도출할 수 있는 것은 다만 저 두 원리가 일정한 경우 동시에 타당할 수 없다는 점일 뿐이다. 그러한 경우 유클리드 위상학을 기꺼이 희생시키고자 하는 라이헨바흐의 태도는 실제로는 그 경우도 종합적-선험적 원리가 이끈다는 점을 지시한다. (하나의 불변 항인) 인과성과 시간 정향의 연관에 대한 그 자신의 숙고는 칸트로부터 그리 멀리 떨어져 있지 않다. 경험적 소여와 양립 가능한 실재에 대한 다양한 해석 가운데서 선택을 허용하는 기준의 위계화는 존재하지 않는데, 왜냐하면 라이헨바흐에 따르면 기술적(deskriptive) 단순성은 진리와 아무런 관계도 없기 때문이다. 인상적인 것은 정의와 경험적 진술 또는 특수 상대성 이론과 일반 상대성 이론의 철학적 이론 구성 요소와 물리학적 이론 구성 요소를 구별하고자 하는 시도이다. 헨드릭 로렌츠[18]의 이론에 대한 아인슈타인의 탁월성은 바로 아인슈타인이 빛의 속도의 불변성에 대한 설명을 포기한다는 점에 존립한다. 물론 일반 상대성 이론에서는 물리학적 기하학의 측정 기준을 중력장을 통해 설명한다. 주목할 가치가 있는 것은 두 상대성 이론에 대한 올바른 해석과 관련해서는 폭넓은 합의를 일찍이 달성한 데 반해, 양자역학의 경우에는 카를 프리드리히 폰 바이츠제커(1912~2007)[19] 같은 중요한 철학자들과 물리학자들의 작업에도 불구하고 오늘날까지 그러한 합의가 결여되어 있다는 점과 더 나아가 너무도 완고한 존재론적 가정이 그 형식주의에 의해 지지를 받아왔다는 점이다.

구성적인 학문 이론적 작업과 더불어서 논리실증주의는 비판적 측면도 지니는데, 그 측면은 이를테면 한스 한(1879~1934)[20]과 오토 노이라트(1882~1945)[21] 그리고 루돌프 카르납(1891~1970)[22]이 그들의 멘토인 모리

---

18 Hendrik Antoon Lorentz, 1853~1928. 네덜란드의 이론물리학자. 운동 물체의 전자기적 및 광학적 현상을 논해 아인슈타인의 상대성 이론 탄생에 결정적 역할을 한 '로렌츠 단축', '로렌츠 변환식'을 제시하고, 절대 정지 에테르의 가정 아래 그때까지의 전자론의 성과를 모두 포함하면서 모순 없는 로렌츠 전자론을 완성했다. 1902년 노벨 물리학상을 수상했다.

19 Carl Friedrich von Weizsäcker. 독일의 이론물리학자이자 철학자. 이론물리학에서 철학에 이르기까지 그의 학문 활동은 엄청나게 광범위했다. 그러나 그의 본령은 물리학자, 철학자, 종교인으로서 우리 인간의 생존 조건을 그 근원으로부터 계속 질문하는 가운데 물리학, 화학, 생물학, 자연사, 우주론, 인식론, 형이상학 그리고 더 나아가 사회, 문화, 종교 등 광범한 영역에 걸쳐 통일적이고 포괄적인 연관을 진지하게 탐구한다는 점에 있다.

20 Hans Hahn. 오스트리아의 수학자. 함수 해석, 위상기하학, 집합론 등의 많은 분야에 공헌했다.

21 Otto Neurath. 오스트리아의 사회학자, 철학자, 마르크스주의 경제학자. 빈학파에 의한 논리실증주의 운동을 가장 열렬히 추진한 인물이자 '통일과학'의 제창자이다. 특히 사회학의 과학적 구축이라는 문제에 관심을 기울여, 먼저 물리학을 그 경험적 명제가 전부 시공간 좌표계로 기술되는 학문으로 규정하고, 이 물리학의 언어가 기타 모든 과학의 '통일 언어'(물리학주의)라고 주장했다.

츠 슐릭(1882~1936)[23]에게 바치는 선언문인 〈과학적 세계 파악. 빈학파
(Wissen-schaftliche Weltauffassung. Der Wiener Kreis)〉 및 카르납과 라이헨바흐
가 편집한 잡지 〈인식(Erkenntnis)〉(1931)에 실린 카르납의 유명한 에세이
〈언어의 논리적 분석에 의한 형이상학의 극복(Überwindung der Metaphysik
durch logische Analyse der Sprache)〉에서 드러난다. 의식사적으로 이 측면은
첫 번째 측면보다 훨씬 더 영향력이 있었으며, 그것도 그 측면이 근대
수학과 물리학에 대한 불가피하게 비교(秘敎)적인 대결보다 훨씬 더 커
다란 대중에게 다가설 수 있다는 단적인 이유에서 그러했다. 이 점은 유
감스러운데, 왜냐하면 그 측면이 훨씬 더 나쁜 면이기 때문이다. 근본적
으로 이는 칸트의 첫 번째 《비판》에서 유래하는 의미 기준의 철저화에
토대한다―하지만 이론 이성과 실천 이성에서 그리고 그와 더불어 세
번째 《비판》의 문제 권역을 뒤쫓고자 하는 여전히 아주 겸손한 모든 시
도에서 선험적 종합 판단들이 떨어져 나간다. 개인적으로 논리실증주
의자들은 대부분 존경할 만한 사람이었으며, 정치적으로 종종 사회 개
혁 프로그램을 뒷받침했다. 그러나 그들 가운데 다수는 도덕적 진술에
서 문제되는 것이란 진리 능력 있는 판단들이 아니라 다만 주관적 선호
의 표현일 뿐이라는 것을 견지한다. 따라서 그들은 대안적 가치 체계에

---

22   Rudolf Carnap. 독일 출신의 미국 철학자. 논리실증주의의 대표적 인물. 《세계의 논
리적 구축》(1928)은 프레게에서 출발하는 현대 논리학의 수법을 사용해 현상주의를 전개
한다. 논리실증주의의 전성기에 그는 철학을 '과학의 논리학'으로 규정하고 철학에서 일
체의 형이상학적 요소를 배제할 것을 요구했다. 《언어의 논리적 구문론》(1934), 《의미와
양상》(1947), 《확률의 논리적 기초》(1950) 등의 저작이 있다.
23   Moritz Schlick. 독일의 철학자, 빈학파의 창설자. 논리실증주의 운동의 지도자로 사
실과 엄격히 대응하는 명제를 진리로 보는 경험적 인식론, 논리학 및 수학의 선험성 등을
연구했다.

대한 점증하는 역사학적 지식과 법학에서 법실증주의를 산출한 자연법 사유의 위기에서 나타난 19세기 후반의 경향을 따르고 있다.

논리실증주의의 목표는 물리학에서 그 모범을 지니는 통일과학이다. 추구된 구성 체계는 자기의 심리적 성질로부터 물리적 대상에, 이 물리적 대상으로부터 낯선 심리적 대상에 그리고 마지막으로 사회과학의 대상에 다다르고자 한다. 낯선 심리적 대상과 관련해서는 정신적인 것을 외적으로 관찰할 수 있는 행동으로 환원하는 행태주의가 과학적 세계 파악으로서 간주된다. 이러한 새로운 파악의 원래 적수는 형이상학이다. 형이상학의 진술은 가령 거짓인 것이 아니라 무의미하다. 거기서 다루는 것은 의미 없는 단어를 사용하거나 구문론에 반해서 형성된 사이비 명제이다. 하나의 단어가 의미를 지니기 위해서는 이 단어를 지닌 명제를 검증하기 위한 방법이 알려져 있어야만 하며, 아니 결국 그와 같은 종류의 명제는 프로토콜 명제로 환원될 수 있어야만 할 것이다. 형이상학적 신 개념의 타당성을 경험적으로 확인할 수 없는 까닭에 '신'이라는 개념은 무의미하다. 인상적인 것은 마르틴 하이데거가 '아무것도 없다(nichts)'를 '무(Das Nichts)'로 실체화하는 것이 어째서 부정적 존재 진술의 본성을 이해하지 못하는 것에 기초하는지에 대한 카르납의 논리적 분석이다. 하지만 그는 그러한 종류의 개별 분석으로부터 모든 형이상학이 무의미하다는 종적인 주장으로 상승한다. 왜냐하면 형이상학의 판단들은 분석적이지도 경험적이지도 않기 때문이다. 형이상학은 음악이나 서정시와 마찬가지로 삶의 감정의 표현이다―형이상학자는 "음악적 능력이 없는 음악가"라는 것이다.

카르납이 여기서 일반화의 잘못을 범하고 있으며, 그것이 사실상 전통적 형이상학자 몇몇을 특징짓기는 하지만, 다만 가장 나쁜 형이상학자들을 그렇게 하고 있다는 것을 파악하기는 어렵지 않다. 무엇보다도 우선 카르납에게 문제되는 것은 형이상학자들의 개별적 논증이 논리적으로 타당하지 않다는 것을 구체적으로 증명하는 것이다. 그러한 증명은 항상 그 공로가 많다. 물론 거기서는 다음과 같은 두 가지를 주목해야 한다. 첫째, 그사이에 한편으로는 서로 배제하고(그것들 사이에서의 선택은 일정한 의미에서 논리학에 선행하는 철학적 논증을 통해 이루어져야만 한다) 다른 한편으로는 서로 다른 타당성 영역을 지니는 많은 논리학이 존재한다는 점이다. 규범적이거나 내포적인 용어의 사용에 반대하는 것은 결코 논리학 자체가 아니다. 그와는 정반대로 그와 같은 종류의 용어의 명백한 포기 불가능성은 새로운 논리학 체계의 형성에로 이어졌다. 둘째, 해석자는 해석해야 할 것에서 의미를 발견하기 위해 성실하게 노력해야 한다―가령 우리는 '무'에 대한 불안의 현상을 이를테면 자신의 죽음이나 자신의 문화에서의 의미 상실에 대한 불안으로서 이해할 수 있다. 하지만 카르납이 자신의 계속되는 논고에서 말하는 것은 그 자신의 논증 분석을 전적으로 불필요한 것으로 만든다. 왜냐하면 그에 따르면 바로 모든 형이상학적 진술은 그것들을 분석적으로도 경험적으로도 검증할 수 없는 한에서 무의미하기 때문이다. 그사이에 분석적 형이상학의 폭넓은 영역을 인정하게 된 분석철학의 이 테제는 왜 포기되었던가? 한편으로 실증주의는 그것이 강령적으로 요구했던 식으로 과학과 형이상학을 구획하는 데 성공하지 못했다. 귀납 문제의 어려움을 고려할 때 과학적 이론의 **검증**(Verifikation)이 무엇을 의미하는지 알 수 없다. 우리가 과학적 이론을 단지 반박할 수 있을 뿐 결코 증명할 수 없다는,《탐구의 논리(Logik der Forschung)》(1935)에서 칼 포퍼의 비판적-이성주의적 반증주의(Falsifikationismus)도 귀납 문제를 해결하지 못했다. 왜냐하면 성공한 반증이 미래에도 타당할 거라는 것을 우리가 어떻게 아는가 하는 물음이 제기되기 때문이다. 그러나 다른 한편으로는 다음과 같은 물음도 제기된다. 오로지 경험에 의해 그 타당성을 확인할 수 있는 진술이나 분석적 진술만이 의미 있다는 판단의 지위는 무엇인가? 만약 그것이 논리적 분석의 결과라고 주장한다면 우스꽝스럽지 않을 수 없다. 왜냐하면 논리적 분석은 다만 우리가 서로 다른 진술 종류를 구별할 수 있다는 것만을 밝힐 수 있기 때문이다. 오로지 언급된 진술 종류만이 **허용**된다는 진술은 확실히 분석적 주장이 아닌데, 그 까닭은 그에 대한 부정이 아무런 모순도 나타내지 않기 때문이다. 또한 그 진술은 규범적 본성의 것인 까닭에 경험 위에서도 근거지을 수 없다. 여기에는 그 이론의 근본적 자기모순이 놓여 있는데, 이는 그 이론의 최종적인 비합리성을 지시한다. 근대 과학적 이론의 논리적 구조의 관철은 논리실증주의에서 고전적 형이상학을 특징지었던 자기 근거짓기에 대한 저 통찰과 손잡고 나아가지 못했다. 그리고 저 관철은 대부분 한 사람에게 물리학의 창조적 발전을 허용하지 않은 것에 대한 보상이었던 까닭에, 우리는 카르납의 겉치레 말들을 그가 물리학적 능력을 지니지 않은 물리학자였다는 것으로 되돌려줄 수 있을 것이다. 철학에 의한 근대 과학의 연구가 필수불가결하다 할지라도, 그와 마찬가지로 또한 과학적 이론이 실재론과 관념론 간의 논쟁 같은 오랜 철학적 논쟁점을 해결할 수 있을 거라고 믿는 것은 너무도 소박했는데, 그 까닭은 바로 이러한 이론이 철학적으로 서로 다르게 해석될 수 있기 때문이다. 그리고 인식론을 과학 이론으로 환원하는 것도 그에 못지않게 잘못이다. 왜냐하면 과학은 다만 인식의 **하나의** 형식일 뿐이고, 그와 더불어 또한 윤리적 인식과 철학적 인식도 존재하기 때문이다. 그리고 사실상 1970년대에는 과학 이론의 인식론적 취약함이 나타났는데, 그 시기에는 서로 다른 패러다임이라는 개념을 지닌 역사주의적 전환이 어쨌든 생산적 과학자에 대한 영향이 크지 않았던 과학 이론이라는 분과의 급속한 의미 상실로 이어졌다.

물론 논리실증주의는 단연코 한 사람의 철학적 천재를 산출했다. 바로 루트비히 비트겐슈타인(Ludwig Wittgenstein, 1889~1951)이다. 그의 작품은 아주 적다―두 주요 저서는 1921년의 《논리-철학 논고(Tractatus logico-philosophicus)》와 사후인 1953년에 출판된 《철학적 탐구(Philosophischen Untersuchungen)》이다. 사후에야 비로소 출간된 그의 수많은 노트 가운데 마지막으로 나온 《확실성에 관하여(Über Gewißheit)》(1970)는 철학적으로 너무도 매혹적인데, 왜냐하면 그것은 의심의 언어놀이를 그 앞에서 최초로 의심이 시작될 수 있는 배경 지식에 주목하게끔 함으로써 제한하고자 시도하기 때문이다. 물론 이러한 지식의 초월론적 정당화는 통찰되고 있지 않다. 비록 비트겐슈타인이 결정적인 철학적 물음을 전혀 파악하지 못했고 전적으로 확실하게 칸트나 헤겔 같은 놀이마당에 속하지 않는다 할지라도 그에게서 나오는 매력은 다음과 같이 설명할 수 있다. 첫째, 《논고》에서 모든 철학적 문제를 해결했다고 생각했기 때문에 한동안 학문적 활동을 전적으로 회피한 것을 포함한 비트겐슈타인의 금욕적 삶은 20세기의 다른 철학자에게서는 거의 그리고 확실히 어떤 실존주의자에게서도 발견할 수 없는 실존적 결단성을 지닌다. 둘째, 공학으로부터 철학으로 나아간 이 사유자의 철학적 전통에 대한 적은 친밀함―그에게 가장 많은 영향을 준 것은 프레게와 버트런드 러셀이다―은 축복으로 입증되었는데, 왜냐하면 그것이 새로운 시작을 가능하게끔 했기 때문이다. 셋째, 비트겐슈타인은 논리실증주의 프로그램을 빈학파의 다른 구성원들보다 더 일찍 더 명확하고도 더 포괄적으로 기획했으며, 그와 동시에 대부분의 실증주의자들이 오랫동안 알아보지 못한 그것의 내적 자기모순을 곧바로 인식했다. '과학적 세계 파악'이 인간의 삶에서 문제가 되는 본래적 물음을 해결하지 못한다는 것을 비트겐슈타인은 논리실증주의자들에게는 전적으로 결여된 강렬함을 가지고 감지했으며, 따라서 넷째, 비트겐슈타인은 자신의 두 번째 단계에서 초기 저작과 비교하면 그야말로 철저한 단절을 나타내는 철학을 내놓았는데, 그러한 단절은 거의 어떠한 사유자도 견뎌낸 적이 없던 그런 것이다─왜냐하면 연속성은 모든 인간에게 중요하며, 철학자들에게는 분명 비-철학자들에게보다 훨씬 더 중요하기 때문이다. 마지막으로 비트겐슈타인의 두 저작의 문학적 형식은 대단히 혁신적이다. 그의 논리학의 형이상학이 지닌 거친 추상성은 너무도 적절한 은유 및 이미지와 손잡고 나아간다. 그리고 비트겐슈타인은 바로 그 시기의 커다란 세계관적 문제들에 대해 아무것도 말하지 않음으로써 그것들에 대한 태도를 표명한다─세계사적으로 전적으로 새로운 형식의 대중매체적인 수다의 시대에 이는 긴 논문을 발표하는 것보다 훨씬 더 매혹적일 수 있는 전달의 반문화적 형식이다. 그것은 지지난번 세기 전환기의 언어 회의에 잘 어울린다. 후고 폰 호프만슈탈[24]의 찬도스 편지를 생각해보면 좋을 것이다.

《논고》의 중심 출발점은 사물들이 아니라 사실들(Tatsachen)이 세계를 이룬다고 하는 이념이다. 사실들은 존립하는 사태들이며, 사태들은 가

---

24 Hugo von Hofmannsthal, 1874~1929. 오스트리아의 시인, 극작가.《장미의 기사》(1911)는 슈트라우스가 가극으로 바꾼 호프만슈탈의 유명한 작품이다. 찬도스 편지는 호프만슈탈이 1902년 발표한 산문 단편인데, 이 허구적 편지의 중심 테마는 표현 수단으로서 언어에 대한 비판과 새로운 시학에 대한 추구를 담고 있다.

능한 사실들이다. 요컨대 비트겐슈타인은 가능한 세계들의 의미론에서 작업하고 있는 것인데, 물론 그 의미론은 후기의 그것과는 다르다. 여기서 그는 원자주의를 주장한다―이른바 원자적 사실들은 다른 모든 사실로부터 독립적이라는 것이다. 사실들의 확정과 함께 세계는 규정되어 있다. 그에게 중심적인 것은 우리가 어떻게 세계의 그림을, 가령 하나의 명제를 형성할 수 있는가 하는 인식론적이고 언어철학적인 물음이다. '그림'을 가지고서 비트겐슈타인은 결코 세계에 외적으로 유사한 어떤 것을 생각하지 않는다. 결정적인 것은 오히려 그림과 사실 사이의 동형성 관계다. 다시 말하면 사실을 구성하는 개체 및 속성과 그림을 형성하는 요소 사이에 명백한 일치(Zuordnung)가 존립해야만 하는 것이다. (기하학의 투영이나 악보를 생각해보면 좋을 것이다.) "이러한 일치들은 이를테면 그림이 그것들을 가지고 현실과 접촉하는 그림 요소의 더듬이들이다." 이런 종류의 상응은 다만 세계와 그림에 공통적인 논리적 형식 덕분에 가능할 뿐이다. 여기서 다루는 것은 세계의 유일한 합법칙성이다. 우리는 이러한 사상에서 무언가 객관적-관념론적인 것을 인식할 수 있다. 그리고 그 점은 왜 비트겐슈타인이 형이상학적 실재론자로서뿐만 아니라 초월론 철학자로서도 해석되어왔는지를 설명해준다―물론 비트겐슈타인은 자신이 분명히 이해함과 같은 모든 심리학적 범주를 제거하고자 한 까닭에 언어성의 초월론 철학자로서 해석되어왔다. "나의 언어의 한계는 나의 세계의 한계를 의미한다."

초월론적 내실은 칸트에 비해 최소화되어 있다. 왜냐하면 비트겐슈타인은 선험적 종합 판단을 인정하지 않고 가령 인과성을 흄과 같이 해석하기 때문이다. 그림의 의미는 그것이 나타내는 것 안에 놓여 있다. 그것이 참인지 아닌지는 오로지 현실과의 비교에 의해서만 발견할 수 있다. 물론 하나의 명제는 그것이 참인지 여부를 알지 못하고서도 이해될 수 있다. 요소 명제들이 서로로부터 논리적으로 독립적이고 모든 참된 요소 명제들의 진술이 세계를 완전하게 기술하는 데 반해, 다른 명제들은 요소 명제들의 진리 함수들이다. 인공어는 그런 종류의 관계를 가장 잘 재현할 수 있으며, 따라서 전통 철학을 특징짓는 논리적 혼란을 회피할 수 있는데, 왜냐하면 일상 언어는 사상들을 왜곡해서 재현하기 때문이다. 철학적 물음에 관해 기술된 대부분의 명제들은 무의미(unsinnig)한데, 왜냐하면 그것들은 언어 논리에 역행하기 때문이다. 〔그에 반해 동어반복, 그러므로 논리학의 명제와 모순은 '의미가 없다(sinnlos)'고 일컫는다.〕 비트겐슈타인의 명제 이론에서 결정적인 것은 반성성의 금지다―어떠한 명제도 자기 자신에 대해 이야기할 수 없다는 것이다. 철학은 사상들을 다만 분명하게 밝힐 뿐이다. 철학은 "교설이 아니라 활동이다". 오로지 우리가 대답할 수 있는 물음만을 정당한 방식으로 제기할 수 있다. 참된 명제들의 총체는 (심리학을 포함해) 자연과학의 총체다. 윤리학의 명제들은 존재할 수 없다. 그러나 그 경우 《논고》의 명제들의 지위는 무엇인가? 비트겐슈타인은 그것들의 무의미한 본성을 인정한다. 세계를 올바로 보기 위해 우리는 그것들을 사다리처럼 타고 올라간 다음 내던져 버려야 한다는 것이다. 그럼에도 불구하고 비트겐슈타인은 단순히 현실에 대한 가치 중립적인 고찰, 즉 물론 형식 논리적으로 구조화되어 있지만 거기서 더 이상 결코 칸트의 경험의 유추를 전제할 수 없는 현실에 대한 가치 중립적인 고찰을 요구하는 것으로 보이지 않는다. 비록 신이 더 이상 세계 속에 현현하지 않는다 할지라도, 세계의 실존이라는 단적인 사실 속에는 무언가 신비적인 것이 나타난다. 하지만 그에 관해 이론화하는 것은 전망 없는 일이다. "말할 수 없는 것에 대해 우리는 침묵해야만 한다.” 비트겐슈타인의 종교성은 헤겔의 만유재신론에 정반대로 대립되어 있다. 부정신학의 잔여물이 오로지 논리학과 수학에 의해서만 결집되고 또 그 의미가 비워진 세계에 대한 냉정한 고찰에 맞서 있다. 괴테의 세계관이 폭넓게 헤겔의 세계관에 상응했다면, 새로운 이원론을 가장 강력하게 표현하는 저술가는 아마도 프란츠 카프카[25]일 것이다.

　“일상 언어의 이해를 위한 암묵적 협약은 엄청나게 복잡하다.”《논고》의 이 명제는 일상 언어를 그것이 논리적 이상 언어와 어느 정도까지 다른가 하는 판단에 종속시키는 대신 그것의 미묘한 적응 능력을 추적하고자 하는《철학적 탐구》의 프로그램을 가장 일찍이 미리 보여준다. 물론 여전히 눈에 띄는 것은 비트겐슈타인이 당대의 언어학을 거의 수용하지 않는다는 점이다. 언어적 현상에 대한 지식에서 그는 어차피 훔볼트와 경쟁할 수 없지만, 그러나 또한 그 유기체 모델이 언어의 표현 기능과 서술 기능 그리고 호소 기능을 구별하는 철학하는 심리학자 카를 뷜러(1879~1963)[26]의 방대한《언어 이론(Sprachtheorie)》(1934)과도 경쟁할 수 없다. 비록 비트겐슈타인이 1929년 최종적으로 케임브리지로 옮겨갔을지라도, 그는 대부분의 이주자들과 달리 계속해서 독일어에 충실했다. 하지만 언어와 세계에 대한 그의 눈길은 변화했으며, 또다시 그는 수천 명의 계승자들이 오늘날까지 본받으려고 노력하는 새로운 경향을 창조했다. 이상 언어의 철학을 일상 언어의 철학(Ordinary language philosophy)

25　Franz Kafka, 1883~1924. 유대계 독일인 작가. 사르트르와 카뮈에 의해 실존주의 문학의 선구자로 높이 평가받은 카프카 문학의 의의는 무엇보다도 인간 운명의 부조리성, 인간 존재의 불안과 무근저성을 날카롭게 통찰해 현대 인간의 실존적 체험을 극한에 이르기까지 표현한 점이다. 《변신》(1916) 등의 작품이 있다.

26　Karl Bühler. 유럽 언어학의 역사에서 훔볼트로부터 시작되는 심리적 언어학파의 20세기 후계자이며, 생물학적·생리학적인 여러 실험을 통해 인간의 사고 과정을 연구했다.

이 뒤따랐던 것인데, 그것은 물론 비트겐슈타인의 전회 이전에 이미 옥스퍼드의 존 오스틴[27]과 길버트 라일[28] 같은 저자들에 의해 돌보아져왔다. 의식사적으로 이러한 전향은 양가적으로 평가할 수 있다. 한편으로 새로운 공리적 논리학과 그것을 따라 형성된 이상 언어에 대한 열광은 신과 역사의 진행에 대한 자신들의 믿음을 상실했거나 심지어는 그러한 믿음 없이 성장한 저 대단히 이지적인 지식인들이 여전히 인정한 최후의 규범적 핵심이었다. 그리고 이러한 열광마저도 헛되이 끝나버린 것은 오늘날 철학을 마비시키는 탈근대적 무관심성을 준비했으며, 특히《논고》의 근본 모순이 후기 저작에서도 결코 제거되지 않았고 구속력 있는 윤리학의 가능성은 계속해서 해명되지 않은 채 남았다. 철학은 사실적 언어 사용을 다만 기술할 수 있을 뿐이다. "철학은 모든 것을 존재하는 그대로 허용한다." 따라서 준칙은 다음과 같다. "생각하지 말고 보아라!" 다른 한편으로 그 모든 논리 훼손에도 불구하고 보통의 언어에 인공어들의 에스페란토에서보다 더 많은 이성적 성취가 놓여 있다는 것을 인정하는 겸손은 존중을 요구한다. "논리학의 수정 같은 순수성은 분명 내게 자기를 **내보이지** 않았다. 그것은 하나의 요구였다." 내용적 변화는 형식적 변화에 상응한다. 일련번호를 매기고 위계적으로 정돈한 명제들 대신에 아포리즘들의 느슨한 연쇄가 나타나는데, 그것들

---

27 John Langshaw Austin, 1911~1960. 영국의 철학자. 일상 언어의 치밀한 분석을 통해 철학 문제의 소재를 제시했다. 특히 언어의 의식적(儀式的) 사용과 행위적 사용의 발견은 철학적 문제의 해결에서 그에게 새로운 길을 열어주었다.

28 Gilbert Ryle, 1900~1976. 영국의 분석철학자. 일상 언어학파의 형성과 발전을 위해 지도적 역할을 수행했다. 주저《정신의 개념》(1949)에서는 근세 이래 서구 철학의 뼈대라 할 수 있는 심신이원론을 '데카르트 신화' 또는 '기계 속 유령의 신화'라고 부르며 철저히 비판했다.

에서 저자는 많은 경우 상상적인 상대방, 아마도 자기 이전의 자기와 지접도록 씨름하고 있다.

결정적인 것은 (《논고》의 의미 이론도 포함해) 플라톤적이고 데카르트적인 의미 이론과의 단절을 나타내는 언어놀이 개념이다. 언어는 본질적으로 사회적 사건, 즉 삶의 형식의 부분이다. 요컨대 요소적인 대상들에 대한 자율적 관련 대신 '길들임'이 행해지는 것이다. 처음부터 언어 획득은 일정한 활동과 얽혀 있으며, 역사적으로 생성된 모든 언어는 서로 다른 추상성을 지니는 수준을 포함한다. "우리의 언어는 오래된 도시로 간주할 수 있다. 즉 그것은 골목길과 광장, 낡은 집과 새 집 그리고 서로 다른 시대에 증축된 것들을 갖는 집들의 미로이다. 그리고 이것은 반듯하고 규칙적인 도로와 단조로운 주택이 있는 다수의 새로운 교외들에 의해 둘러싸여 있다." 비록 명령하고 묻고 속이는 것과 같은 다양한 언어놀이가 역사적으로 변화한다 할지라도, 그것들은 인간의 '자연사'에 그 기초를 지닌다. 비트겐슈타인에게 결정적인 것은 언어 획득에 대해 정신적 연관에 대한 마음의 지배, 즉 그 경우 언어적으로 표현되는 '생각함(Meinen)'이 선행한다는 이념의 거부이다. "사유는 말함에 생명과 의미를 빌려주고 또 말함으로부터 분리될 수 있는 비신체적인 사건이 아니다." 거기서 비트겐슈타인은 초월론적 근거에서 사물의 동일성 확인 없이는 전혀 진행될 수 없는 언어 획득에 선행해야만 하는 어린아이들의 인지적 성취를 과소평가한다. 의미의 이해는 오로지 구체적 언어 사용에서만 드러나며, 적용을 이끄는 내적인 그림이란 존재하지 않는다는 것이다. 특히 유명한 것은 규칙 준수에 대한 비트겐슈타인의 반성인데, 이는 솔 크립키[29]에 의해 비트겐슈타인에 따르면 규칙의 지금까지의 적용을 계속해나가는 무한히 많은 정당한 방식이 존재하며, 따라서 오로지 사회적으로 관철되는 것만을 올바른 계속됨으로 간주할 수 있다는 것으로 분명히 정당하게 해석되었다. 그런 까닭에 비트겐슈타인은 가령 자신의 감각에 대한 사적 언어의 가능성을 거부하며, 고통을 고통의 행동으로 환원하는 데로 기울어진다. 따라서 지난 세기의 분석철학에서 심신 문제(Leib-Seele-Problem)의 재발견은 비트겐슈타인에 대한 반발이었다. 되돌아오는 주제는 본질주의에 대한 그의 논박이다. 가령 언어놀이의 공통된 본질을 추구하는 대신 비트겐슈타인은 연속적인 중간 형식에 의해 심지어 아주 상이한 대상마저도 결합하는 가족 유사성을 지시한다. 그의 언어놀이 개념의 상대주의적 귀결은 곧바로 사회과학으로부터 학문 이론에 이르는 많은 분과에서 끌어내겼다. 그러나 가장 급진적인 것은 비트겐슈타인이 제안하는 새로운 철학 개념이다. 철학의 성과는 "지성이 언어의 한계에 달려가 부딪쳐서 감염된 종기들"이며, 자기의 목표는 "파리에게 파리통에서 빠져나오는 출구를 보여주는" 거라는 것이다. 《논고》에서 계속해서 문제되는 게 결국 반성의 고된 일로부터 해방되는 것이었던 것과 마찬가지다. 명백한 일이지만 철학에서 불행한 사람은 비트겐슈타인을 헤겔보다 선호할 것이다. 그러나 자율을 견지하고 개인이 그를 길들이는 사회적 세계에 반대해 옳을 수도 있는 가능성을 고려하는 사람에 대해서는 고전적 사상가에게 손을 내밀거나 비트겐슈타인의 의미 이론보다는 후설의 그것을 택하라는 좋은 충고를 할 수도 있다.

---

29 Saul A. Kripke, 1940~. 미국의 철학자. '가능 세계 의미론'을 고안해 참인 진술의 가능성과 필연성을 수학적으로 증명했으며, 분석철학 안에서의 형이상학적 탐구에서도 큰 업적을 남겼다. 《이름과 필연》이라는 저서를 통해 분석철학이 그동안 도외시해온 본질주의 형이상학을 도입해 새로운 논의의 장을 열었다.

12

신칸트주의와 딜타이에서 정신과학과 사회과학의 근거짓기 시도 및 후설에서 의식의 해명

20세기 전반부의 또 다른 커다란 운동을 살펴보기 전에 비록 신칸트주의가 실증주의나 현상학 같은 독창성을 보여주지 못한다 할지라도, 그것을 먼저 언급해야만 한다. 독일 관념론의 종언과 〔예를 들어 위대한 작가 게오르크 뷔히너[1]의 동생 루트비히 뷔히너(1824~1899)[2]의〕 세계관적 유물론의 부상 이후 수긍이 가는 중간노선은 칸트로 돌아가 숙고하는 것이었는데, 그러한 숙고는 초월론적 사상을 계속해서 사유하고 그럼에 있어 특히 철학사학과 과학사학을 새로운 수준으로 끌어올렸다. 마르부르크학

---

1   Georg Büchner, 1813~1837. 독일의 극작가. 대학에서 의학을 공부하다 자유사상을 접하고, 비합법적 팸플릿 〈헤센의 급사〉를 기초한 혐의로 쫓길 때 희곡 《당통의 죽음》(1835)을 집필해 인정을 받았다. 그 후 단편 《렌츠》, 희극 《레온체와 레나》(1850)를 썼으며 23세에 패혈증으로 요절했다. 자연주의와 표현주의의 선구자로 평가받는다.
2   Ludwig Büchner. 독인의 철학자, 의학자. 주요 저서 《힘과 물질》(1855)에서 일체의 이원론을 물리치고 정신적인 것의 독립성을 부정하며 모든 현상은 결국 물질에서 유래한다고 주장함으로써 유물론의 가장 대중적인 대표자가 되었다.

파의 창설자는 헤르만 코헨(1848~1918)[3]인데, 아주 많은 수의 또 다른 유대계 독일인 사상가들이 그를 따랐다. 한편으로 이는 그사이에 외면적으로 이루어진, 독일 시민 계급에 의한 유대인에 대한 인정의 표현이며, 다른 한편으로 20세기 초 독일 정신에 대한 헤게모니가 눈에 띄게 약해지는 프로테스탄티즘―비록 근대에 대한 그것의 중심적 기여가 바로 이 시대에 막스 베버와 에른스트 트뢸취에 의해 분명하게 표현되었다 할지라도―보다 오히려 유대교 및 가톨릭교가 감지한 근대의 위험에 대한 특별한 감수성을 보여준다. 에드문트 후설(Edmund Husserl, 1859~1938)이 유대교로부터 루터교로, 막스 셸러[4]와 에디트 슈타인(1891~1942)[5]이 가톨릭교로 개종한 데 반해 코헨은 아마도 유대적인 정신이 독일 대학으로 통합되는 동시에 자신의 전통에 충실한 가장 웅대한 사례일 것이다.

3　　Hermann Cohen. 유대계 독일인으로 신칸트학파인 마르부르크학파의 창시자. 1876년부터 1912년까지 마르부르크 대학의 교수로 재직하며 나토르프, 카시러, 니콜라이 하르트만 등을 지도했다. 《칸트의 경험 이론》(1871), 《칸트에 의한 윤리학의 정초》(1877), 《칸트에 의한 미학의 정초》(1889), 《순수 인식의 논리학》(1902), 《순수 의지의 윤리학》(1904), 《순수 감정의 미학》(1912) 등의 저작이 있다.

4　　Max Ferdinand Scheler, 1874~1928. 독일의 철학자. 독일인 아버지와 유대인 어머니 사이에서 태어났다. 베를린 대학에서 딜타이, 짐멜, 슈툼프의 강의를 청강하고 에나 대학에서 오이켄의 지도 아래 철학 박사 학위를 취득했다. 1901년 후설을 알게 되고 그의 영향을 받았다. 1906년 뮌헨 현상학 서클을 설립하고, 1919년 쾰른 대학에 초빙되어 철학과 사회학을 가르쳤다. 주저 《윤리학에서의 형식주의와 실질적 가치윤리학》(1913/16) 외에 《공감의 본질과 형식들》(1923), 《가치의 전도》(1915), 《우주에서 인간의 위치》(1928) 등의 저작이 있다.

5　　Edith Stein. 폴란드의 유대계 여성 철학자. 괴팅겐 대학에서 후설의 지도 아래 현상학을 공부하고, 가톨릭 신앙에 귀의해 카르멜회의 수녀가 된 후 네덜란드 수도원에서 나치에 체포되어 아우슈비츠에서 죽임을 당했다. 슈타인 사상의 특징은 현상학적 사유와 스콜라적 존재론과의 만남, 그 배경을 이루는 심원한 신비주의라는 두 가지 점으로 집약할 수 있다. 《유한한 존재와 영원한 존재, 존재의 의미로의 등반 시도》, 《세계와 인격, 기독교적 진리 탐구에 대한 기여》 등의 저서가 있다.

마르부르크에서 정년퇴직한 후 코헨은 베를린의 '유대신학교(Lehranstalt für die Wissenschaft des Judemtums)'에서 가르쳤다. 1915년의 한 팸플릿에서 그는 독일 정신과 유대 정신의 본질 친화성을 옹호했다. 그에 따르면 윤리적 보편주의는 민주적 사회주의와 각각 서로 다른 국민성을 포괄하는 국가들의 연맹을 요구한다. 제2제국의 프로이센에서 코헨은 보통 선거권 및 노동자의 권리를 위해 진력했다. 그의 제자 파울 나토르프(1854~1924)[6]는 사회교육학의 공동 창시자였다. 코헨의 마지막이자 분명 가장 독창적인 저작인 《유대교의 원천에서 본 이성의 종교(Die Religion der Vernunft aus den Quellen des Judentums)》(1919)는 "민족 증오의 유령", 즉 "자기의 큰 낫을 가지고 세계를 활보하는" 이러한 죽음의 사자에 대한 감동적인 공격으로 끝을 맺는다. 아주 많은 유럽 지식인이 제1차 세계대전의 발발을 환영했을 뿐만 아니라 종전 이후에도 증오에 가득 차 다음 세계대전에로 비틀거리며 나아갔던 데 반해, 코헨은 교황 베네딕투스 15세[7]와 비슷하게 이 전쟁을 그것이 사실상 그러했듯 도덕적 재앙으로 바라보았다. 두 사람은 유대교와 그리스도교가 똑같은 방식으로 가르쳤던 인간 생명에 대한 존중에 고취되었으며, 우리는 삶 또는 역사의 이

---

6   Paul Natorp. 독일의 철학자. 신칸트학파에 속하며, 특히 코헨의 영향을 강하게 받아 마르부르크학파의 중진이 되었다. 나토르프의 철학적 논의의 출발점은 칸트 및 플라톤이다. 플라톤이 말하는 이데아란 다양한 것들에 통일을 가져다주는 논리적인 것의 기본 법칙이며, 이 법칙이 모든 사유 정립과 모든 대상에 대해 궁극적 근거를 제공한다. 그가 보기에 대상 존재의 근거로서 논리적인 것의 법칙성에 새롭게 주의를 환기시킨 것이 칸트의 초월론적 논리학이며, 그것을 계승 및 발전시킨 것이 코헨과 그 자신의 인식논리학이다. 대표작으로는 《정밀과학의 논리적 기초》가 있으며, 사회교육학이라는 발상은 그가 지향한 것이 역사 속의 문화적 삶 전체에 대한 파악임을 보여준다.

7   Benedictus XV, 1854~1922. 교황 재위 기간은 1914~1922. 제1차 세계대전 중 평화 정착을 위해 노력한 유일한 세계 지도자다.

름으로 모든 규범적인 요구를 제거해버린 철저한 근대주의자들에게서 보다 역설적으로 오히려 그들에게서 이성의 옹호자를 발견할 수 있을 것이다.

코헨의 마지막 책은 범신론 및 그리스도교 교의학과 윤리학에 대한, 가령 대속의 교리에 대한 명민한 비판에 의해 더욱더 강화된 칸트적 개념들로 이루어진 자신의 종교에 대한 해석이다. 종교적 유대인인 동시에 칸트주의자의 열정으로 코헨은 유대교를 일반 문화에 흡수하는 것을 반대하는데, 그 점에서 그는 동시대의 문화 프로테스탄티즘에 대한 변증법 신학의 반란을 연상케 한다. 물론 변증법 신학과 달리 코헨은 중세의 가장 위대한 유대 종교철학자들과 같은 이성주의자이다. 비록 다양한 일신론적 종교를 이성의 종교로 해석할 수 있다 할지라도, 유대교는 그 근원성에서 탁월하다고 할 수 있다. 그러나 만약 윤리학을 자율적으로 근거지을 수 있다고 한다면, 왜 종교 일반이 필요한 것인가? 코헨은 윤리학이 보편성에 의해 특징지어지며, 법과 국가가 나와 인류 사이를 매개한다고 본다. 하지만 그와 더불어 나와 '그'로 환원될 수 없는 너 사이의 구체적 관계도 존재하며, 여기서 종교는 너의 고통에 대한 동정과 (유대교에서는 공로를 자기 자신에게가 아니라 오로지 족장들에게만 인정하는데 반해) 자신의 책임에 대한 지각과 더불어 시작된다. 그에 더해 오로지 신만이 이론 이성과 실천 이성의 통일을 보증한다. 코헨은 유대교의 일신론과 그것이 상징적으로 이해하는 율법 및 구약 성서의 예언자들을 비록 처음에는 인류의 나머지로부터의 고립이 불가피했을지라도 보편주의적 윤리학의 표현으로서 해석한다. 메시아주의는 내재적으로 사회적 정의 실현의 역사 내적 시기로서 이해된다. 지옥의 영원한 형벌은 신의 사랑과 통합될 수 없으며 피안에서의 보상 또한 아무런 역할도 수행하지 못하는데, 그 까닭은 의무란 그 자신의 보답이기 때문이다―이는 스피노자가 받아들였고 또 유대교와 칸트의 반행복주의의 친화성을 지시하는 미쉬나(유대교의 구전 율법)의 명제이다. 구약 성서와 유대 전통에 대한 코헨의 지식은 탁월하다. 하지만 그의 저작은 특히 신의 속성 또는 인간적 덕들의 체계적 전개와 텍스트 해석이 종교철학자도 종교사학자도 전혀 만족할 수 없을 정도로 서로 뒤얽혀 있다는 어려움을 겪고 있다. 코헨은 (비록 그가 가령 에스겔에게서 사회적 예언과 자아의 발생 간의 구별을 그야말로 눈부시게 끌어낸다 할지라도) 거듭해서 유대교 내적인 발전의 범위를 과소평가한다. 가령 유감스러운 것은 그가 루돌프 오토의《성스러움》을 더 이상 수용하지 않는 점인데, 이 저작은 본래 도덕적 범주가 아닌 누미노제(das Numinose)의 점차적인 도덕화를 능가할 수 없는 방식으로 서술하고 있다. 코헨은 유대교의 사회적 정의와 토라에서 비유대인의 자리를 힘주어 강조한다―노아의 법은 자연법의 선구이며, 나그네의 권리는 아주 폭넓다는 것이다. 시오니즘에 대한 그의 거부는 그것과 결합되어 있다. 요컨대 "유대교를 특수한 국가에 고립시키는 것은 그것의 메시아적 과제에 모순된다"는 것이다. 독일에서 대량 학살인 반유대주의―이것이 없었다면 시온주의의 이상을 실현하기 어려웠을 것이다―의 부상을 20세기의 이 마이모니데스는 분명히 생각할 수 없었다. 비록 그가 유대인을 고난의 민족으로 해석하고 있지만 말이다.

신칸트주의의 두 번째 분파인 바덴학파(서남독일학파)의 가장 중요한 대표자인 빌헬름 빈델반트(1848~1915)와 하인리히 리케르트(1863~1936)[8]

---

8   Heinrich Rickert. 신칸트학파, 서남독일학파의 대표적 철학자 중 한 사람. 처음에는 아베나리우스 등의 현상주의에 가까운 입장을 취하지만, 빈델반트의 영향을 받아 가치의 관점에서 철학을 포괄적으로 체계화하는 가치철학을 구상했다. 주저《인식의 대상》

는 무엇보다도 우선 칸트가 비워둔 주제─즉 자연과학과의 경계를 설정한 정신과학과 사회과학의 철학적 근거짓기─를 다뤘다. 이러한 연구의 필요는 위와 같은 분과들, 그중에서도 페르디난트 퇴니스(1855~1936)[9], 게오르크 짐멜(1858~1918)[10], 막스 베버 같은 철학적 두뇌의 소유자들에 의한 이론적 사회학의 엄청난 진보에 직면해 특히 시급했다. 퇴니스는《공동사회와 이익사회(Gemeinshaft und Gesellshaft)》(1887)에서 헤겔을 연상케 하는 수법으로 사회적인 것의 근본 구조를 양극적인 대립으로 전개하며, 사회적 결합을 자기 목적으로서 경험하는 게마인샤프트를 원자론적인 게젤샤프트보다 상위에 놓았다. 그리하여 의도치 않게 '1914년의 이념들'[11]에서 선동된, 앵글로색슨의 개인주의와 독일의 민족공동체의 대립을 준비했는데 토마스 만은 1918년《비정치적인 것의 고찰(Betrachtungen eines Unpolitischen)》에서 그러한 대립에 문명과 문화의 대립을 덧붙였다. 짐멜은 삶의 철학에 가까웠다. 그의 주저는 분명 1900년의《화폐의 철학(Philosophie des Geldes)》인데, 이 저작은 화폐 경제의 승리

(1892),《자연과학적 개념 형성의 한계》(1896~1902) 등을 통해 형이상학을 배척하고 실증주의와 정합적인 초월론적 관념론의 길을 모색했다.

9 Ferdinand Tönnies. 공동사회와 이익사회라는 용어를 새로이 만든 독일의 사회학자. 주요 저작으로는《공동사회와 이익사회》,《근대의 정신》(1935) 등이 있다.

10 Georg Simmel. 독일의 유대계 철학자, 사회학자.《화폐의 철학》(1900),《생의 직관》(1918) 등으로 유명하다. 특히 전자는 화폐기호론을 중심으로 근대 사회의 '삶의 스타일'을 기술하고자 한 장대한 철학적 근대론이다.

11 1914년, 즉 제1차 세계대전 직전 독일에서 만연한 '1914년의 이념들'이란 프랑스 혁명의 이상, 즉 자유 · 평등 · 박애라고 하는 1789년의 '잘못된 정신'에 반대하는 독일 혁명을 위한 것이었다. 그것은 자유주의, 개인주의, 민주주의 그리고 보편적 인권 사상에 대한 거부와 강한 독일 국가의 수립을 통해 의무, 질서, 정의를 확립할 것을 요구했다. 이처럼 '1914년의 이념들'은 국가를 제국으로, 문명을 문화로, 이성을 영혼으로, 이익사회를 민족 공동체로 대체하는 20세기 초 독일의 정치 기획이었다.

가 지니는 사회적 가치 체계에 대한 결과를 뛰어나게 분석하고 있다. 막스 베버는 특히 나중에《경제와 사회(Wirtschaft und Gesellschaft)》라고 명명한 자신의 주저(1921/1922) 제1부에서 오늘날까지 가장 포괄적인 사회학적 범주론을 사회적 현상에 대한 풍부한 영속적인 정의들과 함께 내놓았으며, 비록 그 자신이 종교적인 소양을 지니지 않았을지라도 〔이를테면 1904/1905년의《프로테스탄트 윤리와 자본주의 정신(Die protestantische Ethik und der Geist des Kapitalismus)》에서〕경제와 국가의 발전에 대한 종교의 기여를 풍부하게 탐구하는 동시에 가치 중립성에 대한 근대적 요구를 고전적인 논고인 1904년의《사회과학적 인식과 사회정치적 인식의 '객관성'(Die 'Objektivität' sozialwissenschaftlicher und sozialpolitischer Erkenntnis)》및 1907년의《사회학과 경제학의 '가치 중립성'의 의미(Der Sinn der 'Wertfreiheit' der soziologischen und ökonomischen Wissenschaften)》그리고《소명으로서 학문(Wissenschaft als Beruf)》에서 분명히 표현했다. 이런 점은 그가 1919년의 강연〈소명으로서 정치(Politik als Beruf)〉에서 정치가에 대해 자기 내면의 순수성을 보존하는 심정 윤리 대신 책임 윤리를 요구하고, 더 나아가 일반적으로 근대의 합리화 및 관료화 과정과 함께 시작되는 의미 및 자유 상실을 "강철처럼 단단한 상자"로 묘사하고 "탈주술화"의 최종적 결과를 더 이상 위계적으로 질서 지을 수 없는 추상적 가치의 다신론이라고 명명하는 것을 방해하지 못했다. 근대화라는 벗어날 수 없는 과정에 직면해 행해지는 그의 우울한 손실 계산은 아마도 19세기 후반의 가장 섬세한 독일 저술가인 빌헬름 라베[12]를 연상케 한다. 개념 형성의 정밀함,

---

12　Wilhelm Raabe, 1831~1910. 독일의 시인, 소설가. 인생의 현실에 입각해 저절로 깊은 인간애와 신랄한 야유, 따뜻한 유머가 우러나오는 독특한 시적 사실주의의 작품을 형성했다.《슈페를링 거리의 연대기》(1856)를 출발점으로 작은 것, 가난한 것을 향한 사랑은

너무도 다양한 문화의 수많은 원전에 대한 숙달 그리고 근대의 실존적 고통은 베버를 20세기의 가장 위대한 사회과학자로 만들었다.

정신과학에서 가치의 역할이라는 문제와 더불어 바덴학파에서는 빈델반트의 슈트라스부르크 대학 총장 취임 연설인 1894년의 〈역사와 자연과학(Geschichte und Naturwissenschaft)〉 이래로 '법칙 정립적(nomothetisch)' 과 '개성 기술적(ideographisch)'이라는 맞짝 개념이 중요한 역할을 수행한다—자연과학에 문제되는 것은 일반적 법칙이며, 정신과학은 개별적인 것을 기술한다는 것이다. 하지만 곧바로 자연사에는 단연코 개별적인 자연적 대상에 대한 기술이 존재하며, 가령 국민경제학은 일반적 법칙을 목표로 한다는 이의가 제기되었다. 카를 람프레히트(1856~1915)[13]의 《독일 역사(Deutsche Geschichte)》(1891ff.)를 둘러싼 방법 논쟁에서 문제가 된 것은 역사과학도 어느 정도의 법칙을 목표로 삼아야만 하는가 하는 물음이었다. 하지만 람프레히트는 레오폴트 폰 랑케의 영향을 받은 독일 역사학자들의—대부분 개성 기술적으로 획득된—구상에 대항해 자기의 주장을 관철시킬 수 없었다. 최후의 위대한 신칸트주의자는 자기 시대의 자연과학뿐만 아니라 정신과학도 개관한 마지막 사상가 중 한 사람인 에른스트 카시러(Ernst Cassirer, 1874~1945)이다. 그는 슐릭에 반

라베의 모든 작품을 일관하는 근본 기조다. 《배고픈 목사》(1864), 《아부 텔판》(1867), 《영구차》(1870) 등의 작품이 있다.

13   Karl Gottfried Lamprecht. 독일의 역사가. 경제사 연구에 획기적인 영향을 끼쳤으며, 인간 생활의 기본 요인을 심리 속에서 발견하고, 역사의 대상을 정치·경제·사회·문화의 광범위한 분야로 확대해 통일적이고 법칙적으로 파악하려 했다. 법칙과학으로서 역사학의 수립을 주창한 그는 랑케적 역사학을 비과학적이라고 비난함으로써 독일 사학계에 유명한 '문화사 논쟁'을 유발했다. 《역사학에서의 구경향과 신경향》(1896), 《문화사의 방법》(1900), 《역사적 사유 입문》(1912) 등의 저서가 있다.

대해 사유 실험이 중심적 의의를 지니는 상대성 이론에 대한 말의 좀더 넓은 의미에서의 칸트주의적 해석을 옹호했으며(여기서 칸트의 직관 형식은 형식화하며 역사적 구체화에 개방된다), 자신의 《상징 형식의 철학(Philosophie der symbolischen Formen)》(1923ff.)에서 언어와 신화 그리고 인식의 통합적인 철학을 내놓았다. 하지만 비록 그가 현실에 대한 접근의 다수성을 지시함으로써 실증주의의 편협성을 넘어선다 할지라도, 이제 이러한 특정한 접근이 왜 존재하며, 그것들이 과연 똑같이 타당한 것인가 또는 그것들이 서로 갈등하는 경우 어떻게 질서 지을 수 있는가 하는 거부할 수 없는 물음이 제기된다.

신칸트주의 이전에 이미 빌헬름 딜타이가 '역사 이성 비판', 다시 말하면 정신과학의 정초를, 그것도 실험실 안의 연구에 근거한 것이 아니라 삶의 철학적으로 획득한 이해심리학에서 시도했다. 이와 관련한 그의 최초의 주저 《정신과학 입문(Einleitung in die Geisteswissenschaften)》(1883)은 (그에게서는 또한 사회과학도 포함하는) 정신과학을 한편으로는 자연과학으로부터, 다른 한편으로는 형이상학으로부터 경계 긋고자 한다. 그러므로 이는 독일 관념론과 실증주의적 자연주의에 대항한 이중전선 전투를 이끌어나가며, 따라서 오늘날 대학뿐만 아니라 출판사와 신문 문예란도 장식하는 저 특수하게 정신과학적인 의식, 즉 엄밀한 철학적 논증에 대한 혐오와 수학적 무능력 및 정밀한 자연과학에 대한 적은 이해를 보이는 엄청난 역사학적 박식함의 형성에 기여했다. 이 저작은 고전 이후 철학의 아주 많은 다른 저작과 마찬가지로 미완성 작품으로 남았는데, 그 까닭은 아마도 건축술의 발생적 원리가 결여되었기 때문일 것이다. 제1권은 다음과 같은 풍부하고 중요한 통찰을 제공한다. 즉 인간 본성은 사유뿐만 아니라 의욕 · 감정 · 표상을 포함한다, 정신과학에 문제되는 것은 사실과 정리 및 현실에 대한 진술로부터 엄밀하게 구별되어야 하는 가치 판단이다, 사회는 단순히 개인으로부터 설명할 수 없다, 문화 체계(가령 예술)에 관한 학문에는 외적 조직(가령 국가)에 관한 학문이 대립하는데 거기서는 법이 양자를 결합한다와 같은 것들이다. 사회학과 역사철학은 그 추상성 때문에 비판을 받는다. 그 대신 딜타이는 "정신의 개별 과학에 대한 가능한 한 포괄적인 숙달에 근거한 역사적 연구"를 변호하는데, 그 연구는 보편사에서 정점에 도달한다. 그렇게 이해한 정신과학에서는 자연과학에서보다 더 많은 확실성이 존재한다. 그에 이어 제2권에서는 형이상학사의 해체가 뒤따르는데, 하이데거를 선취하는 이것은 논증 분석이 거의 나타나지 않는 까닭에 논리실증주의의 그것보다 아마추어적이다. 더 나아가 딜타이는 가령 콩트의 자연주의에 대한 비판에서 그 자신이 형이상학적 가정을 품고 있다는 것을 파악하지 못한다. 정신이 자연에로 환원할 수 없다고 하는 것 자체가 존재에 관한 하나의 진술인 것이다. 《정신과학에서 역사적 세계의 구성(Der Aufbau der geschichtlichen Welt in den Geisteswissenschaften)》(1910)은 분명히 첫 번째 저작을 넘어서는데, 그 까닭은 특히 딜타이가 생활 세계적인 형식에서뿐만 아니라 학문적 형식에서 체험한 것의 표현에 대한 이해에 부응하고자 하는 해석학을 다듬어내고 있기 때문이다.

정신과학은 정신의 객관화를 다룬다. 여기서 특징적인 것은 전체와 부분 사이의, 보편사와 가령 언어나 법의 개별적인 각각의 학문 사이의 순환이다. 풍부한 철학사와 문학사 연구를 통해 딜타이는 구체적인 정신사적 탐구 및 다른 몇몇 탐구에 날개를 달아주었다. 가령 슐라이어마허와 청년 헤겔에 대한 그의 저작들은 여전히 선구적인 것으로 남아 있다. 물론 딜타이의 접근에서 견지할 수 없는 것은 그가 세계관론에 대한 논고들에서 철학을 외부로부터 고찰한다는 점이다. 형이상학은 마치 예술 작품처럼 분류되며 그것의 고유한 진리 요구를 박탈당한다. 그의 스승이자 중요한 헤겔 비판자인 프리드리히 아돌프 트렌델렌부르크(1802~1872)[14]가 착수하고 실질적으로 풍부한 결실을 맺은 그의 철학 체계의 유형론, 즉 철학 체계를 자연주의, 자유의 관념론 그리고 객관적 관념론으로 나누는 유형론은 그 체계 중에 어떤 것이 근거짓기 이론적으로 뛰어난 것인지에 대한 물음에 전혀 관심을 기울이지 않는다. 그리고 딜타이는 또한 그 자신의 유형론이 어떤 체계 유형에 속하는지에 대한 물음도 설명하지 않는다. 메타철학이 철학의 절정이 아니라 그 위를 부유하게 되는 것이다. 딜타이의 발상이 갖는 최종 결과는 정신적 세계에서 존재한 적이 있던 모든 것에 대해 잘 알지만 이 정신적 형성물에서 무엇이 참인지에 대한 물음에 대답할 수 없거나 대답하려 하지 않는 역사주의적 상대주의였다. 근대 정신과학자는 이념을 다루며, 따라서 자신의 전통에서 신의 말씀에 대한 통로를 지니는 소박한 종교적 의식의 제한된 선입견을 극복한다. 그러나 그에게는 단지 후자의 활력과 윤리적 진지함이 떨어져나가는 것만이 아니다. 또한 그 자신의 활동도 여러 가지 것 중 단지 하나의 이념으로서 나타나지 않을 수 없다. 확실히 딜타이는 이런 결과에 괴로워했으며 상대주의를 극복하기 위해 노력했다. 정신과학은 삶으로 되돌아가야 하는 것이다. 그러나 겔렌이 정당하게 쓰고 있

---

14 Friedrich Adolf Trendelenburg. 독일의 철학자, 문헌학자. 아리스토텔레스와 플라톤을 서로 대립적으로 보지 않고 오히려 관념론자로서 공통된 기반 위에 있는 철학자로 보아 플라톤적인 의미에서의 관념론을 주장했다. 이를 실재적 관념론이라고도 부른다. 주요 저서로 《아리스토텔레스 논리학의 기초》(1836), 《논리학 연구》(1840), 《범주론의 역사》(1846~1867) 등이 있다.

듯 타자의 심적인 에너지의 추체험이 이미 그 자신에서의 동일한 에너지의 발생은 아니다. 왜냐하면 "표상된 의지와 현실적 의지 사이에서보다 더 강렬한 심연은 존재하지 않기" 때문이다. 세계관에 대한 이러한 상대주의적 고찰은 오스발트 슈펭글러(1880~1936)[15]의 《서구의 몰락. 세계사의 형태학 개요(Der Untergang des Abendlandes. Umrisse einer Morphologie der Weltgeschichte)》(1918ff.)에서 지적으로 훨씬 더 낮은 수준에서 계속해서 작용하며, 이후에는 결국 스스로 결단해야 한다는 떠들썩한 요구를 동반한다. 자신의 전통과 다른 문화에 대한 점점 더 확대되는 역사학적 탐구가 그리스도교를 특징짓는 종교적이고 윤리적인 절대성 요구와 어떻게 양립할 수 있는가 하는 것은 특히 아돌프 폰 하르나크(1851~1930)[16]와 더불어 그사이에 역사 신학을 다른 정신과학의 수준으로 끌어올린 복음주의 신학의 고통스러운 물음이 된다. 에른스트 트뢸취(1865~1923)는 대단히 집중적으로 이 물음과 대결했지만, 물론 그것을 만족할 만하게 해결할 수 없었다. 왜냐하면 그 시대의 문화 프로테스탄티즘은 어떠한 철학적 기초도 더 이상 사용할 수 없었기 때문이다. 하르나크는 《그리스도교의 본질(Das Wesen des Christentums)》(1900)에서 그리스도교에 대한 가장 충실한 평가 가운데 하나를 내놓았으며, 1948년 막스-플랑크 협회가 된 카이저-빌헬름 협회의 공동 창설자로서 독일의 학문을 한동안 전 세계적으로 지도적인 학문으로 만들었다.

---

15 Oswald Spengler. 독일의 역사가, 문화철학자, 비이성주의 사상가. 《서구의 몰락》에서 문명은 유기체로 발생·성장·노쇠·사멸의 과정을 밟는다고 주장했다. 그는 이러한 문화형태학에 근거해 서양 문명의 몰락을 예언했다.

16 Adolf Karl Gustav von Harnack. 독일의 프로테스탄트 신학자. 교부들에 대한 연구와 초대 교회 문서 연구의 대가였으며, 루터의 교의와 근대 사상과의 조화를 도모하고, 교회사 및 성서 연구에서 자유롭고 개방적인 태도를 주장했다.

20세기의 모든 사상가 가운데 아마도 가장 일찍부터 전통적인 이성 개념에 신실하게 머무른 사람은 딜타이의 마지막 10년 동안 그에 대한 가장 중요한 비판자이자 촉진자인 에드문트 후설이었다. 그는 프레게와 마찬가지로 교수 자격을 취득한 수학자였으며, 따라서 분석철학자와 대륙철학자에게 똑같이 매혹적이다. 그의 작업의 사태 관련성과 명확성, 항상 본질적인 구별(거의 어떤 철학자에게서도 이후 판본들에서의 교정을 정확히 주시하는 것이 그렇게 도움을 주는 경우는 없다), 정신의 내적 삶에 대한 수학적으로 정밀한 측정, 철학에 대한 믿음의 파토스, 플라톤주의의 하나의 형식과 최종적 심급으로서 네오데카르트주의적인 주관성 이론을 결합하는 독창성 및 인격의 통합성은 그가 20세기의 가장 중요한 사상가라는 판단을 정당화해준다. 물론 그에게는 두 가지 중요한 제한이 있다. 첫째, 후설은 고전 시대의 위대한 철학자들보다 주제적으로 훨씬 더 좁다. 이론철학에서 일등급인 그는 윤리학에 대해서도 미학이나 종교철학에 대해서도 작업하지 않았다. 철학의 역사에 대한 그의 지식은 아주 선택적이었으며, 당대의 정치적 변화에 대한 이해는 아주 적었다. 그의 사후 '후설리아나(Husserliana)'로 편집된 엄청나게 방대한 사적인 노트의 질은 아주 상이하다. 둘째, 헤겔의 제자들은 이미 그의 생전에 현상학에 대한 그 자신의 이해로부터 급진적 전향을 수행했다. 이는 물론 후설의 책임이 아니다. 하지만 그것은 가령 우리 의식의 무의식적 기초에 대한 프로이트의 동시적 분석과 같은 그 시대의 경험적 학문에 대한 그의 폭넓은 무시가 그 자신의 명백한 타당성 이론적인 탁월성에도 불구하고 계속해서 불만족스러웠다는 것을 가리킨다.

후설은 프란츠 브렌타노(1838~1917)[17]의 제자였다. 브렌타노는 시인인 클레멘스 브렌타노[18]와 그의 누이 베티나 폰 아르님[19]의 조카, 따라서 아마도 가장 유명한 독일-이탈리아 가문의 자손이자 사제였는데, 물론 그는 바티칸 회의의 교황 불가류성 교의 선포(1870) 이후 자기의 직위를 내려놓았다. 브렌타노의 가장 중요한 업적은 첫째, 트렌델렌부르크에게서처럼 독일 관념론에 반대해 투입된 아리스토텔레스의 재전유(이러한 연관에서 브렌타노는 철학사가 되풀이되는 네 단계로 진행된다는 매혹적인 이론을 전개했다)와 둘째, 인간 의식의 분석에 힘입은 철학의 새로운 근거짓기에 놓여 있다. 비록 브렌타노가 19세기 후반에 가령 빌헬름 분트(1832~1920)[20]와 카를 슈툼프(1848~1936)[21] 같은 철학자들의 적극적인 협력 아래 이루어진 실험심리학을 환영했을지라도 그 자신은 실험적으로 연구하지 않았으며, (3인칭에 대한 접근과 더불어) 일인칭에서의 심리학의 고유한 권리

---

17   Franz Brentano. 뷔르츠부르크와 빈에서 활약한 철학자. 후설이 "철학에서 단 한 사람의 스승"이라고 부른 현상학의 선구자다. 셸러의 가치윤리학에 커다란 영향을 주었으며, 아리스토텔레스에 대한 박사 논문은 하이데거에게 철학에 대한 관심을 일깨우는 계기가 되었다. 독오학파의 창시자로서 제자인 슈툼프, 마이농, 마르티, 트바르도프스키, 나아가 프로이트 등을 통해 20세기의 철학과 심리학, 언어학과 논리학 모두에 영향을 미쳤다. 《아리스토텔레스에서의 존재자의 다양한 의미에 대하여》(1862)와 《경험적 입장에서의 심리학》(1874) 등 많은 저서가 있다.

18   Clemens Brentano, 1778~1842. 독일 후기 낭만파 시인. 아르님과 함께 편집한 가요집 《소년의 마적》(1805~1808)은 사라질 뻔했던 독일의 민간전승 문학을 구해냈다.

19   Bettina von Arnim, 1785~1859. 독일의 낭만파 여류 시인, 작가. 《괴테의 어느 아이와의 서신 교환》(1835)에서 괴테에 대한 자신의 깊은 동경심을 묘사했다.

20   Wilhelm Maximilian Wundt. 독일의 심리학자, 철학자, 생리학자. 실험심리학을 창시해 '근대 심리학의 아버지'라고 일컬어지며 언어, 사회, 관습 등의 검토를 통해 민족정신 탐구를 시도했다. 《민족심리학》(1900~1920) 등의 저서가 있다.

21   Carl Stumpf. 독일의 심리학자. 뷔르츠부르크 대학에서 브렌타노의 지도를 받고, 이어 괴팅겐 대학의 로체에게서 박사 학위를 취득했다. 직접 경험 중에서 현상을 대상으로 하는 것이 현상학이고, 심적 기능을 대상으로 하는 것은 심리학이라 주장했으며, 독일 기능심리학의 창시자로 일컫는다. 주요 저서로 《음향심리학》(1883~1890), 《음악의 기원》(1911), 《언어음》(1926), 《감정과 감정 지각》(1928) 등이 있다.

를 건지했다. 결정적인 것은 의식 작용이 지향적이라는, 다시 말하면 어떤 것에 관계된다는 그의 발견이다. (그는 부당하게도 모든 심적인 것은 지향적이라고 생각했다.) 물론 이 어떤 것의 정확한 지위가 무엇인지, 즉 그것이 의식 내재적인지 아니면 의식 초월적인지 하는 것은 쉽게 결정할 수 없다—첫 번째 경우에는 서로 다른 주관이 동일한 대상에 관계하는 것이 불가능해 보이며, 두 번째 경우에는 허구적인 형성체에 대한 관계가 어떻게 가능한지가 명확하지 않은 것으로 남는다. 윤리학과 관련해 브렌타노는《윤리적 인식의 원천에 대하여(Vom Ursprung sittlicher Erkenntnis)》(1889)에서 주관주의에 반대해 기본적인 명증성에 의지하는 도덕적 실재론을 옹호한다. 여기서는 사랑과 미움을 윤리적인 근본 작용으로 간주하며, 브렌타노는 사태적으로 올바른 사랑과 좋아함을 위한 몇 가지 근본적인 가치론적 원리를 전개한다. 칸트의 형식주의에 대한 그의 비판에도 불구하고 브렌타노는 신에 의한 것이라 하더라도 형벌의 위협은 도덕의 정당한 승인일 수 없으며, 가령 인식과 사랑은 내재적인 근거로부터 가치가 있다는 칸트의 확신을 공유한다.

후설의 철학적 각성은 특히 그의 저작《산술의 철학(Philosophie der Arithmetik)》(1891)에 대해 논리적 고찰과 심리학적 고찰의 혼합이라고 비난한 프레게의 비판적 논평에 힘입고 있다. 1900/1901년의《논리 연구(Logische Untersuchungen)》에서는 그 자신이 당시 가장 널리 퍼진 논리학 이론이었던 심리학주의에 대한 가장 날카로운 투사가 되었다. 20세기의 어떤 다른 저작도《논리 연구》제1권 '순수 논리학에 대한 서설(프롤레고메나)'과 비교할 정도로 훌륭한 철학 입문일 수 없는데, 왜냐하면 어떤 저작도 논증적으로 그토록 압도적이게 철학의 가장 근본적인 문제 가운데 하나에 몰두하고 있지 않기 때문이다. 심리학주의가 논리학이라는 아마도 규범적 차원을 포함한다 하더라도 인간이 어떻게 판단하고 추론하는지 탐구하는 심리학으로 환원될 수 있다고 주장하는 데 반해, 후설은 좀더 새로운 논증을 가지고―물론 인식의 기술론(Kunstlehre)으로서 논리학이 부분적으로 인간 정신의 심리학에 토대한다 하더라도―선험적 논리학을 경험적 사실 위에 근거짓거나 후자를 전자로부터 도출하고자 하는 것은 불합리하다는 것을 보여준다. 그와 반대로 논리학은 학문 일반의 가능성의 이상적 조건에 관한 학문이며, 그러한 것으로서 무엇보다도 우선 심리학의 기초다. 후설은 피히테가 아니라 볼차노와 관련해 모든 학문에서 특유한 근거짓기 형식을 찾아내고자 하는 학문론을 전개한다. 한편으로 심리학주의의 선입견(가령 규범화에 이바지하는 법칙과 이러한 규범화 자체가 내용으로서 포함하는 법칙의 혼동)은 거짓이며, 다른 한편으로 회의적 상대주의로서 심리학주의는 자기모순적인 결론으로 나아간다. 논리적 진리와 실재 법칙을 혼동하는 자는 진리 법칙이 그 자신의 오고감을 규정한다고 가정하지 않을 수 없다. 또한―논리학이 오로지 인간 종에 대해서만 타당하다는―특수한 상대주의는 견지될 수 없는데, 왜냐하면 그것은 판단 작용과 판단 내용을 혼동하기 때문이다. 후설은 논리학을 수학에 유추해 파악하며, 이상적 평가와 인과적 설명 간의 근본적 구별을 견지한다. 심리학은 모든 판단 작용을, 즉 심리학으로서 그것이 올바른 판단 작용으로부터 구별할 수 없는 잘못된 판단 작용도 설명해야만 한다. 인간의 인지적 행동에 대한 진화론적 설명에 대해서는 단연코 정당한 자리를 인정받는다. 하지만 타당성 문제는 그것을 가지고서 해결할 수 없다. 논리학을 후설은 프레게나 심지어는 논리학을 추론에 관한 학설로서 이해하는 자신의 후계자들보다 훨씬 더 멀리 파악한다. 형식논리학에 의한 초월론적 논리학의 배제에 반대해 그는 훨씬 나중에 하나의 책을 쓴다. 수학과 달리 순수 논리학은 사물, 사건, 공간, 시간 등등의 본질과 이 본질을 어떻게 사유할 수 있는지에 대한 물음을 제기한다. 그러므로 순수 논리학은 동시에 존재론이자 초월론적 학문론인데, 이 점은 헤겔의 경우와 많이 다르지 않지만 신학적 야망을 지니지는 않는다. 왜냐하면 후설은 세계관 철학이 아니라 "학문적 철학"을 원하기 때문이다. 물론 헤겔의 신학적 뿌리에 대한 그의 의구심은 그로 하여금 헤겔의 삼분법적인 객관적 관념론 체계가 이념학과 실재학의 이원론에 비해 근거짓기 이론적인 장점을 지닌다는 것을 간과하게 만든다.

헤겔과 달리 건축술적 재능을 지니지 못한 후설은 이러한 넓은 의미에서 논리학에 속하는 것을 결코 체계적으로 남김없이 논구하고자 시도하지 않았다. 아니, 추론 관계의 본성마저도 그의 연구의 어느 것에서도 주제가 아닌데, 왜냐하면 후설은 매개된 지식을 명증한 인식에 비해 이차적인 것으로 간주하기 때문이다. (실제로 철학의 전제에 대한 해명의 물음을 더 이상 주제화하지 않는 논리학은 각각의 모든 논증이 대우법에 의해 귀류법으로 그 기능이 변경될 수 있다는 불쾌한 귀결의 어려움을 겪는다.) 그의 여섯 가지 연구는 순수 논리학을 오로지 인식 비판적으로만 준비하고 이를 위해 또한 언어철학적인 주제도 논의하고자 한다. 학문적이고 무전제적으로 처리해나가기 위해 철학은 인식에서 흘러나오는 의식 현상을 분석해야만 한다. 후설은 표현과 의미의 관계에서 시작한다. 그는 유의미한 표현과 가리켜 보이는 기호를 구별하며, 전자 내부에서는 그것의 물적인 측면과 그것에 연결된 심적인 체험을 구별한다. 독백 이야기의 경우 말들은 확실히 심적인 작용의 현존재를 위한 징표로서 기능하지 않을 것이다. 오히려 그 자체가 종종 더 이상 전혀 지각되지 않는 물적인 현상은 그것에 의미 또는 직관적 충만함을 부여하는 작용, 그러므로 의미 지향적인 또는 의미 충족적인 작용을 동반한다. 개별적 판단 작용을 그것이 뜻하는 것과 혼동해서는 안 된다. 그것이 유일한 의미로서 많은 작용과 공유할 수 있는 그 작용의 의미는 이념적 통일체이다. 후설은 의미가 도해적인 상상 심상과 동일하다는 견해를 저항하기 어렵게 논박한다. 언어 행위 이론보다 오래전에 후설은 자기가 언급하는 것을 동시에 알게 해주는 표현(예를 들어 진술문과 구별되는 소망문)의 실존 및 그 의미를 두 가지 요소, 즉 말과 상황에 의해 달성하는 '나'와 '지금' 같은 본질적으로 우인적인 표현의 특성을 인식한다. 이른바 의미의 동요는 항상 의미 작용의 동요인데, 왜냐하면 이념적 통일체는 불변적이기 때문이다. 개념과 판단 그리고 추론은 만들어지는 것이 아니라 발견되는 그와 같은 종류의 이념적 통일체이다. 많은 것들은 인식되지 않고 명명되지 않은 것으로 남는다. 의미는 논리적 내용이지 가령 해당 심적인 사건의 실재적인 부분이 아니다. 그것은 제2연구에서 종의 통일성 문제로 이어진다. 비록 보편자의 형이상학적 실체화를 거부한다 할지라도, 후설은 보편적 대상에 관한 이야기의 거부 불가능성을 견지한다. 이념적인 것은 영국 경험주의에서 그러하듯 심리학주의적으로 해석해서는 안 되는 것이므로 그는 영국 경험주의의 혼동을 눈부신 비판 아래 던져 넣는다. 심적인 연관에서 내용의 현존재가 이미 그것을 생각하고 있음은 아니다. 감각은 지각의 대상이 아니라는 것이다.

전체와 부분에 관한 학설을 다루는 제3연구는 물론 추상 개념에 대한 논의에 연결되지만, 또한 보편적인 존재론적 의미도 지닌다. 중심적인 것은 자립적인 내용과 비자립적인 내용 간의 구별 또는 단편들(Stücken)과 계기들(Momenten) 간의 구별이다. 그 연구는 기초 짓기 관계에 대한 분석과 더불어 종합적-선험적 필연성에 대한 옹호를 포함한다. 물론 자연 법칙은 단순한 사실 진리이다. 그런 한에서 후설은 독일 관념론의 선험주의와 논리실증주의 사이의 중간 입장을 지닌다. 자립적 내용과 비자립적 내용 간의 구별은 제4연구에서 그와 마찬가지로 단순한 의미와 복합된 의미가 존재하고 나아가 '와'와 같은 몇 가지 표현이 공범주적으로(synkategorematisch), 그러므로 단순히 다른 표현과 결부되어 의미를 지니는 언어에 적용된다. 《논고》의 비트겐슈타인과 비슷하게 후설은 의미 양상에서의 합법칙성을 추구한다. 그 합법칙성에 모순되는 것은 의미가 없거나 무의미하다. 그에게 모순은 "반의미(widersinnig)"를 뜻한다. 후설은 경험적 언어학과 더불어 선험적 언어학을 요구하며, 분명 그런 종류의 분과에 대한 지각이 "모든 원리적인 통찰이 그것으로 되돌아감에도 불구하고 우리 시대에 거의 퇴화하고 하고 있다"는 점을 알고 있다.

제5연구는 분명히 가장 중요한 연구다. 이는 지향적 체험과 그 내용을 다룬다. 명확히 브렌타노에 반대해 의식의 세 가지 개념이 첫째, 경험적 자아의 구성 요소 전체로서 둘째, 자신의 체험에 대한 내적 지각으로서 셋째, 지향적 체험의 총괄 개념으로서 분화한다. 하나의 작용을 구축하는 계기는 그 작용의 지향적 내용이 아니다. 우리는 우리의 색채 감각이 아니라 채색된 사물을 보며, 따라서 그렇게 오랜 전통을 지닌 인식의 심상 이론은 잘못이다. 아주 인상적인 것은 복합된 작용에 대한 분석이다—하나의 사태에서 갖는 기쁨이나 하나의 표현에 대한 이해를 생각해보면 좋을 것이다. 작용의 질과 그것의 질료는 작용의 차원으로서 여겨진다—우리는 다양한 형식에서, 가령 소망이나 물음에서 동일한 사태에 관세할 수 있는 것이다. 나중에 새현전화하는 내용이 덧붙여지는데, 그것에 의해 우리는 질료에 관계된다. 명사적 작용과 명제적 작용은 객관화하는 작용으로서 특수한 역할을 담당한다.

　제6연구에서 후설은 그의 인식론을 스케치한다. 인식은 의미 지향이 충전적(adäquate) 직관에 의해 충족될 때 존재한다―물론 전자는 후자와는 독립적으로 실존하는데, 왜냐하면 우리는 무언가를 참으로 간주하기 전에 그것을 이해할 수 있기 때문이다. 여기서 결정적인 것은 감성적 직관뿐만 아니라 범주적 직관도, 가령 유(類)에 대한 보편적 직관도 존재한다는 점이다. 후설이 칸트와 함께 그리고 헤겔에 반대해 모든 범주적인 것은 감성적 직관 안에 기초해 있다고 가르치는 데 반해, 헤겔과 함께 그리고 칸트에 반대해 범주가 대상을 변조한다는 이론을 비판한다. 왜냐하면 비-범주적 작용에 대한 어떠한 호소도 가능하지 않기 때문이다. 그리고 원리적으로 지각할 수 없는 것은 아무것도 존재하지 않는다. 후설을 칸트 및 헤겔로부터 떼어놓는 것은 그에게는 범주를 이끌어내고자 하는 어떠한 시도도 낯설다는 점이다. 범주는 그 원천을 직관에서 지닌다. 그 점은 최종적 타당성 기준으로서 명증성에 대한 호소가 그러한 것과 마찬가지로 불만족스럽다. 물론 인식론이 직관을 회피할 수는 없겠지만, 잘 알려져 있듯 범주적 직관이나 가치 직관의 경우 드물지 않게 드러나는 것처럼 서로 모순되는 명증성을 끌어대는 사람들 사이에서 어떻게 결실 풍부한 대화가 성립할 수 있는지 거의 파악할 수 없다. 또한 명증성을 착각하는 현상은 증명에서의 오류 문제보다 더 커다란 문제인데, 왜냐하면 저 착각된 명증성을 현실적인 명증성과 명확하게 구별할 수 있는 어떠한 절차도 존재하지 않기 때문이다.

　1913년의 (완결되지 않은)《순수 현상학과 현상학적 철학을 위한 이념들(Ideen zu einer reinen Phänomenologie und phänomenologischen Philosophie)》은 후설의 두 번째 걸작이다. 두 가지 특징이 무전제적이고 자기 자신을 함께 주제화하는 제일철학으로 간주되는 이 새로운 학문을 심리학으로부터 구별한다. 그것은 사실학이 아니라 본질학이며, 그것의 현상은 이전 저작에서와 달리 비실재적인 것으로 여겨진다. 후설은 공동으로 현상학적 환원을 이루는 형상적(eidetischer) 또는 초월론적 환원에 대해 이야기한다. 첫 번째 환원은 플라톤을 계승하는데, 물론 최종적 토대로 간주되는 의식에 대한 근세적인 집중 아래서 그리한다. 의식 내용의 실재적 실존은 관심의 대상이 아니다. 그것은 이른바 에포케(Epoché, 판단 중지)에 의해 '괄호에 넣어'진다. 하지만 의식 내용은 그 자체로서 그것이 물적인 것에 관계되는지 아니면 심적인 것에 관계되는지의 물음과는 독립적으로 의심할 여지없이 주어져 있다. 아킬레스건은 사태의, 가령 의식 작용의 본질을 그것이 더 이상 동일한 본질을 갖지 않는 지점에 이르기까지 대상을 가상적으로 '변경'함으로써 파악하고자 하는 후설의 방법이다―이러한 방도는 불가피하게 순환적인 것으로, 다시 말하면 본질에 대한 선이해에 의존하는 것으로 보인다. 하지만 경험주의와 회의주의에 반대해 본질에 대한 인식을 견지하는 것은 그 기획에 대해 결정적이다. 후설에 따르면 영역적 본질은 영역적 존재론과 그것의 고유한 범주를 근거짓는다. 그와 더불어 모든 가능한 존재론의 형식을 주제화하는 형식적 존재론이 존재한다. 영역적 공리는 선험적 종합 인식이다. (나중에 종교적 회심에 비교되는) 세계의 괄호 넣기는 세계의 실존에 대한 부정이 아니라 다만 의심일 뿐이다. 그것은 다만 자연적 태도를 이를테면 작용 바깥에 정립하는 것에 존립할 뿐이다. 의식 흐름을 그것에 특유한 시간성, 즉 과거 파지(Retention)와 미래 예지(Protention)를 가지고 분석함에 있어 후설은 무엇보다도 현실적 체험을 둘러싸고 있는 비현실적 체험의 마당을 지시한다. 그는 공간적 객체에 대한 지각이 비록 동일한 대상에 관계된다 할지라도 어떻게 음영들(Abschattungen) 내에서 이루어지는지 보여준다. 아울러 내재적으로 정향된(자신의 작용에 대한) 작용과 초월적으로 정향된(본질, 사물, 다른 자아의 작용에 대한) 작용을 구별한다. 그리고 전적으로 데카르트주의적으로 세계의 정립은 우연적이며, 그에 반해 순수 자아의 정립은 필연적이라고 가르친다. 사물 세계의 무화(Vernichtung)마저도 자아의 체험 흐름을 단지 수정할 뿐 지양하지는 않을 것이다. 왜냐하면 존재는 그 자체에서 자아에 비해 두 번째 것이기 때문이다. 신도 비록 후설이 초월론적 주관성의 원천에 대해 열려 있다 할지라도 세계의 의미에서 초월적인 것으로서 받아들여질 수 없다. 초월론적 자아에 대한 인과적 설명은 배제되어 있는데, 왜냐하면 인과성은 오로지 지향적 세계 내부에서만 이루어지기 때문이다. 현상학적 태도와 평행적으로 존립하는 심리학적 태도에서 확실히 의식은 세계 내부에서의 사건이다. 그러나 이러한 관계는 결국 초월론적 자아와 관련해서만 의미를 부여한다. 그런 까닭에 후설의 초월론적 관념론은 이전의 형식, 특히 버클리와 흄의 그것에 비해 중요한 진보다. 왜냐하면 그것은 사유 작용과 사유 대상의 혼동에 토대하지 않기 때문인데, 그것들은 《이념들》에서 서로 상관적인 노에시스와 노에마로서 모범적으로 서로로부터 구별된다. 지향성은 "모든 이성과 비이성, 모든 권리와 비권리, 모든 실재성과 허구의 근원"인 의식을 단순한 의식 다발로부터 분리한다.

후설의 노에시스와 노에마의 세분화는 대가다우며 사태 자체에 따르고 있다. 철학에서의 논증이 오직 전제에 대해 의견이 일치할 수 있는 방법이 존재할 때만 흥미로운 성과로 나아간다는 점에서 그는 올바르다. 현상에 대한 접근을 지니지 않는 오로지 논증하는 데서의 능란함은 철학에 불충분할 뿐만 아니라 헛수고를 낳을 뿐이다. 하지만 범주를 지니지 않는 직관은 존재하지 않으며, 따라서 개념 형성 방법의 결여는 여전히 현상학을 괴롭히는 결함이다. 특히 논리학은 비록 후설이 그것도 '괄호에 넣고자' 한다 할지라도 더 이상 그 뒤로 물러설 수 없는 것으로 보인다. 무엇보다도 우리는 의식이 단순히 기술되는 게 아니라 그 타당성 요구의 정당성이 전제되는 곳에서는 초월론적 논증을 견지해야만 할 것이다.

일인칭에서의 모든 철학은 유아론의 위험에 노출되어 있으며, 후설이 스스로 이 문제를 제기했다는 점은 그를 변호해준다. 프랑스어로는 1931년, 독일어로는 1950년에야 비로소 출간된 1929년 파리에서 강연한 《데카르트적 성찰(Cartesianische Meditationen)》은 현상학에 대한 탁월한 입문이다. 이는 무엇보다도 그 자신의 발견을 '나(Ego)'를 다른 것들과 인과적으로 상호 작용하는 사유하는 실체로 사물화함으로써 상실해버린 데카르트에 대한 후설 자신의 갱신을 강조한다. 결정적인 마지막 성찰은 초월론적 유아론을 모나드론적 상호 주관성에 의해 대체하고자 한다. 의식 내용 내부에서 나의 자아를 다른 내용으로부터 분리하는 고유 영역을 구성함에 있어 나는 가령 한 손이 다른 손을 만짐으로써 무엇보다도 자기 자신에 다시 관계되는 나의 신체의 탁월한 위치를 의식하게 된다. 그러나 나는 나의 신체와 유사한 신체를 지니는 본질을 나와 동일한 세계로서 경험할 뿐만 아니라 나 자신도 경험하게 된다. 더 나아가 나는 세계 내부에서 그 근원과 의미에서 다른 주체를 지시하는 도구와 같은 객체를 발견한다. 다른 한편으로 후설에 따르면 다른 자아가 내게 단지 신체에 의해 매개되어서만 나타날 수 있다는 것은 중심적이다—"타자의 고유 본질적인 것이 직접적 방식으로 접근 가능하다면, 그것은 단지 나의 고유 본질의 계기일 것이다." 다른 한편으로 모나드론적 공동성, 즉 다른 자아의 인정은 객관적 세계의 구성에로 나아간다. 공동성의 좀더 고차적인 단계는 객관적 세계에 대해서가 아닌 서로에 대한 모나드의 공통적인 관계와 연관된다. 나-너-작용과 사회적 공동성의 다양한 유형에 대한 연구는 중요한 과제로 여겨진다. '모나드론' 이라는 용어를 가지고 후설은 의식적으로 라이프니츠로 되돌아간다. 비록 라이프니츠의 철학적 신학을 공유하지는 않는다 할지라도, 그는 서로 다른 모나드 각각이 결코 그들 자신의 세계를 갖지 않을 것이라고 강조한다. 개별적 모나드의 지평이 가령 그것이 서로 다른 문화적 환경이나 '생활 세계'에서 작용하는 까닭에 교호적으로 서로에게 열리지 않는 일은 단지 우연적으로만 생겨날 수 있을 것이다.

생활 세계 개념은 후설의 마지막 저술인《유럽 학문의 위기와 초월론적 현상학(Die Krisis der europäischen Wissenschaften und die transzendentale Phänomenologie)》(1938)에서 "철학적 보편 문제"가 된다. 제1부는 고삐 풀린 비이성주의 시대에 이성에 대한 믿음의 붕괴를 적절히 기술하며, 그 붕괴를 가령 가치 중립적인 정신과학에서 나타나는 것과 같은 '객관적' 학문이라는 축소된 개념으로 환원한다. "단순한 사실 학문이 단순한 사실 인간을 만든다." 그러한 것은 비록 실제로는 그 학문이 철학의 분과라 할지라도 실증주의에 의해 참수되어버린 포괄적인 철학의 잔여 개념이다. 이 과정에 의해 물론 전문 과학적인 것은 공격당하지 않지만, 그 진리 감각은 동요한다. "온전히 진지하게 철학적 현존재의 운명을 관통해 살아온" 노년의 후설은 감동적 열정을 가지고 철학자들을 인류의 일원으로서 불러낸다. 오로지 철학자들이 포괄적인 이성 개념을 회복할 때에만 인류의 유럽화가 역사적 무의미 이상이 될 거라는 것이다.

이미 일찍부터 철학적 철학사에 관심을 기울인 후설은 이 저술에서 갈릴레이 이래로 새로운 자연과학을 산출한 초기 근세에서의 변화에 대한 뛰어난 철학사학적이고 과학사학적인 분석을 제시한다. 중대한 결과를 낳는 추상에 의해 자연과학은 가령 질을 수학화하고 기하학을 산술화해 자연을 지배할 수 있는 것으로 만듦으로써 생활 세계적인 토대로부터 멀어졌다. 갈릴레이는 찾아내는 동시에 감추는 천재였으며, 데카르트의 구제하는 통찰은 현상학에서 비로소 올바르게 마무리되었다. 이러한 해석에서 눈에 띄는 것은 해체와 현상학을 향한 목적론적 정렬의 결합이다. 후설은 논리학도 포함해 모든 학문이 생활 세계에 토대해 있어야만 한다고 힘주어 주장한다. 발생적으로 확실히 그는 올바르다. 하지만 묻지 않을 수 없는 것은 학문이 타당성 이론적으로 바로 최소한으로나마 조금도 생활 세계로부터 해방될 수 없다고 한다면, 어떻게 학문에 의한 생활 세계 비판이 가능할 수 있는가 하는 것이다. 학문의 비직관적인 이론적 개념이 우선인가 아니면 생활 세계의 질이 그러한가 하는 것은 비록 물리학이 마찰을 지각하는 데서 척도에 의지한다 할지라도 쉽게 결정할 수 없다. 기하학의 경우에는 후설에 반해 심지어 그러한 의존성이 존재하지 않는 것으로 보인다. 마지막으로 묻지 않을 수 없는 것은 생활 세계에서의 철학적 근거짓기 프로그램 자체가 생활 세계를 초월하며 따라서 수행적으로 자기모순적인 것이 아닌가 하는 점이다. 사실적인 의견에서 학문을 위한 타당성 이론적인 토대를 찾는 것은 역설적으로 보인다. 비록 여기서 후설이 하이데거에 연결되고 심지어 후기 비트겐슈타인을 선취한다 할지라도 말이다―하지만 좀더 그럴듯한 것은 이들이 그 경우에 또한 고전적 이성 개념도 저버린다는 것이다. 후설은 더 나아가 주관성과 상호 주관성의 관계를 두고 씨름한다. 출발점이 되어야 하는 것은 비록 세계 내부적으로 개별적인 주관성이 상호 주관적으로 공유된 생활 세계의 부분이라 할지라도 그것의 고립이 없다면 근본적인 철학이 가능하지 않을 초월론적 에포케일 것이다. 초월론적 자아는 오직 그에 대해서만 너와 우리가 존재하는 세계 내부적 자아와 다른 자아다. 하지만 그와 동시에 이미 초월론적 자아는 자기 내에서 초월론적 상호 주관성을 구성해야 한다.

스승을 모방하는 제자들은 그 스승에게 도움이 되지 않는다. 그리고 만약 독창적인 두뇌의 소유자들이 스승의 학설과 관계를 끊는다면, 그건 대단한 행운이라 할 수 있다. 아마도 가능한 한에서 가장 좋은 제자는 선생의 원리를 새로운 영역에 적용하는 자일 것이다. 백과전서적인 철학자의 경우에는 그것이 어려울 수 있다. 그러나 후설은 미학과 실천 철학에서의 해당 작용을 분석함으로써 계속해서 사유할 수 있었다. 종종 독일어로 저술한 폴란드인 로만 잉가르덴(1893~1970)[22]은 물론 후기 후설의 초월론적 관념론을 거부했으며, 가장 중요한 실재론적 현상학자로 간주할 수 있다. 하지만 그의 아마도 가장 독창적인 책은 《문학적 예술 작품―존재론, 논리학 및 문예학의 경계 영역으로부터의 연구(Das literarische Kunstwerk. Eine Untersuchung aus dem Grenzgebiet der Ontologie, Logik und Literaturwissenschaft)》(1931)일 것이다. 조형예술과 음악 및 영화와 대결하는 또 다른 《예술 존재론 연구(Untersuchungen zur Ontologie der Kunst)》는

22　Roman Ingarden. 20세기의 가장 중요한 현상학적 미학자이자 철학자의 한 사람. 후설의 초기 사상을 계승하고, 존재론의 방향을 발전시켰다. 잉가르덴의 지향적 대상성의 현상학은 '수용미학'의 선구로 평가받는다. 《문학적 예술 작품》에서 그는 문예 작품의 중층적 구조를 분석함과 동시에 존재 자율적인 실재계와 이념계에 대립하는 존재 타율성으로서 지향적 대상성의 구조를 해명하고자 했다.

1962년에 출간되었다. 아돌프 라이나흐(1883~1917)[23]는 법철학을, 알프레트 쉬츠(1899~1959)[24]는 사회학을, 오스카르 베커(1889~1964)[25]는 수학을 다뤘다. 그러나 후설의 타당성 이론에 충실하게 머문 현상학자 가운데 가장 뛰어난 이는 의심할 여지없이 막스 셸러(Max Scheler, 1874~1928)다.

본래 루돌프 오이켄(1846~1926)[26]—그의 '행동주의'는 세계관적 욕구를 충족시켰으며, 이 점과 관련해 1908년 노벨 문학상을 받은 유일한 독일 철학자가 되었다—의 제자인 셸러는 《논리 연구》를 연구한 후 확신에 찬 현상학자가 되었다. 이제 정신성에 대한 실존적 욕구가 좀더 커다란 엄밀함과 결합되었다. 생애 말년에 영향력 있는 공적인 지식인이었

---

23 Adolf Reinach. 괴팅겐 현상학파의 중심적 인물인 독일의 현상학자. 후설의 《논리 연구》로부터 출발한 라이나흐는 현상학을 본질 직관의 방법에 의한 아프리오리에 대한 탐구의 영위로서 파악하고, 다양한 영역에 자체적으로 존립하는 선험적인 본질적 연관과 법칙을 직접적인 본질 직관에 의해 궁극적으로 해명하고자 했다. 또한 법적 관계의 기초에서 다양한 사회적 언어 행위에 기초하는 본질 연관을 발견하고, 그것에 의해 실정법 이론도 자연법 이론도 아닌 '선험적 법학'을 수립하고자 함으로써 '사회적 작용'에 대한 상세한 현상학적 분석을 수행했다. 이는 언어 행위 이론의 사고방식을 선취한 것이었다.

24 Alfred Schütz. 빈 태생의 사회학자. 라이프니츠, 베르그송, 후설 등의 철학과 막스 베버의 사회학을 흡수해 1932년 생전의 유일한 저서 《사회적 세계의 의미 구성》을 저술함으로써 후설의 인정을 받았다. 나치의 박해를 피해 미국으로 건너간 후에는 M. 네이탄슨, T. 루크만, P. 버거 등 차세대의 뛰어난 현상학적 사회학 연구자를 육성하고, 나아가 윌리엄 제임스와 G. H. 미드의 사회심리학에서 볼 수 있는 미국의 프래그머티즘과 유럽의 현상학 간에 다리를 놓는 '일상 생활 세계의 사회 이론'을 구축했다.

25 Oskar Becker. 독일의 철학자, 수학사가. 양상논리학의 건설자 중 한 사람. 후설의 지도 아래 기하학의 현상학적 근거짓기와 그것의 물리학적 응용에 관한 논문으로 교수 자격을 얻었다. 이 논문은 비유클리드 기하학도 포함한 넓은 의미의 기하학을 근거짓기 위해 상대성 이론의 시간·공간 개념도 논구의 범위로 끌어들였다. 《수학의 기초의 역사적 발전》(1954)과 《수학적 사유 방식의 위대함과 한계》(1959) 등의 저서가 있다.

26 Rudolf Eucken. 독일의 철학자. '삶의 철학'의 대표자로 꼽혔으며, 이상주의적 삶의 철학을 옹호한 많은 저작을 남겼다. 주요 저서로는 《대사상가의 인생관》(1890), 《정신적 삶의 내용을 위한 투쟁》(1896), 《삶의 의미와 가치》(1908) 등이 있다.

던(그는 제1차 세계대전 동안 다른 많은 독일 지식인과 마찬가지로 유감스럽게도 독일 폭력의 선전원이었으며, 전쟁 후에는 기독교사회주의의 변호자였다) 셸러는 오늘날 결정적으로 저평가받고 있다. 그 점에 대해서는 그의 기이한 성격과 저술 방식도 함께 책임이 있다―그는 종종 부주의하게 논증한다. 또한 급하게 저술한 저작들을 그는 결코 문체적으로 교정하지 않았다. 그러나 그가 제시하는 풍부한 이념은 압도적이며, 현상에 대한 그의 눈길은 거의 그리스 철학자들에게서만큼이나 투철한 독창성을 지닌다. 그의 가장 위대한 성취는 그의 종합적 힘에, 특히 가치 플라톤주의와 가치 태도들의 사회적 생성에 대한 능란한 분석과의 결합에 존립한다. 셸러는 또한 탁월한 사회학자, 특히 지식사회학의 창시자였다. 그를 지적으로 이토록 자극적이게 만든 것은 그가 니체와 프로이트의 도전을 일찍부터 받아들여 그들의 지속적인 심리학적 통찰을 도덕적 실재론으로 통합하는 일을 해냈다는 점이다. 1912년의 《도덕의 구성에서의 르상티망(Das Resentiment im Aufbau der Moralen)》은 도덕 판단의 형성에서 지니는 르상티망의 의미를 인정한다. 가령 근대 복지 국가의 수립은 인간에 대한 인간의 개인적 사랑의 관계에 대한 대체물이며, 나아가 보편적 인간애는 신과 탁월한 인간에 반대하는 충동의 표현이다. 인간적일 것을 요구하는 자는 종종 인간에게서 오직 동물적인 것만을 주시한다. 주관주의적 가치 이론은 르상티망의 표현이다. 그것에 도덕의 기준으로서 남아 있는 것은 다만 사람들이 일반적으로 행하는 것에 대한 지시일 뿐이다. "그리하여 르상티망으로 채워진 자들의 무리는 점점 더 규합되며 자신들의 무리의식을 처음에 부인된 **'객관적으로 선한 것'**의 대체물로 여긴다." 물론 셸러는 니체에 반대해 그리스도교 신 개념에서의 혁명이 바로 르상티망에서 기인하지 않는다는 점을 강조한다―신은 더 이상 사랑받아야 할 선의 이념이 아니라 그 자체가 사랑하는 인격이다. 물론 이러한 "사랑의 운동 전회"는 약자들에게로 방향을 돌리는 것이 그들에게 특유한 가치를 인식하는 것으로부터 기인하는 게 아니라 좀더 위대한 자에 대한 반감에서 그 최종적인 근거를 지닐 때에는 르상티망에 의해 도구화될 수 있다. 그 이론에서 의심스러운 것은 확실히 셸러가 최종적 가치 결정—가령 근대 자본주의에 의해 훼손된, 유용성 가치에 대한 생명 가치의 우월성—을 근거지을 수 없거나 그렇게 하려고 하는 게 아니라 명증적으로 주어진 것으로 여긴다는 점이다.

셸러는 1913년《동정 감정의 현상학과 이론에 대하여 및 사랑과 미움에 대하여(Zur Phänomenologie und Theorie der Sympathiegefühle und von Liebe und Haß)》〔1923년 이후로는《동정의 본질과 형식들(Wesen und Formen der Sympathie)》〕에서 그때까지, 아니 오늘날에 이르기까지 이 현상들에 대한 가장 포괄적이고 가장 섬세한 분석을 수행했다. 가령 '따라 느낌(Nachfühlen, 추감득)'과 '함께 느낌(Mitfühlen, 공감득)' 간의 구별은 고전적이다. 전자에서는 비슷한 감정이 우리 안에 산출됨 없이 낯선 감정이 파악된다. 가령 잔인한 자는 타자를 '따라 느낌'으로 살아가지만, 그럼에도 불구하고 '함께 느끼지는' 않는다. 서로 '함께 느낌'이 똑같은 사태—가령 똑같이 사랑하는 한 사람의 죽음—에 관계하는 데 반해, 공감(Mitgefühl)에서는 타자의 고통이 지향의 명시적 대상으로 된다. 그에 반해 감정 전염은 타자의 의식 상태에 대한 어떠한 지향도 발생하지 않는 무의식적으로 진행되는 인과적 과정이다. 마지막으로 그것의 한계 경우가 일체감(Einsfühlung)인데, 거기서는 최면에서처럼 하나의 자아가 다른 자아에 의해 흡수되거나 그가 다른 자아를 징익한다. 사랑은 공감과는 본질적으로 구별된다. 그것은 가치에 대한 지각에 토대한다. (특히 자기 자신에서의 가치들에 대한 지각에 토대하는데, 그래서 자기애는 자기 자신과의 공감과 달리 가능하다.) 이러한 테제는 자연주의적 사랑 이론의 거부로 이어진다. 사랑하는 대상의 좀더 고차적인 가치에 대한 추구는 많은 경우 앞에 실존하는 것에 부딪치며, 많은 경우 창조적이고, 따라서 바로 자기의 기대에 의해 좀더 고차적인 가치를 산출한다. **"사랑은 가치를 담지하는 각각의 모든 구체적으로 개별적인 대상이 그에게 있어 그리고 그의 이념적인 규정에 따라 가능한 최고의 가치에 도달하는 운동이다."** 셸러는 거기서 생명적 사랑과 심적 사랑 그리고 정신적 사랑을 구분한다. 마지막으로 타아 지각의 이론을 제시하는데, 그에 따르면 타아의 심적인 것은 외적 행태로부터 비로소 추론되지 않는다. 오히려 아직 자신의 것과 타아의 것이 구별되지 않는 특정한 체험이 주어져 있다. 이것은 현상학적으로 구체적이다. 하지만 이러한 현상과 무의식적 추론의 존재는 양립 가능하다.

1913/1916년 셸러는 주저 《윤리학에서의 형식주의와 실질적 가치윤리학(Der Formalismus in der Ethik und die materiale Wertethik)》을 출간했는데, 이 책은 최소한 독일어로 된 20세기의 가장 풍부한 가치론으로 정당하게 평가받을 수 있다. 이 저작의 목표는 칸트의 형식주의를 물론 그의 선험주의를 포기하지 않고 극복하는 것이다. 그것은 셸러에 따르면 느낌의 작용에서 파악되는 실질적인 선험적인 것에 힘입어 가능해야 한다. 우리는 느낌이 이성과 의지보다 윤리학의 더 좋은 기초인지에 대한 그의 의심을 공유할 수도 있을 것이다. 그러나 우리의 감정생활이 도덕적으로 중대하다는 인식에서 셸러는 의미 있는 진리를 붙들었으며 중요한 영역을 뛰어나게 범주화했다. 그보다 조금 일찍 영국에서는 조지 에드워드 무어[27]가 직관주의적 가치윤리학을 다듬어냈지만, 그의 가치 세계는 셸러의 것보다 더 좁다. 또한 무어에게는 역사적 과정이 아무런

역할도 하지 않는다. 셸러는 감각적, 생명적, 정신적, 종교적 가치를 구별한다. 선과 악은 이 가치들의 올바르거나 그릇된 위계 속에 존립한다. 가치는 색들이 색이 있는 대상들에 관계하듯 재화들에 관계한다. 니콜라이 하르트만(1882~1950)[28]의 양식에 따른 재화윤리학(Güterethik)을 거부하는 데서 셸러는 계속해서 칸트 이후의 윤리학자로 머물며 따라서 분명히 모든 네오아리스토텔레스주의자보다 탁월한데, 칸트에 대한 그들의 비판은 대부분 자율적인 규범적 영역의 고유한 권리를 부인한다. 특히 행복은 덕의 목표가 아니다―그러나 덕은 분명 행복의 원천이다. 칸트에게서는 규범적 형식주의뿐만 아니라 저급한 욕구 능력이 가치에 무관심한 경향에 의해 추동된다는 기술적 이론이 비판을 받는다. 실제로는 열망의 노력은 항상 가치에 정향되어 있다. 관건이 되는 것은 선호의 질서다. 의미심장한 것은 가치가 명령에 선행한다는 셸러의 논증이다. 왜냐하면 명령은 그것에 반해 행동하는 경향이 존재할 때만 행해지기 때문이다. 그러나 그러한 것은 언제나 주어져 있는 것이 아닌 경험적 전제다. 이러한 구별에 근거해 셸러는 또한 가치의 상대주의가 아니라 상이한 조건 아래서 상이하게 내려질 수 있는 명령의 상대주의를 위한 자리도 지닌다. 이 저작은 자아, 성격 등등과 대조되는 인격의 복잡한

27　George Edward Moore, 1873~1958. 영국의 철학자. 헤겔주의적 관념론에 반대해 신실재론 · 비판적 실재론의 입장을 취했다. 《윤리학 원론(Principia ethica)》(1903) 등의 많은 저서가 있다.

28　Nicolai Hartmann. 독일의 철학자. 처음에는 마르부르크학파로 출발했으나 후에 관념론적 · 주관주의적 입장을 버리고 자신이 신존재론이라 부른 객관주의적 · 실재론적 입장으로 전환했다. 이러한 전환에서 후설의 현상학적 방법의 영향을 받았지만, 그것을 좀 더 대상 중심 방향으로 밀고 나갔다. 그리고 실재의 가치 서열을 수반한 계층 구조와 그에 입각한 실질적 윤리학을 주장한 점에서는 셸러와 입장을 같이한다. 저서로는 《인식의 형이상학》(1921), 《윤리학》(1926), 《존재론의 기초》(1935), 《미학》(1953) 등이 있다.

이론으로 끝난다. 인격은 지향적 작용의 수행자이며, 심리학적으로 객관화할 수 없다. 우리는 인격의 작용을 다만 '함께'나 '따라' 수행할 수 있을 뿐이다. 셸러가 인격에 대해 인정하는 절대적 가치에서 그는—비록 그에 따르면 사유나 의욕의 작용이 아니라 느낌의 작용이 인격에 중심적으로 속한다 할지라도—계속해서 칸트에 충실하게 머물고 있다. 또한 그는 목적의 나라를 결코 예지계로 추방하고자 하지 않는다. 대중, 생활 공동체, 사회 및 (정신적인 개별 인격을 보존하는) 연대적인 사랑의 공동체를 구분하는 사회적 통일체에 대한 그의 이론은 심지어 퇴니스도 넘어선다. 사랑의 공동체는 수많은 현상학자를 매혹시킨 가톨릭교회에 의해 실현되었는데, 물론 셸러는 가톨릭교회를 개인에 대해 너무 억압적인 것으로 경험했기 때문에 생애 말년에 그것과의 관계를 끊었다. 그럼에도 불구하고 셸러의 인격주의적 현상학은 가톨릭주의에 시대에 적합한 자기 해석의 기회를 제공했다. 이는 카롤 보이티와[29]를 생각해보는 것만으로도 충분할 것이다.

드리슈[30], 빈델반트, 베버 그리고 후설에게서 공부하고 전체주의적 공동체 사상의 비판자로서 독일 사회학을 각인한 헬무트 플레스너(Helmut Plessner, 1892~1985)의 《유기체의 계층들과 인간(Die Stufen des Organischen und der Mensch)》과 동시에 1928년 셸러의 《우주에서의 인간의 지위(Die Stellung des Menschen im Kosmos)》가 출간되었다—이 책들은 철학적 인간

---

29 Karol Józef Wojtyla, 1920~2005. 교황 요한 바울로 2세(재위: 1978~2005). 그의 인격 분석은 셸러에게서 출발한다.

30 Adolf Eduard Hans Driesch, 1867~1941. 독일의 동물학자이자 철학자. 선구적인 실험발생학 연구를 통해 기계론적 생명론에 의문을 품고 동적인 목적론을 도입하면서 엔텔레키 인자의 존재를 가정한 신생기론을 제창했다.

학의 두 고전이다. 이 분과는 가령 앵글로색슨 세계에서는 결코 기반을 얻지 못했는데, 왜냐하면 철학적 인간학은 독일의 자연철학적 전통과 주관에 대한 초월론 철학적인 주시 방향의 조정을 시도하기 때문이다. 그 목표는 인간을 다른 유기체들로부터 구별하는 인간의 본질 징표를 인식하는 것이다. 철학적 인간학은 헤르더에게서의 중심적인 예비 작업 이후 다윈의 진화론과 가령 볼프강 쾰러[31]의 유명한 침팬지 실험(1917년에 출간) 덕분에 동물과 인간의 경계 설정이 자명성을 상실한 시대에 성립했다. 플레스너가 선험적이지만 생기설적이지는 않은 생물학의 철학의 틀 내에서 식물과 동물의 특징을 상세하게 논의하는 데 반해, 셸러의 짧은 논고는 동시에 형이상학이기도 하다—왜냐하면 자신의 특수한 지위에 의해 인간은 우주 전체에 빛을 던지기 때문이다. 식물에게는 중심에 대한 기관 상태의 반응 없이 다만 감각과 표상이 없는 감정 충박(Gefühlsdrang)만이 속한다. 좀더 많이 개별화한 동물은 본능과 충동 그리고 감각을 지니며, 나아가 좀더 고등한 동물은 지성과 선택 행동을 지닌다. 그러므로 그 점에 인간에서의 새로운 것이 놓여 있을 수 없다. 오히려 새로운 것은 생명에 대립된 원리, 즉 정신에 존립한다. 정신은 충동적인 지성 이상인 것으로 요컨대 "사태들 자체의 그러그러함(Sosein, 상존재)에 의한 규정 가능성"이다. 그런 까닭에 인간은 단지 환경 세계만이 아니라 세계를 가지며, 아니 그의 자기의식에 의해 심지어 그 자신의 신체와 영혼을 객관화할 수 있다. 공간과 시간의 빈 형식과 실체 범주는 이러한 즉물적 객관성으로부터 생겨난다. 스스로를 자기 자신 너머로 고양시키

---

31 Wolfgang Köhler, 1887~1967. 독일의 심리학자. 종래의 유일한 학습 이론이던 시행착오설을 대신하는 '통찰' 이론을 제창했다. 게슈탈트 심리학의 창시자 중 한 사람이며 《유인원의 지혜》(1917), 《게슈탈트 심리학》(1929), 《심리학의 역학》(1940) 등의 저서가 있다.

는 능력은 유머와 아이러니로 이어지며, 아니 인간은 자신의 충동을 승화시킬 수 있는 "단순한 현실에 대한 영원한 프로테스탄트"다. 셸러는 자신이 본질과 현실을 구별하는 것과 연관해 정신이 물론 고유한 합법칙성을 지니지만 독자적인 에너지는 갖지 않는다고 강조한다. 그로 인해 정신은 충동을 필요로 하며, 그것을 자기의 목적으로 향하게 한다. 그 자체에서 정신은 무력하다. 오로지 승화 과정에 의해서만 정신은 힘을 획득할 수 있다. 저차적인 영역에 대한 고차적인 영역의 의존성은 자연의 보편적 법칙이다. 정신과 충박(Drang)은 심지어 세계 근거의 두 속성이며, 충박적인 것의 정신화와 정신의 생명화는 모든 생기 사건의 목표이다―그것은 후기 셸러가 거리를 두는 유신론이 생각하듯 시작이 아니다. 대상화에 의해서가 아니라 오로지 투입의 작용에 의해서만 인간은 세계 근거에 참여할 수 있다. 셸러는 데카르트에 반대해 생명 과정의 물적인 측면과 심적인 측면의 동일성을 옹호한다. 그것들은 오로지 현상적으로만 서로 다르다. 하지만 그는 그 대신 헤겔과 쇼펜하우어를 매개하는 것으로 보이는 다른 이원론을 내놓는다. 특별한 관심거리는 한 해 뒤 루트비히 클라게스(1872~1956)[32]가 출간한 주저 《마음의 항쟁자로서의 정신(Der Geist als Widersacher der Seele)》에 대한 셸러의 대결이다. 셸러는 1920년대 삶의 철학이 사회의 지나치게 강력한 합리화에 대한 그것의 부당하지 않은 반란에도 불구하고 자신의 지나친 지성화에서

---

32 Ludwig Klages. 독일의 심리학자, 철학자. 주저로는 《마음의 항쟁자로서의 정신》이 있다. 그의 연구로는 표현학(Ausdruckskunde)이라 부르는 표현 행위에 관한 연구와 성격 이론을 언급할 수 있다. 성격 구조를 표현학과 마찬가지로 정신적 영위와 생명적 영위의 대립으로 파악했는데―정신분석학의 그것에 선행해―전자를 자아(Ich), 후자를 에스(Es, 그것)라고 불렀다.

겪는 고통을 보상하기 위해 자의적으로 구성되는 청년기와 원초적인 과거로의 낭만화하는 도피 운동을 나타낸다는 점을 파악하고 있다. 그렇지만 셸러는 삶의 철학에 대한 신칸트주의적 비판자들과 달리 충박의 힘을 인정하고 그것을 정신에 이바지하는 것으로 만들고자 했다.

타당성 반성에 대한 강력한 관심은 현실에 대한 지각의 상실로 이어질 수 있다. 그리고 바로 제1차 세계대전의 참호의 공포에서 이루어진 것과 같은 반성에서의 참혹한 신체성의 침입 이후 후설의 네오데카르트주의에 대한 반란은 가까이 놓여 있었다. 그것의 이성 신앙은 더 이상 새로운 위기 시대에 들어맞지 않았다. 이러한 반란에 대한 가장 강력한 표현은 다음 장에서 이야기해야 할 그의 가장 잘 알려진 제자에게서 발견할 수 있다. 그러나 언급해야 할 것은 후기 후설과 막스 셸러가 대결한 상호 주관성 문제가 1920년대에 모든 초월론적 관념론에 반대해 나-너-관계를 실재성의 중심으로 설명하고 그 대부분이 종교적으로 고무된 방향으로 나아갔다는 점이다. 마르틴 부버(1878~1965)[33]의《나와 너(Ich und Du)》(1923)는 이러한 '대화 철학'에서 가장 유명한 책인데, 물론 그것은 그 철학의 취약점을 공유하고 있다. 현상학적 힘과 표현주의에 의해 각인된 시적인 언어는 개념적이고 논증적인 명확성을 대가로 치르고 있다. 그 책은 그것-세계와 너-세계 사이의 대립으로 살아간다. 전자에서는 모든 것이 객관화한다. 그에 반해 나-너라는 근본어는 "관계의 세계"를 창설한다. 이웃은 가장 중요한 너지만 유일한 너는 아니다—자연도 그리고 문학 작품의 인물과 같은 정신적 형성물도 너가 될 수 있다.

---

33 Martin Buber. 독일의 유대계 사상가, 철학자. 그의 사상의 중핵을 이루는 '대화' 개념은 데카르트에서 시작되는 근세적인 자아철학을 초극하는 새로운 방향을 제시한다. 주요 저서로《나와 너》이외에《인간의 문제》(1948),《유토피아에의 길》(1950) 등이 있다.

그리고 신은 순수한 너다. 부버는 대칭성을 지니는 너-관계가 오랫동안 관철될 수 없다는 점에 관해 해명한다. "그것 없이 인간은 살 수 없다. 그러나 오로지 그것을 가지고만 사는 자는 인간이 아니다." 관계는 실제로는 근대의 영혼 없는 관료주의에 훌륭하게 들어맞는 감정 그 이상이다. "만약 우리가 근대의 인간처럼 비로소 자신의 감정과 풍부하게 관계하기를 배웠다면, 그 감정의 비현실성에 대한 절망도 우리에게 더 좋은 것을 가르치기 쉽지 않을 것인데, 왜냐하면 바로 그 절망도 하나의 감정이고 흥미롭기 때문이다." 1938년 부버는 팔레스타인으로 이주하는 데 성공했다. 그는 1925년 브리트 샬롬 운동의 창설부터 죽음에 이르기까지 이중 민족적인, 즉 아랍인과 유대인에게 동등한 권리를 부여해 포괄하는 국가를 지칠 줄 모르게 옹호함으로써 시온주의적 지식인 내부에서 특수한 위치를 차지한다. 그가 프란츠 로젠츠바이크(1886~1929)와 함께 옮긴 구약 성서(Die Schrift)는 루터의 성서에 대한 독일-유대인의 대안으로 알려져 있다.

13

독일의 재앙에 철학의 공동 책임은 존재하는가?
하이데거, 겔렌, 슈미트: 결의성과 강력한 제도
그리고 정치의 본질로서 적의 제거

독일 정신사를 다루는 어느 누구도 어째서 바로 이 문화가 근세의 분명히 가장 추악한 범죄에 책임을 져야 하는지 그리고 어째서 작가와 사상가의 민족이 그토록 빠르게 이웃 민족들에게 대량 학살자와 공범자의 민족으로 나타날 수 있었는지에 대한 물음을 지나치지 못한다. 물론 독일에 대한 연구를 1933~1945년의 시기에 집중해야만 한다는 생각은 불합리하다―국가사회주의의 공포는 바로 그것이 정신적으로 그야말로 유일무이한 것을, 그것도 바로 바이마르공화국에서 성취한 문화에 의해 담지되었던 까닭에 너무도 수수께끼 같다. 바로 앞의 두 장에서 살펴보았듯 매우 많은 최고의 독일 학자와 예술가 그리고 철학자가 20세기의 처음 30년을 압도했다. 그러나 바로 그런 까닭에 우리는 이른바 '독일 정신'도 국가사회주의의 제어할 수 없는 부상에 기여한 것은 아닌가 하는 물음 앞에 서지 않을 수 없다. 이 물음에 방법적으로 정확하게 대답하기는 어렵다. 왜냐하면 여기에 함께 작용한 다양한 요인은 거의 서로에 반해 분석해서는 안 될 뿐만 아니라 과연 이념 일반이 인과적 영향 작용을 행사하는가 하는 것마저도 논란의 여지가 있기 때문이다. 물론 후자의 물음에 긍정하는 사람은 촉진하거나 최소한 반대를 봉쇄하는 이념을 찾아야 한다는 것을 거의 회피할 수 없을 것이다—물론 1918년의 극복하지 못한 군사적 패배, 정치적 정당성의 전통적 이념 및 바이마르 제도의 포괄적 위기에서 공화주의적 국가 형식에 대한 결함 있는 수용, 특히 소련의 성립에 근거한 국내적이고 국제적인 긴장 그리고 1929년에 시작된 경제 위기가 훨씬 더 중요한 요인이었다는 것을 언제나 의식한다 할지라도 말이다. 그러나 비록 가령 파시즘이 독일에 국한한 것은 아니라 할지라도 국가사회주의는 그것의 다른 형식과는 아주 상이한 까닭에, 여기서 악에 대한 철저성 자체와 더불어 또한 바로 철학적 특징도 그에 속하는 특수하게 독일적인 특징과의 연관을 찾아보는 것은 수긍이 가는 일이다.

왜 그토록 많은 독일인이 히틀러를 따랐는가 하는 물음에 대답하고자 하는 사람은 세 가지 차원을 구별하는 것이 좋다. 첫째, 국가사회주의적 절멸 정치를 확신을 가지고 지지한 아주 적은 소수의 사람이 존재했다. 둘째, 물론 대량 학살을 정치의 수단으로 긍정하지는 않았지만 1933년 그 정권이 독일을 다시 강력하게 만들어주고, 공산주의의 위협을 막아주고, 프랑스에 대해 패배의 빚을 갚아주고, 1871년 독일 통일 이후 점점 커지는 질투의 눈으로 바라보던 영국의 헤게모니를 분쇄해주길 바라면서 온갖 잔인성을 가질 수도 있는 정권에 기꺼이 권력을 부여하고자 한 커다란 집단이 있었다. 셋째, 히틀러를 선택하지 않았음에도 불구하고 위험을 무릅쓰지 않았을 뿐만 아니라 합법적인 정권에 순종해야 할 의무가 있다고 확신한 까닭에 그에게 복종한 많은 사람이 있었다.

그중 마지막 집단은 루터와 칸트가 중심인물인 오랜 독일 전통을 따랐다. 독일 철학에서는 그럴듯한 저항 이론을 거의 제시하지 않았으며, 자연법에 관한 학설의 소멸이 그런 종류의 이론의 새로운 판본을 용이하게 하지도 않았다. 두 번째 집단은 법치 국가의 내재적 가치에 대한 믿음 및 가능한 한 전쟁을 피해야 한다는 도덕적 명령에 대한 믿음을 상실했다. 이 집단은 가령 슈펭글러나 카를 슈미트처럼 권력 정치에 매혹당했으며, 따라서 칸트로부터 생각할 수 있는 한에서 멀리 떨어져 있었다. 계몽주의적 이상의 몰락은 폭력을 제한한다는 근세 초기 국가의 약속에 모순된 제1차 세계대전의 물량전이라는 극단적 경험과 관계가 있었다. 그러한 이상의 몰락은 결코 독일에 한정되지 않았다. 그러나 독일에서 내셔널리즘은 서유럽적인 가치가 만연하는 가운데 보존해야만 하는 비범하고 고유한 문화에 대한 자부심을 가지고 부추겨졌다. (1954년 출판한 죄르지 루카치의 잘 알려진 책의 제목을 인용하자면) "이성의 파괴(Die Zerstörung der Vernunft)"가 1920년대에 다양한 수준에서 이루어졌다. 보편주의적 이상은 니체와 반민주주의적 우파에 의해 서서히 훼손되었다. 그러나 또한 정치적으로 좌파에 자리 잡은 논리실증주의의 학설, 즉 윤리학의 명제가 단지 주관적일 뿐이라는 학설도 사람들이 자기 자신의 이해관계를 넘어서는 윤리적 질서에 의무를 느끼는 태도의 약화에 기여했다. 마르크스주의적 대안도 그와 마찬가지로 매력적이지 못했다. 그리고 루카치의 책은 그에게는 마르크스주의적이지 않은 모든 게 비합리적인 것으로 여겨지는 까닭에 그가 셸링부터 히틀러에 이르기까지 연속성을 간취한다는 점에서, 아니 그에게는 직관주의도 의심스럽다는 점에서 문제를 안고 있다. 루카치는 중요한 미학자였다. 〔1916년의《소설의 이론

(Die Theorie des Romans)》은 오늘날에도 여전히 고전으로 남아 있다.〕그러나 인식론자로서 그는 중요하지 않으며, 비이성에 대한 그의 논박은 귀 기울이고 내재적으로 비판하라는 이성의 두 가지 첫 번째 명령들에 모순된다. 따라서 대화는 더 이상 가능하지 않으며, 실제로 바이마르공화국은 무엇보다도 우선 대화에 대한 무능력으로 인해 몰락했다. 첫 번째 집단에 관해 이야기하자면, 니체는 '살 가치가 없는' 생명의 살해를 정당화했다. 다윈주의적 생물학자 에른스트 헤켈(1834~1919)[1]이 그 뒤를 따랐지만, 물론 나치는 그의 일원론을 거부했다. 마지막으로 1920년대 형법상-정신의학상의 논의가 그것을 주제로 삼았다. 이는 진지하게 받아들여져야 하는 어떤 한 철학자가 유대인과 집시의 학살을 요구하거나 동의했다는 것을 의미하지 않는다. (비록 독일의 반유대주의 전통이 오래되었고, 바로 성공적인 유대인 해방이 19세기 말에 말로 이루어지는 배제주의적 반유대주의를 유포시켰다고 하더라도 말이다.) 그러나 그것이 없다면 이러한 엄청난 문명의 붕괴에 도달하기 어려웠을 도덕적 냉소주의에 니체는 다른 사람들과 달리 기여했다. 왜냐하면 그는 이 냉소주의를 지적으로나 문체적으로 품위 있게 만들었기 때문이다. 그는 더 나아가 탈그리스도교화를 가속화했는데, 그것은 독일에서 이미 그 이전에 가령 영국에서보다 훨씬 더 퍼져 있었고 또 그것이 없었다면 지속적으로 삶을 영위할 수 없는

---

1   Ernst Heinrich Haeckel. 독일의 생물학자, 철학자. 다윈의 진화론 보급에 노력한 그의 자연철학 사상은 유물론적 일원론이었고, 당시의 생물학계와 사상계에 많은 영향을 끼쳤다. 1866년 제창한 '생물의 개체 발생은 그 계통 발생을 되풀이한다'는 유명한 생물 발생 법칙도 이 사상을 반영한다. 또한 같은 해에는 환경과의 관계에서의 생물학을 생태학이라고 명명하기도 했다. 헤켈의 저서와 강연은 나중에 인종 차별, 내셔널리즘, 사회다윈주의 등의 과학적 근거로 사용되었다. 《일반형태학》(1866), 《인류의 발생》(1874), 《종교와 과학의 매체로서 일원론》(1882) 등의 저서가 있다.

의미 공백을 채울 것을 약속한 전체주의적 권력 국가의 수립도 거의 가능하지 않았을 것이다. 유대인 대량 학살과 단지 터부 붕괴의 경험이 결합해 있었던 것만은 아니다. 오히려 터부는 바로 살인을 이교 숭배보다 더 엄격하게 터부시했던 종교에서 붕괴되었다.

아돌프 히틀러와 알프레트 로젠베르크[2]의 저술들에서 찾을 수 있는 것과 같은 나치의 '철학'이 지적으로나 도덕적으로 지금 이 화자의 수준보다 밑에 있다는 것은 자명하다. 그러나 바로 그런 이유로 독일의 다수의 대학교수와 마찬가지로 단순히 들러리가 아니라 한동안 국가사회주의를 확신에 차서 지지한 모든 철학자를 배제하는 것은 잘못이다. 도덕적 비겁함, 아니 비열함과 심지어 부분적인 지적 기만마저도 위대한 정신적 성취와 양립할 수 있다. 우리는 콘라트 로렌츠(1903~1989)[3]의 생물학적 발견을 부정할 수 없다. 비록 생물학주의와 국가사회주의에 대한 그의 헌신 사이에 명백한 연관이 존재한다 할지라도 말이다. 일반적으로 자연주의의 생물학주의적인 형식은 물리학주의적인 것보다 더 위험한데, 왜냐하면 물리학자는 수학적 교육 덕분에 논리적 명확성의 가치를 인정하는 데 반해 생물학자는 생존 경쟁의 잔인성에 매혹당할 수

---

2   Alfred Rosenberg, 1893~1946. 독일의 정치가, 이론가. 1918년 나치에 입당해 그 기관시의 편집자가 되었으며, 나중에 나치 외교를 담당했다. 또 나치 이론의 선전자로 활동하며 독일 민족의 세계 정복 정당성을 주장했다. 저서로는 《20세기의 신화》(1934)가 있다.

3   Konrad Lorenz. 오스트리아의 동물학자, 동물심리학자. 다양한 유형의 동물의 고유한 행동을 상세히 관찰하고 기술해 비교행동학을 확립했으며, 인간을 포함한 동물 행동의 진화나 발달에 관한 많은 저서를 통해 인간론이나 철학의 영역에 큰 영향을 주었다. 1973년 노벨 생리·의학상을 수상했다. 제2차 세계대전이 한창이던 1942년부터 1944년까지 독일군으로 참선했으며, 전쟁 후에는 바이에른의 막스플랑크 연구소 설립에 참여했다. 《솔로몬 왕의 반지》(1949), 《행동 문제의 연구법》(1957), 《공격 행위에 관하여》(1963) 등의 저서가 있다.

있기 때문이다. 여기서 로렌츠를 언급해야만 하는 이유는 그가 쾨니히 스베르크의 심리학 교수로서 칸트의 초월론적 인식론을 1941년 생물학 주의적으로 재해석하고 선험적인 것을 생득적인, 즉 계통 발생적인 경험으로 소급되는 구조로서 이해했기 때문이다. 그것을 가지고서는 타당성 물음을 해결할 수 없다. 그러나 그의 인식의 자연사인 《거울의 뒷면(Die Rückseite des Spiegels)》(1973)은 여전히 그 근본이념이 다윈 자신에게로 소급되는 진화론적 인식론에 대한 가장 좋은 입문 가운데 하나다. 그리하여 우리는 또한 후설의 가장 유명한 제자에 대해서도 그의 국가사회주의적인 총장 취임 연설(1933)을 지적하는 것으로 마무리하지 않을 것이다. 마르틴 하이데거(Martin Heidegger, 1889~1976)를 카를 야스퍼스(Karl Jaspers, 1883~1969)와 비교하는 사람은 물론 곧바로 다음과 같이 확정할 것이다. 즉 두 사람의 실존철학자 가운데 후자는 탁월한 정신의학의 철학자, 시대 진단자〔1931년의 《현대의 정신적 상황(Die geistige Situation der Zeit)》은 진단학적으로 여전히 현실적인데, 그 까닭은 바로 그가 국가사회주의를 예견하지 못했기 때문이다〕, 이제 막 개시된 철학의 전 세계적 차원에 대한 감각을 지닌 문화철학자, 제3제국에서 흠 없이 행동했고 연소한 연방공화국에서 책임을 의식한 공적인 지식인인 데 반해, 권력 장악 직전에 이미 지도자를 지도하겠다는 의도를 가졌던 나치 동조자인 전자는 애처롭게 실패했으며 국가사회주의 국가의 허물에 휩쓸려 들어갔다고 말이다. 하지만 '철학적 천재'라는 칭호를 얻을 만한 이는—유감스럽게도—야스퍼스가 아니라 하이데거다. 그를 도덕적으로나 지적으로 하나의 재난으로 간주하는 사람이야말로 20세기 철학사에서 지닌 그의 중심적 의미를 파악해야 할 의무를 짊어진다. 왜냐하면 프랑스에서도 이루어진 것과 같은, 엄밀한 타당성 반성으로부터 현상학의 분리는 하이데거에 의해 시작되었기 때문이다. 그리고 마르부르크와 프라이부르크에서 학생을 가르치며 일찍부터 자신이 문제 설정의 독창성과 매력적인 사람됨을 통해 뛰어난 제자들을 끌어당길 수 있음을 입증했다. 그의 제자 가운데 네 사람, 즉 카를 뢰비트(1897~1973)[4], 허버트 마르쿠제(1898~1979)[5], 한스 요나스(1903~1993) 그리고 한나 아렌트(1906~1975)[6]는 자유주의적이거나 좌파인 유대인이었다.

창조적인 성취가 전적으로 새로운 요소의 창안에 존재하는 경우는 드물다. 오히려 그 대부분은 상이한 흐름을 결합하는 데 존립한다―여기서 이러한 종합은 단연코 무언가 새로운 것을 나타낸다. 비록 결코 완성하지는 못했지만 1927년의 《존재와 시간(Sein und Zeit)》은 첫눈에 보아도 아주 상이한 다섯 가지 경향을 하나의 통일적인 구상 속에 통합하는 까닭에 그야말로 획기적인 책이다. 제목이 암시하듯 하이데거는 첫째, 존재의 의미에 대한 물음을 새롭게 제기하고자 한다. 존재론에 대한 고

---

4   Karl Löwith. 현대 독일의 실존주의 철학자. 후설과 하이데거에게 사사했다. 주저 《헤겔에서 니체로》(1939)라는 제명에서 알 수 있듯 19세기 독일 정신사에 대해 상세한, 특히 역사의식에 대한 비판에 탁월한 식견을 보였다. 헤겔과 마르크스뿐만 아니라 하이데거까지 포함한 모든 역사철학의 사변적 구성을 해체해 그 배후에서 기독교 신학적인 '구원사'의 전제를 드러내고자 했다.

5   Herbert Marcuse. 20세기 후반 정치적 좌파에 강력한 영향력을 행사한 사상가. 헤겔의 변증법, 마르크스의 노동 소외 사상, 프로이트의 에로스 사상을 통합해 현대의 고도 산업 사회와 산업 문명에 대한 변증법적 부정의 철학 이론인 '비판 이론'을 개진했다. 《이성과 혁명》(1941), 《일차원적 인간》(1964) 등의 저서가 있다.

6   Hannah Arendt. 독일 태생의 유대인 철학자. 선생인 하이데거와 사랑에 빠진 일화는 유명하다. 나치 집권 후 파리로, 1941년 이후에는 미국으로 망명해 그곳에서 활동했다. 《전체주의의 기원》(1951)에서 전체주의를 통렬히 비판했으며, 사회적 악과 폭력의 본질에 대한 연구인 《폭력의 세기》를 집필했다. 1961년에는 〈뉴요커〉 특파원으로 아이히만 전범 재판에 참석한 뒤 《예루살렘의 아이히만. 악의 진부성에 대한 보고》를 발표해 큰 반향을 불러일으켰다. 그 밖에 《인간의 조건》(1958), 《혁명론》(1963) 등의 저서가 있다.

백과 더불어 그는 후설의 초월론적 관념론에 반대한다. 하지만 둘째, 존재에 대한 접근은 인간적 현존재의 분석론에 의해 가능해야 한다. 이 인간적 현존재는 본질적으로 시간적이다—따라서 후설의 유산이 계속해서 행해진다. 하지만 하이데거는 현존재의 시간성의 이론을 셋째, 고대 이래로 가사성에 대한 가장 집중적인 대결 가운데 하나를 내놓기 위해 이용한다. 후설의 이론에서는 가사성을 위한 자리가 거의 없었는데, 왜냐하면 의식 흐름의 중단은 관념론적으로 설명하기 어려울 수밖에 없었기 때문이다. 더 나아가 하이데거는 독일의 해석학 분야를 생활 세계적으로 정초해야 한다는 요구를 제기한다. 슐라이어마허에 의한 섬세한 플라톤 해석이 비로소 해석학적 성취인 것이 아니라 현존재 그 자체가 이해이다. 마지막으로 하이데거는 시간성으로부터—18세기 이래로 아주 중요한 독일적 주제였지만 물론 아주 드물게만 우리 의식의 시간성과 연결되었던—역사성에로 이어지는 다리를 형성한다. 물론 니체와 딜타이의 역사학주의는 후설에 대한 반대 입장이었기 때문에 이러한 종합에서는 비일관성의 의혹이 떠오른다.

그렇지만 《존재와 시간》을 마치 하나의 폭탄처럼 떨어지게 만든 것은 단지 사유 방향의 이러한 연결만이 아니다. 책의 분위기도 맞아 떨어졌다. 제1차 세계대전에 의해 죽음은 아주 현재적인 것이 되었다. 그렇지만 철학은 문학(특히 하이데거가 스스로 인정하는 것보다 더 많은 것을 빚지고 있는 톨스토이)과 달리 이것을 계속해서 무시했다. 시간성과 역사성의 결합은 세계사적 변혁의 증인이라는 그 시대의 감정에 적합했다. 그리고 전적으로 독일적인 분위기를 만들어내는 새롭게 조어된 독특한 언어 및 결의성(Entschlossenheit)의 이름으로 이루어지는 세인(das Man)에 대한 이 책의 반항은 전선 세대에게서 반향을 불러일으켰다. 그 대부분이 발생과 타당성을 혼동하는 학문의 생활 세계적 정초에 대한 추구는 점점 더 이해되지 않는 과학과 기술에 직면한 소시민의 불편한 마음을 반영하고 있으며, 특히 나치의 그것과 같은 이러한 고풍적 양식은 최신의 흐름을 동반했는데, 물론 그것은 부재 속에 존립하는 까닭에 쉽사리 간과된다. 이 저작은 어떠한 구체적인 윤리적 내용도 제시하지 못한다. 그런데 그런 것 자체는 비난이 아니다. 한 철학자가 모든 것에 대해 의견을 표명할 필요는 없다. 그러나 이 저작의 음흉한 점은 그것이 양심이나 죄 같은 개념을 고쳐 정의함으로써 전통적인 도덕적 의미를 전복시키고, 그것이 무엇을 위한 것이든 결의성이 유일한 관건이라는 점을 아주 분명하게 이해할 수 있게끔 제시한다는 데 존립한다. 우리는 셸러와 함께 칸트를 형식주의라고 비난할 수 있겠지만, 《윤리형이상학》은 확실히 하이데거의 반-윤리학만큼이나 형식주의적이지는 않다. 비록 《존재와 시간》이 단지 존재론의 역사의 파괴에 착수할 뿐이라 할지라도, 이는 그에 못지않게 윤리학의 파괴를 제공한다. 물론 하이데거의 언어가 프랑스 모럴리스트들에게서 훈련받은 니체의 모범적인 산문보다 훨씬 덜 명확한 까닭에 그리고 또한 '존재' 같은 전통의 표어를 사용하고 근대에 반하는 자신의 격정을 분명하게 나타내는 까닭에 그는 니체보다 훨씬 더 위험하다. 모든 신앙 고백의 그리스도교 신학자들의 세대가 그를 선의로 받아들였다. 그 최종 결과는 포스트모던적인 신학인데, 그 신학은 신 개념의 합리적 해명을 더 이상 과제로서 파악하지 않으며, 해석학적 표준의 혼란으로 성서 비판의 한계를 제시할 수 있는 까닭에 그 혼란에 만족하고, 자연과학 모두가 역사적으로 성립한 까닭에 그것들을 내려다보며, 어떠한 규범적 윤리학도 더 이상 시대에 적합하지 않은 것으로서 거부한다. 이러한 약함에 대해서는 과연 그것이 환자의 지적인 당당함에 좋은 것인지, 아니 과연 계몽과 심지어 중세의 신학적 전통과 단지 연속적이기만이라도 한 것인지 하는 의심을 제기하지 않을 수 없다.

하이데거의 기초 존재론(Fundamentalontologie)은 현존재의 실존론적 분석론에 의거한다. '현존재'에서는 단순히 인간적 존재 방식을 생각하지 않는다. 왜냐하면 현존재 분석론은 인간학과 심리학으로 환원될 수 없으며, 그에 더해 그리스와 그리스도교 전통에서 이성 존재 또는 신의 닮은 모습으로서 인간에 대한 철학적 규정과 대립하고 있기 때문이다. 물론 현존재는 우리가 알고 있는 모든 존재자 중에서 오로지 존재적 특수 지위를 지닐 뿐만 아니라 존재론적으로도 정향되어 있는 인간에게서만 실현되어 있다―현존재는 존재에 대해 태도를 취하는 것이다. 그러나 하이데거는 현존재 개념에 원리적으로 알려지지 않은 종들에서도 발견할 수 있는 풍부한 특징을 받아들이는 데 반해, 동시에 섹슈얼리티로부터 종교성에 이르는 인간의 본질 속성을 제거한다. 후설의 형상적 정향에 반대해 하이데거는 현존재의 본질이 바로 특정한 속성에 의해 특징지어지는 것이 아니라 각자적인(jemeinig) 그 실존에 놓여 있다고 강조한다. 현존재에게 문제되는 것은 그때그때마다 각자 자신의 존재이다. 따라서 현존재는 객체 존재(Vorhandenes, 눈앞의 존재자)에 속하지 않는다. 그것은 범주들에 의해서가 아니라 실존 범주들(Existenzialien)을 통해 파악해야 한다. 하이데거의 기초적인 실존 범주는 세계-내-존재(In-der-Welt-sein)다―이는 후설의 초월론적 환원을 이를테면 물구나무 세운 규정이다. 인식에서 현존재는 가령 그의 내적 영역으로부터 밖으로 나오는 것이 아니라 언제나 이미 '바깥에' 있다―따라서 인식론적 문제는 해결되어 있어야 한다.

그러나 데카르트와 날카롭게 대조를 이루는 가운데 하이데거는 후설의 자극을 다시 붙잡아 세계성(Weltlichkeit)을 밝혀내는데, 그에 따르면 세계성은 근원적으로 도구 존재성(Zuhandenheit, 손 안에 있음), 즉 그때그때마다 하나의 지시 연관을 형성하는 필기구와 테이블 판, 망치와 못 같은 도구의 존재 양식에 의해 특징지어져 있다. 이는 실용주의적으로 들린다—인식이 사물과의 교제에 기초해 비로소 형성된다는 것이다. 하이데거는 "마치 우선은 그 자체에서 현전하는 세계 소재가 이러한 방식으로 '주관적으로 물들여지는' 것처럼" 바라보는 파악을 거부한다. 오히려 객체 존재는 근원적인 도구 존재의 탈세계화(Entweltlichung)다. 훗날의 작업에서 하이데거는 근대 자연과학이 자연에 관한 수학적 기투의 빛 속에서 비로소 성과를 거둘 수 있었다는 것을 보여주고자 시도한다. 요컨대 사실과학은 오로지 연구자가 단적인 사실이란 존재하지 않는다는 것을 이해했기 때문에만 가능하다는 것이다. 근원적인 세계-내-존재에서 공간은 추상적인 3차원 공간이 아니다. 오히려 장소는 도구가 속하는 그곳이다. "그때마다 '잘 알려진' 세계에 이미 있음으로부터" 현존재는 둘러보는 멀리-함(Ent-fernen)에 의해 방향을 찾는다. 세계가 공간 속에 있는 것도 아니며 또한 공간이 주관 속에 있는 것도 아니다—오히려 공간이 세계 속에 있는데, 왜냐하면 오로지 세계-내-존재만이 공간을 개시하기 때문이다. 비슷한 방식으로 현존재는 타인들, 가령 도구의 공급자를 만난다. 타인은 바로 내게 대립된 것이 아니라 오히려 그들 사이에 나도 있는 그런 이들이다. 그들의 존재는 공동 현존재(Mitdasein)이며, 내-존재는 타인들과의 공동 존재(Mitsein)다. 이들은 도구처럼 배려(Besorgen)될 수 있는 것이 아니라 타인에게 염려(Sorge) 그 자체를 되돌려주기 위해 가부장수의적으로 뛰어들거나 그보다 앞서 뛰어들수 있는 심려(Fürsorge) 속에 존재한다. 이와 비슷하게 도구에서의 둘러

봄(Umsicht)에 대해서는 타인들에서의 되돌아봄(Rücksicht)과 뒤살펴줌 (Nachsicht)이 상응한다. 중심적인 것은 현존재가 그의 지배 속에 존립하는 세인이라는 실존 범주다. 이는 확실히 짐을 더는 것이기도 하지만— 우리는 이 규정을 겔렌에게서 다시 만난다— 본래적인 자기 존재는 세인의 변양에 존립한다. 현존재는 던져진 것으로서 경험된다—그것은 가령 두려움 같은 정황성과 기분에 내맡겨져 있다. 똑같이 근원적으로 현존재는 이해다. 이것으로 생각할 수 있는 것은 설명에 대립해 있는 지적인 작업이 아니라 현존재의 근본 양태, 요컨대 세계의 개시다. 도구적 존재자는 명시적으로 어떤 것으로서 이해되고 해석된다. 그리고 또다시 순수한 응시는 더 이상-이해하지-못함, 그러므로 이해의 박탈이지 결코 더 근원적인 것이 아니다. 오로지 현존재만이 의미가 있거나 의미가 없을 수 있는데, 그것도 각각 현존재가 그 자신의 존재와 개시된 세계를 이해하거나 이해하지 못함에 따라서 그러하다. 이해에는 순환이 놓여 있는데, 물론 중요한 것은 그 순환에 "올바른 방식으로" 들어서는 것이다.

그 경우 하이데거는 진술이라는 기초적인 논리적 개념을 해석의 파생적 양태로서 해석하고자 한다. 언어에 대한 그의 분석에서 특히 강조해야 할 것은 언어가 체험의 운송이 아니라는 판단(가령 보고는 공동 존재를 전제한다) 및 말함의 본질적 가능성으로서 침묵에 대한 해석이다. 또다시 세인으로 되돌아와 하이데거는 수다, 호기심, 불명료함을 현존재의 퇴락 형식으로 도입한다—파스칼[7] 이후로 실존적 피상성에 대한 이

7　Blaise Pascal, 1623~1662. 프랑스의 수학자, 물리학자, 발명가, 철학자, 신학자.《원뿔곡선 시론》,《유체의 평형》등의 저자이기도 하며 활발한 철학적·종교적 활동을 했다. 유고집《팡세》로 유명하다. 그는 철학을 배격하고 종교적 경건함에 호소하기 때문에 현대

와 같이 날카로운 비판은 존재한 적이 없었다. 두려움(Furcht)과 달리 내세계적인 어떤 것에 대해서가 아니라 세계-내-존재 그 자체에 대해 걱정하며, 따라서 한편으로는 자기-자신을-선택함의 자유를 개현하고 다른 한편으로는 집에-없음의 양태에 빠져드는 불안(Angst)에 대한 심오한 고찰에서는 키르케고르의 영향이 눈에 띄지만 그것은 키르케고르의 신학적이고 도덕적인 실체를 박탈당한다―마찬가지로 종종 하이데거에게서는 신학 이론이 아주 능숙하게 세속화해 나름의 전기를 일으키는 작용을 잃지 않는다. 마지막으로 현존재의 구조 전체가 자기에게-선행해-이미-(세계-)안에-있음 및 (내세계적으로 만나는 존재자) 곁에-있음으로서 파악된다. 그러나 이는 기투에의 가능성이 그 안에 근거하는 염려의 본질이다. 관념론-실재론-문제는 오직 현존재의 염려 구조에 대한 새로운 해석에 의해서만 해결할 수 있다. 그리고 철학의 스캔들은 칸트가 생각했듯 외부 세계의 실재성에 대한 어떠한 증명도 아직 성공하지 못했다는 게 아니라 그러한 증명을 언제나 거듭해서 시도해왔다는 것이다. 그와 마찬가지로 회의주의에 대한 "형식적-변증법적 공격 시도들"도 진지하게 받아들여서는 안 된다. 모든 진리는 현존재의 존재에 상대적이며, 따라서 영원한 진리에 대한 주장은 다만 아직 추방되지 않은 그리스도교 신학의 잔여물일 뿐이다. (이는 거의 훌륭한 논증이지 않으며, 그토록 강하게 그리스도교의 사상 재화에 기생하는 저작에서는 단적으로 혐오스럽다.) 진리의 명제적 개념은 비은폐성으로서의 진리에 관한 존재론적 개념에 비해 파생적이다.

에 들어 키르케고르와 비교되기도 하며 특히 인간 삶의 조건, 즉 한계 상황을 명백히 제시하기 때문에 실존주의자들의 탐구 대상이 되고 있다.

이 저작의 제2편에서는 현존재의 시간성이 중심에 놓여 있다. 하이데 거는 바로 타인에게서만 경험될 수 있고 그 시체가 배려의 대상인 죽음에 대한 실존론적-존재론적 반성으로 시작한다. 물론 어느 누구도 타인에게서 그의 죽음을 떠맡을 수 없으며, 오히려 기껏해야 그를 위해 죽을 수 있을 뿐이다. 우리는 무관계하고 추월할 수 없는 가장 고유한 가능성으로서의 죽음에 대해 태도를 취해야만 한다. 물론 세인은 죽음에 대해 은폐하는 회피를 배려하며, 죽음에 대해 불안의 기분이 생겨나지 않도록 한다. 그러나 죽음에 임하는 본래적인 존재는 이러한 가능성으로 선구함(Vorlaufen)에 존립하며, 죽음에 대한 이러한 자유에서 세인의 환상으로부터의 벗어남이 이루어진다. 우리는 또다시 더 이상 영원한 진리를 믿지 않는 가톨릭 성당지기 아들에 의한 신학 이론의 시장에 적합한 세속화를 본다. (라이너 마리아 릴케[8]도 비슷한 방식으로 능숙하게 처리해나가지만, 서정시인에게 이러한 방도는 논란의 여지가 없다.) '메멘토 모리(Memento mori)'[9] 는 중심적인 그리스도교적 실천이며, 신적인 심판의 기대는 확실히 순화하는 작용을 지닌다. 그러나 하이데거에게 있어서는 영혼의 불사성에 대해 더 이상 말하지 않는 까닭에 우리는 이미 모든 아베 마리아에서 생겨났던 이러한 선구함이 지금도 여전히 무엇이어야 하는지 묻지 않을 수 없다. 에피쿠로스주의자의 평정(Gelassenheit, 내맡김)이 더 지혜로워

---

8 Rainer Maria Rilke, 1875~1926. 독일의 시인. 한때 조각가인 로댕의 비서를 지냈다. 초기에는 인상주의의 영향을 받았지만, 만년에는 명상적·신비적 경향에 심취했다. 섬세한 감수성으로 근대 사회의 모순을 깊이 통찰하고, 고독·불안·죽음·사랑·초월자 등에 관한 많은 시를 지었다. 실존주의적 사상의 시적 대표자로 알려져 있다.

9 '죽음을 기억하라'라는 뜻을 지니는 라틴어. 고대 로마에서는 '너는 반드시 죽는다는 것을 기억하라', '네가 죽을 것을 기억하라'라는 의미로 쓰였다고 한다. 일반적으로 '죽음의 상징'이라는 뜻으로 사용한다.

보인다. 요컨대 내가 존재할 때 죽음은 존재하지 않으며, 죽음이 존재할 때 나는 존재하지 않는다는 것이다. 이러한 선구함이 영웅적으로 무에 관여하는 까닭에 한 사람에게 타인보다 좀더 본래적으로 존재한다는 감정을 가져다주는 과도한 스릴과 다른 어떤 것을 산출해야 하는지 통찰할 수 없다.

결의성 개념과 더불어 하이데거는 자기 저작의 윤리학적 핵심을 전개한다. 눈에 띄는 것은 우선 그가 신학적으로도 생물학적으로도 이해할 수 없는 양심 개념을 어떻게 완전히 형식화하고 주관화하는가 하는 점이다. 양심은 물론 외치지만 아무것도 이야기하지 않으며(하이데거는 바로 아무런 이념적 진리도 알지 못한다), 오히려 침묵함의 양태에서 말한다. 양심을 객관적 힘으로 해석한다면 사람들은 오로지 세인에게 복종할 뿐인 데 반해 외침은 자기 자신을 선택할 것을 촉구한다. 좀더 당혹스러운 것은 죄·책임(Schuld) 개념에 대한 재해석인데, 그 재해석의 본질은 던져진 존재로서 우리가 자기 자신의 근거는 아니며, 실존적 기투에서 스스로를 불가피하게 몇 가지 가능성에 내맡기는 것에 존재한다. 양심과 책임에 대한 이러한 존재론적 해석은 객체 존재의 존재론에 속박되어 움직이는 '통속적인', 다시 말하면 윤리학적인 해석과 구분된다. 그러나 우리가 만약 '통속적인'이라는 술어에도 불구하고 강제 수용소의 사령관 경력을 쌓을 가능성을 포기하는 자가 그러한 경력을 스스로 기획하는 자보다 책임이 덜 있다는 고집스러운 감정을 옹호한다면, 그것은 신중한 것이라 할 수 있을 것이다. 하이데거의 결의성은 물론 장-폴 사르트르(Jean-Paul Sartre, 1905~1980)의 정치적으로 그토록 성질을 달리하는 실존주의의 그것과 마찬가지로 공허하다. "결의성은 오로지 결의(Entschluß, 결단)로서만 그 자신을 확신한다." 시인해야 할 것은 이러한 것이 필연적으로 국가사회주의로 이어지는 것은 아니라는 점이다. 그러나 그와 마찬가지로 인정해야 하는 것은 그것이 거기로 이어지는 길을 조금도 차단하지 못한다는 점이다—그리고 일반적으로 그것은 비합리적 확신의 극단화를 초래한다.

결의성의 선구함이 염려 구조에 통일성을 부여하는 시간성 주제의 개시를 알린다. 왜냐하면 자기에게-선행함(das Sich-vorweg)은 장래(Zukunft)에 기초하며, 이미-안에-있음(das Schon-sein-in)은 기재성〔Gewesenheit. 이는 과거(Vergagenheit)에 대한 하이데거의 동의어이다〕을 알리고, 곁에-있음(das Sein-bei)은 현재함(Gegenwärtigen)에 의해 가능해지기 때문이다. 거기서 결정적인 것은 장래의 우위이다. 이제 모든 실존 범주가 시간성과 관련해 다시 한 번 통과되고 심화한다. 아니, 현존재적인 공간성도 시간성에서 기인해야 한다. 현존재의 시간성으로부터 마지막으로 그의 역사성이 생겨난다. 하이데거는 여기서 딜타이의 역사학주의가 일으킨 소용돌이 안에 있는데, 물론 그것은 실존철학적으로 평가 절상된다. 눈에 띄는 것은 본래성의 개인주의로부터 역사적 운명(Geschick, 역운), 공동체, 민족 같은 개념들로 나아가는 운동이다. 물론 국민 전체의 결의성은 주제화되지 않지만, 우리는 그 가능성을 감지한다. 하이데거의 세계-역사 개념은 칸트나 헤겔의 역사철학적 구성과 아무 관계도 없다. 역사의 진보에 대해서도, 세계사적 의식의 형성에 대해서도 말하지 않는다. 역사학에 대한 그의 고찰은 '객관성'을 둘러싼 노력을 거부한다—문제되는 것은 거기 있었던 현존재의 실존 가능성이며, 어떠한 학문에서도 역사학에서보다 보편타당성이 더 어울리지 않는 경우는 없다. 역사학자의 자료 선택은 현존재의 역사성의 실존적 선택에서 기인한다. 우리는 또한 해석학에 대한 가다머의 근거짓기도 유사한 사상에 토대한다는 것을 볼 수 있다. 물론 가다머의 경우 그 사상은 영향작용사(Wirkungsgeschichte)의 확대에 의해 온갖 국수주의적 역사 왜곡을 힘들이지 않고 증거로 끌어댈 수 있는 하이데거적인 제안의 지방적 편협성을 거부한다. 시간 측정에 의한 공적 시간의 구성과 통속적인, 다시 말하면 과학적인 시간 개념의 발생에 대한 반성으로 그 저작은 끝을 맺는다. 시간은 어떠한 가능적 객관보다도 더 객관적인데, 왜냐하면 그것은 물적인 것에서처럼 심적인 것에서도 발견되기 때문이다. 그리고 시간은 어떠한 가능적 주관보다도 더 주관적인데, 왜냐하면 그것은 이 주관을 비로소 가능하게 만들기 때문이다. 시간과 존재의 광범위한 동일시에서 우리는 플라톤과 그 이후의 형이상학이 패러다임적으로 존재하는 것을 인식했던 수학적 형성물이나 가치 같은 무시간적 존재가 어떤 종류의 존재 지위를 지니는지 묻게 된다. 우리는 칸트가 그 근거짓기에 자신의 위대한 저작을 바쳤던 자연과학과 윤리학이 이제 법치 국가의 황혼 속에서 둘 다 '통속적'인 것으로 여겨진다는 것에 마음이 아프지 않을 수 없다. 오히려 우리는 서구의 가장 훌륭한 유산의 청산을 통속적이라고 표현해야 하는 것 아닌가?

비트겐슈타인과 비슷하게 하이데거도 자신의 철학을 근본적으로 새롭게 구상했다. 1930년대에는 그가 '전회'라고 명명한 것이 이루어졌는데, 그 전회는 가령 1989년에야 비로소 출간한《철학에의 기여(생기에 대하여)〔Beiträgen zur Philosophie(Vom Ereignis)〕》에서 형태를 드러낸다. 그렇지만 비트겐슈타인과 달리 하이데거는 더 이상 자신의 새로운 구상을 고전적인 저작으로 마무리해낼 수 없었다. 대신 그는 아주 많은 논문과 논구를 출판했는데— 그것들은 모두 다 물론 서로 연결된 몇 가지 주제 주위를 돌고 있지만—그 수준은 아주 상이하다. 가령 논문 모음집인《숲

길(Holzwege)》(1950)을 읽는 사람은 〈아낙시만드로스의 잠언〉과 같이 모든 해석학적 표준을 비웃는 텍스트가 논란의 여지없이 천재적인 두 논문, 즉 〈예술 작품의 근원〉(1935/1936)과 〈세계상의 시대〉(1938)에서 발견된다는 것에 당황하지 않을 수 없다. 추측컨대 하이데거처럼 그렇게 자기비판 능력이 없던 중요한 정신은 거의 존재한 적이 없었을 것이다—그는 중요한 것과 혼란스러운 것을 서로 나란히 출간했으며, 그 스스로는 그 둘을 구별할 수 없었다. 전회의 결정적인 근본 통찰은 《존재와 시간》의 잔여-초월론주의로부터 전향하는 데 존립한다. 이제는 현존재가 아니라 존재가 결정적인 근본 개념이다—인간은 "존재의 목자"다. (우리는 성서 표절을 볼 수 있다.) 그러나 그것은 하이데거가 존재를 첫째, 스피노자와 마찬가지로 완전히 무도덕적으로 파악하고 둘째, 오로지 딜타이의 역사학주의만을 형이상학적으로 너무 높이는 까닭에 형이상학적 전통에로의 귀환이 아니다. 존재는 서로 다른 시기에 그사이 어떠한 연속적이고 따라서 논증적인 이행도 가능하지 않은 전적으로 상이한 형식에서 자신을 현현한다. 본질적으로 서로 다른 존재 개념의 역사인 존재사는 거기서 퇴락과 박탈의 역사로서 이해되는데, 왜냐하면 존재가 점점 더 자기를 은폐하기 때문이다. 그리고 형이상학으로부터 형이상학의 역사철학으로 방향을 전환함으로써 하이데거는 존재 망각에 의해 특징지어지는 이러한 오도하는 형이상학적 전통의 "이겨냄(Verwindung)"에 기여하고자 한다. 자신의 타당성 요구를 만회할 수 있는 방법은 물론 하이데거 자신의 로고스 망각을 고려할 때 존재할 수 없는데, 왜냐하면 존재는 플라톤으로부터 헤겔에 이르는 전통에서와 달리 모든 개념적 구조에 대립하기 때문이다. 2500년의 퇴락 이후 어떻게 하이데거의 갑작스러운 통찰이 가능해졌는지 파악할 수 없으며 또한 파악되어서도 안

된다. 헤겔의 진보 도식에 반대해 하이데거는 소크라테스 이전 사상가들이 여전히 가장 가까이 다가섰던 근원적 비은폐성으로부터의 점점 더 커지는 소외를 본다―그 사상가들에 대한 철학적 관심은 니체와 함께 시작되었던 데 반해 고전 독일 철학은 플라톤을 더 좋아했다. 그러므로 우리는 시간의 전진과 더불어 점점 더 멀리 되돌아간다. 이미 플라톤이 존재를 이데아의 굴레 아래로 밀어 넣었으며, 중세는 근세의 이성주의를 준비했다. 〈세계상의 시대〉는 상 개념에 의한 세계의 전환, 즉 근세적인 형이상학의 근저에 놓여 있는 전환에 대한 (물론 목판화 양식으로 단순화함에도 불구하고) 위대한 분석이다. 기계 기술에서 정점에 도달하는 근대 과학, 예술 작품의 미학화, 문화로서 인간 행위에 대한 해석, 마지막으로 탈신격화는 세계를 마음대로 처리하고자 하는 형이상학적 의지의 지류들이다. 아니, 객관주의와 주관주의는 다만 거대한 것에서 정점에 도달하는 그 의지의 획기적인 변혁의 두 측면일 뿐이다. 1949년 처음으로 행한 강연 〈기술에 대한 물음(Die Frage nach der Technik)〉은 이러한 고찰을 심화해 근대 기술에 대한 가장 빛나는 분석 가운데 하나를 제공한다. 가령 하이데거는 정당하게도 기술이 무언가 중립적인 것이라는 테제를 비판한다. 기술은 단순한 수단이 아니다. 오히려 기술에서는 세계 관계의 방식이 현현한다. 나무다리가 라인 강에 세워진 데 반해 그 강은 근대의 수력발진소로 막힌다. 따라서 라인 강은 "여행 산업이 거기로 예약한 여행사에 의한 관광의 주문할 수 있는 객체"다. 하이데거는 모든 것이 그것에게는 부품이고 따라서 사용할 수 있는 것인 근대 기술을 "몰아-세움(Ge-stell)"이라고 명명한다. 근대 자연과학은 그 은밀한 목적으로서 근대 기술에서 이미 착수되었다. 그리고 우리가 기껏해야 그 본질을 통찰함으로써 만날 수 있는―이러한 기술의 위험은 어느 경우에도 단지 "어쩌면 치명적으로 작용할 수도 있는 기계와 장치"가 아니라 오히려 인간적 본질의 변화에 존립한다. 그의 퇴락의 역사철학과 연관해 하이데거는 또한 국가사회주의적인 권력 의지에 대해서도 한 자리를 인정했다—그것도 단연코 이미 1930년대에 곧장 내면적으로 국가사회주의독일노동당(나치)의 일원이 되었다. (그는 끝까지 당원으로 남았다.) 이러한 것은 하나의 업적이지만, 물론 그것은 그에게 대량 학살의 국가사회주의적 기술이 기계화한 농업과 동일한 본질로 여겨짐으로써 상당히 축소된다—전회 전에도 후에도 하이데거는 그로 하여금 "존재론적 본질 진술"을 넘어서서 도덕적으로 중요한 구별을 확정할 수 있도록 허락하는 범주를 갖지 못했다.

주관주의적 미학을 거부함으로써 하이데거는 다시금 예술 작품의 존재론을 중심에 놓을 수 있는 자격을 얻었다. 아름다움이나 심지어는 체험의 유발이 아니라 진리를 작품으로 정립함(Ins-Werk-setzen)이 도구와 달리 세계를 세워놓는 예술 작품에서 문제가 된다. 여기서 진리는 미메시스로서 이해되고 있지 않으며, 그런 까닭에 하이데거는 자신이 든 사례 중 하나로 빈센트 반 고흐의 〈정물. 구두 한 켤레〉와 더불어 그리스의 사원을 분석한다. 진리의 본질에는 또한 은폐가 속한다. 그럼에도 불구하고 예술 작품은 공동체를 창설했다. 하이데거의 후기 철학이 종종 비록 그가 횔덜린에게서 단연코 정당하게 자신의 근대성 비판의 선구자를 보았을지라도 그 대부분이 문예학적 방법론을 모욕하는 시문 해석에 존립한다는 것은 놀랍지 않다. 다신론적 의사-종교성의 완고한 형식, 언어의 생기를 개별자의 자율 의지보다 상위에 놓는 언어의 철학 및 마지막으로 "기술적 세계에 대한 동시적인 긍정과 부정"으로서 "사물에 대한 내맡김"이라는 정적주의적 윤리학이 후기 작업을 특징짓는다.

확실히 근세적 주관성과 고삐 풀린 기술에 대한 증대되는 마음의 불편함을 개념화한 최초의 사람들 중 하나라는 것은 비록 그에게 진단 이후 처방을 제안하기 위한 어떤 윤리학조차 결여되었을지라도 여전히 하이데거의 세계사적 성취다.

제3제국에서 출간한 가장 중요한 철학책은 분명 아르놀트 겔렌의《인간—그 본성 및 세계에서의 지위(Der Mensch-Seine Natur und seine Stellung in der Welt)》(1940)이다. 이 책은 여러 차례 판을 거듭하며 개정 및 증보되었다. (나는 최종판을 근저에 놓고 있다.)《존재와 시간》과 마찬가지로 이 책은 자신의 유한성을 알고 있는 유한한 이성 본질의 특유한 존재 형식에 집중한다. 이것은 신에 대한 믿음이 붕괴하고 동시에 프레게와 후설의 섬세한 근거짓기 이념에 만족하지 못하는 실재성에 대한 갈망이 지배할 때 수긍이 가는 주제다. 더 나아가 인식을 행동에 결부시키는 실용주의가 두 저자를 묶어주고 있다. 물론 오직 겔렌만이 미국의 실용주의 선구자들과 관계를 지니고 있지만 말이다—비록 1933년에《국가사회주의의 철학(Philosophie des Nationalsozialismus)》을 쓰고자 했을지라도 겔렌에게 하이데거의 독일 기질은 낯설었다. 그는 또한 반유대주의로부터도 자유로웠다. 겔렌이 위대한 유럽의 산문 작가들과 경쟁하는 문체에서만 주저에서 단 한 번도 인용하지 않은 하이데거보다 탁월한 것은 아니다. 주목할 만한 것은 개별 과학적 성과에 대한 포괄적인 고려이다. 겔렌은 생물학자이자 생기설적인 철학자 한스 드리슈(1867~1941)의 제자였으며, 또한 1938~1940년에는 쾨니히스베르크에서 로렌츠의 동료였다. 물론 그의 "경험적 철학"의 인식론적 지위는 명확하지 않다. 그러나 초월론적 반성에 작별을 고한 후 경험에 대해 고백하는 것은 하이데거가 통제할 수 없는 본질 진술에 탐닉하는 것보다 더 성실하다. 겔렌은 자신의 과제를 풍부한 개별 과학적 성과를 **하나의** 원리로부터 이해할 수 있게 만드는 것에서 보았던 것으로 보인다.

　실존주의적 단계 이후 때때로 피히테로부터 강력한 영향을 받은 사람으로서 겔렌은 행동 개념을 전면에 내세운다. 그 개념으로부터 인간적 징표의 체계를 파악해야 한다. 인간을 다른 동물과 구별하는 것은 인간이 행동해야만 한다는 점이다. 왜냐하면 인간의 본능은 대단히 축소되어 있고, 나아가 이미 신체 구조와 지체된 발전에서 그리고 태어난 후 이차적으로 한동안 부모에게 양육되어야 하는 존재로서 결함 존재이기 때문이다. 거기서 행동은 육체-영혼-대립을 포월하는 어떤 것으로서 이해된다. 겔렌은 이 문제의 해결에 대한 어떠한 희망도 갖지 않으며, 그 대신 심리물리적으로 '중립적인' 범주를 추구한다. 모든 형이상학적 이원론에 반대해 겔렌은 인간의 특수 지위가 단순히 셸러에게서처럼 동물적인 속성 위에 놓이는 '정신적' 속성에서 나타나는 것이 아님을 지적한다―특수하게 인간적인 것은 또한 물적인 것, 즉 "신체라는 이성"도 관통하며, 가령 대상과의 대결에서 비로소 학습해야만 하는 엄청나게 적응력 있는 운동에서 표명된다. (이러한 관점의 결과는 역설적으로 겔렌이 셸러와 로렌츠 그리고 오늘날의 행태 연구가 그렇게 하는 것보다 더 철저하게 인간을 동물로부터 떼어놓는다는 것이다.) 본능적인 충동과 더불어 상황으로부터의 분리는 **부담 면제**(Entlastung)를 나타낸다. (이것은 새로운 열쇠 개념이다.) 물론 동물적인 환경 세계 구속성과 대립하는, 세계의 개현과 함께 손잡고 나아가는 자극의 홍수와 충동 저지의 이면으로서 충동 과잉은 그 자체가 극복해야만 하는 부담이다. 문화는 "삶에 이바지하는 개조된 자연"의 총괄 개념이며, 인간은 본성상 문화 존재다. 그에 의해 먹는 것이나 성교와 같이 동물에게서 최종 단계로 등장하는 행위도 수단으로서 수행될 수 있으며 또 상징적 의미를 유지할 수 있다. 활동을 멈출 수 있는 능력에 의해 인간은 서로 다른 감각에서 나오는 소여들을 서로에게 귀속시킴으로써 세계를 객관화할 수 있다. 인간에 의해 그것은 사물의 개념에 속한다. 물론 결정적인 것은 사물이 가능한 행동의 대상이라는 점이다―요컨대 변화될 수 있는, 예를 들어 수리될 수 있는 어떤 것으로서 말이다. 특히 설득력 있는 것은 지각 및 행동의 발전과 평행적으로 나아가는 언어의 발전에 대한 겔렌의 분석이다. 그는 다섯 가지 상이한 언어 뿌리를 구별한다. 첫째, 운동법과 감각 기관이 같은 정도로 함께 작용하는, 저절로 생산된 음성 생활이 존재한다. 둘째, 시각 인상에 대한 음성 표현은 부담 면제된 운동의 결과다. 셋째, 어린아이의 외침은 곧바로 그에 뒤따르는 욕구 충족이 그다음 외침에서 기대된다는 것에로 이어진다. 넷째, 음성 몸짓은 그 대부분이 유희적 움직임에 대한 음성 운동적 반주 음악이다. 다섯 번째 자리에서야 비로소 헤르더가 기술한 재인하는 음성, 즉 멀리 떨어진 자극도 능동적 관여의 자기감정에 끌어들이는 음성이 나타난다. 후설에 반대하는 겔렌의 의미 이론, 즉 노에마의 무시간성을 노에시스의 반복 가능성과 동일시하는 이론은 본질적으로 더 취약하다. 실용주의에 관한 한 겔렌은 의식적 사유가 진화의 뒤늦은 산물이라는 데서 발생적으로 확실히 올바르며, 타당성 이론적으로 우리는 사상이 행동이며 사상의 결과가 그 의미에 속한다는 것에 대해 그를 인정할 수 있다. 그러나 이런 의미에서는 헤겔의 철학도 실용주의적이다. 또한 내적 삶에 대한 설명, 즉 목소리 없는 사유와 표상 및 상상에 대한 설명도 의식의 생물학적 기능이 오직 부수현상론이 거짓일 때에만 가능하다는 오랜 문제를 안고 있다. 그것은 물론 복잡한 대안을 전제한다. 즉 심신 문제는 우회하거나 인공두뇌학으로 짧게 매듭지을 수 없는 것이다. 겔렌은 조지 허버트 미드[10]로부터 사회적 차원을 전제하는 자기의식 구성에서의 역할 놀이의 중요성을 받아들인다. 또한 상상도 기본적인 사회적 기관으로 간주한다. (찰스 테일러[11]를 생각해보면 좋을 것이다.) 행동, 특히 집단행동이 그것이 없다면 전혀 가능하지 않을 비합리적인 경험 확신에 대한 겔렌의 숙고는 아주 일찍부터 파시즘의 자기 이해와 겹친다. "괴테의 발언에서처럼 역으로 행동하는 자가 아니라 관찰하는 자가 양심이 없어지는 실험상의 사유 태도가 존재한다." 이러한 것은 오직 훈육과 성격을 형성하는 습관에 의해서만 막을 수 있다. 이것은 단연코 올바르다. 그러나 겔렌은 고대 철학파의 훈육과 나치 친위대의 그것 사이의 차이를 보지 못한다. 최종적 확신은 "우리의 충동 운명의 반사"이며, 대립된 확신에서는 어디에 진리가 놓여 있는지를 오로지 역사만이 결정할 수 있다. 또한 역사적 의미도 한 번 생각된 의미라기보다는 역동적인 작용이다—가다머는 자신의 해석학을 이러한 사상으로부터 짜낸다.

겔렌의 《원시인과 후기 문화: 철학적 성과와 진술(Urmensch und Spätkultur: Philosophische Ergebnisse und Aussagen)》(1956)는 사회적 차원을 둘러싼 그의 철학적 인간학을 완성하며, 위험에 처한 존재인 인간의 내적 안정화에

---

10 George Herbert Mead, 1863~1931. 미국의 사회심리학자이자 상징적 상호작용론의 창시자. 실용주의 철학을 수용하고 사회행동주의를 지지하며 심리학적 행동주의를 공격했다. 미드가 추구한 철학적 사회심리학과 사회학적 사회심리학이 상호 작용하는 가운데 상징적 상호 작용으로 알려진 하나의 학파가 탄생했다. 주요 저서로는 《정신, 자아 그리고 사회》(1934) 등이 있다.

11 Charles Margrave Taylor, 1931~. 캐나다의 철학자. 마이클 샌델, 알래스데어 맥킨타이어 등과 함께 대표적인 공동체주의자. 보편적이고 공동체적인 규범을 중시하는 공동체주의 내에서 맥킨타이어가 아리스토텔레스에서, 샌델이 칸트에서 사상적 연원을 찾고 있다면 테일러의 경우는 헤겔 철학에 많이 의존한다.

기여할 수 있는 제도들의 이론을 제공한다. 요컨대 제도들은 사회적 태도를 예견할 수 있게 해주는 그 사회적 태도의 자동화에 의해 그리고 욕구 충족 상태의 유지에 대한 욕구를 배경적으로 충족함에 의해(인간의 특징을 이루는 미래의 배고픔은 오늘날 곡물 잡지를 고려할 때 더 이상 나를 괴롭히지 못한다) 그리고 더 나아가 결국 도덕으로 이어지는 무규정적인 의무의 감정을 배출함에 의해 인간의 내적 안정화에 기여한다는 것이다. 또한 상반되는 감정의 병립에 근거한 긴장도 그렇게 안정될 수 있다. 가령 장례식은 죽은 자에 대한 애착과 시체에 대한 불안의 혼합에 대한 제도적인 대답이다. 특히 원시인의 사회적 진화를 재구성하고자 한 겔렌의 시도는 매혹적이다—비코 이래로 그토록 인상적으로 그 문제를 취급한 철학자는 존재한 적이 없었다. 결정적인 것은 비록 상호성이 결정적 원리라 할지라도 결코 모든 제도가 목적의식적인 행동에 힘입고 있는 것은 아니라는 겔렌의 통찰이다—많은 경우 제도는 전혀 다른 방향의 목표 설정의 결과다. 가령 농경과 목축에로의 이행은 처음에는 토테미즘에 그 원천이 있는 순수하게 제식적인 동물 보육의 부차적인 결과일 것이다. 왜냐하면 붙잡은 동물을 바로 먹어치우는 게 아니라 그것에 먹이를 주는 것은 오로지 종교만이 동원할 수 있었던 동물의 자기 가치에 대한 인식과 충동 제어를 전제하기 때문이다. 그와 비슷하게 혈족 관계에 관한 인위적이고, 따라서 일면적인 분류도 모방적인 동물-제식에서 기원했을 것이다. 왜냐하면 오로지 구체적인 행동의 반복만이 제도에 연속성을 부여할 수 있기 때문이다. "집단이 자기 자신과 만나고, 집단 체험이 순수하게 두드러지는 것은 바로 목적을 위한 실천적 협력이 문제가 되지 않기 때문이다." 물론 원시인에 대한 겔렌의 관심은 그 시대의 후기 문화의 주관주의에 대한 그의 늘어나는 혐오 때문에 제약을 받는다.

니체 이래의 이교적-내재주의적 반계몽과 마찬가지로 그도 고대의 "합의되고 투쟁하는 삶의 권력의 형이상학"이 처음에는 일신론에 의해, 그다음에는 과학적-기술적 기계론에 의해 파괴된 것을 한탄한다. "신과 기계는 고대 세계보다 오래 살아남았고, 이제 오로지 자기만을 만난다." 탈신격화한 자연에는 행동들로부터 분리되고 (가령 대중 매체로부터의) 간접적 경험으로 살아가는 후기 시대적인 주관성의 사실 내부 세계 (Fakteninnenwelt)가 상응한다. "이제 필연적으로 예술과 법의, 그러나 또한 종교의 주관화와 연약화가 시작된다. 도처에서 '이념들'이 돋아나는데, 그것들을 가지고서는 그것들을 논의하는 것 이외에 다른 어떤 것도 시작할 수 없다." 철학 자체는 "딜타이가 생각할 수 있는 모든 관점을 전반적으로 논하고, 만약 우리가 그중 하나를 가지고 또 다른 것들을 이해한다면 어떠할 것인지를 스스로 표상해본 이래로" 표상 작용으로 용해된다. 이러한 상계적인 정리를 가지고서는 모든 제도가 소리 없이 내부로부터 파괴되며, 비록 겔렌이 단연코 정직하게 전쟁이라는 재앙을 극복할 수 있기를 희망한다 할지라도, 그는 자기 향상의 목표를 포기한 복지 국가적으로 조직된 소비주의에 대해 그저 경멸만을 남겨놓고 있을 뿐이다. 참된 철학은 오직 그것이 토론과 영화에 대한 생래적인 감동 그리고 분주함에 대한 내적인 금욕을 행사할 때에만 살아남을 수 있을 것이다. 질문할 수 있는 것은 "공론장의 선입견과 합의의 몽타주 그리고 약전류-생명 대체 장치에 대한 포기"이다. 1957년 '로볼트 독일 엔치클로페디', 즉 젊은 연방공화국의 가장 좋은 시리즈 중 하나이자 그와 비교할 수 있을 정도로 많은 수의 중요한 지식인이 더 이상 존재하지 않는 까닭에 오늘날 그와 등가의 것이 존재하지 않는 시리즈에서 《기술 시대에서의 영혼(Die Seele im technischen Zeitalter)》이 출간되었다. 아마도 이 책에서 사회심리학적인 분석보다 더 의미심장한 것은 기관 대체와 기관 강화 그리고 기관 부담 면제로서 기술의 인간학에 대한 반성 및 과학과 기술 그리고 자본주의의 상부구조에 의한 근세의 특징 묘사일 것이다. 화석 에너지를 이용함으로써 근세는 자연의 유기체적 토대, 즉 해마다 다시 성장하는 것으로부터 분리되었다.

《시대상들. 근대 회화의 사회학과 미학에 대하여(Zeit-Bilder. Zur Soziologie und Ästhetik der modernen Malerei)》(1960)와 《도덕과 과잉 도덕(Moral und Hypermoral)》(1969)에서 겔렌은 현대에 대한 자신의 반감을 계속 표현했으며, 비록 그가 자신의 마지막 저서에서 안티스테네스[12] 이래의 무책임한 도덕화 현상의 사회적 원인에 단연코 빛을 비추고 있을지라도 이 책은 윤리학의 윤리학에 도달하지 못한다. 왜냐하면 그것을 위해서는 바로 윤리학을 필요로 하기 때문이다. 그러나 이 윤리학은 인간학적 토대만으로는 획득할 수 없다. 또한 겔렌은 만약 사람들이 그들 자신의 각각의 표상 세계 속에서 소멸되고자 하지 않는다면 제도를 필요로 한다는 게 아무리 옳다 할지라도, 부당한 제도들의 근거를 물을 도덕적 의무가 존재한다는 것을 파악하지 못한 것으로 보인다. 그러나 인간의 존엄을 스스로 제도에 의해 소모되도록 하는 것에서 보았고 결국 소련에 대한 공감을 지녔던 이 철학적 기수에게서는 가령 헤겔이 발전시켰던 것과 같은 규범적 제도론을 위한 어떠한 형이상학적 전제도 결여되어 있다. 그럼에도 불구하고 그의 예측 가운데 많은 것이 확증되었다. 가령 인터넷은 삶을 간접적으로 지구화했으며, 그것의 이용이 우리로 하여금 그

---

12 Antisthenēs, BC 445?~BC 365?. 그리스의 철학자, 키니코스학파의 창시자. 고르기아스에게서 변론술을 배우고, 뒤에 소크라테스의 제자로서 그의 실천적 측면을 계승한 금욕주의자가 되었다. 스토아학파에 영향을 끼친 것으로 알려져 있다.

것을 위해 높은 문화적 대가를 지불해야 한다는 사실을 간과하게끔 해서는 안 된다. 물론 근대 문화 경영에 대한 모든 비판의 문제는 그것이 듣는 자를 발견하기 위해 바로 그 문화 경영에 의지할 수밖에 없을 뿐만 아니라 역설적으로는 그것이 자신의 평범성에 진절머리를 치게 된 문화 경영의 주목을 획득하는 바로 그때 패배를 겪는다는 점이다. 그때 겔렌이나 고트프리트 벤[13] 같은 저자들의 순간이 찾아온다―그러나 그것은 짧은 순간으로 머문다.

많은 경우 사람들은 단테가 20세기에 살지 않은 것을 유감으로 생각한다. 왜냐하면 지옥의 도덕적 도감은 이 시대의 수많은 인물을 포함함으로써 좀더 심원해졌을 것이기 때문이다. 특히 우리는 그가 카를 슈미트(Carl Schmitt, 1888~1985)를 어디에 머무르게 했을지 묻지 않을 수 없다. 왜냐하면 이 장에서 다루는 세 사람의 국가사회주의 지식인 가운데 그는 의심할 여지없이 도덕적으로 가장 거부감을 주는 인물이기 때문이다. 이러한 판단을 가지고서 나는 단지 그가 1934~1936년에 그 스스로 밀려나기 전까지 발행했던 〈독일 법학자 신문〉에서의 수치스러운 논문 〈지도자는 법을 떠받친다(Der Führer schützt das Recht)〉에서 1934년의 이른바 룀-반란[14]과 관련해 살인을 정당화한 것만 얘기하는 것이 아니다. 전

---

13 Gottfried Benn, 1886~1956. 독일의 의사, 시인, 수필가. 표현주의와 니체의 영향에서 출발해 신화와 원초적 세계에서의 자아 상실과 도취를 노래했으며, 에세이 《신국가와 지식인》(1933)에서는 니힐리즘을 극복하기 위한 가능성으로서 나치즘을 찬양했으나 즉시 자신의 잘못을 깨달았다. 1948년 시집 《정학적 시편》을 발표해 명성을 얻었다. 항상 자신의 태도를 '현대적'이라고 자부했던 그는 만년에 가까워지면서 더욱더 해체와 몰락의 시대에서 확실한 것이란 예술적 형식뿐이라고 주장하며 '창조의 환희'라는 초월성을 신봉해 절대시를 추구했다.

14 Ernst Röhm, 1887~1934. 독일의 군인, 정치가. 제1차 세계대전에 종군한 후, 나치 당원으로서 청년 단체인 SA(돌격대)를 육성해 나치 정권의 수립을 도왔다. 그러나 SA가 '제

쟁 이후 후회에 대한 그의 무감각, 자신의 운명에 대한 감상(그는 뉘른베르크에서 잠재적 피고였지만 당시 로버트 켐프너[15]는 기소를 포기했다), 홀로코스트 희생자들에 대한 완전한 무관심, 아니 그의 독창적인 정치 이념이 그 윤리적 핵심과 극단적으로 모순되는 자신의 가톨릭주의에 대한 노골적인 자랑은 격분을 일으킨다. 그럼에도 불구하고 우리는 이 법학자가 지난 세기의 가장 중요한 정치사상가 중 한 명이었다는 판단을 회피하지 못한다. 아니 그에 관한 정치적 판단마저도 바이마르공화국 시기에는 물론 우파에 속했지만, 바로 겔렌이나 하이데거와 마찬가지로 1933년 5월 초에야 비로소 국가사회주의독일노동당에 입당한 까닭에 아주 어렵지 않을 수 없다. 1932년에도 여전히 그는 《합법성과 정당성(Legalität und Legitimität)》에서 당시 국법학자들의 지배적 의견에 반대해 공산주의자들뿐만 아니라 국가사회주의자들도 시도했듯이 76조에 따른 바이마르 제국 헌법의 합법적 제거를 허용할 수 없다는 식으로 논증했다. 본 기본법 79조 III항의 '영구 조항'은 이러한 본질적인 통찰을 설명해준다. 슈미트는 다수가 신칸트주의의 영향을 받았던 바이마르 시대 일군의 법학자와 법철학자 가운데 가장 뛰어난 인물이었다. 이들 가운데 사회민주당원으로서 1922년과 1923년에 제국 법무장관을 지낸 구스타프 라드브루흐(1878~1949)[16]는 존재와 당위를 엄밀하게 구별하는 가운데 1932년의

2혁명'을 꾀하고 있다는 의혹을 사자 히틀러의 명령으로 SS(친위대)에 의해 부하들과 함께 처형당했다.

15　Robert Kempner, 1899~1993. 독일 태생의 미국 법률가로서 뉘른베르크 재판 당시 검사.

16　Gustav Radbruch. 독일의 법철학자, 형법학자, 자유법 운동의 선구자 중 한 사람. 바이마르 초기인 1920~1924년 사회민주당 국회의원이 되었으며, 두 번에 걸쳐 법무장관을 맡아 형법 초안을 기안했다. 1933년 나치 정권에 의해 추방당했다가 1945년에 복직했다.

《법철학(Rechtsphilosophie)》에서 법이념에 정의와 합목적성 그리고 법적 안정성을 구성 요소로 종속시켰다. 그리고 비록 그가 개인주의적, 초개인주의적, 초인격주의적 구상이 어떻게 소유권과 혼인 같은 개별적인 법제의 대단히 상이한 구상에 새겨지는지 증명한다 할지라도, 이러한 상대주의가 개별적인 물음에서 그가 명확하게 언표하는 것을 방해하는 것은 아니다—가령 바로 자위권에 기초하지 않은 사형에 반대하는 그의 논증은 고전적이다. 그의 유명한 1946년 논문 〈합법률적 불법과 초법률적 법(Gesetzliches Unrecht und übergesetzliches Recht)〉은 "국가사회주의적 입법의 오용에 대한 모든 방어 능력을 약화시키는" 법실증주의와 관계를 끊는다. 옳지 않은 법이 존재한다. 아니 "정의의 핵심을 이루는 평등이 실정법의 정립에서 의식적으로 부인되는 곳에서" 법률은 심지어 법의 본성을 결여한다. 물론 오로지 법실증주의만을 알았던 재판관들에게는 그게 없으면 유죄가 되지 않는 법 왜곡의 의도를 증명하기 어려울 것이다. 그에 반해 신칸트주의자인 한스 켈젠(1881~1973)[17]은 순수한 법실증주의자로 머물렀다. (비록 각각의 모든 법체계의 타당성을 보증하기 위해 이념적인 근본 규범을 도입했지만 말이다.) 특히 1932년 파펜[18]의 제국 정부에

존재와 당위, 인식과 신앙의 이원론, 비판적 지성, 자유주의적 경향 등에서 칸트적 정신의 계승자이지만, 법철학에서의 가치상대주의와 법학론에서의 자유법론 그리고 형법 이론에서의 목적형론 등에서는 칸트와 다른 측면을 지닌다. 전후에는 나치 당시의 법을 '합법률적 불법(gesetzliches Unrecht)'으로 성격 짓고 가치상대주의의 수정을 시도했다.

17 Hans Kelsen. 순수 법학을 제창하고 법 단계설을 수립한 오스트리아의 법학자. 나치의 박해를 피해 탈출한 후 미국의 캘리포니아 대학 교수가 되었다. 신칸트주의의 방법 이원론이나 후설의 논리주의 흐름을 흡수하고 순수 법학을 수립해 법질서의 규범론적 구조를 명확히 하고 법 단계설을 제창했다. 《일반 국가학》(1925), 《순수 법학》(1934), 《민주주의의 본질과 가치》 등의 저서가 있다.

18 Franz von Papen, 1879~1969. 독일의 군인, 정치가. 1932년 5월 초당파 소수 내각의

의한 프로이센 지방 정부의 취소를 둘러싼 소송에서 슈미트의 가장 중요한 법학적 반대자인 헤르만 헬러(1891~1933)[19]는 그의 종합적인《국가학(Staatslehre)》(1934)에서 국법을 정치학으로 계속 발전시켜 그사이에 달성된 법과 국가의 존재론에 대한 통찰을 헤겔로부터 많은 영감을 받은 기술적 정치 이론으로 통합했다.

슈미트의 어떤 저작도 헬러 저작의 범주적 풍부함에 접근하지 못한다. 슈미트의《헌법론(Verfassungslehre)》(1928)은 국가에 대한 헌법적 접근에 제한을 받아 정치적 사회학을 약화시킨다. 그러나 교의적인 명민함과 유럽의 법률 역사에 대한 참으로 포괄적인 지식의 결합은 그 책을 계속해서 근대 헌법의 구성 원리에 대한 가장 좋은 입문 중 하나로 만든다. 특히 헌법의 법치 국가적 구성 요소와 정치적 구성 요소의 명확한 구별을 달성했다. 정치적 구성 요소에 속하는 것은 가령 자유주의 원리로부터 논리적으로 독립적이지만 물론 그것과 양립할 수 있는 민주주의에 대한 확고한 결정이다. 물론 슈미트가 가장 유명해진 것은 탁월하게 저술하고 법학자에게는 전혀 일상적이지 않은 정신사적 능력을 드러낸 두 개의 논고, 즉《정치신학(Politische Theologie)》(1922)과《정치적인 것의 개념(Der Begriff des Politischen)》(1927)에 의해서인데, 그것들은 1963년의

총리가 되었다. 나치를 회유해 국정의 권위주의적 개혁을 기도했으나 모두 실패함으로써 실각했다. 그 후 후임 총리 슐라이허의 실각과 히틀러 내각의 실현을 위해 비밀리에 활약함으로써 히틀러 정권 아래서 부총리직에 올랐으며 1936~1938년 빈 주재 대사로서 오스트리아 병합을 준비했다.

19　Hermann Heller. 독일의 법학자, 정치학자. 1930년 출간한《법치 국가냐 독재냐?》라는 책에서 사용한 '사회적 법치 국가'라는 개념으로 유명하다. 또한 바이마르공화국 시기 독일사회민주당 내의 비-마르크스주의자 진영에서 활동했다. 카를 슈미트와의 논쟁으로 유명한데, 이는 1928년 시작되어 1932년 '프로이센 대제국 논쟁'에서 정점에 이르렀다. 당시 헬러는 지방 정부 측을 대표하고 슈미트는 제국 측을 대표했다.

《파르티잔의 이론. 정치적인 것의 개념에 대한 여담(Theorie des Partisanen. Zwischenbemerkung zum Begriff des Politischen)》 또는 1970년의 《정치적인 것의 개념 II》로 계승되었다. 《정치신학》에서 중심적인 법학적 개념은 신학적 개념의 변형이라는 설득력 있는 법률사적 테제를 주장한다. 한 시기의 형이상학적 세계상은 또한 정치적 정당성 표상에도 각인된다는 것이다. 이러한 개념 중에서도 슈미트는 특히 주권 개념에 매혹당해 있다. 예외 상태에 관해 결단하는 자는 주권을 가질 것이다. 이러한 것은 예외적 상황에서 정치적 제도〔그는 1921년 자신의 연구 《독재론(Die Diktatur)》을 출간했다〕 및 결단의 이론에 대한 관심과 연결된다. 켈젠에게서처럼 추상적인 규범적 원리나 헬러에게서처럼 복잡한 사회적 과정이 아니라 거의 신학적인 존엄이, 그에 귀속되는 근거지어지지 않고 근거지을 수 없는 결단이 법의 최종적 근거다. 이는 명백히 하이데거의 결의성을 지시한다. 에른스트 윙거[20]와 변증법적 신학에서도 우리는 동일한 연간에 비슷한 것을 발견할 수 있다. 특히 레오 슈트라우스(1899~1973)[21]와의 논

---

20 Ernst Jünger, 1895~1998. 독일의 작가. 제1차 세계대전에 종군했으며, 전후에는 사회주의 그룹과 어울렸다. 니체의 유미주의와 상징주의의 영향을 전쟁 체험과 융합시켜 영웅주의적인 사상과 즉물적인 문체를 창조했다. 《철의 폭풍 속에서》(1920), 《대리석 절벽 위에서》(1939) 등 나치의 정체를 폭로하는 작품을 발표했으며, 제2차 세계대전 중에는 파리에 체재하면서 유럽의 낡은 계급 질서의 병폐와 횡행하는 폭력에 맞서 평화와 자유를 역설했다. 전후에는 그리스도교에 접근해 《평화》(1948), 《헬리오폴리스》(1949) 등의 작품을 발표했다.

21 Leo Strauss. 독일 태생의 유대계 미국 정치철학자. 미국 신보수주의의 형성에 중요한 영향을 끼쳤다. 철학은 선험적으로 정치적이라고 믿은 그의 철학적 작업은 고전 철학으로 돌아가는 것이었으며, 또한 이성과 비의(秘意) 사이의 이분법과 양자 사이의 참을 선언하기 위한 경쟁에 대한 추적이었다. 그러므로 고전 정치철학을 되살리기 위한 그의 작업은 종교와 철학 사이의 논쟁과 연관이 있다. 이에 근거한 슈트라우스의 인간 본성에 대한 재이해는 근대 정치학에 대한 매우 특징적인 비판에 기여했다. 상대주의, 역사주의, 인

쟁 이후 책으로 확대된 1927년과 1932년의 논문은 정치적인 것에 특수한 것을 친구와 적의 구별에서 이해한다. 적대 관계의 지속에 대한 단순히 기술적인 지시에는 지적인 성실성이 놓여 있다. 어떠한 권력 투쟁 이론도 적이라는 범주를 지나치지 않는 것이다. 하지만 슈미트 논고의 문제는 그가 적에 대한 설명에 특유한 도덕적 숭고함을 부여한다는 점이다. 그러나 그 설명은 평준화하는 중립화의 자유주의적 시대로부터 벗어난다. 특히 견디기 어려운 것은 정치적인 것을 전통같이 공익에 의해서가 아니라 내부와 외부를 향한 경계 설정에 의해 정의하는 것이다―그로부터 자연스럽게 나타나는 것은 보편 국가의 이념이 자기모순적이라는 점이다. 슈미트는 권력 투쟁을 실질 문제의 해결을 위한 수단이 아니라 자기 목적으로 간주하는 정치가를 정당화한다. 그에게서는 마티아스 클라우디우스[22]의 '전쟁 가요'나 전쟁의 전율에 직면한 칸트에게서 볼 수 있는 절망의 어떤 것도 감지할 수 없다. 물론 우리는 후기 슈미트와 함께 적에 대한 공공연하고도 명확한 설명이 반대자에 대한 도덕주의적 악마화보다 더 훌륭하다는 식으로 논증할 수 있다. 근세 초기의 전쟁 국제법은 파르티잔이라는 인물들에 의해 위태롭게 되는 전쟁을 관리하는 데서 하나의 진보였다. "현실적 적대 관계에 대한 부인이야말로 절대적 적대 관계의 절멸 작업을 위한 길을 자유롭게 열어놓는다." 그러나 슈미트는 정의의 전쟁론을 결코 내놓지 않았는데, 왜냐하면 그

류평등주의, 자유주의, 근대 민주주의에 대한 비판이 그것이다. 《스피노자의 종교 비판》(1965), 《자연권과 역사》(1953), 《마키아벨리》(1958), 《정치철학이란 무엇인가?》(1959), 《서양 정치철학사》(1987) 등의 저서가 있다.

22 Matthias Claudius, 1740~1815. 독일의 서정시인. 건전한 그리스도교적 정서와 자연스러운 유머 등이 시의 특징이다. 〈자장가〉와 〈죽음과 소녀〉는 슈베르트의 작곡으로도 유명하다.

는 법·권리를 전쟁을 위한 게 아니라 전쟁 안의 것으로만 국한했기 때문이다. 그리고 국가의 절대적 주권과 예외 상태, 독재와 전쟁에 대한 그의 매혹은 단지 독일이 전체주의와 제2차 세계대전으로 비틀거리며 치달아가는 것에 날개를 달아준 것만이 아니다. 2001년 9월 11일 이후 슈미트의 이념은 고전적 자유주의의 모국인 미국에서도 "영감을 불어넣으며" 작용해왔다.

14

서유럽의 규범성에 대한 연방공화국의 적응: 가다머와 두 개의 프랑크푸르트학파 그리고 한스 요나스

국가사회주의의 가장 끔찍한 결과는 대량 학살과 세계대전의 희생자들이었다. 이러한 역사의 틀 내에서이긴 하지만 물론 국가사회주의자들은 다른 많은 것과 더불어 독일 문화의 특수한 지위도 파괴했으며, 그것도 최소한 세 가지 차원에서 그리했다는 것이 두드러진다. 첫째, 비판적 유대계 지식인들을 추방하고 살해함으로써 독일은 지적인 사혈을 체험했다. 독일은 오늘날까지도 이로부터 회복하지 못했다. 그 까닭은 그들이 앵글로색슨 나라로 도피함으로써 그 나라들의 학문적 발전을, 특히 미국의 발전을 엄청나게 촉진했고, 그 나라들의 대학을 전 세계적으로 가장 좋은 대학으로 성장시켰으며, 그 대학들의 자석과도 같은 매력적인 영향 작용이 계속해서 가장 훌륭한 두뇌를 독일로부터 끌어내고 있기 때문이기도 하다. 둘째, 독일의 점령 정책은 독일어를 종종 학문적 공용어(lingua franca)로 사용하던 스칸디나비아 나라들, 중부 유럽 그리고 베네룩스 3국이 결정적으로 영어로 향하게끔 하는 결과를 낳았다. 셋째, 연방공화국에서 놀라울 정도로 빠르게 이루어진 법치 국가 회복 이후에도 사건의 여파가 너무나도 커서 특수하게 독일적인 철학적 도정을 계속해나가는 것이 더 이상 가능하지 않았다. 첫 번째 프랑크푸르트학파로부터 두 번째 프랑크푸르트학파로의 이행에는 철학적으로 상당히 정확하게 독일이 아데나워[1] 밑에서 마침내 그리고 아마도 돌이킬 수 없게 받아들인 서구와의 결합이 상응한다. 비록 연방공화국의 철학이 칸트 이후 독일 철학이 차지했던 지적인 수준을 결코 다시 달성할 수 없었다 할지라도, 연방공화국의 철학은 계속해서 선택적으로 국제적인 주목을 끌었다―이 점은 독일민주공화국(Deutsche Demokratische Republik, 동독)의 철학과는 다른 점인데, 여기에 대해서는 《마르크스-레닌주의 철학 사전》이 '정신'이라는 표제어를 싣지 않았다는 것을 언급하는 것으로 충분할 것이다. 아울러 이 책에 결여되어 있는 것은 단지 단어뿐만이 아니었다. 이하에서 나는 다만 국제적으로 널리 주목받은 사상가들에 대해 언급할 수 있을 뿐이다. 비록 내가 거의 알려져 있지 않은 독일연방공화국의 몇몇 사상가들이 실제적으로는 그에 못지않게 중요하다는 것을 인식하고 있을지라도 말이다. 그러나 그들의 성취를 밝혀내는 것은 이 입문의 과제일 수 없다.

1950년대는 하이데거와 그의 후계자들에 의해 뚜렷하게 각인되었다. 그때는 존재사에 관해 읊조리는 것이 국가사회주의에서의 좀더 복잡한 정치적 원인이나 심지어 개인적 책임에 대한 탐구로부터 화제를 돌리는 데 유리했다. 물론 이전의 나치를 통합하지 않고서는 연방공화국의

---

1   Konrad Adenauer, 1876~1967. 독일의 정치가. 제2차 세계대전 후 독일연방공화국(서독)의 초대 총리를 지냈다.

재건에 성공할 수 없다는 것은 분명 올바르다. 그러나 이는 심지어 대부분의 살인자들이 처벌도 받지 않은 채 나다니는 게 독일인에게 명예가 된다는 것을 의미하지 않는다―칸트는 그것을 나라에 대해 살인죄를 범하는 것으로 보았을 것이다. 순수하게 철학적으로 보아 하이데거주의가 낳은 부담 중 하나는 철학의 핵심 분과인 인식론과 윤리학을 오랫동안 경시했다는 점이다. 1970년대에 이르러서야 실천철학의 복권이 이루어졌다. 신칸트주의 및 후설의 현상학 전통은 광범위하게 파괴되었고, 가장 재능 있는 하이데거의 제자들도 망명한 상태였으며, 논리실증주의는 외국에서 계속 전개되었다. 사람들이 몰두한 것은 철학사학이었는데, 그것은 고유한 야심을 지니기는 하지만 대부분 체계적 야심을 억제한 것이었다―가령 요아힘 리터(1903~1974)[2]의 경우가 그러한데, 뮌스터에 있는 그의 자유주의적-보수주의적 제자 집단은 특히 법학에서 영향력이 있었다. 유별난 것은 새로운 철학적 돌파가 해석학과 미학이라는 오랜 독일적인 철학적 분과에서, 그것도 하이데거의 제자들 가운데 한 명에 의해서 이루어졌다는 점이다. 그는 특히 자신의 포괄적인 플라톤 연구와 중상류층적인 세계 경험 덕분에 일찍부터 하이데거의 너무도 숙명적인 측면에 대해 내적인 유보를 구축했고, 국가사회주의 시기에는 물론 영웅적으로는 아니지만 적절한 태도를 취했다. 한스-게오르크 가다머(Hans-Georg Gadamer, 1900~2002)는 1960년 《진리와 방법. 철학적 해석학의 개요(Wahrheit und Methode. Grundzüge einer philosophischen Hermeneutik)》라는, 전후 시대의 가장 영향력 있는 저서들 가운데 하나를

---

2   Joachim Ritter, 독일의 철학자이자 그의 이름을 따 명명한 리터학파의 창설자. 《헤겔과 프랑스 혁명》(1957), 《형이상학과 정치학. 아리스토텔레스와 헤겔에 대한 연구》(1969/2003) 등의 저서가 있다.

내놓았다. 예술 작품의 존재론에 대한 분석의 섬세함 및 정신과학의 역사에 대한 포괄적 재구성은 이 저작에 고전의 지위를 보장한다. 그럼에도 불구하고 인정해야만 하는 것은 이 책이 딜타이 이래로 촉구된 역사학적 이성에 대한 비판이라는 과제에 부응하지 못했다는 점이다―오히려 이 책은 정신과학에서의 혼란을 상당히 증대시켰는데, 왜냐하면 올바른 이해를 잘못된 이해로부터 어떻게 구별할 수 있는가 하는 문제 설정, 즉 정신과학의 학문성이 단연코 그에 달려 있는 문제 설정과 결정적으로 작별하기 때문이다. 가다머는 하이데거로부터 초월론적 타당성 반성에 대한 혐오를 물려받으며, 하이데거와 함께 역사 속에서 최종적 대답을 추구한다. 어쨌든 그의 '영향작용사' 구상은 존재사 구상보다는 더 경험적 통제에 다가갈 수 있다. (그것은 특히 문예학적 수용 연구를 촉진했다.) 그러나 영향작용사의 이념에 대해서도 우리는 다만 하나의 해석의 사실적 자기-관철이 그것의 타당성을 증명하는 것은 아니라고 말할 수 있을 뿐이다.

가다머가 자신의 해석학을 《진리와 방법》 제1부에서 "예술 경험에서의 진리 물음의 개현"으로 시작하는 것은 한편으론 이 책이 칸트의 주관화에 맞서 예술 작품 미학을 강력히 지지하는 일등급의 미학적 분석을 포함하는 것으로 나아갔다. 특히 그의 유희와 상(Bild)의 존재론은 웅대하다. 다른 한편으론 예술 작품이 이해의 가장 복잡한 형식으로 이끈다는 것에는 예술 작품에 전력투구할 위험이 놓여 있다. 그것은 특히 예술 작품이 저자의 의도에 맞서 전적으로 특수한 고유한 권리와 모호성을 지니기 때문이다. 이 점이 모든 형식의 이해에 타당한 것은 아니며, 따라서 좀더 단순한 경우에서 시작하라는 것은 현명한 준칙이다. 그 대신 가다머는 이 책의 중심적인 제2부에서 앞서 해명한 것을 정신과학으로 확대한다. 그의 본래적인 관심은 해석학이 딜타이와 함께 완전히 뒤얽힌 역사학주의의 난문들로부터 벗어나는 것이다. 역사학주의의 역사적 발생을 모사함으로써 가다머는 이 역사학주의 자체를 상대화하고자 한다. 하지만 발생과 타당성은 양자를 지속적으로 혼동하는 저 운동의 경우에도 항상 구별되어야 한다. 그러나 가다머의 지속적인 성취는 단지 해석해야 할 것에 관해 배우고자 할 뿐인 역사학주의적 관점에 대해, 이해란 오직 우리가 해석해야 할 것으로부터 배울 때에만, 즉 우리가 그 속에 원리적으로 진리를 발건할 수 있으며 해석해야 할 것에서 아마도 대답이 준비되어 있는 사태 물음을 제기하는 것에서 출발할 때에만 이해가 가능하다는 테제를 가지고 도전했다는 것이다. "왜냐하면 텍스트의 의미를 이해하는 현실적인 해석학적 경험에 비해 저자가 실제로 의도했던 것의 재구성이란 축소된 과제라고 하는 것은 확실히 올바르기 때문이다. 그러한 축소에서 학문성의 덕을 보는 것은 …… 역사학주의의 오도이다."

이러한 관점 변화의 긍정적 결과 중 하나는 가다머에 따르면 가령 철학사학이 단순히 고전들에 관해 보고하는 것이 아니라 그것들의 논증으로부터 배우고자 하는 바람을 지니고 그것들을 읽는다는 것이다. 여러분이 지금 읽고 있는 이 작은 책도 가다머가 없었다면 생각할 수 없었을 것이다. 그에 못지않게 결실 있는 것은 참된 대화를 교육적이고 치료적인 대화와 같은 결함 있는 것으로부터 구별해주는 것에 대한 그의 성찰이다. 하지만 개탄하지 않을 수 없는 것은 가다머가 동시에 독일 정신과학에 19세기 이래로 세계적 타당성을 마련해준 역사학적 이해의 의도구의적 표준을 포기했다는 짐이다. 하나의 사상의 의도히지 않은 결과를 살피는 것은 전적으로 정당하며 철학적으로 종종 그 결실이 풍부하다—그러나 우리는 어떤 지점에서 저자의 의도(mens auctoris)를 넘어서는지에 관해 해명해야만 한다. 이를 위해 우리에겐 방법이 필요하다. 그러나 가다머의 책 제목에서 '와(und)'는 '대신에(statt)'를 의미한다. 진리는 방법 없이 생기해야 한다는 것이다. 그리하여 그는 하이데거를 따르며, 하이데거에 대해 자신이 역사학주의를 현상학적으로 극복했다고 생각한다. 아니, 지난 몇십 년간의 정신과학에 대한 해체주의적 파괴 전체는 **"우리는 일반적으로 이해할 때 다르게 이해한다"**는 가다머에 의해 고무되어왔다. 이탈리아의 중요한 민법학자이자 법사학자인 에밀리오 베티(1890~1968)[3]의 《정신과학의 보편적 방법론으로서 해석학(Die Hermeneutik als allgemeine Methodik der Geisteswissenschaften)》(1962)에서의 항의는 단연코 정당했다—법사학적 접근은 교조주의적인 법학자의 그것과 종적으로 구별되는데, 가다머에 따르면 비록 모든 이해가 이해된 것의 '적용'을 나타내는 까닭에 그것이 양자를 균등화하지만 말이다. 어쨌든 우리는 가다머의 유명한 "완전성의 선취"를 도널드 데이비드슨[4]의 "자비의 원리", 즉 초월론적 근거에서 해석해야 하는 것에 가능한 한 많은 진리와 일관성을 부여하는 호의적인 해석의 원리와 비교할 수 있다. 또한 가다머가 선입견을 이해의 조건으로서 옹호하는 것도 잘못이 아니다—모든 이해는 또한 반성되지 않은 원리로부터 출발한다. 아울러 그가 권위와 전통을 복권시키는 것도 그 자체로 이미 이성에 적대적인 것은 아닌데,

---

3 Emilio Betti. 가다머와의 철학 논쟁으로 유명한 인물. 1960년대 초반 가다머와 베티의 논쟁은 타당한 이해와 그릇된 이해의 구분 기준에 관한 철학계의 기념비적 논쟁이었다.

4 Donald Davidson, 1917~2003. 20세기 후반의 분석철학을 주도한 미국의 대표적 철학자. 심리철학과 언어철학 분야에서 독보적 위치에 오른 데이비드슨은 대표작 《행위와 사건》에서 행위는 이유를 통해 설명할 수 있으며, 이유가 원인이 되어 행위가 일어난다고 주장했다.

왜냐하면 그에게 전통으로 여겨지는 것은 "관례적인 것의 옹호가 아니라 윤리적-사회적 삶의 계속적인 형성"이기 때문이다.

이 저작의 제3부와 마지막 부는 가상적으로 후기 하이데거가 일으키는 물보라 속에서—물론 하이데거에 반대해 고대적인 테오리아를 옹호한다—해석학의 보편성을 증명해야 할 언어의 철학을 제시하는데, 왜냐하면 **"이해해야 할 존재는 언어이기"** 때문이다. 이 테제는 그다지 적절한 것이지는 않다. 왜냐하면 첫째, 조각 같은 비-언어적인 것도 (좀더 좁은 의미에서) 이해할 수 있기 때문이다. 그리고 둘째, 물론 아마도 모든 것은 언어적으로 표현할 수 있겠지만, 그렇다고 해서 그것이 이미 언어가 되는 것은 아니다. 물리학자는 언어를 이용하지만, 언어학자와 달리 그것을 다루지 않는다. 그럼에도 불구하고 이 부분은 단지 수많은 언어인간학적 통찰과 (결코 개별 언어와 동일화되지 않는) 언어의 더 이상 그 뒤로 물러설 수 없는 성격에 대한 옹호 그리고 언어에서 이루어지는 개념 형성에 대한 분석 때문에만 여전히 읽을 만한 가치가 있는 것은 아니다. 가다머는 그 부분에서 제일철학, 즉 헤겔과 후설의 의미에서 논리학의 등가물을 얻기 위해 노력하며, 아니 그리스도교적인 로고스 신학을 상기시키는 것들이 기나긴 개념사적인 탐구에서 일정한 역할을 수행하고 있다. 이렇듯 형이상학적 전통 속으로 더듬어 들어감으로써 가다머는 자신의 스승을 훨씬 더 넘어선다. 비록 헤겔의 반성철학에 대한 그의 논박이 그에게서 설득력 있는 제일철학을 다시 창설할 수 있는 모든 논증적 수단을 박탈하지만 말이다.

두 번의 세계대전과 전체주의의 전율이 네 사람의 독일계 유대인으로 하여금 18세기에 성립한 진보로 정향된 역사철학과 철저히 단절되도록 고취한 것은 놀라운 일일 수 없다. 발터 벤야민(Walter Benjamin, 1892~

1940)의 〈역사의 개념에 대하여(Über den Begriff der Geschichte)〉(1940)라는 테제들, 즉 도피하던 중 자살하기 직전에 쓴 테제들은 메시아적 희망을 끊임없는 진보에 대한 마르크스주의적 믿음의 거부와 결합하는데, 왜냐하면 이 믿음은 역사의 희생자를 망각하기 때문이다. "우리가 체험하는 것들이 20세기에도 '여전히' 가능하다는 놀라움은 철학적인 것이 아니다. 그것은 인식의 시원에 놓여 있지 않다. 그 놀라움이 비롯되는 역사의 표상을 견지할 수 없다는 인식을 제외하면 말이다." 언어적으로 강력하고 실존적으로 동요시키는 이 텍스트와 비교하면 카를 뢰비트(1897~1973)의 《역사에서의 의미(Meaning in History)》[1949. 독일어판은 《세계사와 구속 사건(Weltgeschichte und Heilsgeschehen)》]는 학구적으로 점잔을 빼고 있지만 본질적으로 유사한데, 왜냐하면 미혹에서 깨어난 역사철학의 역사학을 제공하기 때문이다. 이 역사학은 형식과 내용을 천재적으로 일치시키는 가운데 연대적으로 거슬러 올라가 야코프 부르크하르트(1818~1897)[5]의 회의주의적인 《세계사적 성찰(Weltgeschichtlichen Betrachtungen)》(1905)로부터 성서의 역사신학으로 나아간다. 뢰비트는 성서의 역사신학이 내세계적인 시간 도식들로 옮겨진 것에서 진보 신앙의 원천을 본다. (뢰비트는 1952년 독일로 돌아왔으므로—가다머가 그를 하이델베르크로 데려왔다—그의 저작은 비록 미국에 망명한 동안에는 영어로 저술했을지라도 독일 철학에 속한다.)

이 그룹의 가장 중요한 저작은 확실히 막스 호르크하이머(Max Horkheimer, 1895~1973)와 테오도르 아도르노(Theodor Adorno, 1903~1969)의 《계몽의 변

---

5   Jacob Burckhardt. 스위스의 역사가, 예술사와 문화사의 최초 연구자들 가운데 한 사람. 그의 《이탈리아의 르네상스 문화》(1860)는 문화사 연구 방법의 귀감이 되었으며, 이후 '르네상스'란 말이 역사상 일반 용어로 쓰이게 되었다.

증법(Dialektik der Aufklärung)》(1947)이다. 호르크하이머는 1931년 이래로 1923년 설립된 프랑크푸르트 대학의 사회연구소를 이끌었다. 연구소는 국가사회주의 시기 동안 처음에는 제네바로, 그다음에는 뉴욕으로 옮겨졌으며, 1951년 프랑크푸르트로 되돌아왔다. 호르크하이머가 자신의 취임 강의 〈현대 사회철학의 상태와 사회연구소의 과제들〉에서 여전히 마르크스주의에 의해 고무되고 헤겔처럼 역사의 부정과 화해하는 대신 경험과학과의 상호 분과적 협력 속에서 구체적인 고통의 제거에 전념해야 할 사회철학을 요구했던 데 반해 "부르주아 문명의 현대적 붕괴 속에서" 집필한 첫 번째 프랑크푸르트학파의 중심 저작은 극도로 페시미즘적이다. 이것과 동시에(1947) 출판한 호르크하이머의 《이성의 상실(Eclipse of Reason)》〔독일어판은 《도구적 이성 비판(Zur Kritik der instrumentellen Vernunft)》〕, 즉 우울하게도 객관적 이성에 대한 돌이킬 수 없게 상실된 믿음을 플라톤으로부터 헤겔까지 대조하는 저작과 비슷하게 《계몽의 변증법》은 축소된 이성 개념의 개선 행렬을 묘사하는데, 그에 따르면 이성은 본질적으로 자기 보존에 봉사하지만 외적 자연을 정복하는 과정에서 또한 내적 자연도 훼손한다. 그리하여 현대의 결정적인 측면을 적절하게 파악하고 있지만, 그 진단은 세 가지 문제를 보여준다. 첫째, 호르크하이머와 아도르노는 퇴락 과정이 플라톤과 함께 시작된다고 본 하이데거보다 더 급진적으로 인류의 타락을 오디세이아에 대한 재치 있는 해석에 힘입어 서구 문화의 시작으로 옮겨놓는다. 아니, 이미 신화가 계몽의 산물이었어야 하는데, 이는 계몽이 신화로 전화되는 것을 조장한다. "계몽은 철저해진 신화적 두려움이다." 그리하여 산업 시대의 특수성이 똑바로 파악되지 않으며, 산업 시대가 아주 일찍이 시작되는 발전의 논리적 종점으로서 나타난다는 것은 그 비판을 더 유망한 것으로 만들지 않는다. 둘째, 그와 비슷하게 말할 수 있는 것이지만, 대중 기만으로서 문화 산업에 대한 귀족주의적 문화 이해에 근거한 뛰어난 분석이 이 책의 맥락을 교란하고 있는데, 왜냐하면 문화 산업의 천박성은 나치의 근본적인 악과는 전혀 다른 질서에 속하기 때문이다. 눈에 띄는 것은 두 저자가 외롭게 견뎌낼 수 있었던 미국에 대한 깊게 자리 잡고 있는 그들의 반감이다. 경험주의적으로 얻은 미국의 사회학이나 심지어 경제학과 다리를 놓을 수 없는 그들의 무능력은 그들에게 독일의 문화적 환경에서의 자신의 뿌리를 명확히 해주었으며, 전쟁 이후 그들의 신속한 귀환을 설명해준다. 셋째, 그들의 비판에는 어떠한 명확한 규범적 기초도 결여되어 있는데, 왜냐하면 칸트의 윤리학을 인간의 자기 억압의 형식으로서 거부하고 드 사드[6]에 얼마간 가까운 것으로 치부하기 때문이다. 아니, 심지어 자기모순마저도 받아들이는데, 왜냐하면 자기모순은 사회의 객관적 모순에 대답하기 때문이다. 부정적 역사철학은 결국 마르크스주의에 특유한 미래주의적 정당화 형식을 파괴한다. 논란의 여지없는 도덕적 감수성과 윤리학적-논리적 근거짓기 진공 상태의 이러한 혼합은 1968년에 독일을 (바로 이 나라가 자신의 끔찍한 과거 앞에 서야만 했던 까닭에) 다른 서구 국가들보다 더 격렬하게 사로잡은 표현적 혁명의 근저에 놓여 있다─종교 개혁, 질풍노도, 낭만주의 그리고 고전

---

6   Donatien Alphonse François de Sade, 1740~1814. 프랑스의 소설가. 《쥐스틴, 또는 미덕의 불행》(1791), 《쥘리에트 이야기, 또는 악덕의 번영》(1797)을 비롯해 철학 소설의 일종인 서간체 작품 《알린과 발쿠르》(1795), 신랄한 대화체 작품 《규방철학》(1795) 등이 있다. 도착 성욕을 묘사한 그의 작품은 외설과 부도덕이라는 이유로 오랫동안 묵살당했지만, 19세기 말엽부터 문학적 가치를 인정받았다. 특히 독일의 의학자 그리고 20세기의 초현실주의 문학자와 실존주의자에 의해 높은 평가를 받았다. 사디즘이란 말은 그의 이름에서 유래했다.

적 근대의 위기 이후 그러한 종류의 다섯 번째 혁명은 어쨌든 문화적으로는 앞서 언급한 선구자들보다 훨씬 덜 생산적이었다. 아마도 이에 대한 원인 중 하나는 예를 들어 비판 이론의 또 다른 저작, 즉 마르쿠제가 1955년 출간한《에로스와 문명(Eros and civilization)》〔독일어판은《에로스와 문화(Eros und kultur)》또는《충동 구조와 사회(Triebstruktur und Gesellschaft)》〕에서 볼 수 있는 폭넓은 실재성 상실일 것이다. 이 저작은 프로이트에 반대해 포괄적인, 특히 성적인 욕구 충족을 희망하지만 이를 위해 필요한 개인적이고 사회적인 통제에서의 대가를 지불하려 하지 않는다.

미학자로서 아도르노는 오늘날에도 여전히 탁월하다. 특히 작곡가이기도 한 그는 근대 음악의 본질로 깊이 침투했다─토마스 만이《파우스트 박사》를 쓸 때 그가 헛된 조언자였던 것은 아니다. 그러나《새로운 음악의 철학(Philosophie der neuen Musik)》(1947)에서 그가 스트라빈스키에 비해 쇤베르크를 총애한 것은 엘리트적인데, 그것도 과거의 가장 위대한 예술가들이 그렇지는 않았던 의미에서 엘리트적인데, 왜냐하면 그들은 보편적인 수용을 포기할 수 없다는 것을 알았기 때문이다. 그에 반해 십이음 음악의 경우에는 그것을 창조한 사람의 모든 천재성에도 불구하고 그것이 막다른 골목이 아닌가 하는 물음이 제기된다. 왜냐하면 그것은 진지한 음악과 광범위한 대중의 다시 시정되지 않는 소외로 나아갔고, 그 결과는 불가피하게 경음악의 점점 증대하는 통속화일 수밖에 없기 때문이다. 사후 출간한 미완성의《미학 이론(Ästhetische Theorie)》(1970)은 아도르노의 가장 좋은 책이다. 왜냐하면 작위적이지만 지극히 인상적인 산문 속에서 바로 그것이 옹호하는 예술 개념을 예시하기 때문이다─요컨대 위대한 예술은 조화가 아니라 불협화음을 표현한다는 것이다. "분열은 통합적 예술의 진리다." 이런 점에서 아도르노는 헤겔과 근본적으로 모순된다. 그러나 헤겔은 아도르노가 생산과 수용에 대한 예술 작품의 우선성을 견지하는 한에서 모범으로 남아 있다. 그와 동시에 아도르노는 예술 작품의 이중 본성을 가르친다―한편으로는 자율적이며, 다른 한편으로는 사회적 세계의 부분이라는 것이다. 헤겔과 달리 아도르노는 예술의 체계화나 예술 발전의 역사철학을 제공하지 않는다. 그는 계속해서 근대주의에 고정되어 있다. 그러나 이 근대주의를 개념화하며, 그것도 그것에 동시에 모방적으로 적응함으로써 그린다.《기술 복제 시대의 예술 작품(Das Kunstwerk im Zeitalter seiner technischen Reproduzierbarkeit)》(1936)에서 영화나 사진 같은 새로운 대중 매체에 대해 많은 희망을 걸고 파시즘에서의 정치의 미학화에 대해 미학의 정치화로써 대답하고자 했던 벤야민과 달리 아도르노는 새로운 발전에 대해 회의적이며 예술의 정치적 도구화를 거부한다. 자신의 이론적 주저로 구상한 1966년의 《부정 변증법(Negative Dialektik)》은 그것이 제기하는 물음에 조금도 부응하지 못한다. 왜냐하면 이 저작은 헤겔과 직접적으로 대립하는 비-동일적인 것이라는 구호의 이름으로 현실의 개념적 범주화와 더 나아가 현실과의 화해에 대한 어떤 가능성도 부정하기 때문이다―아도르노는 그러한 가능성을 그로테스크한 방식으로 친위대가 희생자들의 부르짖음을 그 속에 묻어버렸던 반주 음악과 비교한다. 보편적 은폐 연관(명백히 하이데거의 존재 망각에 대한 기능적 등가물)에 대한 지시는 자신의 모순과 더불어 살아가도록 도와준다. 왜냐하면 아도르노 자신도 불가피하게 개념을 사용하기 때문이다. 비록 그것이 세계의 문제 가운데 어떠한 것도 해결하지 못할 뿐만 아니라 더 나아가서는 그 문제를 완화하기 위해 노력하는 사람들을 경멸적으로 처다본다 할지라도, 20세기의 잔혹함에서 겪는 아도르노의 고통은 참이다. 이런 점은 그의 책을 가치 있는 동시에 더 위험한 것으로 만든다. 자신의 사유 경력 초기에 이러한 철학적 표현 무용에 사로잡힌 사람은 언제고 다시 문제를 명확하게 분석하는 걸 배우기 어려울 것이다. (가령 아도르노가 난문적 방식으로 그 주위를 돌고 있는 자유 문제를 분석하기 어려울 것이다.)

첫 번째 비판 이론은 그릇된 길로 빠져들었는데, 왜냐하면 그것은 규범적 기초를 소유하지 못했기 때문이다. 이러한 규범적 기초를 제공하는 것이 위르겐 하버마스의 주요 관심사였다. 여기서 결정적이었던 것은 그의 프랑크푸르트 동료이자 함께 담론 윤리학을 다듬은 카를-오토 아펠(Karl-Otto Apel, 1922~)과의 공동 작업이다—두 번째 프랑크푸르트학파도 한 쌍의 친구가 대표하는 셈이다. 아펠은 단지 소수의 철학적 단일 연구서들을 썼을 뿐이다. (그중 하나는 설명하는 자연과학과 이해하는 정신과학의 경계 설정에 대한 것이다.) 오히려 그는 대부분의 분석철학자처럼 많은 논문을 작성했으며, 그중 몇몇은 고전적 논문이다. 〔최초이자 가장 중요한 논문 모음집은 1973년의 《철학의 변형(Transformation der Philosophie)》이다.〕 그의 구성적 이념보다 좀더 인상적인 것은 동시대의 철학에 대한 비판자로서 그의 성취다. 그것은 수행적 비일관성, 다시 말하면 하이데거와 비트겐슈타인의 철학을 마찬가지로 특징짓던 것으로 바로 사람들이 말하는 것과 그러한 말함에서 전제하는 것 사이의 모순에 대한 아펠의 비상한 감각으로 소급된다. 대가다운 논문 〈의사소통 공동체의 선험적인 것과 윤리학의 기초(Das Apriori der Kommunikationsgemeinschaft und die Grundlagen der Ethik)〉(1972a)에서 결정적인 것은 현대 철학의 정반대로 대립하는 두 주요 흐름, 즉 과학주의적 논리실증주의와 실존철학이 실제로는 상호 보완적이라는 아펠의 인식이다. 왜냐하면 이러한 흐름은 둘 다 이성 개념을 기술적-자연과학적 이성으로 축소하고 가치에 오직 주관적 지위만을 인정하기 때문이다. (이런 점은 서유럽 마르크스주의의 견지할 수 없는 통합 체계와 구별된다.) 윤리학은 만약 우리가 그것을 초월론적으로 근거짓는다면, 다시 말하면 윤리학이 논리학과 논증의 전제라는 것을 보여준다면, 다시 합리적인 것으로서 파악할 수 있을 것이다. 그러나 이러한 것은 최종 근거짓기(Letztbegründung)일 터인데, 최종 근거짓기는 임의의 전제들에 의존하는 근거짓기와 달리 더 이상 그 배후를 물을 수 없다. 아펠에 따르면 우리가 논증을 언어 행위에서 이뤄지는 상호 주관적인 과정으로 파악할 때 윤리학적 근본 규범이 생겨난다. 그리하여 논증은 실재적 의사소통 공동체뿐만 아니라 이상적 의사소통 공동체도 전제하며, 그 점은 두 가지 근본 의무, 즉 인류의 생존을 확보해야 할 의무와 그 속에서 이상적 의사소통 공동체를 성립시켜야 할 의무를 산출한다. 여기서 두 의사소통 공동체 사이의 긴장 관계가 인간의 역사를 구성하는데, 후기 연구를 통해 아펠은 인간의 역사에서 장 피아제[7]가 발견한 개체 발생적인 발전 논리와 유사한 도덕적 의식의 계통 발생이 실현된다고 본다. 최종 근거짓기의 요구는 많은 분격을 불러일으켰다. (하버마스도 그것을 거부했다.) 하지만 아펠의 방법론적으로 가장 중요한 논문, 즉 1976년의 〈초월론적 언어 화용론에 비추어본 철학적 최종 근거짓기 문제(Das Problem der philosophischen Letztbegründung im Lichte einer transzendentalen Sprachpragmatik)〉는 철학의 이러한 결정적인 물음, 즉 그에 대한 적극적인 대답이 없다면 (최소한 우리가 비매개적 직관에 만족하고자 하지 않는 한) 상

---

7   Jean Piaget, 1896~1980. 스위스의 심리학자. 어린이의 정신 발달, 특히 논리적 사고 발달에 관한 연구를 통해 인식론의 제반 문제를 추구했다. 아울러 정신병 환자의 임상 진단 방법을 응용해 어린이와 대화를 나누면서 어린이의 사고 과정의 하부구조를 밝혔다. 《아동의 언어와 사고》, 《발생적 인식론 서설》 등의 저서가 있다.

대주의에 대한 대안이 거의 존재할 수 없는 물음을 가장 분명하게 해명해주는 텍스트 가운데 하나로 남아 있다. 아펠은 최종 근거지어진 명제들을 이미 전제하지 않고서는 전혀 증명할 수 없다는 것을 인정한다. 그러나 그것은 이 명제들의 부정도 그것들을 전제하는 까닭에 악순환과는 구별된다. 진리를 부인하는 자는 불가피하게 진리 요구를 제기하는데 반해 유클리드의 평행선 공준을 논박하는 자는 그것을 전제하지 않는다.

칸트의 초월론 철학을 상호 주관성 이론적으로 변형하고자 하는 아펠의 프로그램—이는 미국의 찰스 샌더스 퍼스[8]의 실용주의에서 영향을 받은 것이다—은 물론 언제나 거듭해서 새롭게 다듬은 모습으로 제시되었다. 체계적인 조탁이 결여되어 있는 것이다. 이 점은 담론 윤리학이 합의를 얻기 위해 노력해야 한다는 명령으로 환원된다는 점과 연관이 있다. 그것은 담론의 구체적 결과를 선취하지 않는다. 한편으로 이웃 간의 갈등이나 가정 내 갈등을 당사자 자신에게 맡기는 것은 확실히 올바르다. 그러나 다른 한편으로 도덕적 갈등을 오로지 우리가 서로 함께 이야기를 나눔으로써만 해결할 수 있다는 견해는 망상적이다. 가령 최대 다수의 최대 행복의 원리나 예를 들면 분배 문제의 성과 원리 같은 실질적 원리 없이 어떻게 합의를 달성할 수 있는지 통찰할 수 없는 것이다. 담론 윤리학자들이 그러한 종류의 원리도 대화 속에서 확증해야만

---

8 Charles Sanders Peirce, 1839~1914. 미국의 철학자, 실용주의자, 현대 분석철학 및 기호논리학의 선구자 중 한 사람. 퍼스의 실용주의 철학에 따르면, 우리가 신념을 확정하는 방법에는 고집의 방법, 권위의 방법, 선험적 방법, 과학적 방법의 네 가지가 있다. 이 가운데 퍼스가 올바른 것으로 주장하는 과학적 방법을 통해 얻어지는 신념은 연구자들 사이에 공개되어 최종적으로 모두의 의견 일치를 보았을 때에만 진리로서 승인을 받는다.

한다고 하는 것은 부당하지 않다―이런 점은 그에 못지않게 학문적 이념에 대해서도 타당하다. 그러나 단지 수학자-회의를 조직할 뿐인 사람이 어떠한 수학적 업적도 성취하지 못하는 것처럼 또한 그 원리를 가지고서는 여전히 (합의가 대부분 폭력보다 더 좋다는, 올바르지만 독창적이지는 않은 원리 이외에) 아무런 구체적인 윤리학적 인식도 획득하지 못한다. 물론 담론 윤리학은 기꺼이 칸트의 보편주의적 형식주의에 호소한다. 그러나 그것은 부당하다. 왜냐하면 칸트의 형식주의는 절차주의적이지 않으며, (아마도 은밀한 횡령에 의해서겠지만) 정언명법을 자연법과 덕의 체계로 전개했기 때문이다. 담론 윤리학에는 그에 근접하는 어떠한 등가물도 존재하지 않는다. 따라서 담론 윤리학은 자기의 본래적 관심사에 반해 자신의 도덕적 결정을 실제적 기준에서가 아니라 아마도 다수가 어떻게 결정할 것인지에 관한 가정에서 얻어내고, 바로 합의가 최종적인 진리 기준인 까닭에 그러한 것을 더 이상 기회주의로 전혀 느끼지 않는 유형의 사람들을 장려한다. 우리는 마땅히 그러한 사람들이 지배하는 민주주의가 과연 다음 몇십 년간의 엄청나게 실제적인 도전을 극복할 수 있을지 의심해야 할 것이다. 의식사적으로 담론 윤리학은 기껏해야 객관적 가치 질서의 사상을 자신의 자유 열정에 대한 모욕으로서 이해하는 동시에 국가사회주의의 경험 이후 윤리적 허무주의에 대한 두려움을 지니는 시대에 적합할 뿐이다. 사람들은 계속해서 말하기 위해 합리적 윤리학의 가능성을 믿고자 한다. 그러나 그 윤리학은 그들에게 엄격한 구속력을 지닌 채 다가가서는 안 된다. 무제약자에 대한 관계를 지니지 않는 윤리학이 칸트의 자율의 윤리학과 더 일찍이 종교에 의해 방출되었던 저 도덕적 자원을 언젠가 동원할 수 있을 것 같지는 않다.

실재적 의사소통 공동체에 대한 지시는 전후의 독일이 긴급하게 필요로 했던 민주주의의 정당화로 이어진다. 바로 그런 점에 칸트를 넘어서는 중요한 진보가 놓여 있다. 정치적으로 올바른 것을 공적인 담론에서 밝혀내야만 하는 것이다. 민주주의적 합의 형성에 대한 결합과 더불어 정당성의 새로운 구상은 법실증주의도 어느 정도 넘어선다. 그러나 다수결 결정의 남용에 반대하는 임시방편, 즉 이상적 의사소통 공동체에 대한 호소에 놓여 있어야 하는 그것은 그에 따라 결정되는 기준들이 알려져 있지 않은 한 공허하다. 그러나 이 기준들이 존재한다면, 개인도 타인의 정당한 욕구를 찾아낸 후에는 자기 책임 아래 무엇이 옳은지 결정할 수 있다. 자기 이념의 전달 가능성은 도덕성의 충분조건은 아니지만 필요조건이다. 그에 더해 과연 합의를 현실적으로 달성했는지 그리고 과연 이 합의가 이상적 공동체 앞에서 존립할 수 있는지 확정해야만 하는 것은 항상 개인이다. 사실 고대와 중세의 객관성의 패러다임과 데카르트 이후의 주관성의 패러다임에 이어 이제 상호 주관성의 패러다임이 뒤따른다는 역사철학적 테제는 해명적일 뿐만 아니라 또한 오도하기도 한다. 20세기에 언어철학과 사회철학의 증대되는 의미는 명백하며, 나아가 민주주의와 사회국가 그리고 국제적인 뒤얽힘의 (긍정적으로 평가해야 하는) 발전과 연결되어 있다. 그러나 상호 주관성은 오직 그것이 주관성을 자기 내에 보존할 때에만 주관성 이상의 것이다. 그래서 가령 언어 행위 이론은 의도주의적인 의미 이론이 없다면 잘못인데, 왜냐하면 음파는 오로지 발화자와 청자가 해석한 것으로서만 언어이기 때문이다. 존 서얼[9]이 언어 행위에 대한 중요한 연구 이후 분명히 후설의

---

9   John Rogers Searle, 1932~. 언어철학과 심리철학에 천착하는 미국의 철학자. 그에 따르면 의식은 의식을 소유하고 경험하는 바로 그 본인을 통해서민 집근 가능안 존재론적으로 환원 불가능한 성질을 갖고 있다.

그것을 상기시키는 지향성(Intentionalität, 의도성) 이론을 다듬어낸 것은 그가 옳다는 것을 말해준다. 그에 반해 담론 윤리학은 그의 탁월한 세분화 성취에 못 미치는데, 왜냐하면 세 가지-패러다임론은 추정컨대 담론 윤리학으로 하여금 (심신 문제를 포함한) 정신의 철학과 존재론을 의붓자식처럼 취급할 수 있도록 하기 때문이다. 진보 의식은 그것이 과거의 성취를 과소평가하도록 할 때에는 반생산적이다.

아펠과 하버마스를 비교한다면, 우선 눈에 띄는 것은 하버마스 쪽의 책 출간이 양적으로 탁월하다는 점을 들 수 있다. 연방공화국의 어떤 다른 지식인도 그토록 많이 저술하지 않았으며, 더 나아가 독일 문화사에서 교토상 수상자인 하버마스만큼 그토록 몇십 년 동안 사회적 논의를, 그것도 전 세계적으로 각인해낸 공적인 지식인은 거의 존재하지 않는다. 왜냐하면 그는 저널리즘적인 표현 형식을 그야말로 자유자재로 구사하기 때문인데, 여기에는 다른 이들의 성과에 대한 핵심을 찌르는 요약, 현대의 문제에 대한 재빠른 적용, 공론장의 널리 퍼져 있지만 통합할 수 없는 입장 사이의 타협 및 그와 동시에 동맹자와 적대자 간의 날카로운 경계 긋기가 속한다. 하버마스는 한편으로는 시대감각을 설득력 있게 표현했으며, 다른 한편으로는 〔1962년의 《공론장의 구조 변동(Strukturwandel der Öffentlichkeit)》 이래로〕 독일 정신의 민주화를 연구했을 뿐 아니라 그것을 결정적으로 촉진했다. 이와 관련한 그의 사명 의식은 한편으로 1929년이라는 태어난 해에서 설명할 수 있다―이 해에 태어난 사람은 연방공화국의 지식인과 관련해 특히 중요한데, 왜냐하면 그들은 국가사회주의를 여전히 아주 의식적으로 함께 체험한 집단 내부에서 더 이상 그에 편입되지 않은 첫 번째 사람들이기 때문이다. 하버마스는 전선과 종종 뒤따르는 포로 상태에서 시간을 잃어버리지 않았으며, 그와 마찬가지로 자기 역할의 근거를 비판적으로 묻거나 그 역할을 밀어낼 기회를 지니지 않았다. 다른 한편으로 하버마스는 독일의 학문 제도 내부에서 1968년 전에 주변화해 있던 좌파를 제도 내부로 통합하는 편에 섰다─그러한 부당함을 둘러싼 단연코 필연적인 투쟁은 물론 대학의 정치화로 이어졌고, 이는 대학의 학문적 질에 이롭지 않았다. 하버마스는 자신이 고무시켰던 1968년의 학생 혁명에서의 비합리적인 것들을 일찍부터 거부했으며 정치적 참여, 가령 최근의 유럽 통합 과정에 대한 그의 전력투구는 거의 언제나 신중할뿐더러 책임 또한 의식하고 있다. 1986/1987년의 이른바 역사학자 논쟁에서 그는 물론 독일의 범죄가 보여주는 유일무이성을 견지하고자 하는 주목할 만한 동기에서 반대자들의 아주 상이한 입장을 충분히 세분화하지 못했다. 하버마스를 아펠보다 부각시키는 것은 노년에 이르기까지 유지된 엄청난 노동력과 심리학부터 정치학에 이르는 다양한 사회과학에서의(물론 경제학에서는 아니다) 그야말로 광범한 지식이다. 에밀 뒤르켐[10], 막스 베버 그리고 빌프레도 파레토[11] 이래로 가치중립성의 길을 걸어온 이런 학문에 그는 또다시 규범적

---

10 Émile Durkheim, 1858~1917. 프랑스의 사회학자, 근대 사회학의 거장 중 한 사람. 그의 학문적 목표는 첫째, 엄밀한 과학적 학문으로 사회학을 확립하는 것 둘째, 사회과학의 일관성과 통일을 위한 기초를 제공하는 것 셋째, 근대 사회의 시민 종교를 위한 경험적·합리적·체계적 기초를 제공하는 것이었다. 주요 저서로는 《사회에서의 분업》(1893), 《자살론》(1897), 《종교적 생활의 원초적 형태들》(1912)을 들 수 있다.

11 Vilfredo Pareto, 1848~1923. 이탈리아의 경제학자, 사회학자, 통계학자. 경제학에서 그는 왈라스의 일반 균형 이론을 확장하고 무차별 곡선 이론에 공헌했으며, 파레토 최적(모든 사람이 타인의 불만을 사는 일 없이는 자기만족을 더 이상 증가시킬 수 없는 상태)의 사고방식을 도입, 신후생경제학의 길을 열었다. 또 '파레토의 법칙'이라는, 소득 분포의 불평등 정도를 나타내는 경험적 경제 법칙을 도출하기도 했다. 사회학자로서는 인간 행위와 사회적 사실에 관한 독특한 체계를 세웠으나 자유주의를 비판하고 선량순환론을 주장해 이탈리아의 파시즘 이론가로 간주되기도 한다. 《경제학 제요》(1906) 등의 저서가 있다.

기초를 제공했다. 이는 그의 저작의 세계적 성공을 설명해준다—이미 1961년에 아도르노와 포퍼 사이에 이뤄진 사회학자들의 실증주의 논쟁에서 하버마스는 아도르노를 지원했다.

하지만 하버마스에 대한 그 모든 경탄에도 불구하고 그의 성취의 한계를 간과할 수는 없다. 중심적인 철학 분과인 인식론과 윤리학에서 아펠은 하버마스보다 기술적으로 훨씬 더 정밀한데, 하버마스에게서는 논증의 명확함이 풍부한 사회학적 지식에 의해 종종 높여지기보다는 오히려 흐려진다. 아니, 하버마스를 첫 번째 프랑크푸르트학파와 비교할 때조차 우리는 논란의 여지없는 그 모든 진보에도 불구하고 또한 손실 계산에 착수할 수 있다. 아도르노의 미학적 감수성은 하버마스에게 낯설다. 객관적 관념론의 위대한 체계들의 근거짓기 이론적인 복잡성에 대해 아도르노는 그 체계들에 대한 자신의 투쟁에도 불구하고 마지못한 예감을 지녔던 데 반해, 하버마스는 사회과학자들이 오늘날 지니는 확신을 단순히 지시함으로써 그것을 이미 반박한 것으로 간주한다. 마지막으로 담론 윤리학의 희박한 규범적 토대는 호르크하이머와 아도르노가—그것도 비판 이론의 개념 수단에 근거해서가 아니라 그들이 여전히 향유했던 중상류층 시민 교육에 근거해—가차 없이 꿰뚫어본 후기 근대의 저 통속적 측면에 대한 어떠한 비판도 더 이상 허락하지 않는다. 하버마스와 과거의 위대한 독일 철학자들을 비교하면, 우리는 그가 구사하는 개별 학문이 프레게와 후설에게서처럼 수학도 아니고 논리실증주의 또는 요나스에게서처럼 물리학과 생물학 같은 자연과학도 아니며 또한 독일 관념론부터 가다머에 이르기까지 애호하던 고전 철학을 중심으로 지니는 정신과학도 아니라 사회과학이라고 확정하게 된다. 이것은 불가피하게 철학 개념에 대해, 가령 선험적인 것과 후험적인 것의 날카로운 분리에 대한 부정이나 형이상학에 대해 총체적인 거부 태도와 같은 결과를 지닌다. 그에 반해 형이상학은 오늘날 분석철학에서 다시금 진지하게 연구되고 있다.

하버마스는 자신의 철학적 형성을 대중 앞에서 수행했다. 따라서 그의 입장에서 수많은 변화를 발견하기는 어렵지 않다. 요컨대 우리는 가령《인식과 관심(Erkenntnis und Interesse)》(1968)—이 책은 그것을 보존하는 데 대한 단연코 정당한 관심이 존재하는, 순수하게 이론적인 고찰의 존엄에 부응하지 못한다—에서 마르크스주의와 비판 이론에 뿌리박고 있는 것으로부터, 진리의 합의 이론에 대한 철회를 거쳐 비록 그가 칸트나 독일 관념론과 달리 종교의 내용을 (그가 항상 거부해온 자연주의에 대한 해독제로서 종교의 기능을 넘어서서) 철학적으로 전유할 수 있는 정신적 자원을 더 이상 소유하고 있지 못할지라도 점점 더 그 적극적인 사회적 의미를 인정하게 된 종교와의 대결에 이르기까지 수많은 변화를 발견할 수 있다. 2004년 1월 19일 이루어진 요제프 라칭거[12] 추기경—그가 1년 후 중세 이후 최초의 독일 출신 교황으로 선출된 일은 독일인에게 다시 세계적인 주목의 중심으로 진입했다는 느낌을 선사했다—과의 공개 토론은 호기심과 대화에 기꺼이 응하고자 하는 하버마스의 태도에 대한 탁월한 예이다. 하버마스의 가장 중요한 저작은 1981년의《의사소통 행위 이론(Theorie des kommunikativen Handelns)》이다. 여기서 나는 이 저작에 대해 간결하게 서술하고자 한다.

이 주저는 이론사회학의 포괄적인 역사뿐만 아니라 역사학적 장들

---

12 Joseph Aloisius Ratzinger, 1927~. 독일의 가톨릭교회 성직자이자 제265대 교황. 보수적인 경향이 강하며, 가톨릭 교리에 정통한 인물로 2013년 고령 및 건강상의 이유로 교황직에서 자진 사임했다.

사이의 중간 고찰에서 전개되는 고유한 사회 이론도 제공한다―어쨌든 이 중간 고찰은 사후에 출간된 막스 베버의 《종교사회학에 대한 논문 모음(Gesammelten Aufsätzen zur Religionssoziologie)》(1920)에서의 유명한 '중간 고찰'보다 훨씬 더 길다. 하버마스는 사회학의 두 가지 문제를 해결하고자 한다. 첫째, 그에게 문제되는 것은 바로 중요한 사회적 발전 이론의 대상일 뿐만 아니라 사회학의 방법론적이고 메타이론적인 차원에서 전제되기도 하는 합리성 개념이다. 다른 한편으로 그는 사회학의 두 가지 가장 중요한 발상, 즉 행위 이론적 발상과 체계 이론적 발상을 매개하고자 한다. 후자는 가령 시장에서 고유한 논리를 지니는 체계로 결합되는 행위의 의도하지 않은 결과에 근거한다. (물론 하버마스는 단체에서의 집단적 의지 형성이라는 현상을 무시한다.) 그의 가장 중요한 영감의 원천은 뒤르켐, 베버, 미드, 루카치로부터 호르크하이머/아도르노까지의 서구 마르크스주의 그리고 탤컷 파슨스[13]다. 〔파슨스와의 대결은 많은 곳에서 하버마스의 체계 이론적 경쟁자인 니클라스 루만(1927~1998)[14]에 대한 비판을 대리한다.〕 하버마스에 따르면 최종적인, 아니 유일한 타당성 원천은 그가 자본주의 경제와 관료주의적 행정 같은 체계의 형성을 그에 대립시키는 생활 세계 안에서 이루어지는 의사소통 행위다. 의사소통 행위는 전략적 행위와 날카롭게 구별되는데, 여기서 하버마스는 생활 세계 안에서 두 가

---

13 Talcott Parsons, 1902~1979. 미국의 이론사회학자. 베버, 뒤르켐, 파레토 등의 학설을 섭취해 사회학적 행위 이론으로부터 독자적인 체계 이론을 세웠다. 주요 저서로 《사회적 행위의 구조》(1937), 《사회 체계》(1951) 등이 있다.

14 Niklas Luhmann. 독일의 사회학자. 사회학을 사회의 체계 이론으로 재구성하고 기능주의를 철저화함으로써 사회 질서의 존립을 시스템 형성을 통해 환경 세계의 복잡성을 흡수하는 자기 준거 시스템의 선택적 작용의 결과로 보는 기능-구조적 이론을 제창했다. 《사회적 체계들》, 《사회의 사회》 등의 저서가 있다.

지 행동 형식이 서로 뒤엉켜 있다는 사실을 정당하게 다루지 못할 뿐만 아니라(우리는 대부분 목적을 관철하기 위해 의사소통한다) 아펠과 달리 전략적 행위에 대한 어떠한 도덕적 대안도 존재하지 않는 상황이 존재한다는 것을 인정하지도 않는다. 근대에 대한 하버마스의 분화된 입장에서 결정적인 것은 근대가 체계에 의한 생활 세계의 식민화를 추진할 뿐만 아니라 의사소통 행위에 함축된 타당성 요구에 대해 근거를 제시해야 하는 의무를 지우고 또 종교적으로 근거지어진 그 요구의 근원적 통일을 분화시킨다는 것이다. 그는 전자를 부정적으로, 후자를 긍정적으로 평가한다.

하버마스는 모든 언어 행위에 내재하는 네 가지 타당성 요구, 즉 이해 가능성(Verständlichkeit), 진리성(Wahrheit), 진실성(Wahrhaftigkeit) 그리고 규범적 올바름(normative Richtigkeit)을 알고 있다. 자신의 주저에서 그는 카를 뷜러에게서 영감을 얻어 마지막 세 가지에 집중하는데, 그것들을 칼 포퍼의 세 가지 세계와 결합시킨다. 그런데 포퍼는 물리적인 것의 세계와 정신적인 것의 세계 다음에 자신의 제3의 세계에서 프레게의 제3의 영역을 헤겔의 객관 정신과, 따라서 이념적인 것과 실재적인 것을 함께 섞고 있다. 하버마스도 그를 따르는데, 왜냐하면 규범적인 것을 고유한 영역으로 생각하지 않기 때문이다. 그 결과는 사회적 세계에 규범적 책임을 지우지 않으면 안 된다는 것이다. 물론 하버마스는 사회적 세계에 대한 객관화하는 접근이 가능하다고 인정한다. 하지만 이러한 용인은 그가 타당성 요구를 포퍼의 세계와 나란히 놓는 것을 위태롭게 만든다. 그에 더해 규범성을 홀로 있는 이성 존재의 자기 관계에서도 생각할 수 있다는 것을 인식하지 못한다. (아니, 오로지 지향의 본성만이 그저 그런 척하는 것을 현실적인 의사소통적 이도로부터 구별해준다.) 그에 따르면 세 가지 타당성 요구에 근대 과학과 예술 및 도덕의 뿌리가 놓여 있다. 여기서 예술과 진실성을 서로 귀속시키는 것은 납득이 가지 않는다―특수하게 미학적인 계기는 오히려 전달의 간접성과 가령 목소리와 의미의 관계, 허구적 세계의 유기적 완결성 등등에 관련이 있다. 그에 못지않게 불만족스러운 것은 하버마스가 합리성을 언젠가 그 끝에 도달해야만 하는 근거의 제시와 결부시킨다는 점이다. 그가 직관주의뿐만 아니라 최종 근거짓기도 거부하는 까닭에 무엇이 타당한 근거짓기와 타당하지 않은 근거짓기를 구별하는지 묻지 않을 수 없다―왜냐하면 모든 것에 대해서는 그 어떤 것이든 근거를 제시할 수 있고, 아무것도 서로 다른 인격의 근거짓기가 수렴한다는 것을 보증하지 않기 때문이다. (물론 무의식적인 배후 가정과 사회적 압력이 이러한 방향으로 작용한다. 그러나 그것들은 이상적 담론에 의해 전제되듯 지배로부터 자유롭지 않다.) 메타윤리학적으로 하버마스는 가치를 규범 밑에 두고 있지만, 가령 셸러의 반대 입장을 충분히 비판하지는 못한다. 여기서는 사적이어서도 안 되고 규범처럼 상호 주관적이어서도 안 되는 가치의 지위가 여전히 불명확하다. 비록 하버마스가 모든 타당성 요구의 통일의 신화적 경험이 연대의 가장 중요한 원천 중 하나라는 것을 인정하다 할지라도, 예를 들어 (또한 그리고 바로 세계를 윤리 법칙의 실현 장소로서 해석하는 칸트에게서도 발견할 수 있듯) 실천적인 타당성 요구로부터 이론적인 타당성 요구로 추론해가고자 하는 시도는―비록 베버에 반대해 가치의 다신론을 마찬가지로 거부한다 할지라도―반시대적인 것으로서 거부될 것이다. 그런 한에서 새로운 비판 이론의 비판적 힘이 보잘것없는 것이 된다는 것은 놀라운 일일 수 없다. 물론 하버마스는 결국 학교와 가족의 너무도 강력한 입법화를 당연히 경고하는데, 왜냐하면 그에 따라 체계 합리성이 생활 세계를 파괴하기 때문이다.

그러나 그는 근대 후기의 병리학, 가령 사익 원리가 본래 그것을 제어해야 하는 정치 체계를 침해함으로써 발생하는 자본주의 파괴에 대한 포괄적 이론으로부터 멀리 떨어져 있다—이를 위한 실질적 원리가 결여되어 있는 것이다. 그의 대체 기준, 즉 생활 세계의 이용은 오랜 자연법의 기능적 등가물이 아니다. 왜냐하면 '생활 세계'라는 말은 첫째, '체계'로부터 날카롭게 구획 지어질 수 없기 때문이며(오늘 체계인 것은 내일 이미 생활 세계다) 둘째, 그것은 동음이의어로서, 요컨대 한편으로는 의사소통(Verständigung)의 영역으로서, 다른 한편으로는 아직 근대적인 체계 합리성에 의해 잠식되지 않은 생활방식으로서 사용되기 때문이다. 전통적인 전쟁은 두 번째 의미에서 생활 세계에 속하지만 첫 번째 의미에서는 아니다. 확실히 하버마스는 근대 자본주의가 산출하는 모든 상품을 기꺼이 갖고자 하지만 동시에 그것들이 지불하는 점점 더 커지는 문화적 대가를 자각하고 있는 근대 후기의 많은 사람들의 마음의 불편함을 파악한다. 그러나 그 어디에서도 우리는 바로 일정한 전통과 인격적 가치의 보존인가, 아니면 하버마스에 따르면 후기 자본주의의 사회적 정당성이 그에 달려 있는 재분배와 함께하는 경제 성장인가 사이에서 결정해야만 한다는 요구를 발견할 수 없다. 물론 우리는 환경 문제에 바치는 사회 운동에 대한 몇 가지 지시를 발견한다. 그러나 《의사소통 행위 이론》에서는 1972년 이래로 근대적 환경 의식을 주조하고 있는 로마 클럽의 통찰의 어떠한 흔적도 발견할 수 없는데, 그 까닭은 확실히 하버마스가 상호 세대적인 정의의 개념을 지니지 못할 뿐만 아니라 자연철학도 소유하고 있지 못하기 때문이다.

그러나 실제로는 이 책보다 이미 2년 전인 1979년에 근대 환경철학의 가장 중요한 책 가운데 하나가 출간되었다—한스 요나스의 《책임의 원

리: 기술 문명을 위한 윤리학의 시도(Das Prinzip Verantwortung: Versuch einer Ethik für die technologische Zivilisation)》가 바로 그것이다. 비록 요나스가 하버마스보다 거의 한 세대나 더 나이가 많지만, 그의 저작은 많은 점에서 좀더 시대에 적합하다. 왜냐하면 21세기의 결정적인 문제를 개념화했기 때문이다. 주목할 만한 것은 요나스가 이 책과 더불어 비로소, 즉 자기 생애의 네 번째 사반세기에 폭넓은 관심을, 아니 존경을 불러일으켰다는 점이다―내가 아는 한 그는 입상이(그것도 자신이 태어난 도시인 묀헨글라트바흐에) 세워진 20세기의 유일한 독일 철학자다. 그의 성공에는 역설적으로 그 책을 집필하는 데 사용했을 뿐만 아니라 내용에도 아주 훌륭하게 들어맞는 의고적 독일어도 한몫했다―저자는 1933년 오직 적대적인 군대의 병사가 되어 돌아오겠다는 분명한 의도를 가지고 독일을 떠났으며, 그 사이 시기에는 대부분 영어로 글을 썼다. 그리하여 독일의 언어 발전에서 많은 것을 놓쳤는데, 그것은 손해라기보다는 오히려 축복이었다. 그러나 팔레스타나와 캐나다 그리고 미국에서 보낸 40여 년에도 불구하고 요나스는 여전히 좋은 영어로 쓰기 위해서는 좋은 독일어보다 훨씬 더 많은 시간이 필요했다. 따라서 그는 비록 역이주민이 아니었음에 불구하고 자신의 늙은 나이를 고려해 모국어로 되돌아가기로 결심했다. 이는 올바른 결정이었다. 왜냐하면 그의 사유는 더 짧은 역사와 더 적은 비교 가능성으로 인해 근대의 이중성을 파악하기 어려운 미국의 도덕적 감수성보다는 독일의 그것에 본질적으로 더 친숙했기 때문이다. 따라서 그 책은 독일에서 빠르게 수용되었고 더 나아가 그러한 도덕적 감수성을 광범위한 영역에서 표현하는 것에 기여했으며, 그 결과 독일은 오늘날 가장 환경 의식적인 산업 국가가 되었다.《책임의 원리》의 성공은 그것이 시대의 물음을 다룬다는 데서 힘을 얻고 있다―그러

나 이는 수십 년 전부터 이러한 기초적인 물음을 추사유해온 사람만이 달성할 수 있는 수준에서 다루어진다. 실제로 후기 책의 성공으로 인해 비로소 사람들은 처음 출간했을 때에는 거의 눈여겨보지 않았던 요나스의 주저, 즉 1966년의 《생명의 현상》〔독일어판은 《유기체와 자유(Organismus und Freiheit)》 또는 《생명의 원리(Das Prinzip Leben)》〕에 주목했다. 이 책은 가장 중요한 생물학의 철학을 포함한다. 물론 요나스는 철학사학자와 종교사학자로서 자신의 경력을 시작했으며, 고대 후기의 그노시스 역사를 자신의 스승인 하이데거의 범주를 가지고 해석함으로써 해명했다. 그러나 그는 곧바로 이것이 가능한 것은 다만 하이데거 자신의 발상이 비슷한 역사적 상황에서 비롯되었기 때문이며, 따라서 그것이 바로 보편타당한 것은 아니라는 사실을 파악했다. 이는 그로 하여금 하이데거의 역사학주의를 극복하고 자연상들의 역사의 철학이 아니라 또다시 직접적으로 자연철학에 종사할 수 있도록 해주었다. 일찍이 플레스너는 생명이 하이데거의 염려(Sorge)보다 더 보편적인 구조를 보여준다는 것을 인식했다. 그렇지만 요나스는 유기체적인 현존재 형식을 경계 설정으로부터가 아니라 본질적으로 물질대사로부터 파악한다. 물질대사는 형식을 물론 물질 그 자체가 아니라 그때마다의 구체적인 물질로부터 독립적으로 만든다. 비록 새로운 물질을 향한 지속적인 추구를 대가로 치르고, 그 실패는 죽음을 의미하지만 말이다. 요나스에게 생명이 영역 존재론적인 문제 이상의 것인 까닭은 바로 생명에서의 물질과 의식의 특유한 결합이 동시에 데카르트적인 이원론의 거부를 의미하기 때문이다. 비유기체적인 세계와 정신 사이에서 생명의 중심적 위치는 유물론뿐만 아니라 관념론의 선입견을 교정하도록 강요한다. 가령 요나스는 자연에서의 목적에 대한 실새론적 해석을 변호하며, 진화론에서의 유물론의 가상적 승리란 실제로 생명에 다시 그리스도교적인 데카르트주의가 그로부터 박탈한 존엄을 부여한다는 것을 강조한다. "그리스도교적인 초월 신앙과 데카르트의 이원론이 강요한 수축 이후 '영혼'의 나라는 …… 새롭게 인간으로부터 생명의 나라 전체로 확대되었다." 정당하게도 요나스는 다원주의가 생명 형식의 위계질서와 양립할 수 있다고, 즉 운동 능력과 지각 그리고 감정이라는 그 본질 징표가 종속 영양(Heterotrophie)으로부터 도출되는 식물과 동물의 차이에 대한 다원주의의 분석이 개별적 감각 기관에 대한 현상학적 연구와 마찬가지로 추적하는 생명 형식의 위계질서와 양립할 수 있다고 가르친다. 아리스토텔레스나 헤겔과 마찬가지로 요나스는 생명의 철학과 정신의 철학 사이의 연속성을 간취하지만, 또한 가령 그림을 그릴 수 있는 능력 같은 인간의 특수한 징표도 보고 있다―이러한 감각 운동적 성취는 또한 모방하는 표현을 넘어서는 저 창조물의 근저에도 놓여 있다.

윤리학적 저작도 하이데거에 대해 비슷하게 이중적인 태도를 취한다. 부제가 말하고 있듯 "기술 문명을 위한 윤리학의 시도"를 제출한다는 사실은 규범적 윤리학에 대한 하이데거의 거부와의 단절을 의미한다. 실제로 요나스는 겉보기와 달리 칸트의 중심적인 통찰을 따른다. 그두 사람에 따르면 윤리 법칙은 자기 이익으로 환원할 수 없는 것이다. 특히 요나스는 상호 세대적인 의무에서는 상호성이 떨어져나간다는 것을, 아니 민주주의의 현대적 형식이 다가올 세대의 대표를 알지 못한다는 것을 인식한다. 그와 동시에 요나스는 칸트의 형식주의도 거부하며 (여기서 그는 정언명법의 자기목적 정식의 영향 범위를 과소평가한다), 실질적인 내용을 자신이 자연에서 실현되어 있는 것으로 보는, 그것도 도구에서와 마찬가지로 기관에서도 실현되어 있는 것으로 보는 목적에서 발견한다. 확실히 모든 목적이 다 선은 아니지만, 목적을 갖는 능력은 무조 건적으로 선 그 자체다. 왜냐하면 목적으로부터 해방되고자 하는 자도 최소한 이 목적을 품어야만 하기 때문이다. 요나스는 그가 비록 인간의 가치를 다른 유기체의 그것보다 분명히 더 상위에 놓을지라도—이 점은 근본적 생태학자들과 다르지만, 물론 그들은 인류의 자기 파괴에 대한 비상경보가 요나스에게서보다 덜 울린다—오로지 인간만이 내재적 가치를 지니는 것은 아니라는 견해를 옹호하는 것처럼 보인다. 하이데 거의 영향은 인간 행위의 변화된 본질에 관한 제1장에서뿐만 아니라 바로 요나스가 총체성과 연속성 그리고 미래에 의해 규정되는 것으로 보는 책임의 현상학에서도 감지할 수 있다. 연속성과 미래라는 두 규정은 시간성과 관계가 있다. 그러나 이번에 문제되는 것은 죽음에의 선구가 아니라 아이들 또는 미래 세대에 대한 염려이다. 요나스의 신은 죽음의 신이 아니라 생명의 신이다. 그러나 생명은 본질적으로 죽을 수밖에 없다. 왜냐하면 그것은 시간적이기 때문이다—아울러 그러한 것으로서만 책임의 대상이다. "존재론은 다른 것이 되었다. 우리의 존재론은 영원성의 그것이 아니라 시간의 그것이다. ……그것과 더불어 비로소 책임성이 지배적인 도덕 원리가 된다." 《책임의 원리》에서 가장 많이 시대에 구속되어 있는 것은 확실히 자본주의적이고 민주주의적인 서구보다는 오히려 소련이 소비에 대한 필요한 제한에 착수할 수 있을 거라는 추측이었다. 그러나 요나스가 그와 동시에 에른스트 블로흐(1885~1977)[15]

---

15 Ernst Bloch. 독일의 유대계 철학자. 저서 《유토피아의 정신》(1918), 《희망의 원리》 (1954~1959)에서 볼 수 있듯 유대적 종말관과 마르크스·헤겔적 요소를 융합한 혁명적 낭만주의가 사상의 기조를 이룬다. 나치를 피해 미국으로 망명했으며, 제2차 세계대전 후에는 동독으로 돌아가 1950년 동독의 국민상을 수상하기도 했으나 그 무렵부터 당 정통파

의 《희망의 원리(Das Prinzip Hoffnung)》에서의 유토피아주의를 뛰어나게 비판하고 있는 까닭에—공산주의에 대한 가치 보수주의자의 이러한 공감은 물론 기이할 수밖에 없지만—자유로운 정신의 표지로서 동시에 매혹적이기도 하다. 그럼에도 불구하고 그 저작에서의 경제학적 고찰 및 구체적인 국가철학적 고찰의 결여는 환경 문제가 민주주의적 법치 국가와의 작별을 요구한다는 위험하고도 잘못된 추론으로 오도할 수도 있는 결함이다. 생태학적 도전에 직면해 도덕적 정치학을 구체적으로 완성하는 것에 요나스는 더 이상 착수할 수 없었다. 그러한 만큼 더욱더 주목할 만한 것은 근대 기술에 의해 인간의 실존뿐만 아니라 인간의 본질도 위험에 처해 있다는 염려에서 비롯된 《기술, 의학, 윤리학(Technik, Medizin und Ethik)》(1985)에 실린 의료윤리학적 논문들이다. 그러한 견해를 그는 귄터 안더스(1902~1992)[16]의 《인간의 오래됨(Die Antiquiertheit des Menschen)》(1956, 1980)과 공유한다. 특히 복제와 1968년 이래로 미국에서 인정한 뇌사 기준에 반대하는 요나스의 논문들은 고전적이다.

　요나스와 관련해 하이데거의 한 제자가 실제로 의도하지 않았음에도 독일 관념론의 자연철학과 칸트의 윤리학으로 되돌아왔다는 사실은 고전 독일 철학의 중심적인 이념들을 약 200년의 철학적 발전 이후에도 시대에 적합하게 계속해서 사유할 수 있다는 것을 증명한다. 물론 요나

로부터 비판을 받아 활동이 금지되었다. 1961년 서독을 방문하던 중 동독으로 돌아가지 않고 튀빙겐 대학의 교수가 되었다. 그는 인간의 내부에 있는 희망을 새로운 미래로 향하는 긴장으로 받아들이고, 그것의 생성을 미래를 향해 여는 것이 철학이라고 생각했다. 그리고 미완의 주체인 인간이 최종 상태로 향하는 자기실현 과정을 역사라고 생각했다.

16　Günther Anders. 오스트리아의 유대계 철학자, 시인, 저술가. 당대의 윤리적 도전, 특히 인간성 파괴 문제에 몰두해 기술 시대를 위한 철학적 인간학을 전개했다. 또한 우리의 감정적, 윤리적 실존에 대한 대중 매체의 영향, 핵 위험 등에도 관심을 기울였다.

스가 미국인으로서 뉴로셸에서 죽었다는 사실은 독일어로 된 그 시대의 가장 중요한 사유가 더 이상 독일에서 이루어지지 않았음을 보여준다. 역사에서 정의를 추구하는 사람은 멘델스존 이래로 독일 문화의 부상에 그토록 본질적인 기여를 수행한 유럽의 유대인을 광범위하게 말살한 데 따른 형벌을 목격할 수 있다.

15

왜 계속해서 독일 철학이 존재하리라고
생각할 수 없는가?

오늘날 현대의 어떤 독일 철학자가 국제적으로 알려져 있는가 하는 질문을 받는 사람들은 대부분 당황한다—나이 80세가 안 된 사람 중에서는 명확한 후보가 없는 것이다. 이는 한편으로는 철학의 세계적 상황과 관련이 있으며, 다른 한편으로는 독일 문화의 특징과도 관계가 있다. 전자로부터 시작하자면, 전 세계적으로 위대한 이름들의 몰락이 눈에 띈다. 이는 서로 얽혀 있는 세 가지 차원에서 설명할 수 있을 것이다. 생산 차원에서는 과거의 대가들을 부각시켰던 지적, 문체적, 성격적 특성의 저 복잡한 조직을 지닌 두뇌 소유자들의 수가 줄어들었다. 가령 학문 경영에서 분업이 강요하는 전문화는 철학의 이념과 관련해 단적으로 치명적이다. 종교적 동기의 고갈은 철학에서 본질적인 힘의 원천을, 어찌되었든 그에 반대하는 투쟁이 활력을 불어넣는 것일 수 있는 가능한 반대자를 빼앗아버렸다. 또한 예술의 증대되는 곤경은 영감의 원천이기 어렵다. 나아가 현재 상태의 관리 그 이상을 나타내는 정치적 이념에 대한 거부 반응은 공적인 지식인에 대한 욕구를 다소 제거했다. 분배 차원에서는 과도한 정보가 결정적인 문제다. 사람들이 더 이상 전혀 조감하고자 할 수 없는 지나치게 많은 지식인이 존재한다. 학문적 경력을 추구하고자 하는 사람은 오히려 일찌감치 하나의 네트워크, 즉 그 성원들이 서로서로 인용하며 회의에 초대하고 초빙하는 네트워크에 합류하라는 조언을 듣는다. 비록 그것이 불가피하게 사람들이 고전을 읽고 계속해서 사유할 수 있는 시간을 더 적게 갖는다는 것을 의미하지만 말이다. 네트워크 성원의 문제는 물론 상호성에 토대하는 학문적 영향이 대부분 이미 퇴직과 함께 그리고 항상 죽음과 함께 중단된다는 것이지만 이 시대를 특징짓는, 커다란 명예심에 대한 작은 명예심의 승리에서 이는 감수해야 하거나 최소한 억눌러야 한다. 마지막으로 수용 차원에서는 어차피 귀족 사회가 또한 몇백 년 동안 중요한 정신적 성취에 정직한 경탄을 가지고 경의를 표했던 교양 시민 계층이 사라졌다. 도덕적이고 지적인 탁월성을 찬미하며 경험할 수 없는, 또는 다만 인정이라도 할 수 없는 근대의 무능력은 증대되고 있다. 단지 눈높이에서만 교제하려는 소망은 심리학적으로 보아 오늘날 심지어 무신론을 위한 가장 인상적인 논증이다.

새로운 매체들은 《변신론》 같은 책이 필요로 하는 집중에 도움이 되지 않으며, 너무나 많은 왕녀들은 잠재적인 독자로서 더 이상 남아 있지 않다. 아니, 종교가 어둠과 분쟁을 남겨놓은 곳에서 철학자들이 빛과 일치를 가져다줄 것이라는 계몽의 희망마저도 흔적 없이 사라졌다. 철학 학파들 사이의 분열은 종교들 사이의 그것보다 훨씬 더 커다랗지만 어쨌거나 종교 옹호자들은 스스로를 결코 좀비, 요컨대 내면이 없는 존재로 여기지 않았다. 그러나 철학에서는 오늘날 모든 것이 가능하며, 나아가 미디어 세계의 법칙들은 가능한 한 귓가에 날카롭게 울리는 테제들에 의해 주목을 획득하도록 부추긴다. 대중철학과 진지한 학문적 철학과의 대조는 낡았다. 그러나 오늘날 대중철학자들은 텔레비전과 신문의 문예란에, 이를테면 좀더 광범위한 대중에게 한층 더 다가가고 있다. 그와 동시에 이러한 대중철학의 교양은 학문적 철학이 좀더 기술적으로 변한 데 따른 필연적인 결과다. 분석철학에 의해 촉진된 이러한 과정은 부분적으로는 필요한 것이었다. 어느 누구도 우리가 프레게 이래 논리학의 변형에 힘입어 획득한 논증 분석의 정밀함을 경시하지 않을 것이다. 그러나 이와 마찬가지로 올바른 것은 정밀화가 결코 언제나 유용한 게 아니라 종종 불필요하며 따라서 또한 유해하기도 하다는 점이다. 왜냐하면 그것과 결부된 비용은 좀더 중요한 철학적 문제에 대한 연구를 방해하기 때문이다. 그에 따라 우리가 전체론적 인식론을 올바른 것으로 여기는 한 바로 다양한 철학적 분과들의 내적 연관에 존립하는 본래적인 근거짓기를 소홀히 여기게 된다.

분석철학과 대륙철학 간의 불행한 이원론(이는 유일하게 흥미로운 대립, 즉 좋은 철학과 나쁜 철학 간의 대립을 은폐하며 수직적으로 전자로 이어진다)은 독일 철학에 손해를 끼쳤는데, 왜냐하면 독일 철학은 좀더 앵글로색슨적인 분석철학과 좀더 프랑스적인 대륙철학 사이에 자리 잡고 있기 때문이다. 그러나 독일 철학의 몰락을 그것에로 환원할 수는 없다. 이러한 몰락은 오히려 세계사적 상황과 독일 정신의 종언 그리고 독일 대학들의 특수한 문제와 연관이 있으므로 이제 논의를 마감하면서 그것들에 대해 살펴봐야 할 것이다. 첫 번째 것에 관해 이야기하자면, 국민국가의 시대가 종말을 향해 다가가고 있는 것은 아마도 아니겠지만 전 세계적인 생태학적·경제적·안보 정치적 문제는 오로지 국제적으로만 해결할 수 있다는 통찰이 널리 퍼져 있다. 유럽연합이 붕괴할 것인지 아니면 좀더 깊은 정치적 통합의 방향으로 다음 발걸음을 내딛을 것인지는 물론 불확실하다. 하지만 지구화는 돌이킬 수 없으며, 최소한 현재 어느 누구도 원치 않는 커다란 전쟁이 일어나지 않는 한 그럴 것이다. 그러나 지구화는 국제적인 공용어를 필요로 하며, 그것은 바로 영어다. 철학자로서 국제적 경력을 추구하는 사람, 아니 다만 알려지기만이라도 바라는 사람은 영어로 쓰라는 충고를 들으며(왜냐하면 이 언어로 번역하는 것은 값비싸기 때문이다), 따라서 또한 해당 사유 스타일에 적응하라는 자문을 받는다. 물론 21세기에 이는 아메리카적인 것이 아니라 아시아적인 것일 테지만, 기대할 수 있는 중국적 사유 스타일의 부상은 독일어를 점점 더 증대하는 틈새 위치로부터 해방시키지 않을 것이다. 유럽 문화는 모두 다 영향력을 잃을 것이며—비록 협력을 통해 일정한 세계적 의미를 보유하는 데 성공할지라도—일찍이 1945년 이래로 그래왔듯 국민적 차이는 계속해서 줄어들 것이다.

무엇이 독일 철학을 다른 유럽의 전통과 구별시켜주는지 묻는다면, 다음과 같은 것을 지적할 수 있다. 이미 중세에 개인의 영혼을 신과 밀접하게 결합하는 이성주의적 종교철학이 나타났다. 권위로부터 아무것도 규정할 수 없는 신의 본질에 관한 숙고는 독일 정신의 가장 웅대한 특징 가운데 하나였다. 그리고 의지주의를 거부했기 때문에 사람들은 신의 이성으로부터, 따라서 선험적으로 세계의 일정한 특징을 이해하고자 시도해야만 했다. 경험주의에 대한 독일의 거부는 라이프니츠에게 있어 신학적 동기를 갖고 있었다. 이러한 선험주의는 고대의 행복주의와 영국의 도덕 감정의 철학에 대한 대안으로서 칸트의 윤리학을 산출했다. 그리고 새로운 윤리학은 독일인에게 독일의 공무원 국가를 가능케 한 유일무이한 윤리적 진지함뿐만 아니라 비상한 비굴함을 새겨 넣었다. 18세기에 유럽에서 세계의 역사성을 발견했을 때, 갱신된 루터교는 소박한 계시 신앙으로부터 인간 문화의 역사적 발전이라는 신학에로의 목숨을 건 도약을 이루어냈다. 독일 관념론 체계에서 마무리된 그 결과는 철학적으로는 웅대했지만 문화적으로는 안정적이지 않았다. 매우 높은 수준의 역사학적 반성은 19세기 동안 그리스도교를 광범위하게 부식시켰으며, 두 차례의 세계대전을 겪으며 시대의 정치적-사회적 위기에서 너무도 혐오스러운 세계관으로 응축된 보편적 상대주의로 이어졌다. 그와 동시에 독일 상대주의의 도전은 후설부터 아펠에 이르기까지 다른 문화에 대해 알지 못하는 근거짓기 노력을 구상케 했는데, 왜냐하면 그들은 그 다른 문화를 필요로 하지 않았기 때문이다. (정치적 이유에서는 다행이라고 말할 수 있을 것이다.) 내가 개관하는 한 독일 정신의 이러한 본질적 특징 가운데 남아 있는 것은 거의 없다. 아마도 독일적인 근본성은 여전히 존재할 것이며, 그 잔여물에서는 심지어 철학적 체계학에 대한 독일적 감각도 여전히 존재할 것이다. 그러나 독일을 그토록 뚜렷하게 가령 미국과 구별해주었던 철학적 형식의 종교성은 사라져버렸는데, 그 까닭은 아마도 저주받은 12년에 대한 슬픔과 부끄러움이 과거의 정신적 보물을 자기 것으로 파악하고자 하는 노력을 위축시키기 때문일 것이다. 그러한 파악은 다만 해석학적 유보를 하면서만, 가령 고전적 사상가들의 기념일에 즈음해서만 이루어질 수 있을 것이다. 우리가 연방공화국의 극장에서 견뎌내야만 하는 독일 극작가들의 천박화는 자신의 과거에 직면한 이러한 당혹스러움의 표현이다. 우리는 그러한 곤경에 맞설 능력이 없지만, 최소한 정치적으로 올바른 것에 대한 충성의 맹세를 통해 그것을 능가하는 존재가 되고자 한다. 그에 반해 나치 시대는 여전히 특유한 자극을 제공하는데, 현대의 가장 성공적인 독일어 소설이나 영화 가운데 몇 개, 요컨대 베른하르트 슐링크(Bernhard Schlink)의 《책 읽어주는 남자(Vorleser)》로부터 W. G. 제발트(W. G. Sebald)의 《아우스터리츠(Austerlitz)》를 거쳐 미하엘 하네케(Michael Haneke)의 〈하얀 리본(Das weiße Band)〉에 이르는 작품은 그 시대의 후유증이나 전사를 더듬고 있다. 그에 반해 자신의 전통에 대한, 아니 자신의 고향에 대한 조심스러운 재성찰은 루트비히 슈타인헤르(Ludwig Steinherr)의 서정시나 한스 슈타인비흘러(Hans Steinbichler)의 영화 같은 예술 작품에서 길이 열리고 있다.

독일 학문 제도의 상태가 좋지 않다는 것은 잘 알려져 있다. 〈더 타임스〉의 2011/2012년 고등교육 세계 대학 랭킹에 따르면 상위 100개 대학 가운데 독일 대학은 단 4개만 있으며, 25개의 가장 좋은 유럽 대학에는 3개가 속했을 뿐이다. (스위스와 네덜란드는 마지막 범주에 각각 똑같이 여러 대학을, 대영제국은 10개 대학을 올려놓고 있다.) 새로운 세기에 들어서 이스라엘인과 마찬가지로 6명의 독일인이 노벨상을 받은 데 반해 영국인은 17명이 수상했다. (물론 영국이 전 세계로부터 지식인을 끌어들이긴 했지만 말이다.) 1985년부터 수여한 교토상에서도 비슷하게 3명의 독일인과 각각 10명의 프랑스인과 영국인이 그 상을 수상했다. 가우스와 힐베르트의 나라는 수학에서 최고의 명예인 필드 메달을 단 하나만 받았을 뿐이다. 반면 벨기에는 2개, 프랑스는 10개를 받았다. (나는 여기서도 앞에서와 마찬가지로 어릴 때 이주해 다른 곳에서 교육받은 독일인은 계산에 넣지 않았다.) 미국과 비교하는 것은 너무나 터무니없겠지만 독일보다 인구가 적은 나라들과 비교하는 것은 좀더 분명하게 독일이 학문적 중간 국기임을 보여준다. 확실히 독일에서 수여하는 대부분의 상은 독일인에게 돌아가지만, 그 상들에 명명된 과거의 고귀한 이름과 수상자 간의 대조는 객관적인 학문적 성취와 학문적 영향력 간의 적은 상호 관계와 마찬가지로 언제나 거듭해서 눈에 띈다. 독일의 체계가 지닌 취약점은 20년 전부터 물릴 정도로 충분히 논의해왔다. 그러나 가까운 시간 안에 원칙적인 개혁이 이뤄질 것 같지는 않다. 왜냐하면 너무나 많은 이해관계가 손상될 것이기 때문이다. 열악한 재정 상태는 수업료 없이는 해결할 수 없으며, 결핍된 성과 정의는 공무원 지위의 폐지 없이는 해결할 수 없고, 결여된 경쟁은 〔시장에 자리 잡지 않은 우수 연구 지원(exzellenzinitiative)에도 불구하고〕 학문 관료제의 제한 없이는 해결할 수 없다. 그러나 이러한 것들에 대해서는 교수와 학생이 저항할 것이다. 요컨대 제도적으로 보건대 독일 철학의 위대한 미래에 대해서는 말할 수 있는 게 많지 않다.

하지만 여기서 다룬 저작들은 여전히 철학적 사상의 마르지 않는 저수지다. 그것이 어디서 이루어지든 철학은 만약 라이프니츠와 칸트 그리고 헤겔의 결정적 이념이 오늘날의 문제의식의 높이로 올라서지 못한다면 스스로 현대의 위기를 극복하기 어려울 것이다. 따라서 이 작은 입문은 고전의 독해를 위한 실마리를 제공하고자 했다. 저자로서는 점점 쌓여가는, 아니 고조되는 환경 문제가 지금 이 세기 안에 초래할 가공할 만한 자연적이고 제도적이고 의식사적인 변화에서 현대 문화 경영의 대부분이 씻겨나갈 때, 문화의 방주가 저 사상들을 새로운 시작을 하는 구원의 물가로 가져올 것이라는 희망을 포기할 수 없다.

옮긴이의 글

이 책《독일 철학사—독일 정신은 존재하는가》는 비토리오 회슬레(Vittorio Hösle)의 *Eine kurze Geschichte der deutschen Philosophie. Rückblick auf den deutschen Geist* (Verlag C. H. Beck, München, 2013)를 옮긴 것이다. 회슬레의 저작은 일반적으로 출간 즉시 여러 언어로 번역되고 있지만, 이 책의 경우는 우리말로 옮기는 것이 세계 최초이다. 저자는 이 번역에 한국어 독자들에게 전하는 인사말도 보내주셨다. 언제나 그랬듯 옮긴이는 저자의 원의에 충실하면서도 읽어나가기에 수월한 번역을 하고자 노력했다. 다만, 이 책이 '철학의 역사'를 다루고 있는 것을 고려해 읽어나가면서 확인이 필요한 역사학적 내용을 중심으로—저자가 전적으로 포기한—여러 주해를 덧붙였다. 옮긴이로서는 이 주해들이 본문을 읽어나가는 데 방해가 아니라 도움이 되길 바랄 뿐이다.

저자 비토리오 회슬레는 1960년 이탈리아의 밀라노에서 태어나 독일 튀빙겐 대학에서 〈진리와 역사—파르메니데스에서 플라톤까지의 발전에 대한 범례적인 분석에 비추어본 철학사의 구조에 관한 연구〉(1984)로 철학 박사 학위를 취득했다. 그는 이 〈진리와 역사〉로 한스-게오르크

가다머로부터 "2500년 서양 철학사에서 드물게 나오는 천재"라는 극찬을 받기도 했다. 이후 뉴욕 신사회연구소의 교수, 에센 대학의 교수 및 하노버 철학연구소의 소장을 역임했으며 1999년부터 지금까지 미국의 노터데임 대학에서 철학을 가르치고 있다. 2013년에는 프란체스코 교황으로부터 교황 아카데미에 초빙을 받기도 했다.

회슬레는 〈진리와 역사〉 이후 교수 자격 취득 논문인 〈헤겔의 체계─주관성의 관념론과 상호 주관성 문제〉(1988)를 비롯해 《생태학적 위기의 철학─모스크바 강연》(1990), 《현대의 위기와 철학의 책임》(1990), 《근대 세계에서의 실천철학》(1995), 《철학사와 객관적 관념론》(1996), 《도덕과 정치─21세기를 위한 철학적 윤리학의 기초》(1997), 《객관적 관념론, 윤리학, 정치학》(1998), 《철학과 과학》(1999), 《플라톤 해석》(2004), 《철학적 대화─시학과 해석학》(2006), 《이성으로서의 신》(2013) 등의 수많은 저서와 편저서 그리고 논문과 강연을 통해 이론철학과 실천철학, 철학의 역사, 철학적 신학, 과학과 예술을 비롯한 광범위한 영역에 걸쳐 자신의 철학적 사유를 펼치고 있다. 회슬레의 저작은 대부분 출간하자마자 유럽과 미국의 철학계에서 뜨거운 논쟁을 불러일으키고 여러 언어로 옮겨졌으며, 몇몇 경우에는 회슬레의 주장을 주제로 연구 논문집이 출간되기도 했다. 우리말로 읽을 수 있는 회슬레의 저서와 논문으로는 《죽은 철학자들의 카페》(김선희 옮김), 《헤겔과 스피노자》(이신철 옮김), 《환경 위기의 철학》(신승환 옮김), 《객관적 관념론과 그 근거짓기》(이신철 옮김), 《헤겔의 체계 I》(권대중 옮김), 《비토리오 회슬레. 21세기의 객관적 관념론》(나종석 옮김), 《현대의 위기와 철학의 책임》(이신철 옮김) 등이 있으며, 그 밖에 회슬레의 철학 사상에 대한 여러 연구 논문도 찾아볼 수 있다. 한편, 옮긴이는 지금 《철학적 대화》를 번역하고 있는데, 방대하고 난해한 저작이긴 하지만 하루빨리 마무리할 수 있기를 바란다.

회슬레는 이 《독일 철학사》에서 중세부터 현대에 이르는 독일 철학의 역사에 대한 개관을 제공한다. 요컨대 독일 철학사의 진행을 유럽에서 이뤄진 그 밖의 철학사와 분리하는 것이 도대체 어느 정도까지 정당한 지에 대한 물음을 해명하는 데서 시작해 몇 세기에 걸친 철학의 도정을 추적한다. 이 책은 원전에 대한 철저한 지식을 토대로 이루어지는 독일 철학 전체에 대한 해석인데, 옮긴이가 알기에 마이스터 에크하르트부터 현대의 요나스와 하버마스에 이르기까지 독일어로 수행한 독일 철학의 역사 전체에 대한 서술은 우리가 지금까지 만나보지 못한 새로운 철학사 구상의 전개다.

　회슬레의 이러한 새로운 독일 철학사 구상에 따르면, 독일 철학의 특수한 도정은 중세에 마이스터 에크하르트와 니콜라우스 쿠자누스로부터 시작된다. 그리고 이어서 종교 개혁을 통해 새로운 강조점을 제시하는데, 종교 개혁은 바로 그것이 지닌 반-철학적 논점으로 인해 사유의 새로운 시작을 가능케 하며 독일의 두드러진 특징을 이루는 철학과 문헌학의 결합을 산출한다. 라이프니츠와 칸트 그리고 18세기 후기 정신과학의 정초는 피히테와 셸링, 헤겔의 독일 관념론에서 이루어지는 종합의 전제이다. 독일 관념론에 이어 쇼펜하우어, 포이어바흐, 마르크스, 니체와 더불어 그리스도교 및 지금까지의 이성 형이상학의 급속한 해소가 뒤따르며, 프레게와 논리실증주의, 신칸트학파와 후설 현상학에서의 철학의 새로운 근거짓기는 20세기 초의 가장 영향력 있는 시도로 서술된다. 그에 이어 20세기 전반부의 국가사회주의 철학(마르틴 하이데거, 아르놀트 겔렌, 카를 슈미트)과 마지막으로 20세기 후반 독일연방공화국의 철학(한스-게오르크 가다머, 카를-오토 아펠, 위르겐 하버마스 그리고 한스 요나스)이 따라 나오는데, '독일 정신'의 역사 전체에 대한 회고로 이해할 수 있는 이《독일 철학사》는 흥미진진한 서술과 핵심을 찌르는 판단을 결합하는 가운데 마침내 21세기에 독일 철학의 생존과 관련한 조심스러운 회의로 끝을 맺는다.

일반적으로 비토리오 회슬레는 상대주의적이고 회의주의적인 현대의 철학적 상황에서 '객관적 관념론'의 부흥을 시도하고, 그로부터 현대의 시급한 과제에 부응하는 실천철학의 가능성을 근거짓고자 하는 철학자로 알려져 있다. 여기서 객관적 관념론이란 논리적-이념적인 것의 절대성을 개념적으로 파악할 수 있고 증명할 수 있으며, 오로지 그것만을 현실적-절대적인 원리로서 고찰해야 한다는 철학적 견해, 다시 말하면 논리적-이념적인 것이 주관적 관념론에서처럼 한갓 주관적인 사유 원리일 수만은 없고, 이를테면 플라톤적이고 헤겔적인 의미에서 객관적으로 그 자체의 존재 영역을 구성하고 있는 것으로 여겨야 하며, 나아가 그와 같이 객관적 성격을 지니는 이념적인 것을 동시에 자연과 주관 정신 및 객관 정신 같은 실재적인 존재를 근거짓는 원리로서 파악해야 한다고 주장하는 철학적 견해다―독자 여러분께서는 회슬레가 이해하는 객관적 관념론의 구체적인 철학적 내용과 그 실천철학적 함축 그리고 철학사에서의 객관적 관념론의 위상과 현대 철학적인 가능성을 우리말로 이미 옮긴《객관적 관념론과 그 근거짓기》와《현대의 위기와 철학의 책임》그리고《헤겔의 체계 I》과《비토리오 회슬레. 21세기의 객관적 관념론》에서 확인할 수 있을 것이다.

그런데 앞에서도 얼핏 암시했듯 옮긴이가 보기에 회슬레의 철학 수행 방법 중 하나는 '철학사를 통한 철학하기'라고 말할 수 있을 듯하다.

회슬레는 일찍이 〈진리와 역사〉에서 실재론과 주관적 관념론 그리고 객관적 관념론의 나선형적 발전이라는 철학사의 구조를 제시하고 이로부터 그리스 철학사와 특히 플라톤 철학에 대한 해석을 전개하고 있지만, 이러한 철학사의 발전 구조에 대한 파악과 그로부터 이루어지는 현대의 학문적·철학적 상황과 윤리적·정치적 위기에 대한 진단이야말로 회슬레의 철학적 작업을 규정하는 핵심 축이기 때문이다. 가령 상호 주관성 이론적으로 변형된 객관적 관념론의 부흥을 통해 현대 철학의 지양을 시도하는 《헤겔의 체계》는 헤겔 철학 전체에 대한 체계 이론적 분석과 내용적 검토를 통해 그 의도를 실현한다. 카를-오토 아펠의 초월론적 화용론에 대한 비판적 검토를 중심으로 하는 《현대의 위기와 철학의 책임》에서도 회슬레는 이를 위해 먼저 초월론적 화용론의 배경으로서 이성의 위기를 철학사적으로 추적한다. 《도덕과 정치》 역시 정치철학이 윤리학에 근거지어져야만 한다는 고전적인 유럽적 확신과 윤리학적 논증 그 자체가 정치적 기능을 갖는다는 좀더 근대적인 개념과의 종합을 정치철학적 사유와 윤리학적 사유에 대한 치밀한 역사적 탐구를 통해 제시한다. 옮긴이가 보기에 이러한 작업의 근저에 놓여 있는 것은 '논리·체계'가 '역사'적인 만큼이나 '역사' 역시 '논리·체계'적이라는, 다시 말하면 철학사와 철학의 통일이라는 회슬레의 통찰이다. 그래서 회슬레의 철학적 사유의 전개를 주시하는 이들에게는 자연스럽게 철학사의 전개 전체에 대한 구체적인 파악과 객관적 관념론의 철학 체계 구상의 전면적 실현이 그에게 어떤 모습으로 통일되어 드러날지에 대한 기대가 생겨나지 않을 수 없다. 그런 한에서 지금 이 《독일 철학사》는 우리에게 하나의 철학사 전개를 제공하는 데 그치지 않고 회슬레의 철학적 사유 수행 모습의 일단을 보여준다 할 것이다. 물론 이 《독일 철학사》는 체계적인 저작이라기보다는 어느 정도 학생들을 상대로 한 강의처럼 전개되고 있지만, 회슬레 자신의 말처럼 "반은 에세이고 반은 역사학인 이 책은 독일 철학을 의식적으로 그 정점으로서 독일 관념론에 비추어 해석하며, 불가피하게 지금 이 저자의 철학에 의해 각인되어" 있기 때문이다.

저자는 "더 이상 유럽의 것이 아닐 천년의 첫머리에서도 어째서 독일 철학사의 새로운 이야기가 의미 있는지에 대한 본래적 근거는 오로지 그리스인들의 그것만이 능가할 수 있는 이 철학적 전통의 비상한 질"이며, 진리와 관계하는 지극히 복잡하고 다층적인 시도인 철학에 이바지한 여러 독일 철학자들이 "현상의 발굴, 자기 시대를 개념화하는 능력, 철학적 타당성 요구에 대한 반성, 개념 형성의 섬세함, 논증 분석의 정확함, 학문의 성과에서 본질적인 것에 대한 간취, 현실의 다양한 영역 간의 다리 놓기, 짜임새 있고 많은 경우 문학적으로도 빛나는 텍스트의 저술"이라는 철학적 덕목을 그야말로 유감없이 펼치고 있다고 말한다. 그런 한에서 이제 옮긴이로서는 이《독일 철학사》를 통해 많은 이들이 독일 철학과 철학 일반의 세계에 한 걸음 더 접근할 수 있기를 바랄 뿐이다.

책을 옮기고 출판하는 과정에서 도움을 주신 많은 분들께 감사드리는 것은 당연한 인간적 도리일 것이다. 회슬레 선생의 제자인 나종석 교수는 이 책이 나오기 전부터 그것이 지닌 의의를 설득해 옮긴이로 하여금 번역을 결심할 수 있도록 해주었다. 언제나처럼 나 교수에게 진심으로 감사드린다. 물론 좋은 책을 알아보는 맑은 눈을 지니고 그야말로 놀라운 추진력을 가진 에코리브르의 박재환 대표가 아니었다면, 이 책이 이

렇게 빨리 빛을 보지 못했을 것이다. 박 대표께 감사의 뜻을 표현하지
않을 수 없다.

2015년 1월 7일

섬밭로 우거에서

이신철

찾아보기

E